Rudolf Zinnhobler

Von Florian bis Jägerstätter

Rudolf Zinnhobler

Von Florian bis Jägerstätter

Glaubenszeugen in Oberösterreich

Mit zwei Beiträgen von Monika Würthinger

Edition Kirchen-Zeit-Geschichte
Linz 2004

Beiträge zur Landeskunde von Oberösterreich
I. Historische Reihe, Bd. 16
hg. von der Gesellschaft für Landeskunde
(Oberösterreichischer Musealverein)

Die Drucklegung wurde gefördert durch:

Land Oberösterreich
Kulturamt der Stadt Linz
Stadtgemeinde Enns
Diözese Linz
Diözese St. Pölten
Bistum Regensburg
Bistum Passau
Stift St. Florian
Stift Kremsmünster
Stift Wilhering
Stift Lambach
Stift Reichersberg
Stift Schlägl
Provinzialat der Karmeliten
Evangelische Kirche A.B. Oberösterreich
Pfarre Enns St. Laurenz
Pfarre St. Wolfgang
Pfarre Mondsee
Pfarre Waldhausen

Bibliografische Information Der Deutschen Bibliothek
Die Deutsche Bibliothek verzeichnet diese Publikation in der Deutschen Nationalbibliografie; detaillierte bibliografische Daten sind im Internet über http://dnb.ddb.de abrufbar.

Umschlagentwurf: Herbert Friedl, Pregarten
Digitale Umsetzung: Alexandra Dastl
Texterfassung: Christine Eckmair, Renate Etzlstorfer
Textsatz und Layout: Mag. Bernhard Kagerer
Herstellung: Druckerei Denkmayr, Linz
ISBN: 3-902330-05-8

Dieses Buch widme ich
meinem Bruder
Fritz Zinnhobler
zur Vollendung des 80.
und meinem Freund
Maximilan Liebmann
zur Vollendung des 70. Lebensjahres

Inhaltsverzeichnis

Vorwort des Landeshauptmannes

Mit Beschluss der Oberösterreichischen Landesregierung vom 17. März 2003 soll der hl. Florian am 4. Mai 2004, dem 1700. Gedächtnistag seines Martyriums in Lauriacum/Lorch, zum Landespatron erhoben werden. Das ist zunächst einmal ein Ausdruck der Dankbarkeit, haben doch Persönlichkeiten wie er wesentlich dazu beigetragen, dass das christliche Erbe, das auch unsere Heimat Oberösterreich nachhaltig geprägt hat, den kommenden Generationen weiter gegeben wurde. Es ist aber auch ein Appell an die Menschen der Gegenwart, sich am Beispiel Florians zu orientieren. Die Treue, der Glaube, die Zivilcourage, die Solidarität und die Standhaftigkeit, durch die er sich auszeichnete, bleiben vorbildhaft und sind für jede Gemeinschaft von großer Bedeutung.

Das vorliegende Buch, dessen rechtzeitiges Erscheinen zum Florian-Jahr 2004 ich begrüße, bezieht auch die Gefährten des hl. Florian mit ein und auch die Folgegestalten, die sich im Verlauf der weiteren Geschichte ebenfalls als Menschen und Christen bewährten, selbst wenn sie deshalb in Konflikte gerieten oder sogar – wie Franz Jägerstätter – ihr Leben lassen mussten.

Ich freue mich über die Erstellung der hier veröffentlichten, wissenschaftlich fundierten Biografien. Es werden damit Männer und Frauen gewürdigt, deren Lebensschicksale eng mit Oberösterreich verbunden sind. Damit wird das Buch auch zu einem Baustein zur Landesgeschichte.

Linz, am 4. Mai 2004 Dr. Josef Pühringer

Vorwort des Diözesanbischofs

Im Begriff Patron steckt das lateinische Wort *pater* (= Vater). Man versteht daher unter einem Patron einen *väterlichen* Beschützer. Im religiösen Sinn wird ein Heiliger als Patron bezeichnet, dessen Schutz ein Mensch (Taufpatron), eine Kirche (Patrozinium), ein Bistum (Diözesanpatron) oder ein Land (Landespatron) unterstellt wird. Der betreffende Heilige soll Fürsprecher bei Gott sein und dessen Hilfe erflehen. Er soll aber auch Vorbild sein, an das man sich halten kann, um den Weg zu Christus zu finden.

Wenn das Bistum Linz vor mehr als dreißig Jahren den hl. Florian und seine Gefährten mit Zustimmung Roms (Reskript der Ritenkongregation vom 21. April 1971) zu seinen Hauptpatronen erwählt hat, so waren dafür Vorstellungen wie die vorhin genannten bestimmend. Mit dem 4. Mai 2004, dem 1700. Gedenktag an das Martyrium St. Florians, stellt sich auch das Land Oberösterreich, das mit der Diözese Linz nicht nur räumlich eine Einheit bildet, unter den Schutz dieses großen Heiligen.

Das vorliegende Buch möchte auf die Einsatzbereitschaft des hl. Florian und seiner Gefährten hinweisen, aber auch zeigen, dass es auf dem Gebiet unserer Diözese immer wieder Frauen und Männer gegeben hat, die sich mit letzter Konsequenz zum Evangelium bekannt haben. Die Kenntnis ihrer Geschichte sollte uns motivieren, ihrem Beispiel zu folgen.

Ich möchte dem Autor herzlich danken für das für unsere Diözese und Oberösterreich geschaffene Buch mit den Lebensgeschichten von Mitmenschen, die ein christliches Zeugnis bis hin zum Martyrium ablegten. Herr Univ.-Prof. Dr. Rudolf Zinnhobler hat als jahrzehntelanger Diözesanarchivar durch Studium und Forschungen Zeitumstände und persönliche Lebensumstände der Christinnen und Christen untersucht und uns gemeinsam mit seiner engagierten Mitarbeiterin, Frau Dr. Monika Würthinger, von der zwei Beiträge stammen, wichtige Aspekte aus unserer Geschichte nahegebracht. Ich wünsche der Publikation zahlreiche Leser.

+ M. Aichern

Linz, am 4. Mai 2004 Maximilian Aichern

Vorwort des Verfassers

Dieses Buch hat eine lange Vorgeschichte. Schon 1992 wurde im ersten der vier Hefte einer von mir erarbeiteten Diözesangeschichte (*Kirche in Oberösterreich*, Strasbourg 1992-1995) ein eigenes Heft angekündigt, das genau den Titel des nunmehr vorgelegten Bandes tragen sollte. Der damalige Plan musste jedoch aus zeitlichen Gründen zurückgestellt werden.

Auch in dieser Publikation geht es um die Geschichte der Kirche in Oberösterreich; der Gang der Entwicklung soll an Hand von 24 Lebensbildern bedeutender Persönlichkeiten aufgezeigt werden.

Angemerkt sei, dass die Länderbezeichnung *Oberösterreich* nicht für den ganzen hier behandelten Zeitraum gilt; sie entstand erst im Laufe der Zeit. Auch werden nicht nur Personen erfasst, die aus dem Land selbst stammen, sondern auch solche, die (wie Severin, Altmann, Rudigier und Marcel Callo, um nur einige zu nennen) anderswo geboren wurden, aber durch ihr Leben, Wirken oder Sterben in enger Beziehung zu unserer Heimat stehen. Die Berücksichtigung dieses größeren Spektrums bietet den Vorteil, dass sich unsere Blicke weiten und ein Stück der Gesamtkirche erkennbar wird.

Der konkrete Anlass des Erscheinens dieses Buches ist die Rangerhöhung des hl. Florian zum Landespatron am 4. Mai 2004. Durch diesen Akt wird nicht nur die enge Verbindung von Christentum und Land in Erinnerung gebracht, sondern unsere Blicke werden auch zurück gelenkt in die Zeit, in welcher in unserer Heimat das Evangelium erstmals verkündet wurde. Dabei wird uns auch die von Anfang an gegebene Bedrohung bewusst gemacht, die dem Aufbau von Kirche entgegen stand: Der Einsatz Florians für seinen Glauben und für seine Mitchristen endete mit dem Martyrium.

An dieser Situation hat sich im Prinzip bis heute nichts geändert. Das bezeugen die Schicksale der Gestalten, die auf Florian gefolgt sind. Auch sie waren um ihres Glaubens willen Verfolgungen ausgesetzt, gegen die sie jeweils auf ihre Weise Widerstand leisteten.

Noch eine Erkenntnis drängt sich auf. Das Zeugnis für Christus lässt sich nicht auf eine Konfession einschränken. Auch der Protestant Leonhard Käser, der 1527 in Schärding als Ketzer verbrannt wurde, weil er seinem Glauben die Treue hielt, wurde zu einem Martyrer für das Evangelium.

Das Anliegen der Ökumene, die Öffnung gegenüber anderen Konfessionen, wird erfreulicher Weise auch an anderen Gestalten, die in diesem Buch berücksichtigt sind, erkennbar, so z. B. an Georg Friedrich Koller, P. Paulus Wörndl und Marcel Callo.

Die Anzahl der für dieses Buch verfassten Lebensbilder hätte leicht vermehrt werden können. Ein Bischof Gotthard (Godehard) von Hildesheim (960-1038), der auch einmal Abt von Kremsmünster war, und ein Abt Ekkebert (Egbert) von Lambach (gest. 1076/77), der dem Stift zur Zeit seiner Gründung vorstand, hätten ebenso Aufnahme verdient wie die Opfer des Nationalsozialismus Jakob Gapp (1897-1943) und Dr. Johann Gruber (1889-1944). (Bei Letzterem ist die Forschung noch im Gange; Helmut Wagner ist dabei, eine Biografie zu erstellen.) Eine Beschränkung war schon aus räumlichen Gründen nötig. Auch sollte nur eine repräsentative Auswahl geboten werden. Es sollten typische Beispiele herausgegriffen werden, weshalb auf ähnlich gelagerte Fälle verzichtet werden konnte.

Deutlich werden sollte aber, dass man in jedem Geschlecht und jedem Stand zum Glaubenszeugen werden kann. Daher betreffen die folgenden Lebensbilder Männer und Frauen, welche aus dem Bauernstand, dem Bürgertum oder dem Adel stammten und sich in den verschiedensten Positionen bewährten, als kirchliche Würdenträger, als Ordensleute, als Aszeten oder Inhaber weltlicher Berufe.

Der größere Teil der Biografien wurde für dieses Buch neu geschrieben. So weit Beiträge bereits früher an anderer Stelle erschienen sind, wurden sie für diese Publikation unter Berücksichtigung des gegenwärtigen Forschungsstandes überarbeitet. Allerdings war es nicht in allen Fällen möglich, eigene Quellenstudien zu betreiben.

Die beigegebenen Abbildungen möchten der Verlebendigung dienen. Es wurde darauf Bedacht genommen, dass sie auch eine entsprechende Aussagekraft haben.

Abschließend komme ich gerne einer Dankespflicht nach. Ein Buch wie das vorliegende kann nur durch die Mithilfe anderer entstehen. Aufrichtig gedankt für ihre Mühe sei Frau Dr. Monika Würthinger (Linz), die nicht nur zwei Beiträge (Camilla Estermann und Franz Jägerstätter) verfasst hat, sondern sich auch um die Bebilderung große Verdienste erworben hat. Auch das Engagement von Herrn Rudolf Mair (Linz) bei der Bildbeschaffung verdient eine dankbare Erwähnung. Für die Gestaltung des Einbandes sei Herrn Herbert Friedl und für die gute verlegerische Betreuung Herrn Univ.-Ass. Dr. Helmut Wagner (Linz) sowie der Druckerei Denkmayr (Linz) und für den Umbruch Herrn Mag. Bernhard Kagerer bestens gedankt.

Die kritische Durchsicht des gesamten Manuskriptes verdanke ich Frau Dr. Kriemhild Pangerl (Kronstorf). Einzelne Kapitel wurden noch zusätzlich von anderen Historikern überprüft, so die Lebensbilder von Maximilian (Univ.-Prof. Dr. Karl Amon und Univ.-Prof. Dr. Maximilian Liebmann, beide Graz), Gerhoch von Reichersberg (Stiftsdechant und Archivar Dr. Gregor Schauber, Reichersberg), Leonhard Käser (Univ.-Prof. Dr. Karl Schwarz, Wien) und P. Paulus Wörndl (P. Dr. Raimund Bruderhofer OCD, Wien).

Ein Autor ist auch immer wieder auf Auskünfte angewiesen. Im konkreten Fall ist folgenden Herren zu danken: Stiftsbibliothekar Dr. Hauke Fill (Kremsmünster), Univ.-Prof. DDr. Severin Lederhilger (Linz), Univ.-Prof. DDr. Karl Rehberger (St. Florian), Univ.-Prof. Dr. Johannes Singer (Linz) und Dr. Gregor Schauber (Reichersberg).

Viel Mühe bei der Texterfassung wendeten auf: Frau Christine Eckmair (Linz) und Frau Renate Etzlstorfer (Kefermarkt). Dafür gebührt ihnen der besondere Dank des Autors.

Ohne die finanzielle Unterstützung verschiedener Institutionen wäre diese Veröffentlichung nicht möglich gewesen. Allen, die einen Druckkostenzuschuss gewährt oder Subventionskäufe getätigt haben, sei dafür aufrichtig Dank gesagt.

Linz, am 4. Mai 2004 Rudolf Zinnhobler

Glaubenszeugen in ihrer Zeit

Dieses Kapitel möchte, ohne in nähere Details einzugehen, den geschichtlichen Rahmen abstecken. Dem Leser soll damit eine Hilfe geboten werden, um die Lebensschicksale der behandelten 24 Gestalten besser in den Gang der Entwicklung einordnen zu können; gleichzeitig soll erkennbar werden, welchen Beitrag diese Persönlichkeiten selbst zu eben dieser Entwicklung geleistet haben.

Zuvor sollen einige entscheidende Begriffe, die in diesem Buch immer wieder Verwendung finden, knapp erläutert werden.

Begriffsbestimmungen

Das Wort *Zeuge* stammt ursprünglich aus der Gerichtssprache. Wer als Zeuge auftritt, tritt für die Wahrheit einer Aussage oder für die Tatsächlichkeit eines Ereignisses ein. Das Zeugnis, das er ablegt, soll dazu beitragen, einen Beschuldigten zu entlasten oder zu belasten.

In unserem Zusammenhang werden unter Zeugen Personen verstanden, die ihren Glauben an Christus und seine Botschaft überzeugend verkündet und gelebt haben, ja auch bereit waren, dafür den Tod auf sich zu nehmen. *Blutzeugen* gelten der Kirche als Inbegriff der Zeugenschaft. Sie werden als *Martyrer* im eigentlichen Sinn bezeichnet, obwohl das griechische Wort *martys* im Neuen Testament zunächst den Wortzeugen meint, also einen Künder der Wahrheit.

Für einen Zeugen, der – trotz grundsätzlicher Bereitschaft zum Martyrium – sein Blut nicht zu vergießen brauchte, hat sich der Begriff *confessor,* d. h. Bekenner, durchgesetzt.

Zahlreiche Martyrer oder Bekenner wurden von der Kirche in das Verzeichnis (den Kanon) der Seligen oder Heiligen aufgenommen; sie wurden *kanonisiert,* d. h. zur *Ehre der Altäre* erhoben. Der Kanonisation geht jeweils ein Selig- oder Heiligsprechungsprozess voraus, bei dem der Tugendgrad und das vorbildliche Leben und Wirken der betreffenden Persönlichkeit genau geprüft wird. Bei einem positiven Ergebnis folgt die *Kanonisation* durch den Papst. Männer und Frauen, die kanonisiert wurden, dürfen auch bei öffentlichen Gottesdiensten verehrt und um ihre Fürbitte angerufen werden.

Von den in das vorliegende Buch aufgenommenen Persönlichkeiten wurden nur wenige selig- oder heiliggesprochen. Die erlangte Kanonisation war für den Autor kein Auswahlkriterium. Es ging einfach darum, auf Menschen zu verweisen, die ihr Christsein beispielhaft gelebt haben, so dass sie als wegweisende Gestalten gelten, die zumindest in einzelnen Facetten ihres Wirkens auch noch für die Gegenwart Bedeutung haben.

Die mit dem Gesagten bereits angedeutete Einschränkung ist zu beachten. Kein Mensch ist ja wirklich fehlerfrei und sündenlos, selbst dann nicht, wenn er kanonisiert wurde. Die Mängel und Fehler der im Folgenden beschriebenen Personen sollen auch keineswegs verschwiegen werden. Das verlangt schon die historische Redlichkeit. Vinzenz Pallotti (1795-1850), der 1963 selbst heilig gesprochen wurde, traf sogar einmal die Feststellung, dass in den Biografien der Heiligen meist ein Kapitel fehle, das eigentlich das längste sein müsste, nämlich das Kapitel über deren Unvollkommenheiten. Und Bischof Franz Joseph Rudigier (1853-1884) wies den ihm einmal gemachten Vorwurf, er beanspruche Irrtumslosigkeit, mit den Worten zurück: *Ich habe oft geirrt, werde wohl auch in der Zukunft noch irren, mit Gottes Gnade aber niemals vorsätzlich im Irrtum verharren* (Meindl I, 527).

Für die Entfaltung einer Persönlichkeit hatte ein früheres Versagen oft sogar positive Wirkungen. Die Sünden der Vergangenheit wurden durch eine Lebenskorrektur zur *felix culpa,* zur glücklichen Schuld, die zum

Ausgangspunkt für ein besonders intensives Glaubensleben und einen ganzen Einsatz für die Mitmenschen wurde.

Der Gang der Entwicklung

Die Römerzeit

Das keltische Königreich *Norikum*, dem auch der Großteil des heutigen Oberösterreich angehörte, wurde um etwa 15 v. Chr. von den Römern – anscheinend ohne kriegerische Handlungen – okkupiert. Kaiser Claudius (41-54) vollzog dann die Umwandlung Norikums in eine Provinz des Reiches, deren Nordgrenze die Donau bildete; das *Mühlviertel* lag also außerhalb des Reiches, aber doch noch in dessen *politischem Kraftfeld* (A. Betz). Römerfunde gibt es daher auch im südlichen Mühlviertel. Die Romanisierung erfasste zusehends mehr auch die keltische Bevölkerung, die Anteil erlangte an der römischen Zivilisation (Straßennetz, Handel, Geldverkehr, Schreibkultur, Götterglaube).

Durch römische Soldaten, Kaufleute und Beamte dürfte das Christentum schon ab dem 2. Jahrhundert Eingang in die Provinz gefunden haben. Einfälle der Markomannen und Quaden in die römischen Grenzregionen erschütterten unter Kaiser Mark Aurel (161-180) die Grundfesten des Reiches, das sich davon nie mehr ganz erholen konnte. Der Kaiser hatte persönlich den Grenzschutz übernommen und hierfür die Zweite Italische Legion in die Provinz beordert. Doch im Jahre 180 starb Mark Aurel an einer Seuche.

Lauriacum/Lorch wurde unter Kaiser Commodus (180-182) zur Lagerfestung ausgebaut und die erwähnte Legion dorthin verlegt. Die Zivilverwaltung der Provinz kam bald von Virunum in Kärnten nach Ovilava/Wels, die einzige Stadt Norikums, die Kaiser Caracalla (211-217) in den Rang einer *colonia* erhob, was wohl als Hinweis auf ihre Funktion als Provinzhauptstadt gelten darf.

Kaiser Diokletian (284-305) versuchte dem weiterhin drohenden Verfall des Reiches durch zwei Maßnahmen Einhalt zu gebieten: 1. durch eine straffere Organisation, z.B. durch die Unterteilung der Provinzen (Norikum zerfiel nun in Binnennorikum, *Noricum mediter-*

raneum, südlich des Alpenhauptkamms und in Ufernorikum, *Noricum ripense*, nördlich davon bis zur Donau); 2. durch ein Vorgehen gegen das Christentum, welches dem Imperator die Einheit des Reiches zu gefährden schien. Das einzige namentlich bekannte Opfer der Christenverfolgungen in unserer Gegend war der hl. Florian, hingerichtet in Lauriacum am 4. Mai 304; außerdem kamen etwa vierzig seiner Gefährten im Kerker um. Diese Anzahl von Christen, die ja nur die Festgenommenen betrifft, lässt den Schluss zu, dass es seit dem Ende des 3. Jahrhunderts bereits Anfänge einer christlichen Gemeindeorganisation gab.

Diokletian gelang es keineswegs, das Christentum auszurotten. Nur kurze Zeit nach seinem Tod wurde dessen Ausübung 313 offiziell gestattet; 380 wurde es sogar zur Staatsreligion erhoben.

Auch in unseren Gegenden begann sich das Christentum immer mehr durchzusetzen. Zur Zeit der so genannten *Völkerwanderung* war unser Land im Wesentlichen christianisiert. Das erfahren wir aus der Lebensbeschreibung des hl. Severin (vgl. das betreffende Kapitel dieses Buches). Lauriacum/Lorch war damals sogar Bischofssitz. Als Severin im Jahre 482 starb und als 488 ein Großteil der Romanen nach *Italia* abzog, schien freilich auch das Überdauern des Christentums in Gefahr zu sein. Doch schon wenig später konnte es neue Wurzeln schlagen.

Mittelalter

Das Vakuum, das beim Zusammenbruch des Römerreiches durch den Abzug der Romanen entstand, war in *Oberösterreich* keineswegs vollständig, wie schon das Fortleben vieler alter Ortsnamen (Lauriacum = Lorch, Ovilava = Wels, Lentia = Linz) beweist. Schon bald übernahmen die Baiern die Vorherrschaft. Ihr Stamm dürfte aus germanischen Restgruppen zusammengewachsen sein, wobei der namengebende Bevölkerungskern, die *Baiovarii*, wohl aus dem böhmischen Raum stammte. Die Ersterwähnung der Baiern fällt in das Jahr 551. Sie breiteten in der Folge ihre Herrschaft und ihre Siedlungen bis über die Traun aus, während im östlichen Oberösterreich – nördlich und südlich der Donau – eine vorwiegend slawische Bevölkerung sesshaft wurde.

Ein *Herzogtum Baiern* wird in der zweiten Hälfte des 6. Jahrhunderts mit Herzog Garibald I. (ca. 555-592), der dem bereits christlichen Geschlecht der Agilolfinger angehörte, erstmals greifbar. Die Herzöge leisteten einen wesentlichen Beitrag dazu, dass sich das Christentum weiterhin behaupten konnte. Eine Missionierungswelle ging vom burgundischen Kloster Luxeuil aus, das der irische Mönch Kolumban d. J. (543-615) gegründet hatte. Dessen Nachfolger Eustasius begab sich zusammen mit Agilus auch *ad Boias, qui nunc Baiuvarii vocantur* (zu den Bojern, die nun Bayern heißen). Da sie offenbar die Florianverehrung nach Luxeuil brachten, scheint ihre Mission auch Lauriacum/Lorch, die Stätte des Martyriums des Heiligen, erreicht zu haben.

Den Anfang der bayerischen Kirchengeschichte markieren jedenfalls die Iroschotten und ihre Mission. Das Vorhandensein bayerischer Bischofssitze (Regensburg, Freising, Salzburg, Passau) ist ab dem 8. Jahrhundert bezeugt; 739 wurden sie durch den Angelsachsen Bonifazius reorganisiert. Unser Gebiet gehörte zum Bistum Passau.

Bald folgten die großen Klostergründungen Mondsee (748) und Kremsmünster (777) durch die Bayernherzöge, womit sie einen Beitrag zur Verbreitung des christlichen Glaubens, zur Hebung der Kultur, aber auch zur Festigung ihrer Herrschaft leisten wollten.

Unter Herzog Tassilo III., dem Gründer von Kremsmünster, kam es zu heftigen Auseinandersetzungen mit dem Frankenreich, dem Bayern zugeordnet bzw. untergeordnet war, und seinem König Karl dem Großen. Der Konflikt erreichte seinen Höhepunkt mit der Absetzung des Herzogs (788) und seiner Verweisung in ein Kloster (vgl. das Kapitel über Tassilo). Das Herzogtum wurde nun dem Frankenreich eingegliedert.

Das Gebiet vom Hausruck bis zur Raab fasste Karl der Große nach der Überwindung der Gefahr aus dem Osten durch die Awaren zur *Ostmark* zusammen, zu der also auch große Teile des heutigen Oberösterreich gehörten.

Eine neue Bedrohung dieser Grenzregion ging von den Ungarn aus, die das heutige Niederösterreich okkupierten und im Herbst 900 erstmals auch die Enns überschritten. Zum Schutz gegen sie wurde damals die Ennsburg errichtet. Mit dem Sieg Kaiser Ottos des Großen über die Ungarn 955 auf dem Lechfeld bei Augsburg war die Gefahr im Wesentlichen gebannt. Während in der Folge die Gebiete östlich der Enns unter der Führung der Markgrafen aus dem Geschlecht der Babenberger neu geordnet wurden, bildete nun das heutige Oberösterreich den Ostteil des Herzogtums Baiern.

Otto der Große beteiligte bekanntlich die Bischöfe an der Reichsverwaltung, ja sogar an der Leitung von Herzogtümern (*Ottonisches Reichskirchensystem*). Deswegen beanspruchten er und seine Nachfolger eine entscheidende Mitsprache bei der Besetzung der Bischofsstühle. Die kirchenrechtlich vorgesehene Wahl der Bischöfe durch Klerus und Volk wurde vielfach auf eine bloße Zustimmung reduziert. Der hl. Wolfgang wurde z. B. 972 von Otto II. (seit 967 Mitkaiser des damals noch lebenden Otto I.) auf Empfehlung des Bischofs Pilgrim von Passau (971-991) zum Oberhirten von Regensburg (972-994) bestellt.

Die mit dem Reichskirchensystem gegebene Bindung der Kirche an die Herrscher konnte zu Loyalitätsproblemen führen. Auch das zeigt sich an Bischof Wolfgang, der ja nicht nur Verpflichtungen gegenüber dem Kaiser, sondern auch gegenüber seinem Landesherrn hatte. Als nämlich Kaiser Otto II. mit Herzog Heinrich II. von Bayern, dem Zänker (955-976, 985-995), in Streit geriet und ein Bürgerkrieg ausbrach, zog es Wolfgang vor, freiwillig ins Exil zu gehen (976), und zwar in das Regensburger Eigenkloster Mondsee. Als er später nach Regensburg zurückkehrte, erwies er sich wieder als getreuer Gefolgsmann des Kaisers (*fidelissimus*), den er, wie dies ein Reichsbischof tun musste, sogar auf Kriegszügen begleitete; er pflegte aber auch gute Beziehungen zum Herzog, dessen Kinder er erzog. Der Aufenthalt Wolfgangs in unserer Heimat erwies sich als bedeutsam durch die in Mondsee eingeführte Klosterreform im Geiste des lothringischen Klosters Gorze (vgl. das Kapitel über den hl. Wolfgang), aber auch durch den Bau eines Kirchleins am Abersee (Wolfgangsee), das auf ihn zurückgehen dürfte und später eines der begehrtesten Wallfahrtsziele Mitteleuropas wurde.

Der Ruf nach Reform, der von den Klöstern seinen Ausgang nahm, sollte das ganze Mittelalter hindurch nicht mehr verstummen. Bestehende Klöster wurden reformiert oder umgewandelt (so konnte aus einem Kanonikerstift ein Mönchskloster werden wie im Falle von Garsten) und neue Klöster wurden gegründet (so etwa das Benediktinerstift Lambach 1056 und das Chorherrenstift Reichersberg 1080/84).

Benediktinische Reformzentren, die auch für unsere Heimat bestimmend wurden, waren Gorze in Lothringen und Cluny in Burgund. Jenes hielt an der Einordnung der Klöster in die Diözesanstruktur und an der Feudalordnung fest, dieses strebte die Exemtion von der bischöflichen Gewalt durch Unterstellung unter den Heiligen Stuhl an und zeichnete sich durch eine radikale Disziplin aus. Für die Rezeption dieser Reformen bieten die Lebensbilder von Altmann, Adalbero, Berthold und Konrad von Mondsee reiches Anschauungsmaterial.

Auch die Kanonikerstifte stellten sich in den Dienst der Reform. Die Lateransynode 1059 führte zu einer Erneuerung des Chorherreninstituts; das vom hl. Altmann gegründete Chorherrenstift St. Nikola bei Passau (um 1067) wurde so etwas wie eine Musteranstalt, an der andere Konvente Maß nehmen konnten. Bischof Altmann von Passau (vgl. das betreffende Kapitel) reformierte um 1070/71 auch St. Florian bei Linz. Die Innviertler Kanonikerstifte (Suben und Reichersberg) standen dagegen unter dem Einfluss einer vom Domstift Salzburg und von Erzbischof Konrad I. (1106-1147) ausgehenden Reform.

Wie drastisch *Umwandlungen* von Klöstern vor sich gehen konnten, sehen wir an Garsten, wo der steirische Markgraf Otakar II. um 1080 ein weltpriesterliches Kollegiatstift errichtet hatte, dem er 1107 die Regel des hl. Benedikt aufzwang. Als sich der Chorherr Eberhard dagegen wehrte, wurde er an einen Baum gebunden und so lange geschlagen, bis er sich fügte. Dieses Vorgehen ist auch kennzeichnend für das *Eigenkirchenwesen*, von dem noch die Rede sein wird. Ein Gründer hielt sich eben für berechtigt, mit seiner Stiftung wie mit einem privaten Eigentum umzugehen.

Der Ruf nach Reform machte nicht an den Klostermauern Halt, sondern richtete sich bald auch gegen das *Reichskirchensystem* und das *Eigenkirchenwesen*. Der Konflikt, der sich daraus ergab, erreichte unter Kaiser Heinrich IV. (1056-1106) und Papst Gregor VII. (1073-1085) seinen Höhepunkt und ist als *Investiturstreit* bekannt, da die Investitur, die *Bekleidung* mit einem geistlichen Amt, einen zentralen Punkt der Auseinandersetzung bildete. Vor allem ging es um die Besetzung der Bischofsstühle und Reichsabteien durch den Kaiser, wogegen der von den Reformideen Clunys beeinflusste Papst aufbegehrte. Die Gegensätze schaukelten sich auf und führten schließlich fast zu einer Kirchenspaltung. Es kam zu kriegerischen Handlungen und zu Vertreibungen von Bischöfen (vgl. z.B. die Kapitel über Adalbero und Altmann); die (rechtmäßigen) Oberhirten mussten Gegenbischöfen Platz machen.

Die Mehrzahl der Bischöfe stand ursprünglich auf der Seite des Kaisers, Adalbero und Altmann aber gehörten zur päpstlichen Partei. Dabei waren auch sie auf dem üblichen Weg zum Bischofsamt gelangt. Adalbero war von Kaiser Heinrich III. zum Bischof von Würzburg ernannt worden (1045), Altmann aber verdankte das Bistum Passau der Kaiserinwitwe Agnes (1065). Vorausgegangen war in diesem Fall eine Beratung mit den Fürsten des Reiches; die Zustimmung zur Ernennung durch Klerus und Volk erfolgte erst im Nachhinein (vgl. Vita Altmanni, Kap. 5). Als Altmann später Skrupel bekam wegen der Art seiner Bestellung, wollte er sein Amt in die Hände Gregors VII. zurücklegen, der jedoch den Verzicht nicht annahm.

Es ging beim Investiturstreit aber nicht nur um Fragen der Verleihung kirchlicher Ämter, sondern um eine Umstrukturierung der Kirche insgesamt, die sich erst längerfristig durchsetzen konnte. Die *Laienkirche* des ersten Jahrtausends wurde zur *Kirche der Kleriker* des zweiten Jahrtausends. Damals ereignete sich also eine *ekklesiologische Wende von universalhistorischer Bedeutung* (J. LAUDAGE). Sie betraf nicht nur die *Hochkirchen,* sondern auch die so genannten *Niederkirchen* (Seelsorgekirchen), die bis dahin ganz und gar vom so genannten *Eigenkirchenwesen* geprägt waren. Ein Grundherr, der ein Gotteshaus errichtet hatte, bestimmte für dieses letztlich auch den anzustellenden Priester; dieser blieb seinem Herrn in vielfacher Hinsicht, fast wie ein Knecht, verantwortlich. Gegen dieses System wurde nun Sturm gelaufen.

Im Jahre 1122 wurde mit dem zwischen Papst Calixt II. (1119-1124) und Kaiser Heinrich V. (1106-1125) abgeschlossenen *Wormser Konkordat* ein Kompromiss erreicht, welcher die Zuständigkeit der Kirche bei der Verleihung geistlicher Ämter grundsätzlich anerkannte. Doch sollte der Kaiser bei den *Wahlen der Bischöfe und Äbte des deutschen Reiches* weiterhin anwesend sein dürfen; auch war vorgesehen, dass er den Gewählten im Anschluss mittels des Zepters die *Regalien* (nutzbare Hoheitsrechte über ein Territorium, wie die Ausübung der Gerichtsbarkeit und die Einhebung von Zöllen) verleihen sollte. Die Bindung an den Kaiser blieb also nach wie vor stark; auch dessen Einfluss auf die Verleihung der Ämter blieb erhalten, so dass diesbezüglich in der Praxis zunächst oft kaum ein Unterschied zu den Zeiten vor dem Investiturstreit bestand. Überdies war damit eine Tendenz zur Verweltlichung der Kirche (Anhäufung von Reichtümern, Machtausübung) grundgelegt, die sich noch rächen sollte. Ein so heller Kopf wie Propst Gerhoch von Reichersberg hat das deutlich gesehen. Er war beim Laterankonzil 1123 anwesend. Aus seiner Darstellung über den Ablauf der Kirchenversammlung (eine andere

Quelle existiert dafür nicht) wissen wir, dass dort auch das Wormser Konkordat zur Debatte stand und bei den strengen *Gregorianern*, den Anhängern der Reformen Papst Gregors VII., auf heftige Ablehnung stieß. Sie konnten sich aber nicht durchsetzen, da Papst Calix II. das Konkordat verteidigte.

Das *Wallfahrtswesen*, von dem im Zusammenhang mit dem hl. Wolfgang schon die Rede war, nahm im Verlauf des Mittelalters stetig zu. Das vornehmste Ziel einer Wallfahrt war das Heilige Land mit dem Grab Christi; aber auch Rom mit den Gräbern der Apostel Petrus und Paulus wurde häufig aufgesucht. Der hl. Altmann hatte sich 1064 einem Pilgerzug in das Heilige Land mit etwa 7000 Teilnehmern angeschlossen (Vita Altmanni, Kap. 3-5). Auch einige Frauen waren mit dabei, so u. a. eine Äbtissin. Das Unternehmen nahm leider ein trauriges Ende; die Wallfahrer wurden bei Ramle überfallen, zahlreiche von ihnen erlitten den Tod, andere kamen auf der Rückreise um. Nur noch etwa 2000 erreichten die Heimat wieder, darunter Altmann, der 1065 in Stuhlweißenburg von seiner Ernennung zum Bischof von Passau überrascht wurde. Ein Romaufenthalt Altmanns (1079/80) hatte ebenfalls nicht nur kirchenpolitische Gründe; der Bischof suchte, wie uns seine Lebensbeschreibung verrät, auch die *Gräber der Apostel* auf (ebd., Kap. 14). Gerhoch von Reichersberg weilte zwischen 1123 und 1152 wenigstens acht Mal an der päpstlichen Kurie, die freilich nicht immer in Rom residierte. Wenn Gerhoch nach Rom reiste, dann ging es auch ihm nicht nur um die Klärung von Fragen der Theologie und der Kirchenreform, sondern ebenso um den Besuch der heiligen Stätten.

Der konkrete Verlauf der Pilgerfahrt Altmanns in das Heilige Land macht es verständlich, warum man auf die Idee kam, solche Unternehmungen durch bewaffnete Ritter zu schützen, ja, wenn möglich, das Heilige Land zu erobern. Solche Überlegungen führten zu den *Kreuzzügen*, die auch unsere Heimat tangierten. Der 2. Kreuzzug (1047-1049) fand z.B. ein Echo in einer Weihnachtspredigt Gerhochs von Reichersberg. Auch die Anfänge des Zisterzienserstiftes Wilhering hängen nicht unwesentlich mit der Kreuzzugsbewegung zusammen. Ulrich von Wilhering, der beim erwähnten Kreuzzug den Tod fand, hatte zuvor große Teile seines Besitzes testamentarisch für das von ihm mitbegründete Kloster bestimmt.

Die komplizierten Vorgänge um die *Geburt des Landes ob der Enns*, des heutigen Oberösterreich, können hier nur angedeutet werden. Sie spielten sich vom Ende des 12. bis zum Ende des 13. Jahrhunderts ab. 1192 beerbten die Babenberger die steirischen Otakare, deren Gebiete weit in das (spätere) Oberösterreich hineinreichten. Somit konnten nun die Babenberger ihre Herrschaft auch westlich der Enns etablieren. Ihr Geschlecht erlosch 1246 mit dem Tod Friedrichs des Streitbaren. Nur wenig später, 1254, ging mit dem Tod Konrads IV. auch die Herrschaft der Hohenstaufen über das Reich zu Ende. Im selben Jahr erhielt Ottokar II. Przemysl von Böhmen – auf Grund seiner Heirat mit Margarethe, der Schwester Friedrichs des Streitbaren – die Herrschaft über Österreich einschließlich des Traungaues zugesprochen (Friede von Ofen). Als 1273 Graf Rudolf I. von Habsburg zum König gewählt wurde, erhob auch er Ansprüche auf Österreich, die er 1278 nach seinem Sieg über Ottokar (Schlacht bei Dürnkrut) und dessen Tod durchsetzen konnte. Rudolfs Sohn Albrecht wurde 1281 Reichsverweser über Österreich und Steiermark, 1282 wurde er als Herzog belehnt. Schon 1281 schuf Albrecht das *Gericht ob der Enns*, das zunächst noch gleichrangig neben anderen Rechtsbezirken (Ischlland, Grafschaft Schaunberg, Herrschaften Steyr, Freistadt und Waxenberg, Landgerichte Riedmark und Machland) bestand; im weiteren Verlauf der Geschichte wuchsen sie zum *Land ob der Enns* zusammen.

Mitten hinein in die *Landwerdung* fällt das interessante Leben der Wilbirg von St. Florian. Nach dem Tode ihrer Eltern (ihr Vater war auf einer Wallfahrt in das Heilige Land gestorben) pilgerte sie als junges Mädchen in Begleitung einer wohlhabenden Jungfrau namens Mathilde nach Santiago de Compostela im Nordwesten Spaniens, um am Grabe des Apostels Jakobus d. Ä. zu beten. Tatsächlich bewältigten die beiden die Strapazen des über 2000 km langen Weges, obwohl Wilbirg erkrankte und an wunden Füßen litt. Wieder in der Heimat angelangt, mochte Wilbirg nicht mehr in den gewöhnlichen Alltag zurückkehren und beschloss, ihr Leben als Klausnerin fortzusetzen. Sie ließ sich 1248, mit etwa 18 Jahren, in eine an die Stiftskirche von St. Florian angebaute Zelle einmauern. Damit teilte sie eine im 13. Jahrhundert nicht unübliche Lebensform, die voller Entbehrungen war, aber auch viel Aufmerksamkeit auf sich zog. Zahlreiche Pilger nach St. Florian suchten nun auch Wilbirg auf, um sich bei ihr Rat zu holen und sie um ihr Gebet zu bitten. Einmal musste Wilbirg ihre Zelle freilich verlassen, nämlich 1276 während der Auseinandersetzungen zwischen König Ottokar von Böhmen und Rudolf von Habsburg. Sie brachte sich damals in Enns in Sicherheit, kehrte aber nach St. Florian zurück, sobald dies möglich war. Dort starb sie 1289 im Ruf der Heiligkeit.

Das Leben Wilbirgs ist nur ein Beispiel für die extremen Frömmigkeitsformen der Zeit. Im 13. und 14. Jahrhundert zogen auch durch unser Land *Flagellanten*, Gruppen von Männern, die sich ihre entblößten Oberkörper mit Geißeln blutig schlugen, um in Zeiten von Hunger und Pest Gottes Erbarmen zu erflehen. Aber auch das *Ketzertum* fand Eingang im Lande, besonders in Form der *Waldenser*, die sich hier ab der Mitte des 13. Jahrhunderts bis in die Anfänge des 15. Jahrhunderts nachweisen lassen. Sie wollten ursprünglich rechtgläubig sein. Da ihnen aber die kirchliche Anerkennung verweigert wurde, traten sie bald kämpferisch gegen die Verweltlichung der Kirche und ihren Reichtum auf.

Im Rahmen der Rechtgläubigkeit verblieb hingegen der Chorherr Konrad von Waldhausen, die Posaune Gottes, wie man ihn nannte. Er wirkte ziemlich genau ein Jahrhundert nach Wilbirg. Auch ihn kennzeichnete ein gewisses Fernweh. 1350 weilte er anlässlich des Heiligen Jahres in Rom und wurde sich dort anscheinend der Reformbedürftigkeit der Kirche bewusst. Hierauf betätigte er sich in Wien und vor allem in Prag als Bußprediger. Dabei griff er berechtigte Reformanliegen, welche auch die Häretiker schon artikuliert hatten, auf und zog mit eindringlichen Worten gegen die Verweltlichung der Bettelmönche und des Klerus zu Felde. In manchen Kreisen geriet er deshalb in den Ruf, selbst ein Häretiker zu sein. Als er 1369 starb, kam sein Tod einem gegen ihn angestrebten Prozess zuvor.

Die Reformimpulse, die von Konrad ausgingen, wurden in der Folge nicht oder nicht entschieden genug aufgegriffen. Da die Reform nicht kam, kam schließlich die Reformation.

Die Umbrüche der Neuzeit

Bis zum Ende des 15. Jahrhunderts hatte sich eine große Unzufriedenheit über die konkrete Gestalt der Kirche verbreitet. Der Wittenberger Theologe Martin Luther (1483-1546) wies am deutlichsten auf deren Mängel und Fehler hin. Seine 1517 veröffentlichten 95 Thesen gegen den damals üblichen Ablasshandel lösten eine Bewegung aus, die sich auf das Evangelium konzentrierte (*sola scriptura)* und die Werkgerechtigkeit ablehnte. Sie ging unter dem Namen *Reformation* in die Geschichte ein und führte letztlich zur *Kirchenspaltung*. Die tiefgreifende Zeitenwende, die damit einsetzte, markiert in kirchengeschichtlicher Sicht den Beginn der Neuzeit.

Die Beziehungen Martin Luthers zum Land ob der Enns waren ziemlich intensiv. Seit 1522 studierte eine Reihe von Oberösterreichern in Wittenberg und 1524 entsandte der Reformator den mit ihm befreundeten Michael Stiefel als Prediger nach Tollet bei Grieskirchen, einem Schloss der Jörger. Diese gehörten (neben den Polheimern und Starhembergern und anderen Adelsgeschlechtern) zu den eifrigsten Förderern der neuen Lehre. Luther unterhielt einen regen Briefverkehr mit Personen in unserem Lande (mindestens 28 Schreiben aus seiner Feder richteten sich an Oberösterreicher), auch wurde sein Schrifttum rasch verbreitet. Innerhalb eines halben Jahrhunderts war das Land ob der Enns überwiegend protestantisch geworden. Karl Eder schätzt, dass bis 1576, dem Todesjahr Kaiser Maximilians II., die Anhängerschaft der Lehre Luthers bereits an die 85 % des Adels, 75 % der Stadt- und Marktbewohner und 50 % der Bevölkerung auf dem Lande ausmachte. Die viel radikalere *Täuferbewegung* stieß hingegen auch auf die Ablehnung der Protestanten und konnte mittels Gewalt bald unterdrückt werden.

Unter dem Ansturm der Reformation brach das katholische Frömmigkeitswesen fast völlig zusammen; auch mussten zahlreiche Klöster – ganz oder vorübergehend – ihre Pforten schließen.

Durch das Konzil von Trient (1545-1563) bahnte sich nach und nach eine Erneuerung des Katholizismus an, welche den Orden, besonders den Jesuiten und Kapuzinern, wesentliche Impulse verdankte. Die katholischen Landesfürsten, die Habsburger, unterstützten diese Bestrebungen. Vor allem nach dem Sieg über den protestantischen Adel in der Schlacht am Weißen Berg (1620) waren sie in der Lage, das Luthertum systematisch zu unterdrücken (*Gegenreformation*). So wurden zunächst die evangelischen Prediger und Schulmeister des Landes verwiesen (1624) und schließlich alle Protestanten aufgefordert, entweder katholisch zu werden oder auszuwandern (1625). *Religionsreformationskommissionen* wurden eingesetzt, um für die konkrete Durchführung der kaiserlichen Mandate zu sorgen. Wie solche Kommissionen arbeiteten, lässt sich am Beispiel des Priesters Georg Friedrich Koller (1586-1653) ablesen, dem ein Kapitel dieses Buches gewidmet ist. Er war von den Behörden mit der Rekatholisierung der Stadt Wels beauftragt worden und kam im Februar 1626 dort an. Seine Tätigkeit wurde schon bald danach durch den großen Bauernkrieg von 1626, der als ein letztes Kräftemessen zwischen den Konfessionen gelten kann, unterbrochen. Nach der Niederschlagung des Aufstands kehrte Koller wieder nach Wels zurück, um sein *Bekehrungswerk*, das sich in mancher Hinsicht wohltuend von seinen Zeitgenossen abhebt, fortzusetzen. Zwar bediente auch er sich der damals allgemein üblichen Mittel und führte mit den Protestanten Zwangsverhöre mit dem Ziel der Konversion durch; auch wies er, wie es seine Pflicht war, immer wieder auf die kaiserlichen Strafandrohungen hin; gleichzeitig setzte er sich aber für Milde den Nichtkatholiken gegenüber ein. Da es ihm bei den Bekehrungen vor allem um die Seelen der Menschen ging, lehnte er erzwungene Konversionen und die Zerreißung von Familien durch Ausweisung derjenigen, die nicht bereit waren, katholisch zu werden, ab. Damit darf er als ein Beispiel früher Toleranz angesehen werden.

Im Verlauf des 17. Jahrhunderts gewann der Katholizismus wieder die Oberhand im Land. Ein neues Lebensgefühl erfasste die Menschen und manifestierte sich in einer überschäumenden *Barockkultur* (Kirchenbauten, Theater, Liturgie, Volksfrömmigkeit). Die neu erstarkten religiösen Orden leisteten einen wichtigen Beitrag zur Rekatholisierung des Landes.

Der *Josephinismus*, die typisch österreichische Form des *Staatskirchentums*, ist eingebettet in die geistesgeschichtliche Bewegung der *Aufklärung*. Die Benennung nach Kaiser Joseph II. (1780-1790) für die Epoche zwischen Spätbarock und Liberalismus (ca. 1750-1850/55) bringt zum Ausdruck, dass das System unter diesem Herrscher seine markanteste Ausprägung erfuhr. Kennzeichnend für die Zeit war das Bestreben, alles an den Grundsätzen der Vernunft (Rationalismus) und der Nützlichkeit (Utilitarismus) zu messen. Von daher erklären sich die Bemühungen um Klarheit und Nüchternheit bei der Verkündigung und in der Liturgie ebenso wie der Kampf gegen die Orden, die man vor allem dann als überflüssig empfand, wenn sie sich einem *beschaulichen Leben* widmeten. Die Kirche wurde weitgehend in den Dienst des Staates genommen.

Schon diese wenigen Hinweise machen es verständlich, dass das geistige Klima nicht dazu angetan war, Gestalten hervorzubringen, die sich für die Aufnahme in dieses Buch qualifizieren würden. Das darf uns aber den Blick nicht davor verstellen, dass damals auch manche positive Entwicklungen einsetzten, die letztlich auch der Kirche zu Gute kamen. Der Respekt vor dem Menschen nahm zu (Toleranz, Aufhören der Hexenprozesse), das allgemeine Schulwesen wurde unter starker Beteiligung der Kirche eingeführt und auf dem Gebiet der Pädagogik wurden große Fortschritte erzielt.

Oberösterreich wurde 1783/85 zu einer eigenen Diözese erhoben, das Pfarrnetz erfuhr eine Verdichtung, 1794 wurde in Linz eine eigene *k.k. Studienanstalt für Theologie* und 1806 ein Priesterseminar eröffnet.

Die starke Dominanz des Staates in allen Lebensbereichen stieß aber auch zunehmend auf Widerstand, der in der Revolution von 1848 seinen deutlichsten Ausdruck fand. Franz Joseph Rudigier, der spätere Bischof von Linz, verließ damals Wien, wo er als Spiritualdirektor am Höheren Priesterbildungsinstitut St. Augustin (Frintaneum) gewirkt hatte, weil er den Aufruhr ablehnte. 1852 von Kaiser Franz Joseph I. (1848-1916) zum Bischof ernannt, übernahm er das Bistum Linz in der Zeit des Neoabsolutismus. Dieser war bestrebt, die revolutionären Tendenzen wieder zu unterdrücken und die alten Strukturen zu konservieren. Gerade dadurch aber bildete sich eine starke liberale Strömung heraus, die – entgegen ihrer Bezeichnung – auch durchaus kirchenkämpferische Züge aufwies, standen ihr doch die konservative Haltung der Kirche und die bestehende *Ehe von Thron und Altar* im Wege. Bischof Rudigier wurde zu einem Exponenten der Auseinandersetzung mit dem Liberalismus, der nach und nach seine politische Bedeutung verlor und bei Rudigiers Tod (1884) keine Rolle mehr spielte.

Rudigier war aber nicht nur eine Gestalt des Widerstands, er war vor allem ein Bischof des Aufbaus, wofür die Errichtung einer neuen Kathedrale als Symbol gelten kann. Der noch jungen Diözese hat erst er ihre Identität vermittelt (vgl. das Kapitel über Rudigier).

Ab 1861 begann die Demokratie, z. B. mit einer Landesverfassung, zaghaft Fuß zu fassen, ab 1869 formierten sich politische Parteien. In Oberösterreich wurde 1869, gefördert von Bischof Rudigier, der Katholische Volksverein gegründet, dessen Ausschuss zugleich die Leitung der Katholisch-Konservativen Partei darstellte.

Gegen Ende des 19. Jahrhunderts entstand die Christlich-soziale Partei, mit der sich 1907 die Katholisch-Konservativen vereinigten. Es sollte danach nicht mehr lange dauern, bis die Monarchie zerfiel und die Republik Deutschösterreich entstand.

In diese Zeit des Übergangs fällt das Wirken von Bischof Rudolph Hittmair (1909-1915). Kirchlich gesehen war das die Epoche des Reformkatholizismus, der unter der Bezeichnung *Modernismus* von Rom heftig bekämpft wurde, aber in manchen seiner Bestrebungen schon das Zweite Vatikanische Konzil (1962-1965) vorwegnahm. Hittmair war ein ausgesprochener Gegner dieser Bewegung und wurde dafür von Papst Pius X. (1903-1914) gelobt. Politisch klammerte sich der Bischof noch an die Monarchie, deren Ende (1918) schon abzusehen war.

In diesem Buch findet der Bischof wegen seines Einsatzes für die Verwundeten des Ersten Weltkriegs Berücksichtigung. 1914 überließ er die Diözesanleitung praktisch dem von ihm ernannten Generalvikar Balthasar Scherndl (1846-1922), während er selbst sich als Krankenpfleger für Kriegsversehrte zur Verfügung stellte. Am 5. März 1915 starb der Bischof als Martyrer der Nächstenliebe an den Folgen einer Flecktyphusinfektion, die er sich bei einem Besuch von kriegsgefangenen kranken Serben in einem Lager in Mauthausen zugezogen hatte.

Der mühsame Weg der österreichischen Politik zwischen 1918 und 1938 verlief zwischen Demokratie und autoritärem Staat. Als äußerst folgenschwer erwies sich, auch für die Kirche, der *Anschluss* Österreichs an das nationalsozialistische Deutsche Reich.

Kirche und Nationalsozialismus

Als am 12. März 1938 deutsche Truppen in Österreich einmarschierten und der deutsche Reichskanzler Adolf Hitler noch am selben Tag vom Balkon des Linzer Rathauses verkündete, dass er den ihm von der Vorsehung erteilten Auftrag, seine *teure Heimat dem Deutschen Reich wiederzugeben,* erfüllt habe, gab es gewiss viel echte Begeisterung. Tatsache ist aber auch, dass die schweigende Mehrheit resigniert abseits stand oder sogar gegnerisch eingestellt war. Sogleich nach dem *Anschluss* begann ein regelrechter *Kirchenkampf*, sahen doch die Nationalsozialisten in der Kirche einen ihrer entschiedensten Gegner.

Mit dem nationalsozialistischen Regime war ein System an die Macht gekommen, das alles und alle *gleichschalten* wollte. Unter solchen Umständen haben erfolgte Distanzierungen einen anderen Stellenwert als in einer freien Demokratie. Und so berechtigt die Forderung nach ehrlicher und offener Auseinandersetzung mit der Geschichte auch ist, so unhistorisch wäre es, heutige Maßstäbe an die Zeit von damals anzulegen und das Verhalten der Kirchen, ihrer Führungsorgane und ihrer Mitglieder, an ihnen zu messen. Das gilt auch für den oft erhobenen Vorwurf des Schweigens der Kirche zu begangenem Unrecht. Abgesehen davon, dass dieser Vorwurf in so allgemeiner Form nicht stimmt, ist auch zu bedenken, dass Proteste die Lage noch verschärfen konnten. So hat, um nur ein bekanntes Beispiel zu erwähnen, die Enzyklika *Mit brennender Sorge* Papst Pius' XI. von 1937, mit der er die Welt aufrütteln und sie auf die rechtswidrigen Vorgänge im Dritten Reich aufmerksam machen wollte, den schon bestehenden Kirchenkampf in Deutschland noch zusätzlich aufgeschaukelt.

Dass es auch ein Versagen der Kirche, ihrer Vertreter und Mitglieder, gegeben hat, kann nicht geleugnet werden. Versagen und Schuld sind aber nur die eine Seite. Schon der breitgefächerte Kirchenkampf beweist ja, wie sehr das NS-Regime die Kirchen als einen Hort des Widerstandes empfand. Das bezeugen auch jene, die damals gelebt haben.

Johannes Singer, emeritierter Professor für Fundamentaltheologie in Linz, erinnert sich: *Jeder Priester und jede Ordensfrau war für mich unbefragt ein Gegner des Regimes, war Heimat in einer fremdgewordenen Heimat. Instinktiv spürten wir, wie konträr der Geist Christi dem Geist Hitlers war.*

Und Gerhard Winkler, Zisterzienser von Wilhering und emeritierter Professor für Kirchengeschichte in Salzburg, schreibt: *Unsere Generation konnte noch unvergesslich erleben, welche geistigen Freiräume und damit moralischen Überlebensmöglichkeiten schulischer Religionsunterricht, Glaubensstunden und Predigten auch im konkordatsfreien Raum der Ostmark zu gewähren vermochten. In unserer Jugend war jeder Geistliche virtuell ein Regimegegner, dem man absolut trauen konnte.*

Diesen Feststellungen kann man nur beipflichten.

Die Ablehnung des Nationalsozialismus aus christlichen Motiven führte auch gar nicht so selten Menschen auf den Weg zum Martyrium. Sieben Beispiele hierfür bringt das vorliegende Buch. Es sind zumeist sperrige Gestalten, um die es sich dabei handelt. Aber gerade deshalb widerstrebten sie der Anpassung und der Gleichschaltung. Die Motive für das Vorgehen der Behörden gegen sie waren unterschiedlich. Letztlich war es aber eigentlich immer ihr Glaube, ihre Treue zu Christus und der Kirche, was den Ausschlag für ihre Verfolgung gab. Als Marcel Callo nach einem Jahr Zwangsarbeit in Thüringen am 19. April 1944 verhaftet und in ein Gefängnis eingeliefert wurde, begründete ein Gestapomann diese Maßnahme mit dem lapidaren Satz: *Der Herr ist viel zu katholisch.*

Mit dem Ende des Zweiten Weltkriegs und dem Zusammenbruch der nationalsozialistischen Herrschaft setzte auch in der Kirche ein großes und erfolgreiches Werk der Konsolidierung und des Wiederaufbaus ein. Das Zweite Vatikanische Konzil und die Linzer Diözesansynode (1970-1972) trugen in unserem Bistum zunächst zu einer echten Verlebendigung der Kirche bei (Liturgie, Katholische Aktion). Bald kam es aber auch zu negativen Entwicklungen (Rückgang der Priester- und Ordensberufe, Rückgang des Kirchenbesuchs, Kirchenaustritte), welche nicht losgelöst von den gesellschaftlichen Veränderungen gesehen werden dürfen. Freilich trugen auch einige bedauerliche innerkirchliche Vorgänge dazu bei, dass die Kirche an Ansehen verlor.

Es gibt jedoch auch unübersehbare Zeichen der Hoffnung (Fortschritte in der Ökumene, Einsatz für Behinderte, Werke der Caritas, Engagement der Pfarrgemeinderäte). Eine zusätzliche Kraft der Erneuerung könnte für die Kirche davon ausgehen, dass sie sich wieder orientiert an den wegweisenden Gestalten des Glaubens, die Christus konsequent gefolgt sind und sich durch ein hohes Maß an Gottes- und Nächstenliebe ausgezeichnet haben.

Literatur in Auswahl

Zur Heiligenverehrung:

D. Assmann, *Hl. Florian bitte für uns. Heilige und Selige in Österreich und Südtirol.* Innsbruck 1977; W. Beinert (Hg.) *Die Heiligen heute ehren.* Freiburg 1983; W. Schulz, *Das neue Selig- und Heiligsprechungsverfahren.* Paderborn 1988; H.J. Limburg u. H. Rennings (Hg.), *Beglaubigtes Zeugnis.*

Selig- und Heiligsprechungen in der Kirche. Würzburg 1989; A. ANGENENDT, *Heilige und Reliquien.* München 1997.

Zum geschichtlichen Ablauf:

Hier können nur wiederholt herangezogene Arbeiten bzw. solche, deren Autoren in diesem Beitrag genannt werden, angeführt werden.

K. MEINDL, *Leben und Wirken des Bischofes Franz Joseph Rudigier von Linz.* Bd. 1. Linz 1891; K. EDER, *Glaubensspaltung und Landstände in Österreich ob der Enns 1525-1602* (Studien zur Reformationsgeschichte Oberösterreichs Bd. 2). Linz 1936; A. BETZ, *Aus Österreichs römischer Vergangenheit.* Wien 1956; G. WINKLER, *Die Römer in Oberösterreich.* Linz 1975; H. SLAPNICKA, *Oberösterreich unter Kaiser Franz Joseph 1861-1918* (Beiträge zur Zeitgeschichte Oberösterreichs Bd. 8). Linz 1982; H. SLAPNICKA, *Christlichsoziale in Oberösterreich. Vom Katholikenverein 1848 bis zum Ende der Christlichsozialen 1934* (Beiträge zur Zeitgeschichte Oberösterreichs Bd. 10). Linz 1984; S. HAIDER, *Geschichte Oberösterreichs.* Wien 1987; R. ZINNHOBLER, *Kirche in Oberösterreich.* 4 Bde. Strasbourg 1992-1995; J. LAUDAGE, *Gregorianische Reform und Investitur* (Erträge der Forschung Bd. 282). Darmstadt 1993; R. ZINNHOBLER, *Libertas ecclesiae am Beispiel der Pfarre. Vom Investiturstreit zur Gegenwart.* In: *Kirche in bewegter Zeit* (FS für Maximilian Liebmann zum 60. Geburtstag), hg. v. R. ZINNHOBLER, D. A. BINDER, R. HÖFER, M. KRONTHALER. Graz 1994; J. SINGER, *Kriegsdienst und Gewissen. Versuch einer Erinnerung.* In: *Franz Jägerstätter. Christlicher Glaube und politisches Gewissen,* hg. v. A. RIEDL u. J. SCHWABENEDER. Thaur 1997, 94-110; G. B. WINKLER, *Franz Jägerstätter (1907-1943). Held oder Heiliger?* In: *Staat und Kirche in der ‚Ostmark'* (Veröffl. d. Internat. Forschungszentrums für Grundfragen der Wissenschaft in Salzburg, NF Bd. 70), hg. v. M. LIEBMANN, H. PAARHAMMER, A. RINNERTHALER. Frankfurt a. M. 1997; J. LENZENWEGER, P. STOCKMEIER, J. B. BAUER, K. AMON, R. ZINNHOBLER (Hg.), *Geschichte der katholischen Kirche* (Sonderausgabe). Graz 1999; R. ZINNHOBLER, *Die Modernismuskrise in Oberösterreich.* In: Jb. OÖ. Mus.-Ver. Bd. 147/I. Linz 2002, 313-344; R. LEEB, M. LIEBMANN, G. SCHEIBELREITER, P. G. TROPPER, *Geschichte des Christentums in Österreich. Von der Spätantike bis zur Gegenwart.* Wien 2003.

Martyrer
und
Bekenner
in der Römerzeit

Der hl. Florian und seine Gefährten

(Hinrichtung 304)
Patrone von Bistum und Land

Der hl. Florian und seine Gefährten wurden mit Reskript der Ritenkongregation vom 21. April 1971 zu Schutzpatronen des Bistums Linz erklärt, womit der hl. Maximilian als Diözesanpatron verdrängt wurde. Seit seinem 1700. Todestag, dem 4. Mai 2004, wird Florian überdies (kraft eines Beschlusses der Oberösterreichischen Landesregierung vom 17. März 2003) neben dem hl. Leopold als *gleichrangiger Landespatron* verehrt.

Diese hohe Wertschätzung des hl. Florian war vor gut hundert Jahren, als man daran ging, sich auf den 1600. Gedenktag seines Martyriums vorzubereiten, nicht allgemein gegeben. Der Jurist und Historiker Julius Strnadt (1833-1917) äußerte damals Bedenken an der Geschichtlichkeit des Ereignisses und glaubte feststellen zu können:

Die *Passio Sancti Floriani*, die angebliche Hauptquelle über die Hinrichtung des Heiligen zur Zeit Kaiser Diokletians (284-305), ist *ein betrügerisches Machwerk, erfunden zum Vortheile der Bischöfe von Passau.* Strnadt leugnete sogar die Existenz des Heiligen (Linzer Tagespost vom 1. Mai 1901). Ignaz Zibermayr trat dagegen in seinem 1944 erstmals erschienenen Buch *Noricum, Baiern und Österreich* mit überzeugenden Argumenten für die Historizität des hl. Florian ein. Seither wird die Geschichtlichkeit des Heiligen, des einzig namentlich bekannten Martyrers der Spätantike in Österreich, nicht mehr bezweifelt. Die Diskussion um ihn ist zwar immer noch lebendig, betrifft aber eigentlich nur Details in der Interpretation der Quellen.

Der heilige Florian

Über den Martyrertod Florians besitzen wir zwei Überlieferungen, die schon genannte *Passio* (Leidensgeschichte), die uns in einer kürzeren und einer längeren Fassung vorliegt, und das so genannte *Martyrologium Hieronymianum,* ein nach Kalendertagen gegliedertes Verzeichnis von Blutzeugen, das zu Unrecht dem hl. Hieronymus zugeschrieben wird. Bevor wir uns etwas näher mit diesen Quellen befassen, sei kurz auf die Christenverfolgungen unter Kaiser Diokletian eingegangen.

In einer Zeit des bereits drohenden Verfalls des Römerreiches sah sich der Kaiser dazu herausgefordert, sein Imperium neu zu organisieren, um es wieder fester in den Griff zu bekommen. Zu diesem Zweck wurde das gesamte Reich in vier Verwaltungseinheiten (Präfekturen) mit je drei Diözesen aufgeteilt; und die Provinzen wurden durch Verkleinerung wesentlich vermehrt. Diese Maßnahmen waren begleitet von einer umfassenden religiösen Restauration, zu der vor allem die Neubelebung des Kaiserkultes gehörte, welcher auch als staatsbürgerliches Bekenntnis gewertet wurde. Die Christen aber lehnten diesen Kult als unvereinbar mit ihrem Glauben ab; sie waren nicht bereit, einem Menschen göttliche Ehren zu erweisen. Schon ab 299 kam es deshalb zu Entlassungen christlicher Soldaten aus dem Militär.

In den Jahren 303 und 304 erließ der Kaiser nacheinander vier sich steigernde Religionsedikte. Durch das erste wurde es den Christen u.a. verboten, höhere Ämter und Würden zu bekleiden; das zweite und dritte verlangten die Festnahme der Kleriker, bzw. deren Hinrichtung bei Verweigerung des Kaiserkultes; das vierte dehnte den Opferzwang auf alle Christen aus. Diese Maßnahmen zielten letztlich auf die Ausrottung des Christentums ab.

Die hierauf einsetzenden Christenverfolgungen betrafen, wie die erwähnten Quellen bezeugen, auch Norikum, das durch die Reichsreform

Diokletians in zwei Provinzen unterteilt worden war, in Binnen- und in Ufernorikum.

Eines der Opfer war der hl. Florian. Sein Martyrium schildert uns die *Passio*, die (in der gestrafften Version I. Zibermayrs) Folgendes berichtet:

Teil I:
Zur Zeit der Kaiser Diokletian und Maximian [= Mitkaiser für Italia und Afrika] brach eine Verfolgung gegen die Christen aus. Damals verwaltete Ufernorikum der Statthalter Aquilinus, der sich in das Lager Lauriacum begab und die Christen eifrig ausforschen ließ; es wurden vierzig von ihnen ergriffen und nach vielen Martern eingekerkert. Als hiervon Florian, der ehemalige Vorsteher des Statthaltereiamtes, der damals im Stadtgebiet von Cetium [St. Pölten] wohnte, erfuhr, eilte er nach Lorch und bekannte sich als Christ. Daraufhin forderte ihn der Statthalter auf, den Göttern zu opfern. Doch Florian weigerte sich und blieb auch dann noch standhaft, als er ihn mit Knüppeln schlagen und seine Schulterblätter mit geschärftem Eisen brechen ließ. Schließlich fällte Aquilinus das Urteil und befahl, Florian mit einem Stein um den Hals von der Brücke in die Enns zu stürzen.

Teil II:
Dem, der ihn hinabstieß, brachen die Augen, der Fluß erschrak und setzte den Leichnam auf einem aufragenden Felsen ab, wo ihn ein Adler mit seinen in Kreuzesform ausgespannten Flügeln zudeckte. Dann offenbarte sich der Heilige einer Frau und zeigte ihr die Stelle an, wo er zu finden wäre. Auf sein Erscheinen hin spannte sie Zugtierchen (animiola) ein, fuhr zur Enns und fand den Leichnam, den sie aus Furcht vor den Heiden unter Gesträuch und Laubwerk verbarg. Auf dem Wege zu dem angewiesenen Bestattungsort ermüdete das dürstende Gespann und kam nicht mehr vorwärts; da entsprang auf das Gebet der Begleiterin hin eine sprudelnde Quelle, die noch heute fließt; die erquickten ‚Tierchen' blieben auf der Weiterfahrt an dem Orte stehen, den der Heilige bezeichnet hatte. Wegen der heftigen Verfolgung begrub sie ihn eilig und heimlich unter der Erde; dort nun geschehen viele Wunder: es werden böse Geister ausgetrieben, Fiebrige geheilt und alle Kranken, die hoffen, erlangen Barmherzigkeit. Die erwähnten vierzig Bekenner aber starben im Kerker.

Schon die Lektüre dieser Inhaltsangabe legt nahe, dass der erste Teil (der zwar auch mit hier unberücksichtigten Streitgesprächen zwischen

Heiliger Florian im Missale des Heinrich von Marbach.
(Um 1306, Stiftsbibliothek St. Florian)

Aquilinus und Florian angereichert wurde, aber keine Wunderberichte enthält) im Wesentlichen eine nüchterne Berichterstattung darstellt und daher Anspruch auf Geschichtlichkeit erheben darf, während der zweite Teil durchwegs legendenhaft wirkt. Das nimmt ihm aber seine Bedeutung nicht, handelt es sich doch um eines der wichtigsten Zeugnisse der fortdauernden Verehrung des Heiligen.

Das schon erwähnte *Martyrologium Hieronymianum* bringt zum 4. Mai die folgenden, sehr knapp gehaltenen Angaben:

In Ufernorikum, im Ort Lauriacum, der Geburtstag [= Todestag als Geburtstag für den Himmel] des Florian, eines ehemaligen Kanzleivorstandes des Statthalters [= praeses], auf dessen Befehl er mit einem um den Nacken gebundenen Stein von der Brücke in den Ennsfluß gestürzt wurde, wobei ihm[!], wie alle Umstehenden sahen, die Augen brachen.

Auch diese prägnanten Formulierungen erwecken den Eindruck verlässlicher geschichtlicher Mitteilungen.

Wie hängen die beiden Überlieferungen zusammen? Ohne auf die Quellenlage im Rahmen dieser Kurzdarstellung genauer eingehen zu können, sei festgehalten, dass die ältesten Handschriften für die *Passio* aus dem 9. und 10. Jahrhundert und für das *Martyrologium* aus dem 8. Jahrhundert stammen. Vorkommende Begriffe wie die kurzlebige Provinzbezeichnung *Ufernorikum*, die erst unmittelbar vor der Christenverfolgung aufkam, die exakte, noch in der alten grammatikalischen Form überlieferte Amtsbezeichnung für Florian (*ex-principe officii presidis* = pensionierter Vorstand der Kanzlei des Statthalters), der Terminus *Praeses* und der Ortsname *Cetium* verweisen schon rein sprachlich auf eine wesentlich ältere Schicht. Solche Begriffe wären einem Autor des 8. Jahrhunderts nicht mehr geläufig gewesen, sofern er sie eben nicht aus einer damals noch vorhandenen Quelle schöpfen konnte. Die Richtigkeit dieser Annahme wird auch dadurch bestätigt, dass sich in den Texten der Bearbeiter und Kopisten des 9. und 10. Jahrhunderts Verschreibungen und sprachliche Entstellungen finden, was zeigt, dass sie diese alte Terminologie nicht mehr verstanden, aber aus Treue zur benützten Vorlage beibehielten. Ein Beispiel hierfür ist die Stelle vom *Brechen der Augen*, was in einem Fall auf den Schergen, der Florian in das Wasser stieß, im anderen Fall auf den Heiligen selbst bezogen wird. Den Bearbeitern des 8. Jahrhunderts lag also wohl eine Quelle mit einer grammatikalisch komplizierten Formulierung vor, die sie jeweils so wiedergaben, wie sie sie auffassten.

Zusätzlich könnte man für die Echtheit der Überlieferung auch damit argumentieren, dass eine erst im 8. Jahrhundert oder später entstandene Darstellung sicherlich von der Terminologie der Zeit beeinflusst worden wäre und damalige Organisationsformen und Ämter (Bistum, Klöster, Kirchen, Bischof, Priester etc.) Erwähnung gefunden hätten (K. REHBERGER).

Es ist also eine *Urschrift* für beide Traditionen anzunehmen, welche nach dem Gesagten aus der Spätantike stammte. Diese könnte sogar in Lorch entstanden sein, wo bekanntlich Bischof Constantius in der zweiten Hälfte des 5. Jahrhunderts eine Schreibschule (Kanzlei) unterhielt (H. WOLFF).

Offen bleibt noch die Frage, warum die im 8. Jahrhundert überarbeitete und erweiterte Fassung der *Passio* so viele legendäre Elemente enthält. Da um diese Zeit auch die Entstehung des Klosters St. Florian anzunehmen ist, bestand vielleicht der Bedarf nach einer *Gründungssage*. Für diese könnte der vorhandene alte Bericht das Ausgangsmaterial dargestellt haben, das für den frommen Zweck entsprechend erweitert wurde (I. ZIBERMAYR).

Als geschichtlicher Kern der Überlieferung kann festgehalten werden:

Die diokletianischen Christenverfolgungen betrafen auch Ufernorikum. Etwa vierzig Christen wurden aufgespürt, festgenommen und eingekerkert. Das ranghöchste Opfer der Verfolgung war Florian, der ehemalige Kanzleivorstand des Provinzstatthalters Aquilinus. Dieser Posten mag in etwa dem eines Landesamtsdirektors von heute entsprochen haben. Sein Amtssitz war vermutlich Ovilava (= Wels), das für die damalige Zeit als Hauptstadt Ufernorikums gilt. Das Herbeikommen Florians aus Cetium zur Richtstätte in Lauriacum (Lorch) scheint darauf hinzudeuten, dass er sich zum betreffenden Zeitpunkt schon im Ruhestand befand. Es lässt sich aber nicht mit Sicherheit sagen, dass sein Ausscheiden aus dem Amt auf Grund des ersten diokletianischen Edikts, das Christen in höheren Stellen nicht mehr duldete, erfolgt war. Aus der *Passio* gewinnt man nämlich eher den Eindruck, dass der Statthalter beim Verhör noch nicht gewusst habe, dass Florian Christ sei. Warum der Heilige aus Cetium herbeieilte, erfahren wir aus den Quellen nicht, können es aber vermuten. Auf Grund seiner früheren hohen Stellung hatte er wohl gehofft, den Statthalter, seinen ehemaligen Vorgesetzten, zugunsten seiner Mitchristen beeinflussen zu können. Das gelang ihm aber nicht, vielmehr wurde ihm selbst der Prozess gemacht, der mit dem Todesurteil endete. Dieses wurde vollzogen, indem man Florian mit einem Stein um den Hals von der Ennsbrücke in Lauriacum in den Fluss stürzte.

Nach dem zweiten Teil der *Passio* erfolgte eine Bergung und Beisetzung des Leichnams an seiner späteren Verehrungsstätte, also im heutigen Stift St. Florian. Dieser Bericht überzeugt jedoch nicht völlig. Die neuere Forschung (R. Pillinger, H. Wolff) neigt eher zur Annahme, dass das Kloster den Leib des Heiligen *nie* besessen habe, da ja mit der gewählten Hinrichtungsart geradezu die Absicht verbunden war, die Entstehung eines Reliquienkults zu verhindern. Trifft das zu, so wäre St. Florian nur der Ort einer *vermuteten* ersten Beisetzung, der kein historisches Faktum entspricht. Das wieder hätte Konsequenzen für den Echtheitsanspruch der heute in Krakau verehrten Florianreliquien, die der Polenfürst Kasimir im Jahre 1183 von Rom, wohin sie durch eine frühe Übertragung gekommen sein müssten, in seine Heimat überführte. Eine Reliquie des in Krakau verehrten hl. Florian überbrachte 1968 für die Basilika St. Laurenz in Lorch der damalige Kardinal von Krakau, Karol Wojtyla, der 1978 zum Papst gewählt wurde. Als Johannes Paul II. besuchte er 1988 im Rahmen seines zweiten Pastoralbesuches in Österreich auch Lorch, wo das Gedächtnis an den hier verurteilten hl. Florian stets lebendig geblieben ist.

Von den vielen Zeugnissen der Verehrung des Heiligen im Land Oberösterreich sei nur auf jene Stätten verwiesen, die mit seinem Namen verbunden oder seinem Schutz unterstellt sind. Das sind im Einzelnen: das prachtvolle Augustinerchorherrenstift St. Florian bei Linz; die gotische Wallfahrtskirche St. Florian bei Helpfau; die ebenfalls gotische Pfarrkirche St. Florian am Inn; die aus dem späten 19. Jahrhundert stammende Pfarrkirche Neumarkt im Hausruckkreis, deren 1536 erstmals erwähnter Vorgängerbau ebenfalls schon das Florian-Patrozinium trug; Wallern b. Wels, ursprünglich dem hl. Stefan geweiht, aber beim Neubau 1784 dem Schutz des hl. Florian unterstellt; schließlich Steinbach am Ziehberg, dessen Kirche 1778-1780 errichtet wurde.

Die Gefährten des hl. Florian im Gefängnis.
Ausschnitt aus dem Florianitor der Pfarrkirche von Enns-St. Laurenz.
Bronzeguss von Peter Dimmel (1970).

Florian gilt als Patron bei Feuersgefahr, Hochwasser, Sturm und Dürre. Die Feuerwehren, Rauchfangkehrer und Bierbrauer haben sich ihn zum Schutzherrn erwählt. Vor allem aber wird er, wie eingangs erwähnt, als Patron des Bistums Linz und des Landes Oberösterreich verehrt.

Die Martyrer von Lorch

Nach dem Bericht der *Passio* betrafen die Verfolgungen in Ufernorikum unter Diokletian außer Florian noch vierzig andere Christen, die nach vielen ihnen zugefügten Martern eingekerkert wurden und im Gefängnis umkamen. Sie müssen nicht alle aus Lorch selbst gestammt haben, wird doch ausdrücklich erwähnt, dass sie *ausgeforscht* wurden. Andere entzogen sich der Festnahme durch die Flucht. Das lässt darauf schließen, dass die Zahl der Christen damals nicht mehr ganz klein war. Eine Reihe von ihnen traf das schwere Los des Martyriums.

Die Überreste der Leiber dieser namenlosen Martyrer von Lorch werden heute im Hochaltar der Basilika Enns-St. Laurenz in einem antiken Steintrog (im Ausmaß von 76x75x43 cm) verwahrt. Handelt es sich um echte Reliquien? Alle Indizien sprechen dafür.

Am 12. Oktober 1900 wurde im Zuge von Renovierungsarbeiten in der damaligen Filial- und Friedhofskirche St. Laurenz das eben erwähnte Steinkistengrab entdeckt, und zwar in einem Hohlraum unter der Mensa des Hochaltars, wo es sich seit dem Bau der gotischen Kirche befunden hatte. Die hierauf durchgeführte anthropologische Untersuchung der darin enthaltenen Gebeine ergab, dass diese zum überwiegenden Teil von Erwachsenen, zum Teil aber auch von jugendlichen Personen stammen. Auch Tierknochen und Holzkohlenreste fanden sich, viele Gebeine wiesen Brandspuren auf. Aufgefundene Gewebeteile ließen erkennen, dass der Inhalt des Schreines ursprünglich umhüllt gewesen war. Da keine Authentik (kirchliche Bestätigung der Echtheit der Reliquien) beigebracht werden konnte, verfügte Rom die Entfernung der Knochen aus dem Altar. Sie wurden daraufhin ohne die Steinkiste im Friedhof vergraben.

Günstige Umstände ermöglichten 1941 die abermalige Exhumierung (der alte Mesner Anton Peham, der 1900 die Beisetzung durchgeführt

Quellen und Literatur

Quellen

Passio S. Floriani (kritische Ausgabe der kürzeren Fassung) bei: W. Neumüller, *Der hl. Florian und seine „Passio"* (vgl. Lit.), 25-35.

Martyrologium Hieronymianum, ebd. 20.

Zur Quellenlage vgl. auch A. Lhotsky, *Quellenkunde zur mittelalterlichen Geschichte Österreichs* (MIÖG, Erg.Bd. 19). Graz 1963, 132-135.

Literatur (Auswahl)

R. Noll, *Frühes Christentum in Österreich. Von den Anfängen bis um 600 nach Chr.* Wien 1954, 22-36; W. Neumüller, *Sie gaben Zeugnis. Lorch – Stätte des heiligen Florian und seiner Gefährten.* Wien-Linz-Passau 1968; W. Neumüller, *Der heilige Florian und seine „Passio".* In: *Mitteilungen des Oberösterreichischen Landesarchivs* 10 (1971) 1-35; I. Zibermayr, *Noricum, Baiern und Österreich. Lorch als Hauptstadt und die Einführung des Christentums.* Horn [3]1972; K. Rehberger, *Zur Verehrung des hl. Florian im Stift St. Florian.* In: *Mitteilungen des Oberösterreichischen Landesarchivs* 11 (1974) 85-98; R. Zinnhobler, *Stätten der Florianverehrung in Oberösterreich.* In: *Amtliche Linzer Zeitung* 344 (1974) 479f.; O. Winkler, *Bischof Pater Timotheos Alois Stumpfl* (Kirchengeschichtl. Diplomarbeit). Linz 1979; R. Zinnhobler (Hg.), *Lorch in der Geschichte.* Linz 1981; W. Neuwirth – E. Marckhgott – F. Reisinger, *Der heilige Florian.* Linz-Wien 1985; R. Pillinger, *Christenverfolgung und Tempelsturm in der Austria Romana.* In: E. Zöllner (Hg.), *Wellen der Verfolgung in der österreichischen Geschichte.* Wien 1986, 5-17; K. Rehberger, *Der heilige Florian. Ein Beitrag zu seiner Verehrungsgeschichte.* In: *Mitteilungen des Museumvereines Lauriacum-Enns* N.F. 26 (1988) 47-58; H. Wolff, *Die Anfänge des Christentums in Ostraetien, Ufernoricum und Nordwestpannonien.* In: *Ostbairische Grenzmarken* 31 (1989) 27-45; R. Zinnhobler, *Kirche in Oberösterreich Bd. 1: Von den Anfängen bis zur Wende des 1. Jahrtausends.* Strasbourg 1992, 10-15; R. Zinnhobler, *Florian von Noricum.* In: LThK 3 ([3]1995) 1329; R. Harreither, *Die Christianisierung des Enns-Donauraumes. Von den Anfängen bis zum Ende der römischen Herrschaft.* In: *Öffentliches Stiftsgymnasium der Benediktiner in Seitenstetten*. 2. Jahresbericht (1995/96) 100-111; R. Harreither, *Der hl. Florian. Der einzige namentlich bekannte Martyrer in Noricum Ripense*. In: R. Bratoz (Hg.), *Westillyricum und Nordostitalien in der spätrömischen Zeit*. Ljubljana 1996, 235-262; R. Bratoz, *Il Cristianesimo Aquileiese prima di Costantino fra Aquileia e Poetovio* (Ricerche per la storia della chiesa in Friuli, Bd.2). Udine-Gorizia 1999, bes. 459-469.

Erst nach Abschluss dieses Beitrags erschienen:

J. Ebner – M. Würthinger (Hg.), *Der heilige Florian. Tradition und Botschaft* (NAGDL 16). Linz 2003; E.M. Ruprechtsberger, *Einige Gedanken zum zeitlichen und kulturellen Umfeld des Martyrers Florianus von Norikum – ein Essay* (Linzer Archäologische Forschungen, Sonderheft 29). Linz 2003; R. Harreither – K. Rehberger – St. Schlager, *Florian – Christ und Märtyrer*. [Strasbourg] 2004.

Heiliger Maximilian als „Bischof und Martyrer“ und Schutzherr von Enns.
Neugotisches Glasfenster (Ausschnitt) im Kreuzgang von Enns-St. Marien.

Der hl. Maximilian

(Spätantike)
Ursprünglicher Patron des Bistums Linz

Die hll. Valentin und Maximilian werden als Diözesanpatrone von Passau verehrt. Maximilian wurde auch zum Patron des Bistums Linz bestimmt, als dieses 1783/85 durch Abtrennung von Passau gegründet wurde. Der Heilige bildet(e) damit eine Klammer zwischen den beiden Diözesen, zwischen *Mutter* und *Tochter*.

Was wir über Maximilian wissen, ist nicht viel. Die Salzburger Geschichtsquellen des späten 8. Jahrhunderts (*Indiculus Arnonis* und *Breves Notitiae*) berichten für die Zeit des hl. Bischofs Rupert (gest. um 716) von der (um 711/12 erfolgten) *Wiederentdeckung* einer Kultstätte, *an der bei Nacht Kerzen brannten* (F. Ortner). Rupert begab sich persönlich an diese Stelle, fand die Nachrichten bestätigt und ließ dort eine Mönchszelle und eine kleine Kirche errichten, der er das Maximilianspatrozinium gab. Das lässt darauf schließen, dass noch bekannt war, auf wen sich der Kult bezog. Der römische Name Maximilian aber deutet auf eine spätantike christliche Tradition. Der Ort des Geschehens war Pongau; so hieß damals der heutige Ort Bischofshofen. *Über Herkunft, Leben und Stand* des dort verehrten Heiligen erfahren wir in diesem Zusammenhang freilich *kein Wort* (I. Zibermayr).

Die Mönchsniederlassung in Bischofshofen wurde in der Folge zwei Mal (725 und 820) durch heidnische Slawen zerstört. 877/78 ließ König Karlmann die Reliquien Maximilians in das von ihm gegründete Stift Ötting (Altötting) überführen. Damals wird der Heilige ausdrücklich *Bekenner* (confessor) genannt und nicht *Bischof* oder *Martyrer*. Im Jahre 907, unter Bischof Burkhard (902-916), gelangte Altötting an Passau. Das ermöglichte es dem bedeutenden Passauer Bischof Pilgrim (971-991), eine neuerliche Übertragung der Gebeine des hl. Maximilian vornehmen zu lassen, diesmal in seine Domkirche. Zu dieser Zeit wurde der Heilige einmal auch schon als Martyrer bezeichnet. 1662, beim großen Passauer Stadtbrand, ging der Großteil seiner Reliquien leider verloren.

Das späte 13. Jahrhundert rankte um die Gestalt des hl. Maximilian eine wunderbar ausgeschmückte Legende. Ihr Verfasser, ein anonymer Passauer Kleriker um 1289, sagt ja selbst, er habe *zur Feder* gegriffen, weil noch keine *Vita* des Heiligen vorhanden sei (I. ZIBERMAYR). Der Autor entnahm, wie längst nachgewiesen wurde, viele Details der *Passio S. Pelagii* (Leidensgeschichte des hl. Pelagius), eines Heiligen, der zu Emona (Laibach) für seinen Glauben hingerichtet worden sein soll (I. ZIBERMAYR). Das Gesagte lässt natürlich starke Zweifel am Geschichtswert der *Vita S. Maximiliani* aufkommen. Was berichtet diese nun im Einzelnen über den Heiligen?

Maximilian war der Sohn reicher Eltern in Celeia/Cilli (heute Celje in Slowenien). Er wurde als Christ erzogen und gab nach dem Tod von Vater und Mutter seinen Besitz den Armen, um frei zu sein für ein Leben in Frömmigkeit. In seinem Seeleneifer durchwanderte er die ganze Provinz Norikum, verkündete das Evangelium, heilte Kranke und trieb Teufel aus. Schließlich soll er nach Lorch, dem Sitz eines Erzbischofs, gekommen sein, wo ihn Geistlichkeit und Volk in feierlicher Versammlung zum Nachfolger des heiligen Erzbischofs Quirinus wählten. Hierauf habe er Papst Sixtus II. (257/58) in Rom aufgesucht, von dem er einen Missionsauftrag erhielt. In Befolgung der übernommenen Aufgabe sei er auch wieder in seine Heimat Celeia gelangt. Hier fand er schließlich den Martyrertod durch Enthauptung, weil er es ablehnte, dem römischen Gott Mars ein Opfer darzubringen. Die Hinrichtung auf Grund eines Urteilsspruchs des römischen Richters Eulasius sei am 12. Oktober 284 erfolgt. Bis heute gilt der 12. Oktober als Festtag des Heiligen.

Die Gründe für die Entstehung der Maximilianslegende im späten 13. Jahrhundert sind leicht durchschaubar. Passau verkraftete es nur schwer, dass es 798, trotz seiner langen und stolzen Geschichte, Salzburg unterstellt worden war, das damals den Rang eines Erzbistums erhalten hatte. Es galt nun, gegenüber der Metropole den Nachweis des höheren Alters und der größeren Würde zu erbringen! Diesem Zweck hatten ja auch schon die bekannten Urkundenfälschungen des Bischofs Pilgrim im 10. Jahrhundert gedient, nach welchen Passau die Nachfolge des auf seinem Territorium gelegenen spätantiken Bistums Lauriacum/Lorch angetreten hatte. Nun musste auch der hl. Maximilian zur Beweisführung herhalten. War er Bischof, ja *Erzbischof* von Lorch und noch dazu *Martyrer*, dann verblasste die Bedeutung Salzburgs, für das erst mit dem hl. Rupert, also für das 7./8. Jahrhundert, ein Bischof belegt ist, der zudem nur *Bekenner* (confessor) war. Vielleicht, so dachte man, war es auf dieser Argumentationsbasis möglich, nun zu erreichen, was einst Pilgrim nicht gelungen war, nämlich die Erhebung Passaus zur Metropolitanwürde; damit wäre auch die Unabhängigkeit von Salzburg gegeben gewesen.

Im Bewusstsein der Problematik um den historischen Maximilian bemühte sich im Jahre 1935 der Linzer Bischof Johannes Maria Gföllner (1915-1941) in Rom um die Erlaubnis, den hl. Severin als gut bezeugte geschichtliche Persönlichkeit in den Rang eines zweiten Diözesanpatrons erheben zu dürfen, was ihm auch zugestanden wurde.

Willibrord NEUMÜLLER, der angesehene Historiker des Stiftes Kremsmünster, legte 1964 eine Studie vor mit dem Titel: *Sanctus Maximilianus nec episcopus nec martyr*. Mit dieser Überschrift stellte er zwar die Existenz des Heiligen nicht in Frage, sprach ihm jedoch sowohl die Bischofswürde als auch ein erlittenes Martyrium ab. NEUMÜLLER untermauerte mit seiner Arbeit die Ergebnisse der Forschungen eines Ignaz ZIBERMAYR und anderer.

Unter Bischof Franz S. Zauner wurde sozusagen fortgesetzt, was Gföllner begonnen hatte. Der Bischof erreichte 1971 die Zustimmung Roms, in Zukunft den hl. Florian und seine Gefährten als Hauptpatrone der Diözese verehren zu dürfen, wodurch der hl. Maximilian endgültig aus seiner früheren Position verdrängt wurde.

Nach dem Gesagten könnte man sich fragen, ob man nicht vielleicht Maximilian ganz aus dem Heiligenkalender streichen sollte. Doch dazu besteht kein Anlass. Die Wiederentdeckung des Maximiliankultes zu Be-

Heiliger Severin als „Mönch und Abt".
Darstellung auf einem gotischen Flügelaltar in Neapel, Museo Capodimonte.

Severin von Norikum

(ca. 410-482)
Zweiter Patron des Bistums Linz

Der hl. Severin war eine der bedeutendsten Gestalten in unserer Heimat zur Zeit des zusammenbrechenden Römerreiches, der Epoche der *Völkerwanderung*.

Unser Wissen um den Heiligen verdanken wir fast zur Gänze dem Mönch und Abt Eugippius, einem jüngeren Zeitgenossen Severins, der im Jahre 511 im fernen Lucullanum bei Neapel eine Lebensbeschreibung (*Vita Sancti Severini*) verfasste. Dieser liegen so vorzügliche Ortskenntnisse zugrunde, dass man einen früheren Aufenthalt des Autors in Norikum annehmen muss. Ob er Severin auch noch persönlich gekannt hat, lässt sich freilich nicht mit letzter Sicherheit sagen.

Für die Auswertung der *Vita* ist zu beachten, dass es sich bei ihr um ein hagiographisches Werk handelt. Eugippius schrieb sein Buch zur Erbauung und Belehrung seiner Mönche, denen er mit Severin ein Beispiel vor Augen stellen wollte. Aufgrund dieser Zielsetzung wurde, nach damals allgemein üblicher Vorgangsweise, manches Ereignis im Leben des Heiligen biblischen Berichten angepasst und nach Art von Wundererzählungen überliefert, wodurch Gott als Letztursache der Taten Severins erkennbar wird. Wir Menschen des 21. Jahrhunderts hätten es freilich lieber, wenn die tatsächlichen Begebenheiten schlicht wiedergegeben und nicht in fremde Erzählformen eingekleidet worden wären.

Über die geographische Herkunft des Heiligen ist viel gerätselt worden. Eugippius bezeichnet ihn jedenfalls wegen seiner Sprache (Art und Weise des Sprechens, Akzent, Sprachschatz) einmal als einen *ganz und gar lateinischen Menschen* (hominem omnino Latinum). Mit Friedrich Lotter wird man daher in ihm einen *kultivierten Römer* erblicken dürfen, also wohl einen, der aus *Italia* stammte. Die früher oft vermutete afrikanische Herkunft des Heiligen findet heute kaum noch Anhänger.

Soziologisch ist Severin einer gehobenen Bevölkerungsschicht zuzuordnen. Das lassen schon die Art und Weise, wie er sich gab, seine politischen Aktivitäten und sein Bekanntenkreis, von dem noch die Rede sein wird, erschließen. Ein zusätzliches Argument für seine ehemals hohe Stellung erlaubt die in diesem Zusammenhang bisher nur wenig beachtete Stelle in der *Vita Antonii* des Ennodius, nach der Severin, wie erwähnt, als *inlustrissimus vir* bezeichnet wird. Dieser Titel kam seit etwa der Mitte des 4. Jahrhunderts nur mehr den Inhabern höchster Reichs- und Hofämter zu. Ein solches muss Severin also einmal bekleidet haben. Zu diesem Sachverhalt passt auch die Antwort Severins auf die an ihn gerichtete Frage eines gewissen Primenius. Dieser hatte von dem Heiligen wissen wollen, aus welcher Provinz er stamme. Severin entgegnete ihm zuerst verschmitzt: *Wenn du mich für einen entlaufenen Sklaven hältst, dann beschaff dir Lösegeld, um mich freizukaufen*. Dann aber fügte er ernsthaft hinzu: *Was nützt es einem Diener Gottes, über seine Heimat oder seine Familie zu reden, wenn er durch sein Schweigen viel eher übler Prahlsucht entgehen kann?* Daraus lässt sich eigentlich mit Sicherheit erschließen, dass Severin mit seiner Abstammung hätte *prahlen* können.

Friedrich Lotter hat es plausibel gemacht, dass Severin früher die verantwortungsvolle Aufgabe des Grenzschutzes in Norikum zugekommen war.

Dann folgte offenbar ein Bekehrungserlebnis. Als Severin sich zum zweiten Mal nach Norikum begab, hatte er einen *Aufenthalt in einer Wüste des Morgenlandes* hinter sich, wohin er sich aus *heißer Sehnsucht nach einem vollkommeneren Leben* zurückgezogen und wo er wohl auch Bekanntschaft mit dem dortigen Mönchtum gemacht hatte.

Bei seinem Wirken als *Mann Gottes* konnte Severin immer noch von seiner früheren Stellung zehren. Er pflegte weiterhin die Beziehungen mit Personen von höchstem Rang: mit dem Skirenfürsten Odoaker, dem späteren König von *Italia*; mit Orestes, dem Vater des weströmischen Kaisers Romulus Augustulus; mit dem Rugierkönig Fewa u.a. Auch verstand er es, mit den Gegnern der *Römer* wiederholt erfolgreich zu verhandeln. Severin war und blieb also ein höchst politischer Mensch, dessen Bestreben es war, sein Ansehen und seine Fähigkeiten nun ganz in den Dienst der notleidenden Bevölkerung Norikums zu stellen.

Im Dienste Gottes und der Menschen

Bei seinem zweiten Kommen nach Ufernorikum bald nach 453 dürfte Severin um die 40 Jahre alt gewesen sein. Da er uns als gereifte Persönlichkeit entgegen tritt und schon eine erste, politische Karriere hinter sich hatte, muss er ein Mann im besten Alter gewesen sein.

Als ersten Ort seines Wirkens in Ufernorikum wählte der Heilige Asturis an der Grenze zu Pannonien. Eine eindeutige Identifikation dieses Ortes ist bis heute nicht gelungen; manche Forscher denken an Zwentendorf oder Zeiselmauer. Severin warnte die Bewohner vor einem bevorstehenden Feindeinfall. Weil man nicht auf ihn hören wollte, verließ er die Stadt bald wieder und begab sich nach Comagenis/Tulln, einer Stadt, die von Romanen und Germanen bewohnt war. Letztere stellten auch die Stadtwache, ein Hinweis darauf, wie sich in dieser Spätzeit die Machtverhältnisse bereits verändert hatten. Trotz der strengen Bewachung der Mauern wurde der *unbekannte* Severin ohne weiteres eingelassen. Das spricht für sein imponierendes Auftreten; auch hatte man wohl schon von ihm gehört. Severin begab sich sogleich in die Kirche. Er ermahnte die dort Versammelten zum Beten, zum Fasten und zu Werken der Nächstenliebe; dadurch würden sie aus der Feindgefahr errettet. Das sollte auch in Hinkunft der Kern der Botschaft Severins bleiben: Immer wieder verlangte er die Hinwendung zu Gott im Gebet und den Verzicht um der anderen willen.

Die Bewohner von Comagenis waren keineswegs sofort bereit, seinen Ermahnungen zu entsprechen. Erst als ein Bote eintraf, der den Untergang des verstockten Asturis meldete, schenkte man ihm Gehör. Da ereignete sich ein Erdbeben und erschreckte die Feinde so sehr, dass sie von ihrem Vorhaben, der Erstürmung von Comagenis, Abstand nahmen. Die Stadt war noch einmal davon gekommen; *und das mit Gottes*

Hilfe durch den heiligen Mann gerettete Volk lernte nun mit himmlischen Waffen zu kämpfen (Kap. 2,2).

Zur selben Zeit litt Favianis unter einer großen Hungersnot. Dieser Ort, der später zum Lieblingsaufenthalt Severins wurde, dürfte mit Mautern a.D. gleichzusetzen sein. Auf Grund der schwierigen Zeitumstände gab es damals große Versorgungsschwierigkeiten. In ihrer Verzweiflung wandten sich die Bewohner an den hl. Severin, von dem allein sie sich noch Rettung erwarteten. Sein Ruf war also auch schon zu ihnen gedrungen. Severin folgte der Einladung und rief zuerst zu *Werken der Buße* auf. Überdies gelang es ihm, eine geizige Witwe namens Procula, die *eine große Menge Getreide gehortet hatte*, dazu zu bewegen, ihre Speicher zu öffnen und die Notleidenden zu unterstützen. Schließlich kam auch noch aus der westlichen Nachbarprovinz Rätien ein Getreidetransport per Schiff an, der zunächst im vereisten Inn stecken geblieben war. Durch unverhofftes Tauwetter konnten die Schiffe freigemacht werden und ihre Fahrt fortsetzen. Darin erblickte man die offensichtliche Hilfe Gottes auf Fürbitte Severins.

Aber schon drohte wieder eine andere Gefahr. Räuberische Barbarenhorden ergriffen Weidetiere und nahmen Menschen fest. Severin spornte die Bewohner von Favianis an, trotz militärischer Unterlegenheit den Feinden im Vertrauen auf Gott mutig zu begegnen. Tatsächlich gelang es, die einen in die Flucht zu schlagen, die anderen festzunehmen und viele Waffen zu erbeuten. Auf Befehl des Heiligen durfte kein Gegner getötet werden. Mit eindringlichen Ermahnungen ließ Severin die Räuber schließlich wieder frei.

Oft zog sich Severin in die Einsamkeit zurück. An einem Ort unweit von Favianis, den man *Zu den Weinbergen* (ad vineas) nannte, hatte er eine kleine Zelle. Hier wollte er mit Gott allein sein. Es gelang ihm selten genug, denn immer wieder brauchte man seine Hilfe. Das blieb auch die ständige Spannung im Leben Severins, dass er einerseits die Stille suchte und Gott in der Zurückgezogenheit dienen wollte, anderseits aber die Pflicht verspürte, seine Mitmenschen in ihrer Not nicht allein zu lassen.

Diesem Doppelauftrag entsprachen auch die von Severin gegründeten Klöster, die zwar in erster Linie Stätten des religiösen Lebens sein wollten, gleichzeitig aber vielfältige Aufgaben im Dienste der anderen erfüllen mussten. Bei Favianis, unfern der Stadt, errichtete Severin sein

Lieblingskloster. Ein anderes bestand in der Nähe von Passau (Boiotro/Passau-Innstadt). Manches spricht dafür, dass auch Lauriacum/Lorch und Iuvao/Salzburg je eine Mönchszelle besaßen. Die *Regel*, die Severin seinen Mönchen gab, war die Ermahnung, den *Fußstapfen der seligen Väter zu folgen* und sich an ihnen ein Beispiel zu nehmen (Kap. 9,4). Vor allem aber lebte er ihnen selbst eine entschiedene Ausrichtung auf Gott und eine Haltung der Entsagung vor. Wenn die *Vita* davon spricht, dass Severin viel fastete, selbst im Winter barfuß ging und nur ein Kleid sein eigen nannte, so braucht zwar, entsprechend der Eigenart damaliger Heiligenbiographien, nicht jede dieser Aussagen wortwörtlich genommen zu werden, soviel bedeuten sie aber bestimmt, dass Severin seinen Mönchen, ja seinen Mitmenschen insgesamt, *ein wunderbares Beispiel an Bescheidenheit* gab.

Das überzeugte selbst seine politischen und religiösen Gegner. Sie achteten ihn und erbaten wiederholt seinen Rat. Als etwa der Rugierkönig Flaccitheus in Konflikte mit den Goten geriet, wandte er sich vertrauensvoll an Severin. Solche Kontakte erfolgten über die Konfessionsgrenzen hinweg. Flaccitheus bekannte sich ja zum Arianismus, dessen Anhänger zum Unterschied von den Katholiken Christus nicht für *gottgleich*, sondern nur für *gottähnlich* hielten. Severin beruhigte den König und legte ihm ein maßvolles und gottergebenes Leben nahe; dann werde er seine Tage in Ruhe beenden können. Auch an Krankheiten leidende Rugier suchten Severin auf oder wurden zu ihm gebracht. Ihnen empfahl er, sich Gott durch Werke der Barmherzigkeit geneigt zu machen und so die Gnade der Gesundung zu erlangen. Immer wieder berichtet die *Vita* davon, dass Severin die Menschen von sich weg auf Gott hin verwies und sie gleichzeitig zu einem Leben der Nächstenliebe anregte.

Das Ansehen Severins nahm ständig zu. Als der Skirenfürst Odoaker nach Italien zog, um in die Dienste des Königs Anthemius (467 bis 472) zu treten, suchte er, obwohl auch er Arianer war, vorher den Heiligen auf und erbat sich dessen Segen. Später, als Odoaker König von *Italia* geworden war (476), blieb er mit Severin in brieflicher Verbindung. Der Rugierkönig Feletheus, auch Fewa genannt, der Sohn des schon erwähnten Flaccitheus, erbat anlässlich seines Regierungsantrittes ebenfalls den Rat des Heiligen. Seine Frau Giso freilich, die aus dem Volk der Ostgoten stammte, war Severin – nicht zuletzt aus religiösen Gründen – feindlich gesinnt. Sie war eine fanatische Arianerin und versuchte sogar, *Katho-*

liken umzutaufen. Da sie aber dabei auch ihr Mann nicht unterstützte, musste sie davon wieder Abstand nehmen. Daraufhin entführte sie, die Schwäche des Römerreiches ausnützend, mehrere Romanen über die Donau, um sie für Sklavendienste zu gebrauchen. Als Severin die Freilassung der Gefangenen verlangte, ließ ihm Giso eine grobe Antwort übermitteln. *Die Strafe folgte auf dem Fuß*. Einige von ihr festgehaltene *barbarische* Goldschmiede erpressten nämlich ihre Freilassung durch eine regelrechte Geiselnahme: Sie bemächtigten sich des Sohnes der Königin namens Friedrich und bedrohten ihn mit der Ermordung. Zerknirschten Herzens gab nun Giso sowohl die gefangenen Romanen als auch die Goldschmiede frei, bat Severin um Vergebung und gelobte Besserung.

Solche Szenen, die Eugippius überliefert hat, lassen nicht nur die Popularität des Heiligen erkennen, sie bezeugen gleichzeitig sein Bemühen, über völkische und religiöse Gegensätze hinweg einfach für den Menschen da zu sein.

Man wundert sich nicht, dass das Volk einen Mann mit solchen Qualitäten zum Bischof haben wollte. Er lehnte dieses Ansinnen jedoch entschieden ab. Für ihn wäre das eine Rückkehr in jenes öffentliche Leben gewesen, das er ganz bewusst aufgegeben hatte.

Da Ufernorikum damals eine Art Niemandsland war und die Ordnungskräfte vielfach schon versagten, konnten lichtscheue Elemente ihr Unwesen treiben. Eines Tages entführten Räuber, die das Volk *Skamarer* nannte, den Klosterpförtner Maurus. Zwar hatte ihn Severin vor dem Verlassen der schützenden Stadtmauern gewarnt; er war aber doch hinausgegangen, um das Obst zu ernten. Dabei wurde er überfallen, festgenommen und über die Donau geschleppt. Severin eilte ihm nach, und *unter dem Eindruck seiner ehrfurchtsgebietenden Erscheinung* erreichte er von den *Barbaren* die Freigabe des Mönches.

Eine noch größere Bedrohung ging, besonders im Westen der Provinz, von den ständig einfallenden Germanenstämmen aus. Das flache Land war von den Romanen ohnedies schon weithin aufgegeben worden; sie hatten Zuflucht in den befestigten Kastellen genommen. Wo immer es gefährlich wurde, rief man nach Severin. Es hatte sich die Meinung verbreitet, dass den Menschen *in seiner Gegenwart kein Unglück widerfahren* könne. Dass dieser Ruf überhaupt entstehen konnte, zeugt von seinem ungewöhnlich eifrigen und tatkräftigen Einsatz.

Noch konnte Severin in den Westen reisen. Wir erfahren von Fahrten nach Cucullis/Kuchl (bei Salzburg) und Quintanis/Künzing (ca. 35 km westlich von Passau). Von beiden Orten werden uns wunderbare Begebenheiten berichtet, die aber Severin jedesmal auf Gott als Urheber zurückführte und zum Anlass nahm, die Menschen zu guten Werken zu bewegen. Hier sei eine aussagekräftige Stelle aus der Lebensbeschreibung des Heiligen wörtlich angeführt: *Durch die Gnade Christi mit solchen (Wunder-)Gaben reichlich ausgestattet, kümmerte sich St. Severin in seiner angeborenen Milde so sehr um die Gefangenen und Bedürftigen, dass beinahe alle Armen in sämtlichen Städten und Kastellen dank seiner Fürsorge ernährt wurden. Ihnen diente er mit so freudigem Eifer, dass er sich selbst nur dann gesättigt und reich dünkte, wenn er sah, dass die Leiber der Bedürftigen ihre Nahrung erhielten. Und während er persönlich auch durch wochenlanges Fasten nicht im mindesten entkräftet wurde, fühlte er sich andererseits vom Hunger der Armen angegriffen. Seine so liebevolle Freigebigkeit gegenüber den Armen nahmen sehr viele Leute wahr, und obwohl man in Folge der harten Herrschaft der Barbaren Hungersnöte zu ertragen hatte, lieferten sie doch aufs bereitwilligste den Zehent von ihren Feldfrüchten für die Armen ab* (Kap. 17,1f).

Schöner könnte man die Anteilnahme und die Leistung Severins nicht umschreiben. Er selbst war bereit zur Entsagung, aber er litt, wenn andere litten. Seine Fürsorge erschöpfte sich nicht in frommen Belehrungen. Er organisierte – offenbar als erster in unseren Gegenden – das Zehentwesen, dem gemäß jeder Besitzende vom Ertrag seiner Äcker den zehnten Teil für die Notleidenden zur Verfügung stellen sollte. Angeregt vom vorbildhaften Verhalten Severins waren hierzu die meisten auch gern bereit.

In Lauriacum/Lorch aber widersetzten sich die Bürger einmal. Trotz der Ermahnungen durch den Heiligen wollten sie den Zehent nicht abliefern und vertrösteten die Hungernden auf die nächste Ernte. Gott strafte die widerspenstigen Lorcher dadurch, dass ihre Felder vom Getreiderost befallen wurden. Als die Bevölkerung Buße tat, fastete und Besserung versprach, ging die Geißel Gottes wieder an ihnen vorüber. Der endgültige Schaden war viel geringer, als es zu befürchten gewesen war.

Auch die Beschaffung der nötigen Bekleidung war damals ein Problem. So wandte sich Severin durch Rundschreiben an die noch etwas geschütztere Nachbarprovinz Binnennorikum und erbat Hilfe von dort. Die Aktion wurde ein großer Erfolg.

Die Stadt Batavis/Passau litt ständig unter den Einfällen der Alemannen. Deren König Gibuld hatte aber schon von Severin gehört, empfand Achtung vor dem Heiligen und wollte ihn persönlich kennen lernen. Severin versagte sich diesem Wunsch nicht, benützte aber die Begegnung, um Gibuld eindringlich ins Gewissen zu reden, er solle die gefangenen Romanen freigeben. Der König begann hierauf zu zittern und sagte später seinen Truppen, er habe noch nie in seinem Leben so vor Furcht gebebt. Er versprach die Entlassung der Gefangenen, was ihn später wieder reute. Nach einigem Widerstreben gab er aber schließlich doch siebzig Leute frei und sagte weitere Entlassungen zu. Diese Szene belegt nicht nur den Bekanntheitsgrad Severins über seine eigenen Kreise hinaus, sie erweist auch seine souveräne Art des Umgangs selbst mit höchsten Würdenträgern.

Auf die Dauer waren die Kastelle im Westen nicht mehr zu halten. In Batavis/Passau wurden einmal Boten, die den Sold für die Grenzwehr aus *Italia* herbeischaffen wollten, überfallen und erschlagen. Severin rief die Bewohner hierauf zum Abzug auf, stieß aber auf taube Ohren. Vor allem ein Priester, dem die Ermahnungen des Heiligen schon lästig waren, widersetzte sich und sagte zu Severin: *Geh, ich bitte dich, Heiliger, und zwar schnell, damit wir uns nach deiner Abreise etwas von dem Fasten und Nachtwachen ausruhen können* (Kap. 22,3).

Betrübt kehrte Severin nach Favianis zurück. Batavis aber wurde überfallen, wobei der erwähnte Priester den Tod fand. Auch die vierzig Mann, welche die Stadtwache bildeten, kamen ums Leben.

Die Lage wurde für die Romanen immer bedrohlicher. Ioviaco (Schlögen oder Aschach a.D.) war ebenfalls schon gefährdet und sollte auf Wunsch des Heiligen geräumt werden. Aber wiederum schenkte man dem gut informierten Severin keinen Glauben. Da überfielen Heruler die Siedlung, verwüsteten sie, führten die meisten Bewohner in die Gefangenschaft und erhängten den Priester Maximianus an einem Galgen.

Die Bewohner Binnennorikums, die Severin durch Boten und Briefe ermahnte, gingen auf seine Ratschläge viel bereitwilliger ein als die Menschen in Ufernorikum. Die Strategie, die er ihnen empfahl, lief darauf hinaus, das flache Land aufzugeben und sich in die Kastelle zurückzuziehen. Bischof Paulinus sorgte für die Durchführung dieser Idee, und tatsächlich konnten so die meisten Menschen einen Einfall der Alemannen heil überstehen.

Wegen der großen Bedrängnis durch den Feind gaben die Bewohner von Quintanis/Künzing schließlich ihre Heimat zum größten Teil auf und übersiedelten nach Passau. Als die Alemannen davon hörten, wollten sie diese Stadt erobern. Unterstützt von den Gebeten Severins und unter Einsatz aller Kräfte gelang hier nochmals eine erfolgreiche Abwehr. Aber Severin mahnte: *Meine Söhne, schreibt den Sieg in diesem Kampfe nicht euren Kräften zu, denn ihr müßt wissen, daß ihr mit Gottes Hilfe jetzt deshalb befreit wurdet, damit ihr innerhalb kurzer Zeit, die euch gewissermaßen als Waffenstillstand bewilligt ist, von hier abziehen könnt. Geht deshalb geschlossen mit mir in die Stadt Lauriacum hinunter* (Kap. 27,2).

So wurde nun Lorch zum großen Auffanglager. Die Menschen, Einwohner wie Flüchtlinge, mussten versorgt werden. Mit vielen Schwierigkeiten gelang es Severin, noch eine Lieferung Olivenöl aus *Italia* herbeizubekommen. Die Verteilung erfolgte in einer der beiden Lorcher Kirchen, wohl im Vorgängerbau der Basilika St. Laurenz. Severin segnete das Öl und teilte es aus. Und es reichte für viele, ja fast für alle. Erst als ein Mann namens Pientissimus voll Staunen bemerkte: *Mein Herr, dieser Ölkrug wächst ja und rinnt wie eine Quelle!*, da hörte das Öl zu fließen auf. Mit diesem *Wunderbericht* wird wohl die Tatsache zum Ausdruck gebracht, dass das Öl eben doch nicht für alle reichte.

Der Kleidermangel, der sich natürlich besonders in der kalten Jahreszeit bemerkbar machte, wurde wieder durch Hilfslieferungen aus Binnennorikum behoben.

Eines Nachts drohte Lorch ein Überfall durch die Alemannen. Die aufgestellten Spähtrupps nahmen aber nichts Verdächtiges wahr. Doch Severin, der offenbar die Gesamtlage besser kannte und einzuschätzen wusste, überredete die Lorcher mit einiger Mühe, ihren Besitz hinter den Lagermauern zu bergen und diese sorgfältig zu bewachen. So ähnlich, wie wir es von Binnennorikum gehört haben, verlief auch diese Aktion über den Ortsbischof. Er hieß Constantius. Schließlich kam den bedrängten Menschen ein *Zufall* zu Hilfe. Durch Unachtsamkeit entzündete ein Lastträger einen Heuhaufen in Lagernähe. Die Leute innerhalb des Lagers meinten nun, der Feind sei schon da, und brachen in ein Geschrei aus. Die heraneilenden Alemannen aber wieder fühlten sich dadurch verraten und ergriffen die Flucht. Nach deren Abzug entdeckte man, dass bereits die Leitern zur Erstürmung der Mauern herbeigeschafft worden waren. Nun musste man zugeben, dass Severin mit seinen Warnungen wieder einmal recht gehabt hatte. Man bat ihn um Verzeihung.

Auf die Dauer war auch in Lorch keine Bleibe mehr. Die Rugier, mit denen die Romanen bis dahin so leidlich ausgekommen waren, wollten die Gunst der Stunde für sich nützen und die Flüchtlinge in Lorch gefangen nehmen und abführen. Das ließ Severin nicht zu. Als er von der Absicht der Rugier erfahren hatte, zog er dem herbeieilenden König Feletheus entgegen. Er berief sich auf die guten Beziehungen, die er zum verstorbenen König Flaccitheus gehabt hatte, und erreichte die Zustimmung zur friedlichen Umsiedlung nach Favianis, das damals bereits den Rugiern tributpflichtig war. Ja, nicht nur das! Während Feletheus ursprünglich die Übersiedlung persönlich vornehmen wollte, überließ er die Angelegenheit schließlich dem hl. Severin, der natürlich mit viel größerer Umsicht vorging. Es ist anzunehmen, dass damals ein Großteil der Bürger Lauriacums zurückblieb, während die zugewanderten Flüchtlinge nach dem Osten abzogen, wo sie noch einige Jahre in relativer Ruhe zubringen konnten.

Bekanntlich wurde im Jahre 488 die ganze Provinz Ufernorikum von den Römern aufgegeben. Nach dem erteilten Abzugsbefehl brachen viele der Romanen nach dem Süden auf. Das war aber schon sechs Jahre nach dem Tode des hl. Severin.

Tod und Vermächtnis

Etwa siebzig Jahre mag Severin alt gewesen sein, als er seinen Tod herannahen fühlte. Seine letzte Sorge galt seinem Kloster in Favianis und seinen Landsleuten. Gegen Ende seines Lebens bat er noch einmal das rugische Königspaar Feletheus und Giso zu sich, um ihm Ratschläge für die Zukunft zu geben. Gegenüber Giso sparte er auch nicht mit Vorwürfen: sie habe Unschuldige unterdrückt und die Milde ihres Mannes oft hintertrieben. Severin sah in ihr offenbar eine Bedrohung für sein Lebenswerk und wollte erreichen, dass sie in sich gehe.

Für noch gefährlicher hielt der Heilige freilich Ferderuch, den Bruder des Königs, der so etwas wie Stadthauptmann von Favianis war. Severin warnte ihn entschieden davor, sich nach seinem Tod am Klosterbesitz zu vergreifen. Ferderuch versprach dies zwar, hielt sich aber später nicht an seine Zusage.

Seinen Mönchen kündete Severin den bevorstehenden Abzug in eine *römische Provinz* an und verfügte für diesen Fall die Mitnahme seiner Gebeine. (Vielleicht darf man auch in diesem Wunsch einen Hinweis auf die Herkunft des Heiligen sehen.)

Immer stärker kreisten die Gedanken Severins um seinen Tod. Der Bericht des Eugippius über das Sterben des Heiligen klingt wie eine Stelle aus einem Tagebuch:

Am 5. Jänner begann Severin unter leichten Seitenschmerzen zu leiden. Als diese drei Tage lang andauerten, ließ er um Mitternacht die Brüder (Mönche) zu sich kommen. Er gab ihnen Weisungen bezüglich seines Leichnams, stärkte sie durch väterliche Belehrung und richtete eindringliche und wunderbare Worte an sie (Kap. 43,1). Es sind Leitsätze für ein christliches und mönchisches Leben, die er ihnen vor seinem Heimgang noch einmal einschärfte:

Verachtet das Irdische, sucht aber stets das himmlische Vaterland ... Gott ist denen nahe, die ein einfältiges Herz haben ... Niemand schäme sich, Buße zu tun, wenn er sich nicht geschämt hat, eine böse Tat zu begehen ... Die Schlichtheit des Kleides, der Name ‚Mönch', das Wort ‚Ordensstand' und der Schein der Frömmigkeit nützen nichts, wenn wir in der Beachtung der Gebote Gottes nachlässig und untreu befunden werden ... Die Lebensweise muß dem einmal übernommenen Gelübde entsprechen (Kap. 43,2ff.).

Schließlich empfahl Severin Gott seine Mönche und ließ alle der Reihe nach herantreten, um sich von jedem von ihnen mit einem Kuss zu verabschieden. Hierauf empfing er die hl. Kommunion und verbot ihnen, Tränen um ihn zu vergießen. Er streckte seine Hand aus, *bezeichnete seinen ganzen Körper mit dem Zeichen des Kreuzes* und forderte die Mönche auf, einen Psalm zu singen. Als sie im Übermaß der Trauer nicht gleich begannen, fing er selbst an zu singen: *Lobet den Herrn in seinem Heiligtum, alles was Odem hat, lobe den Herrn* (Ps 150). Als hierauf die Mönche in den nächsten Vers einstimmten, entschlief er selig im Herrn. Es war dies am 8. Jänner des Jahres 482.

So kostbar die Abschiedsworte Severins auch sind, ihr eigentliches Gewicht erhalten sie erst dadurch, dass er ihnen in seinem eigenen Leben entsprochen hatte.

Er hatte in einer Zeit des Umbruchs gelebt. Die Menschen waren verängstigt und suchten Trost und Hilfe. Severin war der ruhende Pol, der ihnen in klarer Ausrichtung auf Gott den Weg wies, der das Irdische dennoch ernst nahm und es nur in jenem Sinn *verachtete*, dass er es als vorläufig ansah. Immer wieder entfloh er der Hektik des Alltags, um Ruhe zu finden bei Gott; er entzog sich aber niemals dem Anruf der Stunde. Er liebte die Einsamkeit und das Gebet, war aber zur Stelle, wenn man ihn brauchte. Unaufhörlich bemühte er sich, *die Hungrigen zu sättigen und die Nackten zu kleiden*, während er selbst fastete und mit den dürftigsten Kleidern zufrieden war. Dieser Vorbildcharakter veranlasste die Menschen, ihm über seinen Tod hinaus Achtung und Verehrung entgegen zu bringen.

Als Heiliger verehrt

Sechs Jahre waren seit dem Tod Severins vergangen. Ferderuch hatte entgegen seinen Versprechungen das Kloster von Favianis ausgeraubt, und König Odoaker hatte das Land der Rugier mit Krieg überzogen. Trotz eines Sieges Odoakers war die Randprovinz Ufernorikum nicht mehr zu halten. Das rugische Königspaar Feletheus und Giso wurde nach Italien mitgeschleppt und bald darauf hingerichtet. Im Jahre 488 erteilte Odoaker den Romanen den Abzugsbefehl, dem viele, wenn auch keineswegs alle, entsprachen.

Die Mönche von Favianis brachen unter Führung ihres Abtes Lucillus auf. An einem bestimmten Tag öffneten sie nach dem Beten der Vesper das Grab Severins, legten den noch unverwesten Leichnam in einen hiefür längst vorbereiteten Sarg, betteten diesen auf einen Pferdewagen und begaben sich auf den Weg nach dem Süden. Es zeugt von der großen Verehrung, die man Severin entgegenbrachte, dass man – gemäß seinem Wunsch – den Leichnam nicht zurückließ.

In der Gegend von Monte Feltre (bei San Marino) fanden die Mönche eine erste Bleibe. Aber schon nach kurzer Zeit bemühte sich eine vornehme Dame namens Barbaria um die Reliquien des Heiligen und erreichte, dass sie nach Lucullanum bei Neapel überführt und in einem vorbereiteten Grabbau beigesetzt wurden. Die Mönche aber durften dort ihr Kloster errichten.

Barbaria ist keine gewöhnliche Frau und Lucullanum kein gewöhnlicher Ort. Diese Dame war ja offenbar die Mutter des letzten weströmischen Kaisers Romulus Augustulus; Lucullanum aber war dessen Ruhesitz nach seiner Absetzung durch Odoaker. Diese Umstände zeigen nicht nur, welche Wertschätzung man dem toten Severin erwies, sie deuten auch auf interessante und wichtige Zusammenhänge seines früheren Lebens hin: Severin war wohl in enger Beziehung zum Kaiserhaus gestanden. Eugippius erwähnt übrigens, dass der verstorbene Mann der Barbaria, also Orestes, der Vater des Kaisers, Severin *bestens gekannt* hatte. Bedenkt man das, so wundert man sich nicht, dass die Beisetzung in Lucullanum mit Zustimmung des Papstes Gelasius I. (492 bis 496) erfolgte und durch den Ortsbischof Viktor persönlich vorgenommen wurde.

Dieses feierliche Begräbnis der Reliquien kommt nach heutiger Auffassung einer Heiligsprechung gleich. Viel Volk war zu dieser Feier zusammengekommen, und nach Aussage des Eugippius wurden dabei mehrere Kranke von ihren Leiden geheilt. Severin, im Leben und noch im Tode ein ruheloser Wanderer, hatte endlich eine Ruhestätte gefunden. Der Mann von hoher Abstammung, der aber das Leben eines Dieners aller geführt hatte, ruhte jetzt in kaiserlicher Wohnstatt, die jedoch nun in ein stilles Kloster umgewandelt wurde. Doch auch hier sollten die Gebeine keine endgültige Bleibe haben.

Die Verehrung des Heiligen nahm ständig zu. Nicht nur in Neapel baute man eine Kirche zu seinem Andenken, kein Geringerer als Papst Gregor d. Gr. (590 bis 604) widmete ihm in Rom, der Hauptstadt der Christenheit, ein Gotteshaus. Der gleiche Mann förderte die Verehrung des Heiligen auch dadurch, dass er neu errichteten Kirchen in Italien und Sizilien Severinreliquien vermittelte. Der hl. Willibald von Eichstätt (gest. 787) besuchte das Grab Severins auf einer seiner Pilgerfahrten.

Die Benediktinermönche – vor allem in Neapel und Montecassino, aber auch anderswo – sorgten für die Verbreitung des Severinkultes, indem sie die Lebensbeschreibung des Eugippius immer wieder abschrieben, sie bei Tische vorlasen und das Andenken an den Heiligen auch bei den liturgischen Feiern bewahrten.

Die Insel Capri erkor sich Severin zum Schutzpatron; unter byzantinischem Einfluss wurde er jedoch später durch S. Costanzo verdrängt.

Als nach 900 die Sarazenen nach Süditalien vordrangen, wurden die Reliquien Severins in die Stadt Neapel übertragen, und zwar in das nach ihm benannte Kloster. Bei der feierlichen Prozession wurde ein lateinischer Hymnus gesungen, dessen Text sich erhalten hat. Gleichzeitig wurden auch die Gebeine des hl. Martyrers Sosius, der seither in Italien zusammen mit Severin verehrt wird, beigesetzt.

Eines der schönsten Denkmäler der Verehrung ist die später errichtete Renaissancekirche in Neapel, die noch heute das Patrozinium *S. Severino e Sosio* trägt, obwohl zu Beginn des 19. Jahrhunderts die Gebeine der beiden Heiligen nach Frattamaggiore überführt wurden, wo sie in der Pfarrkirche *S. Sosio e Severino* beigesetzt wurden. In Neapel erinnern an Severin auch noch ein schon stark verwittertes Fresko im ehemaligen Severin-Kloster (heute Staatsarchiv) und ein gotischer Flügelaltar im Museum Capodimonte, den Sebastian Brunner *zu den schönsten Schöpfungen in der Zeit des Aufwachens christlicher Kunst* gezählt hat. Severin ist im schwarzen Benediktinerhabit dargestellt, mit dem Hirtenstab in der Hand (Zeichen der Abtwürde) und mit einem Buch unterm Arm, das auf den Künder des Evangeliums hinweist. Die edlen Gesichtszüge offenbaren verhaltene Kraft und tiefe Frömmigkeit. Das kahlgeschorene Haupt weist den Heiligen als Mönch aus.

Bisher hat vielfach die Meinung geherrscht, Severin habe in der Kunst kaum Beachtung gefunden. Zwar ist der Strom der Verehrung, verglichen mit anderen Heiligen, relativ schmal, aber bedeutende Skulpturen der Gotik (besonders im Passauer Raum), gute Gemälde der Barockzeit (Wien-Heiligenstadt und Passau) und eine Reihe von Kirchenbauten des Mittelalters und der Neuzeit (Italien, Österreich und Bayern) beweisen ebenso wie die umfangreiche Literatur über den Heiligen, dass die Erinnerung an ihn stets lebendig geblieben ist.

Als Stätten, die heute den Severinkult in besonderer Weise pflegen, dürfen Lauriacum/Lorch und Wien-Heiligenstadt (Pfarre St. Jakob) genannt werden. Auch zeichnen sich jene Orte, welche die *Vita* in Beziehung zu Severin bringt (wie Kuchl bei Salzburg, Künzing in der Diözese Passau und Mautern bei Krems, NÖ) dadurch aus, dass sie ihm ein ehrendes Andenken bewahrt haben. Das gilt aber auch von jenen Kirchen und Pfarren, die ihn zum Schutzpatron erwählt haben, nämlich München-Garching, Neuhaus am Inn, Passau-Innstadt, Passau-Heining, Linz-St. Severin (hier tragen gleich zwei Kirchen sein Patrozinium), Krems-Lerchenfeld, Tulln-St. Severin, Wien-Sievering, Wien-Neuwähring und Fürstenfeld in der Steiermark (Missionsseminar St. Severin).

Auf mehreren Brücken in Österreich erinnern steinerne Statuen an den großen Heiligen. Auf der Tauglbrücke zwischen Hallein und Kuchl findet sich eine Sitzfigur, auf der Brücke in Kuchl ein Relief und auf der Brücke über die Mühl bei Neufelden eine Stehfigur des hl. Severin. Das hat hohe Aussagekraft, hatte doch er selbst eine Brückenfunktion. Er war der Heilige zwischen Ost und West, zwischen Romanen und Germanen, zwischen Katholiken, Arianern und Heiden; er war auch der Mann an der Schwelle vom Altertum zum Mittelalter. Mit Ehrfurcht gedenken wir seiner noch nach mehr als 1500 Jahren. Für uns, die wir im Lande seines Wirkens leben, bleibt sein Erbe eine ständige Verpflichtung.

Quellen und Literatur

Quellen

R. Noll (Hg.), *Eugippius. Das Leben des heiligen Severin* (= Schriften und Quellen der alten Welt Bd. 11). Berlin 1963 (Neudruck Passau 1981); Th. Nüsslein (Hg.), *Eugippius. Vita Sancti Severini.* Bamberg 1985; Ph. Regerat (Hg.), *Eugippe. Vie de Saint Séverin* (= Sources Chrétiennes 374). Paris 1991; Ennodius, *Vita S. Antonii* (bes. Kap. 9) in der Ausgabe: F. Vogel (Hg.). In: Monumenta Germaniae Antiquitates VII. Berlin 1895.

Literatur

K. Kramert / E.K. Winter, *St. Severin. Der Heilige zwischen Ost und West.* Klosterneuburg 1958; E.K. Winter, *Studien zum Severinsproblem.* Klosterneuburg 1959; F. Lotter, *Severinus von Noricum. Legende und historische Wirklichkeit* (= Monographien zur Geschichte des Mittelalters, Bd. 12). Stuttgart 1976; Ders., *Die historischen Daten zur Endphase römischer Prä-*

senz in Ufernorikum. In: J. WERNER – E. EWIG (Hg.), *Von der Spätantike zum frühen Mittelalter* (= Vorträge und Forschungen, Bd. 25), Sigmaringen 1979, S. 27-90; L. ECKHART, *Die Stadtpfarrkirche und Friedhofskirche St. Laurentius von Enns-Lorch-Lauriacum in Oberösterreich. Die archäologischen Ausgrabungen 1960-1966*, 3 Teile (= Forschungen in Lauriacum, Bd. 11/1-3). Linz 1981; R. ZINNHOBLER (Hg.), *Lorch in der Geschichte* (= Linzer Philosophisch-theologische Reihe, Bd. 15). Linz 1981; *Severin zwischen Römerzeit und Völkerwanderung* (Katalog zur Oberösterr. Landesausstellung in Enns). Linz 1982; R. ZINNHOBLER (Hg.), *Zum gegenwärtigen Stand der Severinforschung*. In: Oberösterreichische Heimatblätter 36 (1982), S. 5-15; DERS., *Der heilige Severin. Sein Leben und seine Verehrung*. Linz 1982, 2. Aufl. Winzer 2002; R. BRATOZ, *Severinus von Noricum und seine Zeit. Geschichtliche Anmerkungen* (= Denkschriften der phil.-hist. Klasse 165). Wien 1983; F. BOLOGNA, *Il Polittico di San Severino. Restauri e recuperi*. Napoli 1989; Th. FISCHER, *Bemerkungen zur Archäologie der Severinszeit in Künzing und Passau*. In: E. BOSHOF / H. WOLFF (Hg.), *Das Christentum im bairischen Raum. Von den Anfängen bis ins 11. Jahrhundert*. Köln-Weimar-Wien 1994, S. 93-127; M. POLLAK, *Die Gräberfelder von Mautern und das Christentum im Favianis des heiligen Severin*, ebd. 153-169; H. WOLFRAM, *Grenzen und Räume. Geschichte Österreichs vor seiner Entstehung*. Wien 1995; R. BRATOZ, *Östliche und westliche Elemente im Mönchsideal Severins*. In: *1000 Jahre Ostarrichi. Seine christliche Vorgeschichte* (= Pro Oriente, Bd. 19). Innsbruck-Wien 1997, S. 31-59; K. KNAPP-MENZL, *Mönchtum an Donau und Nil. Severin von Norikum und Schenute von Atripe. Zwei Mönchsväter des fünften Jahrhunderts*. Thaur 1997; R. HARREITHER, *Das frühe Christentum im Limesgebiet. Von den Anfängen bis zum Ende der römischen Herrschaft*. In: R. HARREITHER / R. PILLINGER (Hg.), *Frühes Christentum am österreichischen Donaulimes* (Ausstellungskatalog). Wien 1999, S.6-45; W. POHL / M. DIESENBERGER (Hg.), *Eugippius und Severin. Der Autor, der Text und der Heilige* (Denkschrift 297 der Österr. Akademie der Wissenschaften = Forschungen zur Geschichte des Mittelalters Bd. 2). Wien 2001.

Stifter
und
Reformer
im Mittelalter

Herzog Tassilo III.

(741 bis nach 794)
Gründer des Stiftes Kremsmünster

Tassilo, der spätere Herzog der Bayern aus dem Geschlechte der Agilolfinger, wurde im Jahre 741 in eine bewegte Zeit hineingeboren. Bayern und seine Herzöge gerieten nämlich damals in große Bedrängnis, weil sie den Karolingern aus dem Stamm der Franken im Wege standen, als diese daran gingen, ein mächtiges Reich, das spätere Heilige Römische Reich, aufzubauen.

Dabei bestanden enge verwandtschaftliche Beziehungen zwischen den beiden Geschlechtern. Die Hauptrivalen, Karl d. Gr. und Tassilo III., waren beide Enkel des fränkischen Hausmeiers Karl Martell. Dessen Sohn Pippin, seit 751 König des Frankenreiches, war der Vater Karls und der Onkel Tassilos. Überdies waren die beiden mit Töchtern des Langobardenkönigs Desiderius verheiratet, waren also miteinander verschwägert. Während jedoch der Bayernherzog seiner Frau Liutpirc die Treue hielt, verstieß Karl seine Gemahlin Desiderata schon ein Jahr nach der Eheschließung.

Mit dem Tode des Bayernherzogs Odilo am 18. Jänner 748 begann die Ära seines Sohnes Tassilo III. Zunächst übte freilich für ihn seine Mutter Hiltrud die Vormundschaft aus, da der Bub noch keine sieben Jahre alt war, als der Vater starb.

Noch 748 ereignete sich ein dramatisches Zwischenspiel. Tassilos Onkel Grifo beanspruchte ebenfalls die Regentschaft, fiel in Bayern ein und nahm Hiltrud samt ihrem Sohn gefangen. Doch bald wurde Grifo von seinem Halbbruder Pippin überwunden; 749 konnten die früheren Verhältnisse wiederhergestellt werden.

Als Hiltrud 754 starb, wurde ihr Bruder Pippin Tassilos Vormund und übte eine Art Oberherrschaft über Bayern aus. Als Folge davon musste Tassilo auf den fränkischen Reichstagen erscheinen, die *vor ihm noch kein Bayernherzog besucht hatte* (B. Hubensteiner), und sich auch an den fränkischen Heerzügen beteiligen.

Erstmals fand sich Tassilo bei der Jahresversammlung von 755 ein; 756 beteiligte sich der erst Fünfzehnjährige an einem Italienfeldzug König Pippins gegen die Langobarden.

Am Reichstag von Compiègne 757 soll Tassilo, gemäß den Berichten der fränkischen Reichsannalen, König Pippin und dessen Söhnen Karl und Karlmann den Vasalleneid abgelegt haben, indem er, wie dabei üblich, *seine Hände auf die Reliquien von Heiligen legte*. Diesen Eid soll er dann noch *an vielen heiligen Stätten des Frankenreichs* wiederholt haben, so u.a. über den Leibern des hl. Dionysius in Saint Denis und des hl. Martin in Tours. *Und seine Großen, die bei ihm waren, bekräftigten das, was er alle Tage seines Lebens zu halten versprach* (nach Diepolder, 60f.). Danach wurde Tassilo das Herzogtum Bayern übertragen.

Bei dieser Darstellung handelt es sich um eine Art Hofberichterstattung, die, Jahrzehnte nach dem Ereignis aus älteren Aufzeichnungen zusammengestellt, offenbar die spätere Absetzung Tassilos (788) rechtfertigen wollte. Die Vorgänge sollten in jenes Licht gerückt werden, in welchem die Nachwelt sie sehen sollte. Was 757 im Einzelnen wirklich geschah, ist schwer zu sagen. Manche Forscher halten den *Lehenseid von 757* überhaupt für *erfunden* (H. Wolfram), um daraus einen späteren *Verrat* des Herzogs ableiten zu können.

Seit 757 herrschte Tassilo souverän über sein Land und erwies sich als ein Regent von Format.

Im Jahre 763 sollte der Herzog an einem Feldzug des Frankenkönigs Pippin gegen die Aquitanier teilnehmen. Zwar erschien Tassilo am Sammelplatz zu Nevers an der Loire, entfernte sich dann aber samt seinem Heer unter Hinweis auf eine Erkrankung, ohne hierfür die königliche Zustimmung abzuwarten.

In der Folge gelang es Tassilo dennoch, seine Position im Herzogtum weiter auszubauen. Es zeugt für seine hohe Selbsteinschätzung, dass er sich nun, wie Pippin, *vir inluster*, ja *summus princeps* nannte (WOLFRAM, Grenzen und Räume, 88). In deutscher Übersetzung geben die Ausdrücke *erlauchter Herr* und *höchster Fürst* die damit zum Ausdruck gebrachte Stellung nur annähernd wieder.

Um seine Selbständigkeit abzusichern, suchte der Herzog Rückhalt beim Langobardenkönig Desiderius, dessen Tochter Liutpirc er um diese Zeit (nach 764) heiratete.

Karl d. Gr., nach dem Tode seines Vaters Pippin (gest. 768) an die Macht gekommen, scheint sich zunächst mit seinem Vetter Tassilo vertragen zu haben. Dieser war auch um ein gutes Einvernehmen mit dem Papst bemüht. Zu Pfingsten 772 weilte Tassilo in Rom und ließ seinen Sohn Theodo von Hadrian I. (772-795) taufen. Im selben Jahr gelang dem Herzog noch ein anderer großer Erfolg. Er konnte die immer weiter in sein Herrschaftsgebiet eindringenden Alpenslawen besiegen, womit Karantanien *endgültig dem Christentum und der bayerischen Kolonisation zurückgewonnen* war (B. HUBENSTEINER).

Der Festigung des Christentums dienten auch die Klostergründungen Tassilos. Mondsee hatte noch sein Vater Odilo gestiftet (748). *Den Anspruch auf Herzog Tassilo III. als Gründer erheben mehr als ein Dutzend Klöster zwischen Donau und Alpen* (STOCKMEIER, 55). Einige davon wurden für die Missionierung der Slawen besonders wichtig. Von Innichen im Pustertal heißt es in der Gründungsurkunde (769), die Errichtung des Stiftes sei erfolgt, *um das ungläubige Volk der Slawen auf den Pfad der Wahrheit zu führen*. Ein archäologisch gesichertes Kloster in Molzbichl bei Spittal a. d. Drau entstand wohl nach 772 *im Zuge der rigorosen Missionspolitik des Herzogs* (F. GLASER). Erwähnung verdient auch Mattsee, das Tassilo vor 784 (nach der Tradition 777) stiftete und das sich ebenfalls in der Slawenmission hervortat. Alle Tassilo-Stiftungen werden jedoch an Bedeutung und Ausmaß von Kremsmünster (777) übertroffen. Wie stark die Bindung des Herzogs an dieses Kloster war, geht auch daraus hervor, dass er seinen Hofkaplan Fater aus dem angesehenen Geschlechte der Preysing zum ersten Abt bestimmte. In der Gründungsurkunde ist mehrmals von Slawen die Rede; es handelte sich ja auch bei Kremsmünster um einen *Ausgangspunkt für die Christianisierung der Slawen*

(P. Stockmeier). An der Einweihung des Stiftes nahm die Hälfte des bayerischen Episkopates teil, darunter der angesehene Virgil von Salzburg.

Der Herzog vermachte dem neuen Kloster auch den berühmten Tassilokelch, der wohl in Salzburg, im Umkreis Virgils, entstanden war. Er trägt die Inschrift *Tassilo dux fortis – Liutpirc virga regalis* (Tassilo, starker Herzog – Liutpirc, ein königliches Reis), weshalb er als Brautkelch gedeutet wurde. Er könnte aber auch erst für die Stiftsgründung geschaffen worden sein. Als liturgisches Gerät ist er auch ein Symbol für *die religiöse Verantwortung des letzten Agilolfingers für Christentum und Kirche* in seinem Herzogtum (P. Stockmeier).

Das Jahr 777 war gewiss ein Höhepunkt im Leben Tassilos. Doch in politischer Hinsicht hatte damals sein Abstieg bereits begonnen. Die Eroberungspolitik Karls d. Gr., so sein Sieg gegen die Langobarden 774, zielte nämlich darauf ab, das Herzogtum Bayern einzukreisen.

Während eines Romaufenthaltes zu Ostern 781 gelang es Karl, Papst Hadrian I. für ein gemeinsames Vorgehen gegen Tassilo III., der immer mehr als Störfaktor für den Bund der Kirche mit den Franken empfunden wurde, zu gewinnen. Das Oberhaupt der Kirche taufte damals Karls Söhne Ludwig und Karlmann; dieser wurde seit damals Pippin genannt. Gegen Tassilo wurde der Vorwurf erhoben, er habe mit den Feinden Karls, vor allem den Awaren, konspiriert. Wenn das zutrifft, so ist es wohl als eine Verzweiflungstat des Herzogs zu werten. Noch 781 erschien eine von Papst und Frankenkönig gemeinsam abgeordnete Gesandtschaft bei Tassilo und verpflichtete ihn, seine früheren Eide zu erneuern. Es blieb ihm nichts anderes übrig, als sich zu beugen; in Worms kam er dem erteilten Auftrag nach. Er durfte sein Herzogtum zwar behalten, die Beziehung zu Karl d. Gr. kühlte sich aber weiterhin ab.

Ein späterer Versuch Tassilos, den Papst noch einmal für sich zu gewinnen, schlug fehl. Der Herzog hatte im Jahre 787 den Salzburger Bischof Arn und den Mondseer Abt Hunrich nach Rom entsandt, wo gerade auch der Frankenkönig weilte. Statt jedoch ein Übereinkommen mit Papst Hadrian zu erreichen, wurden die beiden Legaten zu Tassilo zurück geschickt, um ihm den Kirchenbann anzudrohen, falls er sich dem König nicht abermals unterwerfe. Da Tassilo diesmal der Vorladung Karls nach Worms nicht nachkam, fiel dieser mit drei Heeresgruppen im Herzogtum Bayern ein. Diesem konzentrischen Angriff war Tassilo nicht gewachsen. Es blieb ihm nichts anderes übrig, als daraufhin auf dem Lechfeld den Vasalleneid zu erneuern. Er bekannte sich schuldig und stellte dreizehn Geiseln, darunter seinen Sohn Theodo. Zwar blieb Tassilo formell noch Herzog, sein politisches Ende stand jedoch unmittelbar bevor.

Im Jahre 788 erreichte das *Drama Tassilo* seinen Höhepunkt. Pflichtgemäß erschien der Herzog auf dem Hoftag zu Ingelheim am Rhein. Dort wurde er alsbald entwaffnet und ein Gerichtsverfahren gegen ihn eröffnet. Dabei erhoben auch bayrische Adelige Anklage gegen ihren Herrn. Tassilo wurde zunächst der Konspiration mit den *Hunnen* (Awaren) beschuldigt, welche seine Gemahlin Liutpirc in die Wege geleitet haben soll. Anscheinend waren jedoch die vorgebrachten Anklagepunkte nicht besonders stichhältig. So wurde schließlich darauf zurückgegriffen, dass Tassilo im Jahre 763, also 25 Jahre zuvor, das Heer König Pippins auf eigene Faust verlassen habe, als dieses gegen Aquitanien kämpfte. Damit habe Tassilo das todeswürdige Verbrechen der *harisliz* (= Heerspaltung, Fahnenflucht) begangen. Mit Bezug darauf berichten die fränkisch eingestellten Lorscher Annalen: *Herzog Tassilo setzte alle Eide hintan und alles, was er zuvor versprochen hatte, und beging aus bösem Willen Fahnenflucht. Alle Wohltaten vergaß er, die ihm sein Onkel, König Pippin, erwiesen hatte und entzog sich treulos seiner Pflicht. Er kehrte nach Bayern zurück und sagte, er wolle niemals mehr das Antlitz des Königs sehen.*

Tassilo wurde in Ingelheim zum Tode verurteilt. Doch Karl bestätigte das Urteil nicht, sondern ließ dem Herzog die Haare abschneiden und ihn in ein Kloster stecken, damit er für seine Sünden Buße tun und so seine Seele retten könne. Es bedeutete eine zusätzliche Verschärfung der Strafe, dass seine Familie auseinandergerissen wurde. Seine Frau, seine zwei Söhne und zwei Töchter wurden in verschiedenen fränkischen Abteien, die sich nicht mehr eindeutig bestimmen lassen, untergebracht. Wenn spätere Quellen die Verbannungsorte namentlich angeben, wird damit wohl nur zum Ausdruck gebracht, dass die Familie nicht beisammen bleiben durfte. Das Herzogtum Bayern aber verlor seine Selbständigkeit und wurde nun dem Reich einverleibt.

Über die Zeit unmittelbar danach erfahren wir etwas aus einigen erst 1972 (!) bekannt gewordenen Briefen. Demnach gab es Interventionen für die Herzogsfamilie. Eines der Schreiben ist an *Cotania*, eine Tochter Tassilos, gerichtet. Ihr wird von einem hohen Geistlichen mitgeteilt,

Herzog Tassilo III. von Bayern mit dem Modell der Stiftskirche
vor dem Salvator mundi knieend, ganzseitige Miniatur von Eberhard Schöfftlmair
(1595) aus dem Rotelbuch von 1595/1607, Stiftsbibliothek Kremsmünster.

dass leider alle Bemühungen umsonst gewesen seien, sie müsse *sich also auf die Reise in den Westen begeben* (= ins Exil gehen).

Offenbar gab es auch Widerstände gegen das Urteil von 788. Daher wurde Tassilo nochmals ein Prozess gemacht, und zwar im Rahmen der berühmten Frankfurter Synode von 794, bei der Karl d. Gr. den Vorsitz führte. Es ging damals u.a. um die Häresie des Adoptionismus in Spanien und um den Bilderstreit in Konstantinopel. Aber auch die *Causa Tassilo*, die wieder aufgegriffen wurde, bildete einen Punkt der Tagesordnung. Ein regelrechter Schauprozess, wie wir sie auch aus unserer Zeit kennen, wurde abgehalten. Dabei erfolgte die übliche Selbstbeschuldigung; der Herzog verzichtete auf alle seine Rechte, auch auf sein persönliches Besitztum und das seiner Kinder. Dann empfahl er sich selbst, aber auch seine Söhne und Töchter, die nun ebenfalls ihre Einkünfte verloren, der Gnade Karls. Tassilos Frau Liutpirc bleibt unerwähnt, lebte damals also wohl nicht mehr. Weiters berichten die fränkischen Reichsannalen: *Von Mitleid gerührt, verzieh unser Herr dem genannten Tassilo großmütig die begangenen Verbrechen, schenkte ihm seine volle Gnade und nahm ihn, wie es den Anschein hatte, voller Barmherzigkeit in seine Liebe auf, damit er künftig der Barmherzigkeit Gottes sicher sei.*

Die *Gnade* und *Liebe* des Königs, von der hier gesprochen wird, äußerte sich in der Form, dass Tassilo wieder ins Kloster gesperrt wurde! Dort starb er wenig später, vielleicht 795 oder 796, an einem 11. Dezember. Sein Grab kennen wir nicht, die Grabinschrift aber hat uns *Bernardus Noricus* (= Berthold von Kremsmünster) überliefert. Sie lautete: *Tassilo dux primum, post rex, monachus sed ad ymum* (Tassilo, zuerst Herzog, dann König, zuletzt Mönch).

Das Stift Kremsmünster verehrt Tassilo als einen Heiligen, sein Todestag wird jedes Jahr als *Stiftertag* festlich begangen. Dabei kommt auch das folgende *Eulogium* (Lobrede) zur Verlesung:

Solemnis Anniversarius fundatorum monasterii nostri Cremifanensis, ob transitum hac die beati Tassilonis ultimi Boiorum regis, tam huius quam aliorum plurium coenobiorum primarii fundatoris; qui malignantem fortunam generosa virtute superans in monasterio Laurishemensi prope Wormatiam fratris laici habitu sub regula sancti patris nostri Benedicti suscepto, in summa humilitate vixit, post mortem miraculis illustrari Sanctorumque numero adscribi promeritus.

In deutscher Sprache lautet dieser (historisch nicht völlig zutreffende) Text:

Festlicher Jahrtag der Stifter unseres Klosters Kremsmünster, da an diesem Tag der selige Tassilo gestorben ist, der letzte König der Bayern, der erste Gründer sowohl dieses als vieler anderer Klöster. Er hat ein schlimmes Schicksal mit edler Tugendkraft überwunden und, nachdem er das Kleid eines Laienbruders nach der Regel unseres heiligen Vaters Benedikt genommen hatte, im Kloster Lorsch bei Worms in höchster Demut gelebt. Nach seinem Tode wurde er gewürdigt, durch Wunder ausgezeichnet und der Schar der Heiligen beigezählt zu werden.

Die Verehrung Tassilos III. als eines Heiligen mag man für übertrieben halten. Sein Einsatz für Kirche und Christentum war jedoch von herausragender Bedeutung. Durch die Gründung von Klöstern und die Förderung der Missionierung erzielte er bleibende Erfolge. Dagegen erfüllten sich seine politischen Ambitionen nicht. Das agilolfingische Herzogtum der Bayern hörte mit ihm zu bestehen auf.

Quellen und Literatur

Quellen

Annales Laurissenses Minores. In: MG SS I, Hannover 1826, 124-218; Th. Breysig (Hg.), *Jahrbücher des fränkischen Reiches 714-741. Die Zeit Karl Martells*. Leipzig 1869, Neudruck Berlin 1975; H. Hahn (Hg.), *Jahrbücher des fränkischen Reiches 741-752*. Leipzig 1863, Neudruck Berlin 1975; L. Oelsner (Hg.), *Jahrbücher des fränkischen Reiches unter König Pippin*. Leipzig 1871, Neudruck Berlin 1970; S. Abel (Hg.), *Jahrbücher des fränkischen Reiches unter Karl dem Großen I*. Leipzig [2]1988, Neudruck Berlin 1969; B. Bischoff (Hg.), *Salzburger Formelbücher und Briefe aus Tassilonischer und Karolingischer Zeit* (Sitzungsberichte der Bayerischen Akademie der Wissenschaften, phil.-hist. Klasse, Jahrgang 1973 Heft 4). München 1973.

Literatur (Auswahl)

P. Stollenmeyer, *Der Tassilokelch*. In: *Professorenfestschrift zum 400-jährigen Bestande des öffl. Obergymnasiums der Benediktiner zu Kremsmünster*. Wels 1949; Ders., *Tassilo-Leuchter, Tassilo-Zepter*. In: *Jb. des Gym. der Benediktiner zu Kremsmünster* 102 (1959) 7-72; B. Hubensteiner, *Bayerische Geschichte*. München ^{4}[1963], bes. 30-34 u.ö., W. Neumüller, *Tassilo III. von Bayern und Karl der Große*. In: *Jb. des Gym. der Benediktiner zu Kremsmünster* 110 (1967) 7-34; I. Zibermayr, *Noricum, Baiern und Österreich*. Horn ^{3}1972 (Reg.); P. Stockmeier, *Tassilo III. Herzog von Bayern*. In: G. Schwaiger (Hg.), *Bavaria Sancta III*. Regensburg 1973, S. 48-66; S. Haider (Hg.), *Die Anfänge des Klosters Kremsmünster*. MOÖLA Erg.Bd.2. Linz 1978; K. Reindel, *Grundlegung. Das Zeitalter der Agilolfinger (bis 788)*. In: *Handbuch der bayerischen Geschichte*, hg. v. M. Spindler. Bd.1 ^{2}1981, 97-245; H. Dopsch / R. Juffinger (Hg.), *Virgil von Salzburg. Missionar und Gelehrter*. Salzburg 1985; H. Wolfram, *Baiern und das Frankenreich*. In: H. Dannheimer / H. Dopsch (Hg.), *Die Bajuwaren. Von Severin bis Tassilo*. Ausstellungskatalog 1988, 130-135; H. Wolfram, *Tassilo III. und Karl der Große – Das Ende der Agilolfinger*. Ebd., 160-166; W. Störmer, *Das Herzogsgeschlecht der Agilolfinger*. Ebd., 141-166; G. Diepolder, *Tassilo – Herzog der Bayern*. In: G. Schwaiger (Hg.), *Lebensbilder aus der Geschichte des Bistums Regensburg*, 1. Teil. Regensburg 1989, 53-80; H. Wolfram, *Grenzen und Räume. Geschichte Österreichs vor seiner Entstehung*. Wien 1995 (Reg.); W. Störmer, *T[assilo] III*. In: LMA 8 (1997), 485f; B. Pitschmann, *Der Stiftertag in Kremsmünster*. In: OÖHBl. 53 (1999, Heft 1/2), 46-63; B. Pitschmann, *Kremsmünster*. In: GermBen III/2 (2001), 163-252.

Der hl. Wolfgang erbaut eine Kirche am Abersee. Tafelbild auf dem Flügelaltar von Michael Pacher in St. Wolfgang (um 1480).

Der hl. Wolfgang

(ca. 924-994)
Mönch – Bischof – Nothelfer

Die Hauptquellen über den hl. Bischof Wolfgang (972-994) verdanken wir zwei Mönchen aus dem Regensburger Kloster St. Emmeram, nämlich Arnold (*Buch vom hl. Emmeram,* ca. 1030) und Otloh (*Leben des hl. Wolfgang,* ca. 1050). Da der zeitliche Abstand zwischen der Niederschrift dieser Werke und dem Leben und Wirken des Heiligen nicht besonders groß ist und die Verfasser noch zeitgenössische Quellen benützen konnten, darf man ihren Darstellungen Vertrauen entgegenbringen, auch wenn mit hagiologischen Verfremdungen der Überlieferung zu rechnen ist.

Leben und Wirken

Wolfgang wurde um 924 als Sohn freier, mäßig begüterter Eltern in Nordschwaben (Pfullingen ?) geboren. Seine Schulbildung wurde ihm seit seinem 10. Lebensjahr in der berühmten Klosterschule der Reichenau (Bodensee) vermittelt. Später studierte er in Würzburg. 956 übersiedelte er nach Trier, wo er die Leitung der Domschule übernahm. Im

Jahre 964 entschloss sich Wolfgang, seiner längst verspürten Berufung zum Mönchsstand Folge zu leisten; er bat, als reifer Mann von etwa vierzig Jahren, um Aufnahme in die noch junge Abtei Einsiedeln. Hier wurde eine Lebensform (consuetudines) beachtet, die dem Reformkloster Gorze in Lothringen entsprach. Das war wohl einer der Gründe für den Eintritt Wolfgangs in dieses Kloster, hatte er doch den Wunsch, die Regel des hl. Benedikt in ihrer ganzen Strenge zu leben. Anziehend dürfte auf ihn aber auch die Gestalt des Abtes Gregor, eines Angelsachsen, der sich eines hervorragenden Rufes erfreute, gewirkt haben.

In Einsiedeln pflegte der Augsburger Bischof Ulrich (923-973), der seine Ausbildung im nahen St. Gallen erfahren hatte, öfter einzukehren. Er wurde mit Wolfgang bekannt, lernte ihn schätzen und erteilte ihm später auch persönlich die Priesterweihe.

Eine besondere Verehrung entfaltete Wolfgang zum hl. Otmar (gest. 759), dem Gründerabt von St. Gallen.

In Einsiedeln wurde Wolfgang auf Grund seiner guten Ausbildung und seiner früheren Tätigkeit in Trier zum Leiter der Klosterschule bestellt. Man wird aber annehmen dürfen, dass er auch in der damals hier aufblühenden Schreibschule (Skriptorium) wirkte. Wir erfahren aus den Quellen aber auch von einer wenig erfolgreichen Missionsreise Wolfgangs nach Ungarn, die seiner Bestellung zum Bischof von Regensburg voranging. Der Passauer Bischof Pilgrim (971-991) rief Wolfgang aus Ungarn wieder zurück. Nach damaliger Auffassung war nämlich der Bischof einer Diözese, die an ein Missionsgebiet angrenzte, für die Christianisierung desselben zuständig. Und das war im Falle Ungarns eben Passau.

Hatte Pilgrim die Mission Wolfgangs als eine Einmischung in seinen Machtbereich empfunden? Die Gelegenheit, ihn ohne Gesichtsverlust abzuberufen, war jedenfalls günstig, da damals gerade das Bistum Regensburg verwaist war. Pilgrim prüfte Wolfgang eingehend auf seine Eignung für das Bischofsamt und empfahl ihn hierauf Otto II., dem Mitregenten Kaiser Ottos I. (936-973), als Nachfolger des verstorbenen Bischofs Michael. Zu Weihnachten 972 wurde Wolfgang in Frankfurt am Main investiert, wenig später wurde ihm im Dom von St. Peter in Regensburg die Bischofsweihe erteilt.

Zu den ersten Handlungen Wolfgangs als Bischof gehörte eine Pflicht der Pietät. Als im Jahre 973 sein väterlicher Freund Ulrich von Augsburg starb, lag es nahe, dass ihm sein Regensburger Amtskollege das Begräbnis hielt.

Im selben Jahr 973 wurde das Bistum Prag errichtet. Bis dahin hatte Böhmen kirchlich zur Diözese Regensburg gehört. Für die Gründung der neuen Diözese war daher die Zustimmung Wolfgangs erforderlich, die dieser gerne erteilte. Das erweist seine Großmut und seine pastorale Einstellung. Seiner Selbstlosigkeit entspricht es auch, dass er für das bischöfliche Eigenkloster St. Emmeram, dem er rechtlich gesehen als Abt vorstand, einen eigenen Stiftsvorstand bestimmte, den bereits hoch betagten, der damaligen Klosterreform verschriebenen Mönch Ramwold von St. Maximin in Trier.

Die Klosterreform war dem Benediktiner Wolfgang überhaupt ein großes Anliegen; von Regensburg ausgehend, sollte sie auch auswärtige Klöster erfassen. Sie wurde aber auch für den Weltklerus und die Laien richtungweisend. Außerdem war Wolfgang bestrebt, die Wissenschaft und den Unterricht nach Kräften zu fördern. So ließ er u.a. in St. Emmeram eine neue Bibliothek errichten.

Wenige Jahre nach der Amtsübernahme Wolfgangs als Bischof von Regensburg brach in Deutschland ein Bürgerkrieg aus. Herzog Heinrich II. von Bayern, der Zänker (955-976, 985-995), lehnte sich gegen seinen Cousin, Kaiser Otto II. (973-983), auf. Der Herzog verschanzte sich damals in Regensburg, das aber der Kaiser 976 eroberte. Wohl um sich aus dem Konflikt herauszuhalten, zog sich Wolfgang hierauf in sein Eigenkloster Mondsee zurück, über das ihm rechtlich die Abtwürde zustand. Auch wurde ihm vom Kaiser in diesem Jahr Wieselburg (Niederösterreich) geschenkt, wodurch er eine zusätzliche Motivation hatte, seinen Diözesansitz zu verlassen. Nach ein bis eineinhalb Jahren, als die Konflikte abgeklungen waren, konnte Wolfgang wieder in seine Bischofsstadt zurückkehren.

Im Herbst des Jahres 978 treffen wir Wolfgang als Begleiter des Kaisers auf einem Vergeltungszug gegen den westfränkischen König Lothar. Die Teilnahme an einem Krieg ist in der Zeit des Reichskirchentums nichts Ungewöhnliches für einen Bischof. Wolfgang erwies sich als treuer Gefolgsmann *(fidelissimus)* des Kaisers, was eine Urkunde von 979 ausdrücklich festhält.

Aber auch zum Bayernherzog unterhielt Wolfgang gute Beziehungen. Nach dem Tod des Kaisers (983) betätigte er sich sogar als Erzieher der

Herzogskinder. Unter ihnen waren der spätere Kaiser Heinrich II., der Heilige, und die sel. Gisela, welche die Gemahlin König Stephans des Heiligen von Ungarn werden sollte.

Ein bezeichnendes Licht auf Wolfgang wirft sein Verhalten im Hungerjahr 987. Damals öffnete der Bischof großzügig seine Speicher und wies seine Verwalter an, allen, auch denen, die von auswärts herbeikamen, Getreide zu geben.

994 unternahm Wolfgang eine Donaufahrt, die ihn wohl zu den Regensburger Besitzungen in Österreich hätte bringen sollen. Im Eferdinger Becken angelangt, fand die Reise des Heiligen ein jähes Ende. Er erkrankte und starb am 31. Oktober in der Otmarkapelle zu Pupping. Der Leichnam des Bischofs wurde nach Regensburg gebracht, wo er am 8. November in der Klosterkirche von St. Emmeram feierlich beigesetzt wurde. Hier ruhen seine Gebeine noch heute.

Die Beziehungen zu Österreich

Auf die Beziehungen Wolfgangs zu Österreich, die schon einige Male angeklungen sind, soll nun noch etwas näher eingegangen werden. Schon die Missionsreise nach Ungarn führte den Heiligen durch österreichisches Gebiet. Der Aufenthalt im Mondseeland während des Bürgerkriegs in Deutschland (976/77) ist urkundlich verbürgt. Was der Geschichtsschreiber Aventin (gest. 1534) in seiner *Bayerischen Chronik* reichlich spät mit den Worten festgehalten hat: *Er floch in das pirg, haust zu Mainsê im closter,* lässt sich anhand des Mondseer Traditionscodex tatsächlich nachweisen, sind doch darin zwei Rechtsgeschäfte verzeichnet, die der Regensburger Bischof für sein Eigenkloster getätigt hat. Es gibt aber auch Hinweise für eine Reform des Stiftes Mondsee um diese Zeit (C. Pfaff), die somit auch auf Wolfgang zurückzuführen ist. Die Richtung der Reform entsprach den *consuetudines* (Gewohnheiten) von Gorze, die Wolfgang in Einsiedeln kennen gelernt hatte. Diese Reform tastete die bestehende Feudalordnung nicht an und respektierte die Einordnung der Klöster in die Diözesanstruktur, war also weniger radikal, als jene von Cluny.

Der um diese Zeit durchgeführte Bau eines Kirchleins am Aber- oder Wolfgangsee, den die Legende dem Heiligen zuschreibt, dürfte nach neueren Forschungen tatsächlich auf ihn zurückgehen. Dieser Ort ist ja nicht zufällig zur herausragenden Kult- und Wallfahrtsstätte für den Heiligen geworden. In einer Pilgerkarte um 1500 rangiert die Wallfahrt übrigens gleichrangig mit Rom, Aachen und Einsiedeln.

Der Legende nach wurde das Kirchlein am Abersee an der Stelle errichtet, an der das Beil niederfiel, das der hl. Wolfgang vom Falkenstein aus geworfen hatte. Beim Bau des kleinen Gotteshauses soll der Heilige sogar den Teufel in Dienst genommen haben.

Ein vorromanischer Bau der Kirche von Wieselburg, der nach 1952 freigelegt wurde, verdankt vermutlich ebenfalls dem hl. Wolfgang seinen Ursprung. Die Schenkung des Ortes an den Regensburger Bischof durch Kaiser Otto II. im Jahre 976, das Ulrichspatrozinium, das die große Verehrung Wolfgangs für seinen väterlichen Freund in Erinnerung ruft (Ulrich galt gleich nach seinem Tod 973 als Heiliger und wurde 993 heilig gesprochen), und schließlich die Grabungsergebnisse aus den fünfziger und sechziger Jahren des 20. Jahrhunderts unterstreichen und bezeugen die Zusammenhänge zwischen dem hl. Wolfgang und Wieselburg sehr eindrucksvoll.

Den feierlichen Schlussakkord für ein im Dienste Gottes und der Menschen überzeugend gestaltetes Bischofsleben bildet der Tod Wolfgangs in Pupping bei Eferding (994). Zweifel an der Lokalisierung des Sterbeortes, die gerade anlässlich der Tausendjahrfeier in Erinnerung an den Tod des Heiligen (1994) vorgebracht wurden, konnten eindeutig widerlegt werden. Dass Wolfgang in einem Kirchlein starb, dessen Patron sein Lieblingsheiliger Otmar war, wirft Fragen auf. Verdankt auch dieses Gotteshaus (wie St. Wolfgang am Abersee und St. Ulrich in Wieselburg) dem Regensburger Bischof seinen Ursprung? Meine schon 1976 geäußerte These, die dies behauptet, blieb bisher unwidersprochen.

Die Verehrung des Heiligen bezieht sich aber nicht nur auf jene Orte, die geschichtlich mit ihm zusammenhängen. Ortsnamen, die an den Heiligen erinnern, und Gotteshäuser, die seinem Schutz unterstellt sind, halten das Gedächtnis an ihn ebenfalls lebendig. Manche davon stehen übrigens mit einer Legende in Verbindung, welche an einen angeblichen Aufenthalt des hl. Wolfgang anknüpft. Dies trifft z.B. zu für die Filialkirche Kanning, Pfarre Ernsthofen (früher St. Valentin): Die Gründung der Kirche und auch das nahe (heute nicht mehr existente) *Wolfgangsbrünnl* werden auf einen Aufenthalt des Heiligen an diesem Ort zurückgeführt.

Der Ort der Wolfgangskirche zu Kirchberg am Wechsel ist nach der Legende (ähnlich wie bei der berühmten Wallfahrtskirche am Abersee) *durch Beilwurf festgelegt worden; vom Antrittstein, wo auf einem Felsblock noch die Fußspur des Heiligen zu sehen sein soll, habe Wolfgang das Beil zum Lienberg geworfen, wo zunächst eine Dreifaltigkeitskapelle und sodann die Wolfgangskirche erbaut worden ist* (E. WIDDER). Auch die Burg Wolfstein bei Aggsbach-Dorf wird traditionell als ein Aufenthaltsort St. Wolfgangs angesehen.

In Oberösterreich sind neben St. Wolfgang am Abersee noch folgende Gotteshäuser dem Schutz des Heiligen unterstellt: Dorf an der Pram, Kefermarkt, St. Wolfgang am Stein (b. Schlägl), Wesenufer und Pupping b. Eferding. Ein Wolfgangspatrozinium haben auch mehrere Kapellen, wie jene in der Brandstatt bei Eferding, Wolfgangstein bei Kremsmünster und eine Kapelle in der Gemeinde Eidenberg (Pfarre Gramastetten). Auch das unter Kaiser Josef II. aufgehobene Minoritenkloster in Wels war mit einer Kapelle zu Ehren des Heiligen ausgestattet.

Auf die zahlreichen Darstellungen Wolfgangs in der Kunst kann hier nicht näher eingegangen werden. Die Attribute, die ihn kennzeichnen, sind das Kirchenmodell bzw. das Beil. Durch beide wird Wolfgang als Kirchengründer apostrophiert.

Die intensive Verehrung des Heiligen in Oberösterreich nimmt nicht nur Bezug auf seine geschichtlichen Beziehungen zu unserem Land, sondern auch auf die vielen Facetten seines seelsorglichen und karitativen Wirkens. Wolfgang wurde zum Volksheiligen, er wurde und wird in vielen Anliegen angerufen und wird mitunter auch den Vierzehn Nothelfern beigezählt. St. Wolfgang am Abersee ist mit seiner Wallfahrt bis heute die Hauptverehrungsstätte des Heiligen geblieben.

Quellen und Literatur

Quellen

Acta Sanctorum Novembris. Tomus II pars prior. Brüssel 1894, S. 527-599; ARNOLD v. S. EMMERAM, *Liber II de S. Emmeramo.* In: Monumenta Germaniae Scriptores IV, S. 556-574; OTLOH v. S. EMMERAM, *Vita S. Wolfkangi episcopi.* In: Monumenta Germaniae Scriptores IV, S. 521-542.

Literatur

J.B. MEHLER (Hg.), *Der hl. Wolfgang, Bischof von Regensburg. Historische Festschrift zum neunhundertjährigen Gedächtnisse seines Todes.* Regensburg-New York-Cincinnati 1894; E. HAGER, *Die St. Otmarkapelle und nachmalige St. Wolfgang-Kirche in Pupping.* In: Jahrbuch des OÖ. Musealvereins 80 (1924), S. 115-137; I. ZIBERMAYR, *St. Wolfgang am Abersee. Seine Legende und ihr Einfluss auf die österreichische Kunst.* Horn [2]1961; C. PFAFF, *Scriptorium und Bibliothek des Klosters Mondsee im Mittelalter* (= Veröffentlichung der Kommission für die Geschichte Österreichs, Bd.2). Wien 1967; R. ZINNHOBLER, *Wie alt ist die Kirche von St. Wolfgang am Abersee? Zum Mondseer Urkundenwesen im 12. Jahrhundert.* In: Mitteilungen des OÖ. Landesarchivs, Bd.9 (1968), S. 163-169; *Regensburg und Böhmen* (= Beiträge zur Geschichte des Bistums Regensburg, Bd.6). Regensburg 1972; K. HOLTER (Hg.), *Der hl. Wolfgang und Oberösterreich* (= Schriftenreihe des OÖ. Musealvereins, Bd.5). Linz 1972, bes. S. 26-62; F. SCHRAGL, *Steinakirchen am Forst. Geschichte der Pfarre und ihrer Orte.* St. Pölten 1975, bes. S. 15-19; R. ZINNHOBLER, *Der heilige Wolfgang. Leben – Legende – Kult.* Linz 1975, 2. Auflage 1994; *Der heilige Wolfgang in Geschichte, Kunst und Kult* (Katalog zur OÖ. Landesausstellung in St. Wolfgang). Linz 1976; G. SCHWAIGER, *Der heilige Wolfgang. Bischof von Regensburg (972-994).* In: G. SCHWAIGER (Hg.), *Lebensbilder aus der Geschichte des Bistums Regensburg,* Teil 1. Regensburg 1989, 93-107; R. ZINNHOBLER (Hg.), *Der heilige Wolfgang und Oberösterreich* (Schriftenreihe des OÖ. Musealvereins; wie K. HOLTER, vgl. oben), Linz [2]1994 [Vor allem vermehrt um den Beitrag des Herausgebers: *Wo starb der hl. Wolfgang?*, S. 181-186].

Heiliger Altmann. Ausschnitt aus einer schwarz-roten Federzeichnung
in einer Hs. des 12. Jh. (Origenes, Explicatio symboli, Stift Göttweig, Cod. r. Nr. 97).

Der hl. Altmann

(ca. 1015-1091)
Bischof und Reformer

Der hl. Altmann galt dem Passauer Bischof Heinrich v. Hofstätter (1839-1875), der von seinen Priestern und Priesteramtskandidaten *strengste Disziplin* forderte und sich als *erbittert hart in der Verteidigung der kirchlichen Rechte* erwies (F. Mader), als großes Vorbild. Wohl im Zusammenhang mit dem 800-Jahr-Jubiläum des Amtsantritts des heiligen Bischofs in Passau (1865) beauftragte Hofstätter den Bildhauer Fidelis Schönlaub (1805-1883) mit der Schaffung von fünf Kolossalfiguren aus Stein, welche die Domfassade schmücken sollten, jetzt aber im Hof des Priesterseminars St. Stefan stehen. Eine dieser Statuen stellt den hl. Altmann dar, der in der rechten Hand den Bischofsstab und in der linken eine Zuchtrute trägt, sprechende Symbole für seine Ausübung des Hirtenamtes und seine radikale Reformtätigkeit.

Über Leben und Wirken dieses Bischofs unterrichten uns hauptsächlich zwei Quellen, die so genannte *Vita prior* und die *Vita posterior*. Jene wurde etwa fünfzig Jahre nach dem Ableben Altmanns von einem Mönch in Göttweig verfasst. Sie ist mit einer gewissen Vorsicht zu benützen, weil sie sich bei der Schilderung der Zustände, die Altmann in seiner Diözese vorfand, sehr dunkler Farben bedient, um auf diese Weise das Wirken des Bischofs in umso hellerem Licht erstrahlen zu lassen.

Wir haben es also mit einer ausgeprägten Schwarzweißmalerei zu tun. Aber auch sonst zeichnet sich der Autor nicht gerade durch ein hohes Geschichtsbewusstsein aus. So soll nach ihm z.B. das *Volk der Sachsen*, dem der Heilige entstammte, *vom Heere Alexanders des Großen seinen Ursprung genommen haben* (Kap. 1). Und Tiburnia (Teurnia = St. Peter in Holz) wird von ihm mit Regensburg identifiziert (Kap. 28).

Umgekehrt konnte der Autor noch Augenzeugen befragen und überrascht immer wieder mit genauen Details, die durch andere Quellen eine Bestätigung finden. Auch besitzt er eine gute Kenntnis der kirchenpolitischen Verhältnisse der Zeit vor ihm, obwohl die von ihm vorgenommene chronologische Reihung nicht immer den Tatsachen entspricht. Das letzte Drittel des Buches ist Wunderberichten gewidmet, welche die *Heiligkeit* Altmanns erweisen sollen.

Die jüngere Lebensbeschreibung oder *Vita posterior* wurde von einem Abt namens Rupert, der im Kloster Göttweig Asyl gefunden hatte, niedergeschrieben. Sie entstand um 1190, folgt dem Typ mittelalterlicher Heiligenleben und wollte offenbar bereits der Kanonisierung Altmanns dienen. Daher finden in ihr die Wunderberichte der *Vita prior* noch eine Vermehrung.

Zusätzliche Hinweise über das Wirken Altmanns bieten andere zeitgenössische Quellen, vor allem die während seiner Amtszeit ausgestellten Urkunden.

Die vorbischöfliche Zeit

Altmann gilt als ein Exponent der päpstlichen Partei im Investiturstreit. Diese Rolle war ihm aber nicht in die Wiege gelegt. Seine Karriere beginnt vielmehr im Umkreis des Kaisers.

Der Heilige stammt aus einer adeligen Familie (*ex claris parentibus*) in Westfalen und wurde um 1015 geboren. Wir erfahren aus der *Vita*, dass er *in den geistlichen und weltlichen Wissenschaften ausgezeichnet unterrichtet* wurde (Kap. 2). Es ist anzunehmen, dass er die berühmte Domschule zu Paderborn besuchte, die ihren Ruf der Aufbauleistung Bischof Meinwerks (1009-1036) verdankte. Die Lebensbeschreibung des hl. Adalbero berichtet, dass dieser, zusammen mit Altmann und dem hl. Gebhard, eine Zeit lang auch in Paris studiert habe. Das lässt sich aber anderweitig nicht nachweisen. Dieselbe Studienzeit würde jedenfalls auch für eine ungefähre Gleichaltrigkeit der drei Kollegen sprechen.

Nach Abschluss seiner Ausbildung wurde Altmann Domherr und übernahm schließlich die Leitung der Domschule in Paderborn. Wenig später berief ihn Kaiser Heinrich III. (1039-1056) zum Dompropst von Aachen sowie zu seinem Kaplan. Damit gehörte er einem Kreis von Geistlichen an, *aus dem damals die Bischöfe genommen zu werden pflegten* (J. Oswald). Oft weilte er sicherlich auch in Goslar, der Lieblingspfalz des Kaisers, deren Kapelle dem Schutz der Apostel Simon und Juda unterstellt war. In Erinnerung daran brachte Altmann, wie wir sehen werden, dieses Patrozinium später in die Diözese Passau.

Im Jahre 1056 starb Heinrich III. im Alter von nur 39 Jahren. Altmann blieb aber weiterhin im Dienste des Kaiserhauses. Die Kaiserinwitwe Agnes, die mehrere Jahre die Regierungsgeschäfte führte, da ihr Sohn, Heinrich IV., noch im Kindesalter stand, wurde von Altmann unterstützt, während er in ihr eine mächtige Förderin hatte.

Im Jahre 1064 brach ein großer Pilgerzug mit etwa 7000 Teilnehmern in das Heilige Land auf. Die Führung oblag dem Mainzer Erzbischof Siegfried; in seiner Begleitung befanden sich die Bischöfe Gunther von Bamberg, Otto von Regensburg und Wilhelm von Utrecht. Einer der Pilger war der kaiserliche Hofkaplan Altmann. Das Unternehmen nahm ein trauriges Ende. Die Wallfahrer wurden bei Ramle überfallen, zahlreiche von ihnen wurden getötet, andere kamen auf der Rückreise um. Nur noch etwa 2000 erreichten die Heimat wieder, darunter Altmann, für den sich in der Folge das Leben grundsätzlich veränderte.

Bischofsernennung und Wirken in Passau

Der Heimweg der überlebenden Pilger gestaltete sich sehr mühsam. Die Reisenden empfanden es offenbar als Wohltat, als sie endlich die ungarische Krönungsstadt Stuhlweißenburg erreichten; sie erlebten dort, wie die *Vita* bemerkt, *fröhliche Tage* (Kap. 5), welche allerdings durch den Tod Bischof Gunthers von Bamberg (gest. 23. Juli 1065) eine Unterbrechung fanden. Um diese Zeit traf aber auch eine Gesandtschaft *angese-*

hener Männer ein, um Altmann *Ring und Stab* des inzwischen verstorbenen Passauer Bischofs Egilbert (gest. 17. Mai 1065) zu überbringen, wodurch seine Bestellung zum Nachfolger auf dem Passauer Bischofsstuhl sinnenfällig zum Ausdruck gebracht wurde. Die Ernennung Altmanns geht, wie uns die *Vita* wissen lässt, auf die Kaiserinwitwe Agnes zurück. Vorausgegangen war eine Beratung mit den *Fürsten des Reiches. Der Klerus hieß es gut, das Volk genehmigte es durch seinen jubelnden Beifall, alle erklärten einstimmig, daß Altmann für das Bischofsamt der würdigste sei, da sie ihn als den Gelehrtesten und Gläubigsten erkannten* (Kap. 5).

Diese Schilderung dürfte die Vorgänge ziemlich genau wiedergeben. Altmann erlangte also sein Bistum auf dem traditionellen Weg der Laieninvestitur, worüber er später Skrupel empfinden sollte (Kap. 15).

In Passau hieß man den erwählten Bischof, als er in der Stadt ankam, freudig willkommen. Die Bischofsweihe fand in Salzburg statt und wurde vom zuständigen Metropoliten, seinem Freund Erzbischof Gebhard (1060-1088) vorgenommen. Wieder in Passau angekommen, wurde Altmann mit *Hymnen und Liedern* begrüßt und dann in feierlicher Form inthronisiert (Kap. 5).

Von Anfang an war der neue Bischof eifrig tätig im Dienste der Kirchenreform. Vor allem lag ihm daran, Zucht und Ordnung beim Klerus zu heben. Als Mittel hierzu diente ihm das *Kanonikerinstitut*, durch welches die von der Lateransynode 1059 propagierte Form der *vita apostolica*, des gemeinsamen, nach einer Regel ausgerichteten Lebens der Geistlichen, realisiert werden sollte. Die Bindung an die Augustinusregel war jedoch nicht von Anfang an gegeben, sondern setzte sich erst allmählich durch.

Die Niederlassungen der *Chorherren* oder *Kanoniker* waren klösterlich strukturiert und sollten einen Beitrag zur Durchsetzung des damals heftig umstrittenen Zölibats leisten. Die Konventualen blieben aber mit der Welt in Verbindung durch die ihnen aufgetragene Seelsorgearbeit.

Bischof Altmann errichtete vor den Toren der Stadt Passau das Chorherrenstift St. Nikola. Das genaue Gründungsjahr kennen wir nicht; die Stiftungsurkunde von 1067 ist nämlich eine Fälschung. Ein Privileg Papst Alexanders II. von 1072 setzt aber den Bestand des Klosters bereits voraus, so dass es also wohl zwischen den beiden Daten entstanden sein dürfte. Die kaiserliche Bestätigung erfolgte mit einem am 24. März 1075 ausgestellten Diplom Heinrichs IV. Am *Vorabend des großen Konflik-*

tes zwischen Kaiser und Papst, dem so genannten Investiturstreit, *fanden sich [also] in der Privilegierung des Klosters [St. Nikola] noch einmal die beiden höchsten Gewalten der Christenheit zusammen* (E. Boshof).

Der Bischof schuf mit St. Nikola eine *Musteranstalt* für die Kanoniker. Alsbald schritt er auch an die Reform der Passauer Eigenklöster: St. Florian, St. Pölten und Kremsmünster. Das Eigenkirchenrecht, das Altmann sonst bekämpfte, setzte ihn in diesen Fällen in die Lage, energisch durchzugreifen. Dass er dies tat, bestätigt seine *Vita*, die hierüber drastische Schilderungen enthält.

St. Florian, wo bis dahin weltpriesterliche Chorherren lebten, wurde vom Bischof um 1070/71 in ein Stift nach den Bestimmungen von 1059 umgewandelt, das später die Regel des hl. Augustinus übernahm. Die Notwendigkeit der Reform begründet die *Vita* mit dem Hinweis, dass bis dahin *Geistliche im Kloster lebten, welche auf Heiraten und weltlichen Gewinn bedacht waren, den Gottesdienst aber vernachlässigten* (Kap. 9). Noch viel düsterer werden die Zustände des Kanonikerstiftes St. Pölten beschrieben, wo *die Priester dem Trunke, Fraße, der Ausschweifung und dem Wucher ergeben waren*. An deren Stelle berief Altmann *gottesfürchtige Männer*. Die *vertriebenen Geistlichen* kehrten jedoch zurück und überfielen das Kloster mit Waffengewalt. Sie schlugen die neuen Chorherren in die Flucht, drangen in den Keller ein und ließen den Wein auslaufen. Erst als Gott daraufhin die Eindringlinge *in Wahnsinn verfallen ließ*, konnte die Ordnung wieder hergestellt werden (ebd.). Das Benediktinerstift Kremsmünster hatte – nach Aussage der *Vita* – ebenfalls einen großen Reformbedarf. Die Mönche sollen dort *weltlicher als Weltleute* gelebt haben; sie waren *dem Bauche und der Ausschweifung ergeben und zu jedem guten Werke ungeeignet* (ebd.). Altmann besiedelte das Kloster neu mit Mönchen aus der Reformabtei Gorze in Lothringen, von wo auch der neue Abt Theoderich (Dietrich) kam. Darüber berichtet uns auch der Kremsmünsterer Haushistoriker Bernardus Noricus (Berthold von Kremsmünster). Der Zeitpunkt der Durchführung der Reform lässt sich allerdings nicht genau angeben.

Obwohl man gegenüber den Berichten der *Vita*, wie schon eingangs betont, etwas skeptisch sein muss, bezeugen sie jedenfalls so viel, dass das Ordensleben zuvor nicht gerade in Blüte stand, zumindest nicht im Sinne der von Papst Gregor VII. (1073-1085) ausgehenden Reformen (Gregorianismus).

Über seine Diözesangrenzen hinaus war Altmann engagiert bei der Gründung des Chorherrenstiftes Rottenbuch in Oberbayern (1073), das sich bald zu einem Reformzentrum entwickeln sollte.

Nachdem mit diesen Klöstern Modelle für Zucht und Ordnung im Klerus entstanden waren, ging Altmann daran, auch sein Domkapitel und die Landgeistlichkeit zu reformieren. Eine Handhabe hierfür boten ihm die bei der Fastensynode in Rom 1074 erlassenen Gesetze, gemäß denen streng gegen die Priesterehe sowie die Belehnung mit geistlichen Ämtern durch Laien vorgegangen werden sollte. Altmann hielt im Anschluss daran, wohl im Sommer 1074, eine Diözesansynode ab, bei der er die römischen Dekrete verkündete, dabei aber auf Widerstand stieß. Die versammelten Geistlichen beriefen sich auf die Gewohnheitsrechte, welche von *allen vorherigen Bischöfen* respektiert worden seien (Kap. 11). Da sich Altmann in diesem Gremium nicht durchsetzen hatte können, nahm er eine andere Gelegenheit wahr. Am Patroziniumsfest seiner Kathedrale, am Tag des hl. Stephanus 1074, bestieg er *vor einer großen Menge des Klerus und des Volkes* die Domkanzel. Er ergriff das Wort und untersagte *den Kanonikern und Priestern gemäß den Bestimmungen des Kirchenrechtes und des päpstlichen Schreibens die Ehen unter Androhung von Strafe*. Anschließend kam es zum Eklat. Die Betroffenen wurden *von Raserei erfaßt und hätten den Diener Gottes sogleich mit wütenden Händen zerrissen, wenn nicht die Hilfe Gottes und der Schutz der anwesenden Adeligen den Wütenden Widerstand geleistet hätten* (Kap. 11).

Bald darauf eskalierte der schon schwelende Konflikt zwischen Kaiser Heinrich IV. und Papst Gregor VII. über die Frage der Laieninvestitur. Eine vom Kaiser 1076 einberufene Synode in Worms, an der Altmann nicht teilnahm, erklärte den Papst für abgesetzt. Noch im selben Jahr exkommunizierte der Papst den unnachgiebigen Kaiser. Bischof Altmann hielt eindeutig zum Papst. Als er in Passau den Ausschluss Heinrichs aus der Kirche bekannt gab, trat sein eigener Dompropst offen gegen den Bischof auf, dem es also nicht gelungen war, sein *Domkapitel für das Werk der Erneuerung zu gewinnen* (E. BOSHOF). Altmann wurde damals für seine Treue zu Gregor VII. zum päpstlichen Legaten für Deutschland bestellt.

Als sich die Lage im Reich für Heinrich IV. zuspitzte, erbat er bekanntlich vom Papst 1077 zu Canossa die Lösung vom Kirchenbann, die er auch erreichte. Dennoch wählten die deutschen Fürsten zu Forchheim mit Rudolf von Rheinfelden einen Gegenkönig, der auch die Unterstützung Altmanns fand. Der Kaiser überfiel daraufhin Passau und vertrieb die Anhänger des Bischofs aus der Stadt. Wenn wir der *Vita* Glauben schenken dürfen, waren es Kleriker gewesen, die den Kaiser herbeigerufen hatten; sie arbeiteten sogar *mit allen Kräften darauf hin*, Altmann der Bischofswürde zu berauben (Kap. 13). Tatsächlich erhielt dieser in der Person des Hermann von Eppenstein einen Gegenbischof. (Ob schon damals oder erst später, ist in der Forschung umstritten). Den Abgang Altmanns aus Passau kommentierte der kaisertreue Klerus triumphierend mit dem Psalmvers (124,7): *Das Netz ist entzwei und wir sind nun frei* (Kap. 16).

Der Bischof im Exil

Altmann flüchtete in dieser für ihn bedrohlichen Situation zunächst *in sein Heimatland Sachsen, den Hauptherd des Widerstands gegen Heinrich* (J. Oswald). Dort weilte er über ein Jahr. Hierauf begab er sich auf abenteuerlichen Wegen nach Rom, wo er an den Fastensynoden der Jahre 1079 und 1080 teilnahm. Er informierte den Papst über die Zustände in Deutschland und wollte schließlich das Bischofsamt zurücklegen, *weil er es von Laienhand empfangen hatte* (Kap. 14). Der Papst lehnte dieses Angebot ab. Altmanns Wiederbestätigung durch Gregor VII. wird uns in der *Vita* mit der folgenden Episode sehr anschaulich erzählt: Als sich während eines Gottesdienstes eine in der Kirche herum flatternde Taube auf dem Kopf Altmanns niederließ, erblickten die versammelten Gläubigen und der Papst darin eine *Fügung Gottes*. Gregor VII. setzte hierauf Altmann seine eigene Mitra aufs Haupt. Auch erneuerte er die Bestellung des Bischofs zum päpstlichen Legaten in Deutschland (ebd.).

Bei der römischen Fastensynode 1080 wurde in Anwesenheit Altmanns Kaiser Heinrich IV. abermals exkommuniziert. Als dieser in der Folge einen Rachezug nach Italien unternahm, floh Altmann in den ostmärkischen Teil seiner Diözese. Hier war er mit unermüdlichem Eifer tätig. Gestärkt fühlte er sich durch die Briefe, die ihm Papst Gregor VII. aus Rom zusandte (Kap. 30). Sehr wichtig wurde es für Altmann, dass es ihm gelang, den österreichischen Markgrafen Leopold II. (1075-1095), der ursprünglich treu zum Kaiser gehalten hatte, in das päpstliche Lager hinüberzuziehen. Die Absage an den Kaiser erfolgte im Sommer 1081 auf einer Versammlung in Tulln. Darüber berichten die Melker Annalen: *Altmannus antistes marchioque Liupoldus aliique principes iurabant contra regem Heinricum.* Das heißt in deutscher Übersetzung: *Bischof Altmann, Markgraf Leopold und andere Fürsten verschworen sich gegen König Heinrich.*

Dass der Kaiser hierauf Leopold II. absetzte, hatte keine größeren Konsequenzen, obwohl der Markgraf eine Schlacht bei Mailberg 1082 gegen Wratislaw, den von Heinrich IV. mit Österreich belehnten Böhmenherzog, verlor. Bischof Altmann konnte unter dem Schutz Leopolds II. beachtliche Aktivitäten entfalten. Es ist nicht unwahrscheinlich, dass er auch an der Erziehung Herzog Leopolds III., des Heiligen, mitwirkte.

Als Alternative zum Kloster St. Nikola bei Passau, zu dem für Altmann auf Grund der Umstände die Brücken abgebrochen waren, gründete er das Chorherrenstift Göttweig, dessen Kirche er am 9. September 1083 einweihen konnte. (Bald nach dem Tode Altmanns wurde Göttweig von seinem Nachfolger Bischof Ulrich in ein Benediktinerkloster umgewandelt). Wesentlich beteiligt war Altmann auch an der Reform von Melk. Das Kanonikerstift wurde im Jahre 1089 mit Benediktinern aus Lambach, wo damals der Würzburger Bischof Adalbero im Exil lebte, besiedelt. Der erste Melker Abt Sigibold (1089-1116), der ab 1104 auch das Mutterkloster Lambach leitete, stammte selbst aus dem Reformkloster Münsterschwarzach.

Große Erfolge erzielte Altmann beim Auf- und Ausbau der Pfarrseelsorge. Das geltende Eigenkirchenwesen, bei dem Laien den Ton angaben, sollte überwunden und von einem auf den Bischof ausgerichteten Seelsorgesystem abgelöst werden. Auch auf diesem Gebiet galt ja der Grundsatz der *Befreiung der Kirche vom Zugriff der Laien* (J. LENZENWEGER). Altmann gründete nicht nur neue Seelsorgestellen, sondern brachte bereits bestehende an sich, so z.B. eine Reihe bambergischer Eigenpfarren. Einen Hinweis auf Altmann als *Kirchengründer* bietet das Patrozinium Simon und Juda, das er, wie wir schon wissen, an der Pfalzkapelle Goslar kennen gelernt hatte. Die Gotteshäuser von Taiskirchen und Pabneukirchen in Oberösterreich sowie jene von Kilb, Altlengbach und Weißenkirchen an der Perschling in Niederösterreich unterstellte er dem Schutz der beiden Apostel.

Die *Vita* würdigt die Leistungen Altmanns beim Ausbau der Seelsorge mittels der uns schon bekannten Schwarzweißmalerei: *[Altmann] brachte dieses unfruchtbare Land, das er unbebaut und voll von Dornsträuchern übernahm, zu reichlicher Frucht.* Weiters heißt es: *Vor seiner Ankunft waren fast alle Kirchen aus Holz gebaut und mit keinem Schmuck geziert, ja ihre Priester waren selbst, um es so zu sagen, hölzern, weil sie den Ehen und weltlichen Geschäften oblagen und des Gottesdienstes völlig unkundig waren* (Kap. 17). Durch Altmann wurde dann, wie der Autor der *Vita* etwas übertreibend feststellt, alles anders. *Sicher aber bleibt, daß eine Reihe von Kirchen dem umsichtigen Bischof ihre Erbauung, Gestaltung und Ausschmückung verdankt* (J. LENZENWEGER).

Im Jahr 1085 traf Bischof Altmann ein doppelter Schlag. Erstens wurde ihm von einer vom Kaiser einberufenen Synode in Mainz die Bischofswürde aberkannt; zweitens starb sein Idol Papst Gregor VII., übrigens im Exil, wie sechs Jahre später auch Altmann selbst.

Nach einem Fieberanfall und kurzer Krankheit endete das bewegte, arbeitsreiche und in vielfacher Hinsicht auch erfolgreiche Leben des Bischofs am 8. August 1091 in Zeiselmauer bei Tulln. Unter großer Beteiligung von Adel, Klerus und Volk wurde der Bischof in seiner Lieblingsstiftung Göttweig beigesetzt. Das Begräbnis leitete Erzbischof Thiemo von Salzburg (1090-1101), dem Altmann erst kurz zuvor die Bischofsweihe erteilt hatte.

Während der 26 Jahre, in denen Altmann sein Amt ausübte, hatte er nicht nur den Bischofsstab getragen, sondern auch die Zuchtrute geschwungen. Dadurch hatte er wohl auch manche Gegensätze unnötig verschärft.

Beziehungen zu Oberösterreich

Im Sinne der Zielsetzung dieses Buches sollen nun die Beziehungen des hl. Altmann zu unserer Heimat noch besonders hervorgehoben werden. Da das spätere Land Oberösterreich zu seinem Diözesangebiet gehörte, ist ja von vornherein mit Aktivitäten des Bischofs in diesem Bereich zu rechnen.

Bd. 3. Regensburg 1973, 182-196; Ch. Fleck, *Die Vita Altmanni Episcopi Pataviensis. Überlieferungsgeschichte und Edition* (Hausarbeit am Institut für Österreichische Geschichtsforschung). Wien 1980; Th. Schieffer, *Altmann*. In: LMA 1 (1980), 477-479; E. Boshof, *Bischof Altmann, St. Nikola und die Kanonikerreform*. In: K.-K. Pollok (Hg.), *Tradition und Entwicklung* (Gedenkschrift für Johann Riederer). Passau 1981, 317-345; C. Lashofer, *Profeßbuch des Benediktinerstiftes Göttweig*. In: StMOSB, Erg.Bd. 26, St. Ottilien 1983; G. M. Lechner, *Sankt Altmann – Bischof von Passau. Leben und Werk*. Göttweig 1991; G. M. Lechner, *Göttweig*. In: GermBen III/1 (2000), 786-843.

Der hl. Adalbero

(ca. 1015-1090)
Bischof von Würzburg und Stifter des Klosters Lambach

Der hl. Adalbero, der Letzte aus dem Geschlecht der Grafen von Wels-Lambach, starb im Jahre 1090. Seine *Vita* wurde erst um 1200 geschrieben, also mehr als hundert Jahre nach seinem Tod. Der Verfasser, ein Mönch von Lambach, verfügte über ein gutes Latein und hatte eine große Lust am Zitieren, womit er offenbar sein Wissen zur Schau stellen wollte. Man hat daher in ihm den Leiter der Klosterschule vermutet (A. Lhotsky). Über die Beziehungen Adalberos zu Lambach zeigt sich der Autor relativ gut informiert, weshalb anzunehmen ist, dass ihm ältere Quellen zur Verfügung standen. Umgekehrt ist es sehr schlecht bestellt um sein Wissen über die Jahre, in denen Adalbero als Bischof von Würzburg tätig war. Für diese Periode seines Lebens ist man deshalb auf andere Quellen wie Urkunden und Annalen angewiesen.

Eine steile Karriere

Wenn es stimmt, dass Adalbero eine Zeit lang mit den späteren Bischöfen Gebhard von Salzburg und Altmann von Passau in Paris studierte,

Bischof Adalbero widmet das von ihm gestiftete Kloster Lambach (1056) der Gottesmutter. Ausschnitt aus einem Tafelbild in Lambach (um 1430).

wie uns die *Vita Sancti Adalberonis* berichtet, so werden die drei auch ungefähr gleich alt gewesen sein. Adalbero dürfte um 1015, vielleicht ein wenig früher, als jüngster von drei Söhnen des hochadeligen Grafen Arnold II. auf dessen Stammburg Lambach zur Welt gekommen sein. Es spricht für ein hohes Ansehen des Vaters, dass ihm König Konrad II. 1035 das *Markgrafenamt an der mittleren Mur* übertrug. Die Mutter Reginlinde (oder Regilla) soll – gemäß der *Vita* – dem ostfränkischen Hochadel angehört haben. Das würde auch erklären, warum Adalbero später die Domschule in Würzburg (und nicht etwa in Passau) besuchte. In Würzburg erlangte er auch ein Kanonikat und wurde schließlich, im Jahre 1045, zum Bischof bestellt. Die Umstände, die zu seiner Ernennung führten, waren abenteuerlich. Bischof Bruno von Würzburg hatte sich im Gefolge Kaiser Heinrichs III. auf dem Weg zu einem Staatsbesuch bei König Peter von Ungarn befunden, als ihn auf der Burg Persenbeug am Eingang der Wachau der Tod ereilte. Der Kaiser hatte dort die Gräfin Richlind von Ebersberg aufgesucht. Als die Gäste auf dem Söller saßen, stürzte dieser unter der Last der Anwesenden ein. Dabei wurde Bischof Bruno so schwer verletzt, dass er eine Woche danach, am 27. Mai 1045, starb.

Kaiser Heinrich III. ernannte nun Adalbero zum neuen Bischof. Wenn es, was manche Forscher vermuten, zutrifft, dass Adalbero einmal kaiserlicher Hofkaplan war, so würde das seine Bestellung zum Oberhirten einer der angesehensten Diözesen des Reiches gut erklären.

Als dem Kaiser im Jahre 1050 ein Sohn geboren wurde (Heinrich IV.), soll Adalbero zusammen mit Abt Hugo von Cluny die Patenstelle übernommen haben. Das berichtet Marianus Scotus, ein Zeitgenosse! Selbst wenn diese Nachricht nicht stimmen sollte, besagt sie, dass man sich damals enger Beziehungen zwischen Adalbero und dem Kaiserhaus bewusst war.

In Würzburg ging Adalbero sofort mit Eifer ans Werk. Es entsprach dem Zug der Zeit, dass er mit der Reform der Klöster begann. Zum Unterschied von Altmann von Passau, der die Chorherren begünstigte, setzte Adalbero auf die Benediktiner. Im Jahre 1046 berief er Mönche aus der Reformabtei Gorze (Lothringen) in das bischöfliche Eigenkloster Münsterschwarzach am Main. Der erste Abt Ekkebert (Egbert), der aus dem Stift bald ein Zentrum der Erneuerung machte, wurde so etwas wie *die rechte Hand* des Bischofs *in allen monastischen Fragen* (K. HALLINGER).

1048 empfing Adalbero Kaiser Heinrich III. in Würzburg und 1049 nahm er an einer von diesem einberufenen Synode in Mainz, zu welcher auch Papst Leo IX. erschienen war, teil.

Im Jahre 1050 traf Adalbero ein schwerer Schlag. Am 8. Februar d. J. starb sein ältester Bruder Gottfried, der zusammen mit seinem Vater Arnold II. das Markgrafenamt *an der mittleren Mur* verwaltet hatte. Er war, wie ein Eintrag in den Niederaltaicher Annalen berichtet, nach Lambach geeilt und dabei Feinden zum Opfer gefallen (MG SS 20, 804). Im Lambacher Nekrolog sind zum 1. Februar Adalberos Mutter Reginlinde, sein Bruder Arnold und dessen Frau Hazecha verzeichnet, während sein Vater (Arnold II.) unter dem 3. März eingetragen ist. Die zeitliche Nähe dieser Tages- und Monatsangaben hat dazu verleitet anzunehmen, diese Sterbefälle auch dem selben Jahr (1050) zuzuordnen und sie auf eine gemeinsame Ursache zurückzuführen. War die Burg Lambach am 1. Februar 1050 überfallen und waren dabei drei Familienangehörige des Bischofs ums Leben gekommen? Eilte Markgraf Gottfried deshalb herbei, weil er Hilfe leisten wollte, was er zeitlich nicht mehr schaffte, und fand er dabei am 8. Februar den Tod? Kam dann auch noch der Vater, Arnold II., nach Lambach, wo er nur mehr Ruin und Zerstörung vorfand und in der Folge bald starb? Auch wenn nicht alle diese Überlegungen zutreffen sollten, ist davon auszugehen, dass Bischof Adalbero innerhalb kürzester Zeit alle seine Angehörigen verlor.

Die väterliche Burg wurde nun im Jahre 1056 vom Erben, Bischof Adalbero, in ein Benediktinerstift umgewidmet. Nach Auskunft der *Vita* hatte dort schon sein Vater Arnold II. ein weltpriesterliches Kanonikerstift eingerichtet. Die Neubesiedlung erfolgte mit Mönchen aus dem Kloster Münsterschwarzach, dessen Abt Ekkebert nun zusätzlich auch noch die Leitung von Lambach übernahm. Durch ihn und sein Wirken wurde das Stift *um die Mitte des 11. Jahrhunderts zur Eintrittspforte, durch die neues monastisches Leben in den Ostalpenraum einströmte* (K. Hallinger).

Nach der Wende vom Kaiser zum Papst

Eine große Wende im Leben Adalberos bedeutete die von Kaiser Heinrich IV. einberufene Synode in Mainz (1076), bei der Papst Gregor VII.

für abgesetzt erklärt wurde, weil dieser die Investitur geistlicher Ämter durch Laien verboten hatte. Adalbero hat damals das *Absetzungsdekret noch widerstrebend unterzeichnet.* Nach verhängter Exkommunikation des Kaisers (1076) bezog der Bischof jedoch eindeutig Stellung für den Papst. Adalbero blieb seither *eine Hauptstütze der Gregorianer im Reich* (A. Wendehorst). Auch die Lösung des Kaisers vom Bann, die er in Canossa (1077) erlangte, änderte nichts an der Position Adalberos, der sich auch an der Wahl Rudolfs von Rheinfelden zum Gegenkönig beteiligte (Forchheim 1077).

Als der Bischof hierauf auf Umwegen wieder nach Würzburg zurückkehren wollte, verschloss ihm die weiterhin kaisertreue Stadt die Tore. Auch König Rudolf gelang es nicht, Würzburg für Adalbero zurück zu gewinnen. Wo sich der Bischof nun im Einzelnen aufhielt, ist nicht bekannt. Am 12. November 1077 weilte er jedenfalls in Goslar, wo er zusammen *mit dem päpstlichen Legaten die Exkommunikation über alle jene verhängte,* die an seiner Vertreibung beteiligt gewesen waren (A. Wendehorst). 1085 wurde Adalbero durch eine Synode in Mainz, die von Heinrich IV. einberufen worden war, abgesetzt und exkommuniziert.

Der Gegenkönig Hermann von Salm, der 1081 auf Rudolf von Rheinfelden folgte, war 1086 erfolgreich bei der Eroberung Würzburgs. Nun *konnte Bischof Adalbero nach neunjährigem Exil wieder in die von der kaiserlichen Partei geräumte Stadt einziehen* (A. Wendehorst).

Nach der Wiedereinnahme Würzburgs durch Heinrich IV. bot dieser den Bischofssitz Adalbero noch einmal an, der aber ablehnte und sagte, dass man ihn töten, aber nicht beugen könne. Der Kaiser gewährte ihm daraufhin freien Abzug. Diese Großmut könnte ein Hinweis darauf sein, dass Heinrich IV. tatsächlich sehr enge Bindungen an den Bischof hatte, wie sie mit der oben erwähnten Patenschaft gegeben wären.

Zum zweiten Mal, und diesmal endgültig, verließ Adalbero nun sein Bistum. In der Folge hielt er sich vor allem in dem von ihm gestifteten Kloster Lambach auf. Hier durfte er 1089 die Freude erleben, dass die Stiftskirche vollendet wurde. Zur Weihe am 15. Oktober 1089 lud Adalbero den befreundeten, ebenfalls im Exil lebenden Altmann von Passau, den zuständigen Ortsbischof, ein. Die *Vita Sancti Adalberonis* schildert uns das Ereignis so, dass Altmann den Hochaltar zu Ehren Mariens und des hl. Kilian und seiner Gefährten konsekrierte, während Adalbero die

Weihe des Altars Johannes des Evangelisten, wo er selber einmal begraben werden wollte, vornahm.

Den hohen künstlerischen Rang des Bauwerkes samt seiner Ausstattung dokumentieren noch heute die erhaltenen Fresken des ehemaligen Westchores, die von europäischem Format sind und auch vom Bildprogramm her eine große Bedeutung haben, werden doch von den Gemälden die Ereignisse der Zeit reflektiert. Die Darstellung vom schrecklichen Ende des Königs Herodes Agrippa (vgl. Apg 12, 20-23) konnte z. B. von den Zeitgenossen Adalberos mühelos auf den Sturz Heinrichs IV. bezogen werden, zumal der König auf dem Fresko eine *Kaiserkrone* trägt.

Ein zweites beglückendes Ereignis muss es für Adalbero gewesen sein, als er am 21. März 1089, dem Fest des hl. Benedikt, zwölf Mönche von Lambach nach Melk entsenden konnte. Das dort bestehende Kanonikerstift wurde damit in eine Benediktinerabtei umgewandelt, wodurch die von Adalbero *propagierte Junggorzer Reform* ein neues Zentrum erhielt. Der erste Abt Sigibold (1089-1116), der ab 1104 auch noch die Leitung des Mutterklosters Lambach übernahm, entstammte selbst dem Stift Münsterschwarzach, also dem Eigenkloster Bischof Adalberos.

Tod und Verehrung

Nach diesen Höhepunkten, die Adalbero ein wenig über seine schweren Schicksalsschläge getröstet haben mögen, war ihm keine lange Lebenszeit mehr gegönnt. Der Tod ereilte ihn am 6. Oktober 1090 in seinem Stift Lambach. Er ist der einzige *oberösterreichische* Heilige, der im Lande sowohl geboren als auch gestorben ist. Die Beisetzung erfolgte durch den hl. Altmann vor jenem Altar, den Adalbero fast genau ein Jahr zuvor zu Ehren des hl. Johannes Ev. selbst geweiht hatte.

Bernold v. St. Blasien, ein Zeitgenosse des hl. Adalbero, würdigte diesen in seiner Chronik zum Jahre 1090 mit den Worten: *Adalbero, seligen Andenkens, Bischof zu Würzburg, einer der älteren Bischöfe, linientreu in der Streitsache um die Rechte des hl. Petrus, hat viele Gefahren, Verfolgungen und Verbannung um Christi willen sehr gerne ertragen. Er beschloss in treuem Bekenntnis seine Tage in seinem Besitz, der Lambach heißt.*

Kultische Verehrung genoss Adalbero zunächst nur in Lambach, wo neben der *Vita* auch ein *liber miraculorum* (Wunderbericht) angelegt wurde, der von 1181 bis 1204 reicht und wunderbare Gebetserhörungen verzeichnet. Seit etwa 1200 ist in Lambach auch ein *Gespende* an Arme und Pilger nachweisbar, d. h. die Ausgabe von Brot und Wein anlässlich des Gedächtnistages am 6. Oktober. Dieser Brauch hielt sich bis 1773.

Die Verehrung erfuhr eine besondere Förderung durch die Druckausgabe der *Vita Sancti Adalberonis,* die der gelehrte Lambacher Abt Johannes Bimmel (1600 – 1634) im Jahre 1619 besorgte. Von Rom war aber der Kult Adalberos noch nicht offiziell anerkannt. Abt Placidus Hieber (1640-1678) und dessen Nachfolger Severin Blaas (1678-1705) bemühten sich vergeblich um die Kanonisation Adalberos. Erst Bischof Rudigier von Linz (1853-1884) gelang es 1883, die Approbation des Kultes durch Rom zu erreichen. Unter dem Eindruck dieses Ereignisses, das in Lambach festlich begangen wurde, gab man in Würzburg 1894 einer bereits im Bau befindlichen Kirche das Adalberopatrozinium. Alfred Wendehorst hat angesichts dieser Tatsachen formuliert: *Adalberos Erden- und Kultheimat war Lambach, seine Verehrung in Würzburg nur deren Widerschein.*

Quellen und Literatur

Quellen

Vita sancti Adalberonis, kritische Ausgabe von I. Schmale-Ott (Hg. und Übersetzerin), *Quellen und Forschungen des Bistums und Hochstiftes Würzburg* Bd. 8. Würzburg 1954.

E. Boshof (Bearb.), *Die Regesten der Bischöfe von Passau 731-1206.* Bd. 1 (München 1992), 101-130.

Zur Quellenlage vgl.: A. Lhotsky, *Quellenkunde zur mittelalterlichen Geschichte Österreichs* (MIÖG, Erg. Bd. 19). Graz 1963, 210-212.

Literatur (Auswahl)

K. Hallinger, *Gorze - Kluny. Studien zu den monastischen Lebensformen und Gegensätzen im Hochmittelalter* (Studia Anselmiana 22-23), 2 Bde. Rom 1950; S. Leidinger, *Der heilige Adalbero und sein Werk 1056-1956.* In: *900 Jahre Lambach. Eine Festgabe,* hg. von den Benediktinern des Stiftes Lambach. Linz 1956, 4-32; K. Hallinger, *Neunhundert Jahre Benediktinerabtei Lambach.* In: JbMVW 1956, 17-29; A. Wendehorst, *Der heilige Adalbero, Bischof von Würzburg.* In: G. Schwaiger (Hg.), *Bavaria Sancta. Zeugen christlichen Glaubens in Bayern* Bd. 3. Regensburg 1973, 170-181; Th. Schieffer, *A[dalbero], Bischof von Würzburg.* In: LMA 1 (1980), 94-95; A. Zauner, *Die Grafen von Lambach.* In: Jb. OÖMV 133/I (1988), 55-66; K. Rumpler, *Die Gründung Lambachs unter besonderer Berücksichtigung der Gründungsurkunden.* In: OÖ. Landesregierung (Hg.), *900 Jahre Klosterkirche Lambach* (Ausstellungskatalog). Linz 1989, 25-32; H. Schmidinger, *Die Verehrung des hl. Adalbero.* Ebd. 43-52; A. Wendehorst, *Adalbero, Bischof von Würzburg und Gründer Lambachs.* Ebd., 17-22; N. Wibiral, *Die romanische Klosterkirche in Lambach und ihre Wandmalereien.* Wien 1998; R. Anzengruber, *Lambach.* In: GermBen III/2 (2001), 253-317.

Der hl. Berthold

(gest. 1142)
Erster Abt des Stiftes Garsten

Über den hl. Berthold besitzen wir eine Lebensbeschreibung (*Vita*), die ein Mönch aus Garsten schon etwa dreißig Jahre nach dessen Tod geschrieben hat. Dennoch wissen wir über die Kindheit und Jugend des Heiligen, aber auch über sein frühes Leben als Mönch kaum Bescheid, war es doch das eigentliche Ziel des Buches, eine ideale Abtgestalt, die ganz dem Typus der Regel des hl. Benedikt entsprach, zu schildern. Details, die hierfür keine Aussagekraft hatten, wurden ausgelassen. Wir erfahren daher auch nichts über die Herkunft und Geburt des Heiligen. Da er aber Verwandte im heutigen Niederösterreich hatte, die in enger Beziehung standen zu den österreichischen Markgrafen aus dem Geschlechte der Babenberger, darf man annehmen, dass Berthold jener Ministerialenschicht entstammte, welche mit den Babenbergern ins Land gekommen war.

Die frühen Mönchsjahre

Bertholds Geburt, die wohl nach 1060 anzusetzen ist, fällt in die Zeit des Investiturstreits, eine Zeit des Ringens zwischen Papst und Kaiser

Abt Berthold von Garsten. Detail aus der lebensgroßen Darstellung auf der Deckplatte des Hochgrabes in der Pfarrkirche Garsten. (1. H. 14. Jh.)

um die Vorherrschaft in der Kirche. Berthold war jedenfalls päpstlich gesinnt. Das dürfte den jungen Mann, einen Hünen von Gestalt (Skelettvermessungen lassen auf eine Größe von etwa 1,92 m schließen), auch dazu motiviert haben, in die Benediktinerabtei St. Blasien im Schwarzwald einzutreten, die von jenem Reformgeist geprägt war, der von Cluny in Burgund über Fruttuaria bei Ivrea dorthin gelangt war und sich dann auch im süddeutsch-österreichischen Raum ausbreitete.

Seinen Verpflichtungen im Kloster kam Berthold offenbar sehr gewissenhaft nach, weshalb ihm schon bald wichtige Ämter übertragen wurden. Er wurde zum Bibliothekar bestellt, dem auch das *Scriptorium* (Schreibstube) unterstand. Im Jahre 1094 (das ist das erste Datum, das sich in seinem Leben mit einiger Sicherheit angeben lässt) wurde er Subprior und damit zweiter Stellvertreter des Abtes.

Prior in St. Blasien war Hartmann, der im Herbst des schon genannten Jahres 1094 als Abt nach Göttweig gerufen wurde. Dieses vom hl. Altmann, dem Bischof von Passau (1065-1091), nach 1075 gegründete Augustinerchorherrenstift war gerade damals in ein Benediktinerkloster umgewandelt worden. Hartmann holte sich für wichtige Ämter auch Mönche aus St. Blasien, die er schon kannte und mit denen er gut zusammenarbeiten konnte. Einer von ihnen war Wirnt, der erste namentlich bekannte Prior von Göttweig. Dieser kam 1107 nach Garsten, worüber noch zu berichten sein wird. Nun bestellte Hartmann, mit Zustimmung des Passauer Bischofs Ulrich (1092-1121) und des Markgrafen Leopold III., des Heiligen, Berthold zu seinem Prior. Als solcher hatte er in Göttweig viel zu tun, verwaltete doch Abt Hartmann in Personalunion auch das Kloster St. Lambrecht in der Steiermark, was oftmalige Abwesenheiten von Göttweig zur Folge hatte. In solchen Perioden konnte er seinem reformeifrigen Prior die Leitung der Abtei mit gutem Gewissen überlassen.

Schon etwa vier Jahre später wartete, wie wir sehen werden, eine neue Aufgabe auf Berthold.

Die Anfänge des Stiftes Garsten

Der steirische Markgraf Otakar II., ein Schwager des hl. Leopold, hatte nach 1080 in Garsten ein weltpriesterliches Kollegiatstift gegründet, das er 1107 in ein Benediktinerkloster umwandelte. Einen Teil der bis dahin dort lebenden Kanoniker zwang er einfach, wozu er sich als Eigenkirchherr für berechtigt hielt, den Mönchstand anzunehmen und das Kleid des hl. Benedikt anzulegen. Nach dem Verfasser der *Vita* gebrauchte er dabei die Worte: *Ihr seid mein Eigentum und habt euch meinem Willen in allem nachgiebig und gehorsam zu erweisen ..., es werden Mönche aus euch, ob ihr wollt oder nicht* (Kap. 2). Den heftigsten Widerstand leistete Eberhard, den Otakar deswegen *anbinden und prügeln ließ, bis er mürbe wurde* und nachgab (Vita, Kap. 2). Josef LENZENWEGER bemerkt zu diesen Vorgängen: *Dieser Zwang, der durch die Markgrafen ausgeübt wurde, lag völlig im Zuge der damaligen Verhältnisse; wer leibeigen war, musste eben tun, was sein Herr befahl.* Heute fehlt uns natürlich das Verständnis für solche Methoden.

Unterstützt vom österreichischen Markgrafen Leopold III. konnte Otakar seinen Plan umsetzen. Zunächst wurde Garsten der Abtei Göttweig unterstellt. Von dort kamen auch mehrere Mönche und der uns schon bekannte Prior Wirnt, für den es keine leichte Aufgabe war, den gespaltenen Konvent, bestehend aus ehemaligen Garstener Kanonikern und den Neuankömmlingen aus Göttweig, zusammenzuhalten. Der Prior bewährte sich jedoch offenbar in seiner Aufgabe. Schon wenig später erging der Ruf an ihn, die Leitung der Abtei Vornbach am Inn zu übernehmen. Garsten war nun verwaist.

Das Wirken als Abt

In dieser Situation wurde Berthold, der in Göttweig Wirnts Nachfolger als Prior gewesen war, mit einer Gruppe von Göttweiger Mönchen nach Garsten entsandt und hierauf, wie uns die *Vita* mit einer interessanten Formulierung berichtet, *von den Mönchen ... und dem Markgrafen [Otakar II.] zum Abte gewählt* (Kap. 3). Damit war nun Garsten eine selbständige Abtei geworden. Diese stand in der kirchenpolitischen Auseinandersetzung der Zeit auf der Seite des Papstes. Das geht u. a. daraus hervor, dass Abt Berthold dem Salzburger Erzbischof Konrad I. von Abensberg (1106-1147), der mit Kaiser Heinrich V. gebrochen hatte und deswegen seine Diözese ab 1112 für einige Zeit verlassen musste, Aufnahme hinter den schützenden Klostermauern gewährte (Kap. 1).

Als Abt gelang es Berthold, den Stammkonvent mit dem aus Göttweig gekommenen Mönchen endgültig zu einer Einheit zu verschmelzen. Er ging dabei sehr klug vor. So machte er zum Beispiel den ehemaligen Kanoniker Eberhard, der sich am meisten dagegen gewehrt hatte, das Mönchskleid zu nehmen, zu seinem persönlichen Kaplan, was ihm dieser mit großer Treue lohnte. Der personelle und wirtschaftliche Ausbau des Klosters machte unter Bertholds Leitung gute Fortschritte. Die Zahl der Mönche nahm stetig zu, und viele Schenkungen an das Stift sicherten die materielle Grundlage. Bei der Führung des Konvents gelang es Berthold, die richtige Balance zwischen Güte und Strenge zu finden. Der Verfasser der *Vita* formuliert das so: *Obwohl Berthold in Wort und Werk den Vater hervorkehrte, bekam doch jeder, der die väterliche Güte missbrauchte, den Herrn zu spüren* (Kap. 3). Eine andere Stelle der Vita sagt: *Den Ernst des Ordenslebens milderte er in nichts, die Wachsamkeit in Bezug auf das Seelenheil und die Bedürfnisse seiner Untergebenen verband er mit größter Strenge gegen sich selbst, und die Sorge für die Mönche stellte er allen Arbeiten im Hause voran* (ebd.).

Großen Wert legte der Abt selbstverständlich *auf den Dienst des Herrn* (Kap. 3) sowie auf die Erfüllung der seelsorglichen Aufgaben. Er war vor allem ein beliebter Beichtvater; ganze Vormittage stand er denen zur Verfügung, die das Sakrament der Buße empfangen wollten, aber auch an späten Nachmittagen und bis in die Nacht hinein war er bereit, Beichte zu hören.

Berthold war ein Mann des Gebetes, aber auch des Studiums. Ausdrücklich hebt die *Vita* seine theologischen Kenntnisse hervor. Sehr ernst nahm er die asketischen Übungen, ja er neigte zur Übertreibung, nahm nur das Nötigste an Nahrung zu sich und magerte stark ab. Niemals wollte der Abt für sich etwas Besseres haben, als es die einfachen Mönche erhielten.

Eine große Liebe hatte Berthold zu den Armen. Sein Kloster war daher ständig von Bettlern und Hilfesuchenden umlagert. Es war das Bestreben des Abtes, möglichst jedem etwas zu geben. Die Amtsträger des Stiftes suchten ihn manchmal daran zu hindern. Die *Vita* berichtet zwei eigenartig wirkende Beispiele. Als der Kämmerer einmal eine Spende für einen Bettler verweigerte, weil er den betreffenden Betrag nicht habe, ließ der Abt einige Brüder nach Geld im Kloster suchen. Sie entdeckten einen ganzen Kübel voller Münzen, die der Abt hierauf erbost in die Enns werfen ließ. Den Kämmerer aber setzte er ab (Kap. 5). Ähnlich verhielt sich der Abt, als der Stiftsbäcker einmal vorgab, für einen Armen kein Brot mehr zu haben. Als ein Mönch dennoch dreißig Brote in der Bäckerei fand, ließ der Heilige diese ebenfalls in den Fluss werfen. Der Bäcker aber wurde bestraft. Man braucht diese Berichte wohl nicht ganz wörtlich zu nehmen. Sie bringen in Form drastischer Bilder zum Ausdruck, dass Abt Berthold jeden Egoismus ablehnte und *mit einem solch unsauberen Reichtum nichts zu tun haben* wollte (J. LENZENWEGER).

Mittelalterliche Heiligenleben sind regelmäßig auch mit Wunderberichten angereichert, mit denen die Nähe des Heiligen zu Gott bzw. zu Christus zum Ausdruck gebracht werden soll. Das trifft auch für die *Vita Bertholdi* zu, die uns u. a. zwei an Wunder grenzende Ereignisse im Zusammenhang mit Fischen erzählt. Einmal murrten die Mönche, weil sie am Fest des hl. Jakobus das übliche Fischgericht nicht erhielten. Bei der Kapitelsitzung am nächsten Tag wurden dem Abt schwere Vorwürfe gemacht, die auch dann nicht verstummten, als er sie um Verzeihung bat. Als dann der Heilige aus dem Kloster hinausging, kam gerade ein Mann mit einem *gewaltigen Fisch* daher, von dem alle Mönche gesättigt werden konnten (Kap. 11). Ein andermal fehlten die erforderlichen Fische für die Bewirtung von Gästen. Der Abt begab sich nun selbst mit den Mönchen zum nahen Fluss, und siehe da, es gelang ihnen, zweier großer Fische habhaft zu werden. Eine Äsche sprang nämlich gerade an Land, weil sie von einem Karusch (Rotfisch) verfolgt wurde, den man ebenso fangen konnte. Damit war für die Gäste hinreichend gesorgt. Es ist interessant, dass, nach den Berichten der *Vita,* Berthold selbst den Wundercharakter dieser Ereignisse, auf dem seine Mitbrüder beharrten, in Abrede stellte und sie einfach als *Fügung Gottes* deutete (Kap. 11).

Die beiden Episoden wurden hier auch deswegen erzählt, weil sie das *Attribut* des Heiligen in der Kunst erklären; er wird nämlich meist mit zwei Fischen auf der Hand dargestellt.

Auf dem Wirken Bertholds ruhte offensichtlich Gottes Segen. Das Stift erlangte hohes Ansehen und wurde zu einem Zentrum der Reform. Es kam daher immer wieder vor, dass andere Klöster einen Mönch aus Garsten als Abt anforderten. So wurde ein Ulrich Abt von St. Lambrecht (ca. 1123-1149) und ein anderer Ulrich Abt von Gleink (ca. 1123-1158);

die beiden hatten übrigens schon dem Urkonvent von Garsten angehört, waren also zuvor weltpriesterliche Chorherren gewesen. Zwei Äbte von Kremsmünster kamen ebenfalls aus Garsten, Abram II. (1165-1173) und dessen Nachfolger Ulrich III. (1173-1182); dieser war sogar ein Neffe des hl. Berthold.

Berthold stand seinem Stift mehr als dreißig Jahre vor. Als er 1142 erkrankte und fühlte, dass sein Tod nahte, versammelte er nochmals seine Mönche um sich, nahm ihnen die Beichte ab und verabschiedete sich mit den Worten: *Die Stunde ist gekommen, in der es heißt, hinüber zu gehen. Der Augenblick lässt sich nicht mehr verschieben, der schon lang ersehnte und schmerzlich erwartete, der mich zu den Siegespalmen des Himmels ruft. Ihr sollt aber wissen, dass ich euch nicht verlasse und diesem Ort wie ein treuer Helfer stets zur Seite stehen werde. Körperlich müssen wir uns zwar trennen, doch im Geiste will ich immer bei euch bleiben* (Kap. 17).

Bevor Berthold in der Nacht vom 27. auf den 28. Juli 1142 starb, begann er noch, die Allerheiligenlitanei zu beten, konnte sie aber nicht mehr vollenden. Das Begräbnis wurde wenige Tage später durch Abt Gottfried von Admont vorgenommen.

Zur Geschichte der Verehrung

Die Verehrung Bertholds als Heiliger setzte schon mit seinem Tode ein. Sie hat sich bis heute gehalten, auch wenn sie nicht zu allen Zeiten gleich intensiv war. Die Pflege des Grabmals, die Pilger, die nach Garsten kamen, und die häufige Verwendung des Namens Berthold als Tauf- oder Ordensname sind beredte Zeugnisse für einen Kult, der einen ersten Höhepunkt erlebte, als Berthold vom Passauer Bischof Rudiger von Bergheim/Radeck (1233-1250) am 16. Juli 1236 aus *bischöflicher Machtvollkommenheit* heilig gesprochen wurde. In späteren Zeiten fand diese Kanonisation aber keine Anerkennung mehr und die Gesuche des Garstener Abtes Anselm Angerer 1683 und des letzten Abtes von Garsten Maurus Gordon 1782 um die Aufnahme Bertholds in den diözesanen Heiligenkalender führten nicht zum Ziel, weil Rom hierfür keine Zustimmung erteilte.

Dennoch überdauerte die allgemeine Verehrung Bertholds sogar die Aufhebung des Stiftes Garsten (1787). Das 700-Jahr-Jubiläum 1842 im Gedenken an den Tod des Heiligen wurde besonders festlich begangen. Der Linzer Bischof Gregorius Thomas Ziegler (1827-1852), der selbst aus dem Orden des hl. Benedikt hervorging, war die *Seele des Unternehmens* (J. LENZENWEGER). An die 60.000 Gläubige kamen damals zum Fest nach Garsten, 45.000 Kommunionen wurden ausgeteilt. Die Kultanerkennung durch Rom *als Heiliger*, um die sich Bischof Franz Joseph Rudigier (1853-1884) nachhaltig bemühte, scheiterte an der vom Jesuiten P. Franz Hochegger verfassten Eingabe nach Rom, weil er darin Berthold nur als *beatus* (nicht als *sanctus*) bezeichnet hatte. Das Kriegsjahr 1942 erlaubte anlässlich des 800. Todestages Bertholds keine großen Feierlichkeiten; sie wurden 1946 in Form eines Triduums in Garsten nachgeholt. Zum wichtigsten Datum in der Verehrungsgeschichte wurde das Jahr 1970. Nicht zuletzt auf Betreiben des Linzer Kirchenhistorikers Josef Lenzenweger (1916-1999) war schon 1951 der so genannte *Informativprozess bei der Kurie in Linz* eröffnet worden, der die Kultanerkennung durch Rom anstrebte. Bis es so weit war, waren noch viele Hürden zu nehmen. 1970 war das Ziel erreicht. Rom hatte auf Grund der nachgewiesenen ständigen Verehrung des Garstener Abtes Berthold diesen als Heiligen approbiert. Die Bekanntgabe hierüber erfolgte in den *Acta Apostolicae Sedis* vom 30. April d. J. Aus diesem Anlass wurde in Garsten ein festliches Triduum zu Ehren Bertholds abgehalten (25.-27. Juli 1970).

Ein besonderes Zeichen für die Verehrung eines Heiligen ist es, wenn einem Gotteshaus sein Patrozinium gegeben wird. In Oberösterreich besitzen wir zwei Bertholdkirchen. Die mit Wirkung vom 1. November 1941 errichtete Kooperatorexpositur Sierninghofen wurde von Anfang an unter den Schutz des hl. Berthold gestellt. Nach der Erhebung zur Pfarre Sierninghofen-Neuzeug mit 1. Jänner 1963 wurde ab 1969 mit dem Bau der Pfarrkirche begonnen; sie konnte am 25. Oktober 1971 geweiht werden und erhielt selbstverständlich das Berthold-Patrozinium. Die zweite Bertholdkirche in der Diözese findet sich in Scharnstein. Sie wurde von 1953 bis 1956 gebaut, am 7. Oktober 1957 geweiht und dient seit 1958 der hier errichteten Kooperatorexpositur als Gotteshaus.

Quellen und Literatur

Quellen

Vita Bertholdi, kritische Ausgabe in: J. Lenzenweger, *Berthold, Abt von Garsten* (vgl. Literatur), 144-190.

Deutsche Übersetzung der Kapitel 1-17 von K. Schiffmann, *Leben des seligen Berthold, Abtes von Garsten*. Linz, 1946 (hg. v. J. Lenzenweger).

Zu den Quellen vgl. auch: A. Lhotsky, *Quellenkunde zur mittelalterlichen Geschichte Österreichs* (MIÖG, Erg. Bd. 19). Graz 1963, 209-210.

Literatur (Auswahl)

F. X. Pritz, *Kurgefasste Lebensgeschichte des heiligen Berthold, ersten Abtes des einstigen Benediktiner-Klosters Garsten ...* Linz 1842; J. Lenzenweger, *Berthold, Abt von Garsten +1142* (Forschungen zur Geschichte Oberösterreichs Bd. 5). Linz 1958; J. Lenzenweger, *Der heilige Berthold von Garsten.* Garsten 1970, 3. Aufl. 1989; J. Lenzenweger, *Kultanerkennung für Berthold von Garsten – Abschluss aber nicht Ende.* In: St M OSB 82 (1971) 409-425, jetzt auch in: J. Lenzenweger, *Personen und Institutionen. Beiträge zur Geschichte der Kirche in Oberösterreich* (Schriftenreihe des Oberösterreichischen Musealvereines – Gesellschaft für Landeskunde Bd. 18). Linz 2000 (hg. v. R. Zinnhobler), 103-119; W. Huber, *Garsten.* In: GermBen III/1 (2000), 501-560.

Spätmittelalterliches Epitaph für den Reformabt Konrad II. von Mondsee.
Marmorrelief in der ehemaligen Stiftskirche.

Abt Konrad II. von Mondsee

(ermordet 1145)
Zwischen Geschichte und Legende

Die Gestalt des Abtes Konrad II. von Mondsee ist besonders stark von Legenden umrankt. Wir besitzen über ihn auch keine *Vita*, und um etwas über sein Leben und Wirken zu erfahren, müssen wir zurückgreifen auf Urkunden und einzelne Hinweise in Annalen. Wichtige Aussagen über den Abt enthalten vier schon relativ bald nach seinem dramatischen Tod entstandene kurze Gedichte, so genannte *Epitaphien*. Vor allem aber ist das zur 1000-Jahr-Feier des Klosters Mondsee (1748) erschienene Werk des damaligen Abtes Bernhard Lidl (1729-1773) heranzuziehen, das er unter dem Titel *Chronicon Lunaelacense* (Mondseer Chronik) herausgab. Dieses Buch fasst die *gesamte schriftliche und mündliche Überlieferung* über die Schicksale des Klosters zusammen (J. Semmler). Das Material reicht für eine detaillierte Darstellung der Lebensgeschichte Konrads zwar nicht aus, lässt aber doch klar erkennen, dass es sich bei ihm um eine überdurchschnittliche, kraftvolle Persönlichkeit gehandelt haben muss, die für Mondsee und darüber hinaus von Bedeutung war.

Das Leben und Sterben des Abtes

Das vierte der erwähnten *Epitaphien* (ÖNB Cod. 791) sagt über Konrad: *Trevir erat natu, Sigebergensis monachatu,* d. h. dass er in Trier zur Welt kam und im Kloster Siegburg Mönch wurde. Mehr wissen wir eigentlich nicht über die Anfänge des späteren Mondseer Abtes. Auch das Geburtsjahr kennen wir nicht; man wird aber nicht weit fehl gehen, wenn man es um ca. 1090 ansetzt. Vom Stift Siegburg bei Bonn, in welches der Gründer, Erzbischof Anno II. von Köln (1056-1075), Mönche aus dem Reformkloster Fruttuaria bei Ivrea geholt hatte und von wo dann selbst eine wichtige Erneuerungsbewegung, die Siegburger Reform, ihren Ausgang nahm, wurde Konrad mit Bestimmtheit nachhaltig geprägt. Seine größte Blüte verdankt Siegburg dem Abt Kuno (1105-1126). Unter ihm zählte das Kloster 120 Mönche. Zeitweilig war dort auch der berühmte Theologe Rupert von Deutz (ca. 1075-1129) tätig, der von Kuno wesentlich zu seinem schriftstellerischen Werk angeregt wurde. Auch Norbert von Xanten (ca. 1080/85-1134), der spätere Gründer des Prämonstratenserordens, weilte vorübergehend im Stift und wählte sich Abt Kuno zu seinem geistlichen Berater. Kunos Ansehen war dafür ausschlaggebend, dass er später zum Bischof seiner Heimatstadt Regensburg (1126-1132) berufen wurde.

Diese wenigen Hinweise müssen genügen, um anzudeuten, in welchem geistigen Umfeld Konrad in Siegburg aufgewachsen ist. Dass er sich dort selbst außerordentlich profilierte, ist anzunehmen, da ihn sonst Kuno, nachdem er 1126 Bischof von Regensburg geworden war, wohl kaum zum Abt seines Eigenklosters Mondsee ernannt hätte. (Die Odilo-Stiftung war spätestens 837 durch König Ludwig d. Deutschen dem Regensburger Bischof unterstellt worden). Eine nicht genau datierbare Urkunde Bischof Kunos für Mondsee erwähnt, dass dort damals die Ordenszucht in Auflösung begriffen war und viele Klostergüter verschleudert worden seien. Daher habe der Bischof dem weisen und frommen Konrad den erwähnten Ort (*praedictum locum Cuonrado cuidam prudenti et religioso viro*) übertragen (OÖUB II, 173). Diese Formulierungen mögen, wie C. Pfaff meint, Ausdruck einer üblichen *Reformrhetorik* sein. Werden die vorgefundenen Zustände besonders düster geschildert, dann wirkt eben die Leistung des Reformers umso imponierender! Doch die

Tatsache, dass die Amtszeit Konrads in Mondsee *in monastischer, rechtlicher und wirtschaftlicher Beziehung einen Höhepunkt* darstellte, kann nicht bezweifelt werden (J. SEMMLER).

Entsprechend der Siegburger Tradition legte Konrad Wert darauf, dass neben dem benediktinischen *Ora et labora* (Bete und arbeite!) auch praktische Seelsorge geübt wurde.

Auch die Klosterkultur erlebte bald einen großen Aufschwung, was sich vor allem am Ausbau der Schreibschule zeigt. In ihr tat sich der Mönch Liutold besonders hervor, ein begnadeter Dichter, Schreiber und Maler, dessen Hauptwerk um die Mitte des 12. Jahrhunderts anzusetzen ist. Als Glanzstück seiner Leistungen gilt das heute in der Nationalbibliothek in Wien verwahrte Liutold-Evangeliar mit seinen herrlichen Miniaturen, Initialen und Kanonseiten. Manche Forscher bringen Liutold auch mit den schon erwähnten *Epitaphien* in Zusammenhang.

Ein für die Rechtsstellung Mondsees großer Erfolg war es, dass es Abt Konrad im Jahre 1142 gelang, von Papst Innozenz II. (1130-1143) die freie Abtwahl zugesichert zu erhalten (OÖUB II, 200). Das war ein entscheidender Schritt auf dem Weg zur Unabhängigkeit Mondsees von Regensburg, auch wenn der jeweils gewählte Stiftsvorstand – und dies blieb so, so lange das Kloster bestand – zumindest formal vom Bischof von Regensburg bestätigt und belehnt werden musste.

Der aufblühende Ordensgeist regte auch manche zu Schenkungen an das Stift an, wie die Quellen bezeugen.

Eines der *Epitaphien* auf den Tod Abt Konrads (ÖNB Cod. 849) legt diesem die Worte in den Mund: *Abt bin ich gewesen. Ich habe nach Kräften die entfremdeten Güter des Klosters zurückgeholt. Deshalb bin ich umgekommen. Denn als ich mich bemühte, den Schaden meiner Brüder zu beheben, riss mich eine grimmige Hand mit dem Schwert aus ihrer Mitte. In der Hoffnung auf das ewige Leben achte ich das zeitliche Leben gering* (Übersetzung von B. WAGNER). Um einen Eindruck von der guten Latinität des Originaltextes zu vermitteln, seien die zwei ersten Zeilen wörtlich zitiert: *Abbas fui, quantum potui, distracta retraxi, / jura monasterii, propter id interii.*

Hier wird angespielt auf die Bemühungen Konrads, entfremdetes Klostergut zurückzugewinnen, was er schließlich mit seinem Leben bezahlen musste. Er wurde am 15. Jänner 1145, wohl von Zehentleuten und Hintersassen, von denen er Besitzungen zurück- bzw. Abgaben einforderte, in Oberwang erschlagen. Bernhard LIDL referiert die Klostertradition hierüber so, dass der Abt sich zur Kilianskirche von Oberwang (einer dem Stift inkorporierten Pfarre) begeben habe, um dort Gottesdienst zu feiern und zu predigen. Auf dem Rückweg wurde er dann überfallen, mit Fäusten geschlagen und schließlich mit dem Schwert ermordet.

Was sich damals genau zugetragen hat, lässt sich kaum mehr rekonstruieren. Eines der schon mehrmals herangezogenen *Epitaphien* gibt Untertanen (*servi*) des Klosters als Täter an, während Abt LIDL die adeligen Fullinger (Pfullinger) nennt, deren Geschlecht aber in Oberwang nicht nachweisbar ist. An der Gewalttat selbst besteht jedenfalls kein Zweifel. Sie wird auch von einem *Epitaphium* bestätigt, dessen Text die Grabstätte Konrads mit folgenden Worten anspricht: *Den Ausspender des Wortes [Gottes], den Mahner der Brüder, den Hüter der Herde deckst du nun, düsteres Haus. Weil er vor Eifer glühte, weil er das Recht hochhielt, ach, wurde er wider Gebühr verraten und kam durch das Schwert um.*

Nach diesem Text scheint es, dass Konrad also tatsächlich bei der Ausübung der Seelsorge den Tod fand. Verrat spielte dabei eine Rolle. Benedikt WAGNER resümiert: *Er wurde wohl in eine Falle gelockt. Es handelte sich um Meuchelmord. Das Motiv für den Mord war sein eifriges Bemühen, Rechte zurückzugewinnen, die seinem Kloster entzogen worden waren.*

Über die Beisetzung Konrads in der Stiftskirche gibt es keine Berichte. Man kann aber von einer großen Anteilnahme der Bevölkerung ausgehen, war doch die Ermordung eines Abtes auch damals kein Alltagsereignis. Der gewaltsame Tod *fand den umfangreichsten nekrologischen Niederschlag von allen Mondseer Äbten* (C. PFAFF); es finden sich darüber Einträge in den Totenbüchern der Klöster Weltenburg, Michaelbeuren, Schäftlarn, Kremsmünster, Niederaltaich und Nonnberg sowie des Domstiftes Salzburg.

Der Kult

Im Umfeld des Stiftes Mondsee setzte die Verehrung Konrads schon bald nach seinem Tod ein. Eines der vier *Epitaphien* aus dem 12. Jahrhundert bezeichnet Konrad sogar als Martyrer: *Martyr modo, qui prius Abbas, / In Monacho Christi testis Chunrade fuisti.* Das heisst: *Jetzt bist du, o Konrad, ein Martyrer, der du vorher im Mönchsstand als Abt ein Zeuge Christi warst.*

Stellt dieser Text eher ein privates Zeugnis der Verehrung dar, so beweist die Grabplatte in der Stiftskirche bereits einen öffentlichen Kult. Der Gedenkstein ist heute am zweiten linken Pfeiler des Hauptschiffes aufgestellt. Bis 1679 bildete er die Deckplatte eines einfachen Hochgrabes bei eben diesem Pfeiler. Das schöne Denkmal ist sehr aussagekräftig. Es zeigt den aufgebahrten Abt in priesterlichen Kleidern. Sein Haupt ist von einem Heiligenschein umgeben, seine Rechte trägt den Abtstab und eine Martyrerpalme, in der linken Hand hält er das Regelbuch. Die Kunstgeschichte weist den Stein zwar erst dem späteren Mittelalter (14. Jh.) zu, die antikisierende Darstellung spricht jedoch dafür, dass es sich dabei um die Nachahmung eines älteren Grabsteines handelt. *Es ist also wohl schon der zweite Grabstein für Abt Konrad* (B. Wagner). Die schlichte Umschrift um die Darstellung lautet in Übersetzung: *Im Jahre des Herrn 1145 starb am 15. Jänner Konrad, der getreue Abt dieser Stätte in Mondsee.*

Schon einer späteren Zeit gehört die Inschrift auf den abgeschrägten Vorderkanten des Grabsteines an. Sie besteht aus zwei Versen in eher unbeholfenem Latein, welche besagen: *Hier ist Konrad begraben, der mit dem Schwert getötet wurde. Dieser, der Prälat war, siehe, er strahlt als ein Seliger durch Wunderzeichen.*

Für die weitere Verehrungsgeschichte können wir dem *Chronicon Lunaelacense* (1748) von Abt Bernhard Lidl folgen. Demnach sollen sich, nach Quellen des 17. Jahrhunderts, schon seit 1210 Wunder auf die Fürsprache Konrads ereignet haben. Sie fanden ihre Fortsetzung in den folgenden Jahrhunderten.

Relativ gut informiert sind wir über den Konrad-Kult im 15. Jahrhundert. 1407 ist bereits eine Wallfahrt nach St. Konrad bei Oberwang bezeugt, die, nach den Quellen zu schließen, damals schon Tradition hatte. Am 11. November 1407 verlieh Abt Jakob I. Hohenfelder (1406-1415) seinem Amtmann Gundleyn dem Czerrer *die Tafern* (das Gasthaus) *bei St. Konrad* mit der Auflage, sie in gutem Zustand zu halten, damit die Wallfahrt keinen Schaden nehme. Eine Urkunde Papst Martins V. (1417-1431) vom 10. Dezember 1427 gestattete sogar die Verwendung von Tragaltären (*altaria portatilia*), und zwar für St. Wolfgang am Abersee und für *St. Konrad in Oberwang*. Der Andrang der Wallfahrer muss also zeitweilig so groß gewesen sein, dass man Feldmessen abhalten musste, weil die Kapelle die Pilger nicht zu fassen vermochte. Interessant ist es, dass in diesen Dokumenten *St. Konrad* als Ortsname Verwendung findet. Dieser verdrängte zeitweilig sogar den Pfarrnamen Oberwang (z. B. in der Passauer Bistumsmatrikel von 1429). Die frühe Geschichte des Kirchleins bei Oberwang ist noch unerforscht. Um 1450 wurde es jedenfalls von Abt Simon I. Reuchlin neu gebaut, wohl weil es zu klein geworden war, was ja schon die 1427 gewährte Erlaubnis zur Benützung von Tragaltären nahe legt. Als offizielles Patrozinium des Gotteshauses gilt übrigens bis heute der hl. Martin, obwohl man allgemein vom Konradkirchlein spricht. Da das Martinspatrozinium meist in eine frühe Zeit verweist, ist anzunehmen, dass eine dort längst vorhandene Kapelle zu einer Kultstätte für Konrad wurde, nachdem sich in der Nähe die Tragödie seiner Ermordung abgespielt hatte.

In der Reformationszeit hörte die Wallfahrt praktisch zu bestehen auf. Das erfahren wir u. a. aus einem Schreiben von Abt Coelestin Kolb (1668-1683) an Bischof Sebastian Pötting von Passau aus dem Jahre 1679. Darin wird der Rückgang der *Andachten* zu Konrad von Mondsee beklagt, welche *beforderist in denen schädlichen Kötzerjahren in Vergessenheit gerathen* seien (LIDL, 401). Abt Coelestin, der den Kult neu beleben wollte, ließ damals mit Zustimmung des Bischofs das Grab des seligen Konrad in der Stiftskirche öffnen und die Gebeine *erheben*. Das war ein mühsamer Vorgang, der aber schließlich zum Erfolg führte. Hierauf versuchte er, dem Bischof gegenüber, die Echtheit der Reliquien und die Berechtigung des Kultes zu erweisen. Er ging in diesem Zusammenhang ein auf die lange Tradition der Verehrung, auf die beim Grab auf die Fürbitte Konrads geschehenen Wunder und auf die Weihe eines Konradaltares in der Martinskirche von Oberwang durch einen Passauer Weihbischof (1601).

Bischof Sebastian hielt diese Zeugnisse für ausreichend und stellte dem Abt am 1. November 1679 die gewünschte *Authentik* über die Echtheit der Reliquien aus. Im Jahre 1682 ließ Abt Coelestin die Reliquien kostbar fassen und beim Wolfgangaltar der Stiftskirche aufstellen. Abt Bernhard LIDL ließ die Gebeine zu einer Menschenfigur zusammenfügen *(in justam hominis staturam compositum)* und für alle sichtbar in einem Schrein auf dem Hochaltar aufstellen. Dort befinden sie sich noch heute.

Die 600-Jahr-Feier im Gedenken an den Tod Konrads wurde als großes Barockschauspiel inszeniert. Unter der Regie von Abt Bernhard LIDL wurde der Konradschrein am 25. September 1745 von sechs Ratsbürgern von der Stiftskirche unter großem Geleite zum See getragen, dann zu Schiff nach *Puch* gebracht, in das neu renovierte Martinskirchlein von Oberwang getragen und am Hochaltar zur Verehrung aufgestellt. Eine Woche hindurch kamen Tag für Tag Prozessionen aus den benachbarten Pfarren, deren Seelsorger in der Kirche jeweils einen festlichen Gottesdienst mit Predigt hielten. Der Zulauf war groß. Am 3. Oktober wurden die Reliquien wieder feierlich in die Stiftskirche zurückgebracht. Das Fest war ein Höhepunkt des barocken Konradkultes, ja fast schon ein Endpunkt. Denn mit der Aufhebung des Stiftes 1791 kamen die Kräfte abhanden, welche die Verehrung propagierten.

Im 20. Jahrhundert versuchte Erzabt Jakob Reimer von St. Peter in Salzburg die Konradverehrung neu zu beleben und die Diözese Linz zu motivieren, sich in Rom um die Kultanerkennung zu bemühen. Er starb im Jahre 1958, ohne dass sein Wunsch in Erfüllung gegangen war. Auf Initiative der Künstlerin Lydia Roppolt (1922-1995) findet jedoch jährlich im Sommer in Oberwang ein Konrad-Fest mit Gottesdienst und musikalischen Darbietungen statt.

Die Legende

Die Legendenbildung setzte im Falle Konrads von Mondsee erst relativ spät ein. Eigentlich handelt es sich um keine zusammenhängende Legende, sondern um überlieferte Einzelmotive, die im Lauf der Zeit eine unterschiedliche Ausgestaltung erfuhren.

Die *Sage vom Totenbrett*, die schon Bernhard Lidl 1748 in seinem Chronicon Lunaelacense erzählt (S. 123), berichtet davon, dass die Mörder den toten Konrad auf ein Brett legten, ihn dann in eine Hütte trugen und diese anzündeten. Während die Hütte verbrannte, blieben Leichnam und Brett unversehrt. Das Totenbrett hängt noch heute in der Konradskirche von Oberwang. Es hat auch den Kirchenbrand von 1842 überdauert.

Die *Legende vom Konradbrunnen* berichtet davon, dass an jener Stelle im Wald, an der die Mörder den Leichnam zunächst verscharrt hatten, eine Quelle entsprang, welche das Erdreich wegspülte und den toten Körper wieder an die Oberfläche brachte. Der später ummauerte Brunnen findet sich in der Ortschaft Schindlau (Gemeinde Oberwang). Bei ihm sollen sich auch Heilungswunder ereignet haben.

Es gibt aber auch, wie dies Benedikt WAGNER formuliert hat, die *Antilegende vom Bauernschinder.* Nach ihr soll Konrad die Bauern arg *geschunden* haben, ja sogar durch ihre reifenden Kornfelder geritten sein. Darüber empört, hätten sie ihn schließlich erschlagen. In schriftlicher Form wird diese Legende erst im 20. Jahrhundert greifbar. Sie könnte aber einen älteren Kern haben. Benedikt WAGNER hält es für möglich, dass die Erzählung *unter dem Eindruck der Bauernkriege* konkrete Gestalt angenommen und an die Tatsache angeknüpft habe, dass Konrad entfremdete Güter zurückgewinnen wollte. Sollte er dabei mit einer gewissen Härte vorgegangen sein, so wäre das ein Motiv für die begangene Mordtat gewesen.

Quellen und Literatur

Quellen:

Vier Epitaphien auf den Tod des Abtes Konrad, ÖNB Cod. 849, fol. 132v u. Cod. 791 fol. 117v; Druck bei: LIDL, *Chronicon Lunaelacense,* 124 f., jetzt auch in: C. PFAFF, Scriptorium (vgl. Lit.), 41 f.
[B. LIDL], *Chronicon Lunaelacense.* Pedepontani (Stadtamhof) 1748.

Literatur (Auswahl):

H. AWECKER, *Mondsee. Markt-Kloster-Land.* Mondsee 1952; J. SEMMLER, *Die Klosterreform von Siegburg. Ihre Ausbreitung und ihr Reformprogramm im 11. und 12. Jahrhundert.* Bonn 1959, bes. 84-89; A. KOLBINGER, *St. Konrad. Studie über Abt Konrad von Mondsee.* Graz o. J. (ca. 1965); C. PFAFF, *Scriptorium und Bibliothek des Klosters Mondsee im hohen Mittelalter.* Wien 1967; J. STROBL, *Die historische Entwicklung der dem Kloster Mondsee inkorporierten Pfarren* (Kirchengeschichtl. Dissertation). Graz 1971; Rh. HAACKE, *Der heilige Konrad von Mondsee.* In: *Jahrbuch 1973 für die Katholiken des Bistums Linz,* 33-42; B. WAGNER, *Zeugnisse für den Kult des Abtes Konrad II. von Mondsee.* Ebd., 44-58; OÖ. LANDESREGIERUNG (Hg,), *Das Mondsee-*

land – Geschichte und Kultur (Ausstellungskatalog). Linz 1981; B. WAGNER, *Legenden um den Tod des seligen Konrad von Mondsee.* Ebd., 51-70; F. LEITNER, *Konrad von Mondsee – Der Selige im Bezirk Vöcklabruck. Ein Geschichtsbeitrag anlässlich der 850 Jahrfeier seines Martyriums (1145-1995).* Vöcklabruck 1995; R. ZINNHOBLER, *1250 Jahre Mondsee.* In: *Jahrbuch der Diözese Linz 1998,* 59-65; G. HEILINGSETZER, *Mondsee.* In: GermBen III/2 (2001), 874-923.

Propst Gerhoch von Reichersberg

(1093-1169)
Radikaler Reformer und streitbarer Theologe

Auf die Anführung einzelner Quellen zum Leben und Wirken des Reichersberger Propstes kann hier verzichtet werden, da diese in der vorzüglichen Gerhoch-Biographie von Peter Classen (1960) sorgfältig aufgelistet sind; es genügt ein Verweis auf dieses Werk (vgl. Lit.).

Herkunft und Bildungsweg

Gerhoch wurde 1092 oder 1093 in Polling bei Weilheim (Oberbayern) geboren. Über die Familie, der er entstammte, wissen wir nicht viel. Von seinen Geschwistern sind jedoch fünf Brüder, alle jünger als Gerhoch, namentlich bekannt: Marquard, Rüdiger, Friedrich, Arno und Heimo. Da sich alle von ihnen dem geistlichen Stand zuwandten, wird man davon ausgehen können, dass im Elternhaus eine religiöse Atmosphäre herrschte.

Der Heimatort Polling war vom dortigen Kanonikerstift mit seiner nicht unbedeutenden Schule geprägt. In dieser begann Gerhoch auch seine Studien. Als er im Alter von 16 oder 17 Jahren schwer erkrankte, stellte sich ihm die Sinnfrage und er entschloss sich, die geistliche Laufbahn einzuschlagen. Ab etwa 1110 setzte er seine Ausbildung in der Schule des Kanonikerstiftes Moosburg fort, um bald darauf an die Domschule von Freising überzuwechseln. Die heimischen Schulen genügten aber seinem Bildungsdrang offenbar nicht. So begab er sich nach Hildesheim, an dessen berühmter Domschule er zwischen 1112 und 1115 seine theologischen Studien absolvierte. Die gute Kenntnis der Schriften der Kirchenväter sowie der kirchlichen Rechtsquellen, die Gerhochs literarisches Werk offenbart, wird er sich ebenso in Hildesheim angeeignet haben wie die Gewandtheit, mit der er seine Gedanken in der lateinischen Sprache darzulegen vermochte.

Auf dem Weg zum Reformer

In seine Heimat zurückgekehrt, wurde Gerhoch, noch nicht 25 Jahre alt, von seinem Bischof Hermann von Augsburg zum Domherrn und Domscholaster bestellt. Hermann entsprach noch ganz dem Typ des Reichsbischofs, der sich den Zielen der gregorianischen Reform widersetzte. Noch hatte Gerhoch keine Bedenken, sich von einem Mann dieser Ausrichtung ein Amt übertragen zu lassen. Auch die Diakonatsweihe dürfte ihm Bischof Hermann gespendet haben.

Der Lebensstil Gerhochs scheint sich damals nicht wesentlich von dem der übrigen Domherren unterschieden zu haben. Auch er lehnte die *vita communis*, also ein gemeinsames Leben der Kanoniker, das er später so leidenschaftlich propagierte, entschieden ab. *Er verschmähte die Tonsur [und] kleidete sich elegant wie ein Laie* (P. Classen).

Zu seinem Aufgabenbereich gehörte die Leitung der Domschule. Die Kanoniker feierten nicht selten fröhliche Feste, bei denen u.a. von den Schülern Gerhochs und unter seiner Regie biblische Szenen aufgeführt wurden.

Es gibt eine Äußerung Gerhochs, dass er sich einmal gegen die Keuschheit verfehlte (*me miserum perdita virginitate*).

Eine Wende in Gerhochs Leben bedeutete die Verhängung des Kirchenbannes gegen seinen Bischof Hermann am 30. Oktober 1119 durch Papst Calixt II. (1119-1124). Gerhoch kündigte nun dem Bischof seine

Dienste auf. Er musste schließlich aus Augsburg fliehen und begab sich in das Kanonikerstift Rottenbuch, das um 1085 vom Bayernherzog Welf IV. unter Beteiligung Bischof Altmanns von Passau (1065-1091) gegründet worden war und als ein Zentrum der gregorianischen Reform galt.

Nach der durch das Wormser Konkordat (1122) erlangten Aussöhnung zwischen Reich und Kirche wurde auch die Exkommunikation Bischof Hermanns von Augsburg aufgehoben. Darauf hin kehrte Gerhoch zu seinem Bischof zurück, ja er durfte diesen 1123 zum Laterankonzil in Rom begleiten. Das war die erste von sieben oder acht Romreisen Gerhochs. Das vom Konzil gebilligte Wormser Konkordat fand nicht die Zustimmung Gerhochs, da er in der vorgesehenen Übertragung von Regalien, d.h. von königlich zugestandenen Hoheitsrechten an die Bischöfe, mit Recht eine Quelle zur Feudalisierung und zur Verweltlichung der Kirche erblickte. Gerhoch berichtet davon, dass die Wellen beim Konzil ziemlich hoch gingen. Die strengen Gregorianer protestierten energisch gegen das Konkordat, konnten sich aber nicht durchsetzen, da der Papst, der die Kirchenversammlung präsidierte, die Konzessionen verteidigte. Zu einem direkten Kontakt zwischen Gerhoch und dem Papst scheint es nicht gekommen zu sein.

Da in der Folge auch Bischof Hermann für Reformen in seiner Diözese eintrat, sah Gerhoch eine Chance, beim Domkapitel in Augsburg die *vita apostolica*, das gemeinsame Leben nach einer Regel, durchsetzen zu können. Er scheiterte jedoch bei seinen Bemühungen. 1124 verließ er daher Augsburg und trat in das Stift Rottenbuch ein. Mit großem Eifer richtete er sein Leben nach der Regel des hl. Augustinus aus. Auch seine jüngsten Brüder Heimo und Arno folgten seinem Beispiel, später schloss sich ihm auch noch Marquard an, während Rüdiger und Friedrich in das Domkapitel in Augsburg aufgenommen wurden und *in der Welt blieben*. Die Eltern Gerhochs ließen sich ebenfalls in die Gemeinschaft von Rottenbuch als so genannte *Konversen* aufnehmen. Das wird nicht ohne den Einfluss des Sohnes geschehen sein.

Zusehends stärker machte sich bei Gerhoch die Tendenz bemerkbar, darauf hinzuarbeiten, dass auch die Weltpriester auf das *gemeinsame Leben* unter Beachtung persönlicher Armut verpflichtet werden sollten; seiner Auffassung nach war nämlich *das Regularkanonikertum nicht ein Orden, sondern die allgemeingültige Form des Klerus* (Classen, 34). Im Jahre 1126 erhielt Gerhoch Gelegenheit, seine Ideen Papst Honorius II. (1124-

1130) vorzutragen. Der Salzburger Erzbischof Konrad I. (1106-1147), der 1126 sein Domkapitel reguliert und in diesem auch selbst die Profess abgelegt hatte, lud ihn ein, sich an einer Gesandtschaft nach Rom zu beteiligen, welche mit dem Heiligen Vater Fragen der Klerusreform erörtern sollte. Doch Honorius II., der selbst einem Chorherrenstift in Bolo gna angehört hatte, lehnte Gerhochs radikale Forderungen ab, der alle Geistlichen unter Androhung der Exkommunikation zur Annahme der *vita apostolica* zwingen wollte, was die Abschaffung des Weltpriesterstandes bedeutet hätte. Mit Recht widersetzte sich der Papst diesem zerstörerischen Eifer. Norbert von Xanten (ca. 1082-1134), der damals ebenfalls in Rom weilte und dabei auch die Bekanntschaft Gerhochs machte, hatte mit seinen Bestrebungen größeren Erfolg. Er erreichte die päpstliche Bestätigung der von ihm gegründeten Chorherrengemeinschaften, der Prämonstratenser, als eines Ordens, der sich stark am Mönchtum orientierte.

Gerhoch hatte mit seiner Romreise noch ein zweites Anliegen verbunden. Er wollte einen Text der *Augustinusregel* mit nach Hause bringen, der für den Konvent von Rottenbuch verbindlich sein sollte. Dass ihm das gelang, geht aus einem Brief des Papstes an den Konvent vom 26. Februar 1126 hervor. Durch das entschiedene Eintreten Gerhochs für diese Regel wurde er aber zu einem Unruheherd in Rottenbuch; viele Mitbrüder widersetzten sich seinen Bemühungen.

Aus dieser Konfliktsituation befreite ihn Bischof Kuno von Regensburg (1126-1132). Der ehemalige Reformabt von Siegburg, der soeben erst die Leitung des Bistums übernommen hatte, rief Gerhoch in seine Diözese, weihte ihn zum Priester und übertrug ihm die Seelsorge in der Pfarre Cham am Regen. Dadurch erhielt Gerhoch Gelegenheit, seine Vorstellungen von einer Verbindung von Gemeinschaftsleben (*vita communis*) und Pfarrseelsorge zu verwirklichen. Doch das Experiment scheiterte in kürzester Zeit. Wahrscheinlich waren seine Mitgeistlichen nicht bereit, sich der kompromisslosen Vorgangsweise Gerhochs zu beugen. Schon vor Ostern 1128 musste er sein Betätigungsfeld aufgeben. Zwischen *Muße und Isolierung*, wie P. Classen formuliert hat, hielt er sich nun bis 1132 in Regensburg auf. Für seine theologische Arbeit wurden dies höchst fruchtbare Jahre.

1128/29 entstand Gerhochs Erstlingswerk *Vom Gebäude Gottes*, zu dem ihn Bischof Kuno angeregt hatte und das daher diesem auch gewidmet ist. Es handelt sich um eine umfassende Ekklesiologie, die auf eine Reform der Kirche abzielt, und zwar auf dem uns schon bekannten Weg: Die Kirche sollte über einen regulierten Klerus erneuert werden. Dabei ging Gerhoch so weit, dass er für die *clerici proprietarii*, die Geistlichen, die Besitz hatten, wenn schon nicht die Exkommunikation, so doch die Suspension von ihrem Amt forderte. Wegen dieser radikalen Auffassungen wurde Gerhoch im Herbst 1130 auf einem Landtag zu Regensburg der Prozess wegen Ketzerei gemacht. Dem päpstlichen Legaten Erzbischof Walther von Ravenna gelang es zwar, eine Verurteilung zu verhindern, doch verhängte er über ihn ein Schweigegebot, an das sich Gerhoch aber nicht lange hielt. 1131 wandte er sich mit einem Brieftraktat, den er als *Dialog zwischen einem Weltpriester und einem Regularpriester* bezeichnete, direkt an Papst Innozenz II. (1130-1143), den er gleichsam zum Schiedsrichter darüber bestellte, ob die von Weltpriestern gespendeten Sakramente überhaupt geistliches Leben vermitteln könnten. Der Papst lud Gerhoch hierauf ein, ihm seine Positionen persönlich vorzutragen. Diesem Ruf leistete Gerhoch natürlich gerne Folge, wahrscheinlich im Jahr 1132. Wo die Begegnung stattfand, lässt sich nicht sagen; wohl nicht in Rom, da sich die Hauptstadt der Christenheit damals fest in den Händen des Gegenpapstes Anaklet II. (1130-1138) befand. Tatsächlich erlebte Gerhoch die Genugtuung, dass Papst Innozenz ihm zumindest darin zustimmte, dass von Schismatikern gespendete Sakramente ungültig seien. Bernhard von Clairvaux (ca. 1090-1153) hingegen, der vielleicht ebenfalls an den Gesprächen teilnahm, lehnte diese Auffassung strikte ab. Noch einen zweiten Erfolg erzielte Gerhoch. Er konnte den Papst motivieren, ein Schreiben an Erzbischof Konrad I. von Salzburg zu richten, in welchem dieser gebeten wurde, Gerhoch unter seinen Schutz zu nehmen. In der prekären Situation, in der sich der als Ketzer verdächtigte Gerhoch damals befand, war das für ihn von großer Bedeutung.

Die Jahre als Propst von Reichersberg

Die enge Bindung an Konrad I. von Salzburg hatte eine entscheidende Konsequenz für Gerhoch, der vom Erzbischof 1132 zum Propst des von ihm abhängigen Chorherrenklosters Reichersberg eingesetzt wurde. Dieses war von Salzburg abhängig, weil schon der Stifter, Wernher von Reichersberg, nach dem Tode seines Sohnes seinen Besitz 1080/84 Erzbischof Gebhard von Salzburg, mit dem er verschwägert war, zum Zweck der Errichtung einer geistlichen Institution übertragen hatte. Dadurch kam die Neugründung unter den direkten Einfluss der vom regulierten Salzburger Domkapitel ausgehenden Reformbewegung. Bereits um 1084 sind in Reichersberg Kanoniker *sub regula sancti Augustini* bezeugt.

Da im Jahre 1132 Bischof Kuno von Regensburg gestorben war, der seine Hand schützend über Gerhoch gehalten hatte, löste für diesen die Bestellung zum Propst auch persönliche Probleme. Für das Stift aber, das in seinen Anfängen auf Grund von Erbstreitigkeiten ungefestigt dastand, begann mit Gerhoch die entscheidende Aufbauphase. Vor allem gelang ihm die Sicherung des Besitzstandes. Dazu war es nötig, mehrere Prozesse mit den Passauer Bischöfen sowie mit einigen Adeligen der Umgebung zu führen.

Gerhoch gliederte dem Stift auch ein Chorfrauenkloster an, dessen Kirche 1138 von Bischof Roman von Gurk (1131-1167) geweiht wurde. Der Konvent bestand bis ins 15. Jahrhundert.

Entsprechend der Augustinerchorherrenregel bemühte sich Gerhoch auch erfolgreich um den Ausbau der Seelsorge, und zwar sowohl in der Nähe des Stiftes (Münsteuer) als auch in der Pittener Mark an der ungarischen Grenze. Beide Seelsorgegebiete werden bis heute von Reichersberg aus betreut.

Trotz seines Eifers in der Leitung des Stiftes fand Gerhoch noch die Zeit, weiterhin schriftstellerisch tätig zu sein. So verfasste er 1135 das Werk: *Daß der Fürst dieser Welt schon gerichtet ist*, das er Bernhard von Clairvaux widmete, von dem er auch eine kritische Lektüre des Werkes erbat. Dass Bernhard nicht auf die Zusendung reagierte, hat Gerhoch bitter enttäuscht.

Es geht in dem Buch abermals darum, ob die Sakramente von *Simonisten*, denen ihr geistliches Amt von Laien übertragen worden war, gültig sind; auch werden die Gefahren aufgezeigt, die sich aus der Anhäufung von Pfründen ergeben. Damit legte Gerhoch seine Finger tatsächlich auf einen wunden Punkt der Kirche, der noch beim Aufkommen der Reformation eine entscheidende Rolle spielen sollte (CLASSEN, 82f.).

Ab 1141 war Gerhoch in christologische Streitigkeiten verwickelt, die ihn nicht mehr los lassen sollten. Ohne näher darauf einzugehen, sei angemerkt, dass es dabei um das Verhältnis von Gottheit und Menschheit in Christus ging. Während eine aus Frankreich kommende Richtung, vertreten durch Petrus Abälard (1079-1142) u.a., in Christus vor allem den Menschen erblickte und seine Gottheit eher *bildhaft* (figurative) verstand, betonte Gerhoch die Einheit von Gottheit und Menschheit so sehr, dass ihm manche den Vorwurf machten, er sei ein *Monophysit*, der nur die göttliche Natur in Christus anerkenne. Die dem Thema gewidmete Schrift Gerhochs *Über die Verherrlichung des Menschensohnes* (1141) ist zwar nicht erhalten geblieben, doch gibt es Hinweise auf sie in einem Brief Gerhochs an Papst Innozenz II. (Classen, 336).

1141/42 unternahm Gerhoch eine Romreise in Stiftsangelegenheiten. Dabei gelang es ihm, von Papst Innozenz II. ein Mandat an den Passauer Bischof Reginbert (1138-1147), der sich Übergriffe gegen Reichersberg geleistet hatte, zu erwirken. Dem Bischof wurde aufgetragen, seine ungerechtfertigten Zehentforderungen einzustellen. Am 8. Jänner 1142 fertigte der Papst überdies ein – noch im Original erhaltenes – Schutzprivileg für Reichersberg aus, für das sich u.a. Kardinal Gerhard Caccianemici eingesetzt hatte, den Gerhoch von seiner Tätigkeit als Legat in Deutschland her kannte und der bald als Lucius II. (1144-1145) das Papstamt übernehmen sollte.

Eine Frucht der Romfahrt 1141/42 war auch Gerhochs Reformschrift *Über die Geistesgaben*, die er den Kardinälen Gerhard, Guido und Goizo widmete. In ihr sieht er, so wie in anderen seiner Werke auch, den *Ausgangspunkt aller Verweltlichung der Kirche in der Verflechtung von Kirche und Reich* (Classen, 100). Er plädiert daher für eine klare Trennung von *regalia* und *ecclesiastica* (von Königsgut und Kirchengut); seine Forderungen klingen aber nicht mehr so radikal wie in früheren Jahren. Gerhoch gesteht den Kirchenfürsten nun sogar die *regalia* zu, vorausgesetzt, dass sie diese durch weltliche Geschäftsträger (*iudices*) verwalten ließen. Auch spricht er jetzt dem Königtum eine Rolle als *ordnende Gewalt* in der Kirche zu. Gerhochs Ausführungen sind übrigens, so wie das auch bei anderen seiner Bücher der Fall ist, in hohem Maße Rupert von Deutz (1075/76-1129) verpflichtet, ohne dass dies im Einzelnen angemerkt wird.

1143 gehörte Gerhoch einer päpstlichen Legation Kardinal Guidos nach Böhmen und Mähren an. Dabei ging es vor allem um die Durchsetzung der Zölibatsforderung des Laterankonzils von 1139. *Separavit sacerdotes ab uxoribus* (er trennte die Priester von ihren Frauen), heißt es über Guido im entsprechenden Visitationsbericht (Classen, 104). Für Gerhoch, der stets *nach größeren Aufgaben drängte*, hatte sich damals eine erste Gelegenheit geboten, *im größeren Rahmen an der Kirchenreform mitzuwirken* (ebd., 104f.).

Nach Abschluss der Legation vermittelte Kardinal Guido Gerhoch auch eine Audienz bei Papst Cölestin II. (1143-1144). Dieser schrieb dem Propst am 27. Jänner 1144, bedauerte die *Anfechtungen*, die er wegen seines Eintretens für Wahrheit und Gerechtigkeit immer wieder erleiden musste und lud ihn für den 9. April nach Rom ein. Als Gerhoch dort ankam, regierte jedoch bereits Lucius II. (1144-1145); sein Vorganger war am 8. März d.J. verstorben. Dem neuen Papst, dem ehemaligen Kardinallegaten Gerhard, stand Gerhoch so nahe wie keinem anderen Inhaber des Petrusamtes. Lucius hatte ein offenes Ohr für die Anliegen des Propstes und erließ erneut ein Mandat an Bischof Reginbert von Passau, dem er auftrug, innerhalb von 40 Tagen für Ruhe in Reichersberg zu sorgen, es in seinen Schutz zu nehmen und sich keine Übergriffe mehr zu leisten (Classen, 107, 342).

Noch im Jahre 1144 begann Gerhoch damit, eine Psalmenerklärung zu verfassen, *ein Riesenwerk, das ihn durch fast 25 Jahre bis nahe an sein Lebensende beschäftigen sollte*. Gerhochs Ausführungen zeichnen sich durch drei Eigenarten aus: *den homiletischen Stil, die Aktualisierung der Exegese und die [umfangreichen] Exkurse* (Classen, 114f.).

1145 wurde der dem Zisterzienserorden angehörige Eugen III. zum Papst gewählt (gest. 1153), den Gerhoch bereits kannte (Classen, 108). Die unruhigen Verhältnisse in Rom nötigten Eugen, den Großteil seiner Amtszeit außerhalb der Stadt zu verbringen. Gerhoch suchte den neuen Papst schon 1146 auf, um ihn in Glaubensfragen zu konsultieren und ihn um ein Schutzprivileg für Reichersberg zu bitten. Dieses konnte er *am 4. Mai [1146] aus Eugens Hand in Sutri* entgegennehmen. Zu einem Gespräch mit dem Papst bot sich später in Viterbo Gelegenheit. Für Schriften, die Gerhoch dem Papst überreichte, bedankte sich dieser in einem am 16. Mai 1146 in Sutri gezeichneten Schreiben. Peter Classen nimmt an, dass sich unter den übergebenen Abhandlungen die *Dispu-*

tatio contra quendam Arnoldinum befand. Dieses Werk wendet sich gegen die überzogene Armutsauffassung Arnolds von Brescia (ca. 1100-1155), der jedes kirchliche Eigentum ablehnte und dadurch zum Revolutionär wurde. Der Papst lobte im erwähnten Brief den Eifer Gerhochs für die Kirchenreform (Classen, 129, 345f.).

1147 versuchte Gerhoch auch nochmals Kontakte mit Bernhard von Clairvaux zu knüpfen. Er erklärte dem Heiligen brieflich seine Bewunderung, rühmte dessen Hohelied-Predigten und ermunterte ihn, diese doch bald zum Abschluss zu bringen. Gleichzeitig beanstandete er einige christologische Formulierungen Bernhards. Das Schreiben des Propstes stellt eine seltsame Mischung von *Devotion und Selbstbewusstsein* dar. Auch diesmal *würdigte Bernhard den Propst, der immer wieder um seine Zuneigung rang, keiner Antwort* (ebd., 128).

In das Jahr 1147 fällt noch ein bedeutsames Ereignis, der Kreuzzug, zu dem Papst Eugen III. aufgerufen hatte. Dieser fand auch ein Echo in der Weihnachtspredigt Gerhochs, die er mit einem Gebet für das Gelingen des Unternehmens beendete.

1151/52 weilte Kardinallegat Oktavian, der spätere Gegenpapst Viktor IV. (1159-1164), in päpstlicher Mission in Deutschland, um sich für eine strenge Kirchendisziplin einzusetzen. In seiner Begleitung befand sich u.a. auch Gerhoch. Über die schroffe Vorgangsweise des Kardinals langten Klagen bei Papst Eugen III. ein. Bei einem Konsistorium in Segni befragte der Papst diesbezüglich auch Gerhoch, der wohl mit dem Kardinal dort hingereist war. Der Propst hielt eine große Verteidigungsrede für Oktavian und es gelang ihm, den Papst zu Gunsten des Legaten zu beeinflussen (Classen, 136f.). Gerhoch konnte damals Papst Eugen auch seine große Reformschrift *Über Sion und Babel*, einen Traktat zu Psalm 64 (nach der Zählung der Vulgata), überreichen. In ihr vertrat der Autor abermals die These von der Ungültigkeit der von Häretikern gespendeten Sakramente. *Papst Eugen war von den Fähigkeiten Gerhochs jetzt so überzeugt, daß er dem Propst selbst eine Legation anvertraute* (Classen, 137), die noch 1152 nach Ungarn und Ruthenien gehen sollte. *Die Wahl eines deutschen Propstes zum Legaten fiel ganz aus dem Rahmen der kurialen Praxis*, bedeutete also einen ungeheuren Prestigegewinn für Gerhoch. Dass er dafür ausersehen wurde, hängt wohl damit zusammen, dass das zum Stift Reichersberg gehörige Gebiet in der Pittener Mark an Ungarn grenzte, weshalb dem Propst eine Kenntnis der Verhältnisse zugetraut wurde. Tatsächlich kam die Legation aber nicht zustande, weil sie von König Geza II. abgelehnt wurde.

Gerhoch, der inzwischen ein Alter von fast sechzig Jahren erreicht hatte, war übrigens 1152 zum letzten Mal einem Papst gegenüber gestanden. Im Anschluss an die Begegnung in Segni hatte der Propst vermutlich auch die ewige Stadt noch einmal aufgesucht.

Rom und das Papsttum hatten Gerhoch stets sehr viel bedeutet. Wenigstens acht Mal hatte er an der päpstlichen Kurie geweilt. Als Papst Eugen III. 1153 starb, war Gerhoch tief bewegt. Der Nachfolger, Anastasius IV. (1153-1154), den Gerhoch schon von früher kannte, entsprach aber seinen Vorstellungen nicht; er nannte ihn einen *schwächlichen Greis* (Classen, 154). Auf die Zusendung von Schriften Gerhochs reagierte der Papst nicht.

Die Wahl Hadrians IV. (1154-1159), des bisher einzigen Engländers auf dem Papstthron, der einmal Abt des regulierten Chorherrenstiftes St. Rufus bei Avignon gewesen war, begrüßte Gerhoch, doch wurde er bald enttäuscht. 1156 widmete er dem Papst einen Brieftraktat *Über die Neuerungen dieser Zeit*. Er verweist darin auf die großen Missstände in der Kirche und empfiehlt dem Heiligen Vater die Lektüre des Werkes *De consideratione* von Bernhard von Clairvaux, eines *Papstspiegels*, dem er sein eigenes Werk an die Seite stellte. In seinem Buch erörtert Gerhoch abermals die Regalienfrage und nimmt Stellung gegen das geistliche Pfründenwesen und das Säkularkanonikertum. Die Domkapitel verurteilt er als *Nester des Widerstandes gegen jede Kirchenreform* (Classen, 175). Da sie immer mehr Benefizien erwerben wollten, sollten sie durch Regularkanoniker ersetzt werden. Die Schrift, die dem Papst 1156 von Gerhochs Bruder Rüdiger überbracht wurde, stieß auf keine Resonanz bei Hadrian. Möglicherweise hat er *die unerbetenen, teils aufdringlich und teils devot vorgetragenen Ratschläge des deutschen Propstes* nie gelesen (Classen, 183).

Kaiser Friedrich Barbarossa, dem 1152 gewählten und 1155 gekrönten Herrscher, zollte Gerhoch zunächst durchaus Respekt, zumal er das Verhalten Papst Hadrians IV. zusehends kritischer betrachtete. Dass dieser 1155 den Normannen Wilhelm I. mit Sizilien belehnte und 1157 auf dem Reichstag von Besancon die Kaiserwürde als päpstliches *beneficium* (Lehen) erklären ließ, ging dem Propst zu weit. Als Gerhoch um diese Zeit auch noch erkrankte, befiel ihn große Mutlosigkeit. Nach seiner

Genesung, die er dem Gebet der Reichersberger Chorfrauen zuschrieb, setzte er die Arbeit an seinem Psalmenkommentar fort.

Da die Ereignisse von Besancon den deutschen Episkopat gegen Papst Hadrian ziemlich aufgebracht hatten, sandte dieser 1158 eine Legation nach Deutschland, bestehend aus den Kardinälen Heinrich (von St. Nereus und Achilleus) und Hyacinth (von St. Maria in Cosmedin), welche eine Entschuldigung des Papstes übermitteln sollten. *In dieser Situation versuchte Gerhoch unmittelbar in die hohe Politik einzugreifen und für den Frieden zu wirken* (Classen, 185). Ende Mai/Anfang Juni 1158 intervenierte er brieflich bei Herzog Heinrich d. Löwen und bat ihn um Vermittlung, auch traf er damals *in des Kaisers Lager* vor Augsburg mit den beiden Kardinälen zusammen, denen er sogar eine Unterkunft bei seinen leiblichen Brüdern, den Augsburger Domherren Rüdiger und Friedrich, vermittelte (Classen, 187). Die Legaten erwiesen sich u.a. dadurch als dankbar, dass sie zu einem Ausgleich des in Fragen der Kirchenreform zerstrittenen Domkapitels beitrugen. Ein sichtbares Zeichen dafür, dass das angestrebte Ziel erreicht wurde, ist die Bestellung Rüdigers zum Domdekan. Ob Gerhoch 1158 in Augsburg auch dem Kaiser begegnete, ist ungewiss.

Die mit Kardinal Heinrich gemachte Bekanntschaft kam in der Folge auch Reichersberg zugute; seiner Intervention dürfte es zu verdanken sein, dass Papst Hadrian dem Stift am 16. August 1159 einen (noch im Original erhaltenen) Schutzbrief ausstellte. Gerhoch hatte übrigens Kardinal Heinrich sein kleines Buch *Liber de laude fidei* sowie eine Abschrift seines Traktates zu Psalm 64 gewidmet.

Noch 1158 war der Kaiser nach Italien aufgebrochen, um gegen aufmüpfige Städte in der Lombardei, die vom Papst zunehmend unterstützt wurden, vorzugehen. Nach dem Tod Hadrians IV. am 1. September 1159 kam es in Rom zu einer tumultuarischen Doppelwahl. Der größere Teil der Kardinäle wählte Roland Bandinelli, der den Namen Alexander III. (gest. 1181) annahm. Mit ihm hatte Gerhoch wenig Freude. Eine auf Ausgleich mit dem Kaiser bedachte Gruppe wählte dagegen Kardinal Oktavian, der sich Viktor IV. (1159-1164) nannte. Ihm stand Gerhoch an sich näher, hatte er doch seinerzeit dessen Vorgangsweise bei einer Visitation in Deutschland vor dem Papst verteidigt. Das nun ausgebrochene Schisma, das bis 1177 (Friede von Venedig) andauern sollte, setzte Gerhoch auch persönlich sehr zu. Zudem hatte es Folgen für seine

Brüder Rüdiger und Friedrich, die vom Domkapitel, das auf der Seite des Kaisers und Papst Viktors stand, aus Augsburg vertrieben wurden. Sie suchten zunächst Zuflucht in Reichersberg. Später traten sie in Klosterneuburg ein, wo der schwer kranke Friedrich bereits 1160 starb, während Rüdiger 1163 die Würde des Dekans übertragen wurde.

Da die Unruhen in der Lombardei anhielten, fiel Kaiser Friedrich 1162 dort erneut ein und eroberte Mailand, das dem Erdboden gleich gemacht wurde. Im Auftrag Alexanders III. begab sich damals Erzbischof Eberhard von Salzburg (1147-1164) zum Kaiser, um ihn zu einem Ausgleich mit dem Papst zu motivieren. Dem Gefolge des Erzbischofs gehörte neben Bischof Hartmann von Brixen auch Gerhoch von Reichersberg an. Die Begegnung mit dem Kaiser fand am 30. März auf den Trümmern von Mailand statt. *Zweifellos hat Gerhoch damals den Kaiser persönlich kennengelernt* (Classen, 209), von dem er ein mit 4. April 1162 datiertes Schutzprivileg für das Stift Reichersberg erlangte.

In den bewegten Zeiten des Schismas schrieb Gerhoch (um 1160/62) sein Buch *De investigatione Antichristi* (Über die Aufspürung des Antichrist); es handelt sich dabei um *das selbständigste, vielschichtigste und – von der Psalmenerklärung abgesehen – umfangreichste Werk Gerhochs* (Classen, 222). Angeregt wurde es von Erzbischof Eberhard von Salzburg, dem es auch gewidmet ist. Gerhoch geht darin den Spuren des Antichrist im Verlauf der Kirchengeschichte nach, wobei er ihn in seiner eigenen Zeit in besonderem Maße am Werk sieht. Auf Rom setzte Gerhoch damals für die Kirchenreform keine besonderen Hoffnungen mehr. *Im Zentrum der echten Kirche stehen [für ihn] die Regularkanoniker. Wie ein Tempel in jede Stadt, so gehören die religiosi in jedes Volk* (Classen, 235). Dagegen sind für ihn die Anhänger der *Aachener Regel*, d.h. die Säkularkanoniker, *Herolde des Antichrist* (ebd.).

Im März 1163 erhielt Gerhoch einen wohlwollenden Brief Papst Alexanders, dem es offenbar darum ging, seinen Anhang im Reich auszubauen. Dass ihm der Heilige Vater schrieb, schmeichelte dem Propst, der sich damals aber dennoch zu keiner Antwort aufraffen konnte, wohl weil er sich hinsichtlich seiner eigenen Position zwischen Kaiser und Papst in einem Zwiespalt befand. Sein Schweigen wurde ihm von der Kurie übel genommen (Classen, 211); Gerhoch entschuldigte sich später.

Gerhoch von Reichersberg. Ölgemälde im Stift Reichersberg,
dem Laienbruder Franz Winhauser (gest. 1639) zugeschrieben.

Neuerliche christologische Streitigkeiten, diesmal mit Folmar, dem Propst des Chorherrenstiftes Triefenstein (Diözese Würzburg), der Gerhoch noch dazu vorgeworfen hatte, *die Kaiserkrone beleidigt* zu haben, veranlassten diesen nicht nur zur Abfassung eines Traktates über den Menschensohn (*De gloria et honore Filii hominis*), sondern auch zu einem Besuch beim Kaiser, der im September 1163 in Nürnberg einen Hoftag abhielt. *Der Kaiser zog den greisen Gerhoch in ein vertrautes Gespräch* (CLASSEN, 212). Der Propst nahm die Gelegenheit wahr, sich für eine Aussöhnung mit Papst Alexander, die damals im Bereich der Möglichkeit schien, auszusprechen. Der Vermittlungsversuch scheiterte jedoch. In der Folge näherte sich Gerhoch Papst Alexander an, dem er auch seine *Erklärung zu Psalm 131* widmete und von dem er eine Stellungnahme gegen Folmar erhoffte, die aber nicht erfolgte. Vielmehr *erließ der Papst ein Schweigegebot für alle Streitenden, besonders aber für Gerhoch* (CLASSEN, 273), der darüber maßlos enttäuscht war.

Nach dem Tode des Erzbischofs Eberhard von Salzburg 1164 wählte das Domkapitel den Onkel Kaiser Friedrichs, den Passauer Bischof Konrad, zum neuen Oberhirten (1164-1168). Das war für Gerhoch auch insofern eine günstige Lösung, als nun alte Streitigkeiten mit Passau leichter beigelegt werden konnten, war doch Konrad jetzt zum Eigenkirchherrn Reichersbergs geworden. Der neue Erzbischof begab sich in Begleitung Gerhochs sogleich an den Kaiserhof nach Pavia, um die Belehnung mit den Regalien zu erbitten. Über die mit Friedrich Barbarossa erfolgte Unterredung besitzen wir ein Gedächtnisprotokoll Gerhochs (CLASSEN, 275f.). Dieser benützte die Gelegenheit und trug dem Kaiser erneut sein großes Anliegen vor: die Beendigung des Schismas. Er richtete jedoch abermals nichts aus. Der Herrscher bezeichnete Papst Alexander vielmehr als einen *Gegner des Reiches* und forderte die Anerkennung *seines* Papstes, Paschals III. Als Gerhoch diesen ausdrücklich ablehnte, versetzte er einige der anwesenden Fürsten in große *Erregung*. Einer von ihnen drohte dem Propst sogar *den Galgen* an, ein anderer den *Raub* seiner *Güter und dergleichen Böses mehr ... Der Kaiser hörte dies alles gelassen an*, wie Gerhoch berichtet (CLASSEN, 276); die Belehnung seines Onkels Konrad lehnte er aber weiterhin ab. Er wäre zum Nachgeben nur bereit gewesen, wenn Konrad den Eid auf Paschal III. geleistet hätte. Da er dies nicht tat, verhängte der Kaiser die Reichsacht über ihn. Gleichzeitig wurden er und alle Stiftsvorstände der Salzburger Eigenklöster, zu denen auch Reichersberg gehörte, vom Gegenpapst Paschal III. exkommuniziert. Darüber hinaus ließ der Kaiser die Güter des Salzburger Erzstifts durch den Grafen von Plain verwüsten. Bischof Konrad sah sich zur Flucht gezwungen und starb 1168 im Kloster Admont.

Auch Gerhoch hatte sich dem Eid gegenüber Paschal III. entzogen, was für ihn und das Stift unangenehme Folgen haben sollte.

Verfolgung, Exil und letzte Lebensjahre

Gerhoch wurde unmittelbar *in die dramatische Zuspitzung des Schismas* hineingezogen. Heinrich von Baumgarten nützte die schwierige Situation und stellte nun Ansprüche auf Münsteuer, das sein erbliches Lehen sei und ohne seine Zustimmung an das Stift gekommen sei (Classen, 280). Am 27. Oktober 1166 überfiel er Münsteuer, vertrieb die dort ansässigen Reichersberger Untertanen und siedelte seine eigenen Leute an. Als es im Frühjahr 1167 Adeligen, die dem Stift Reichersberg nahe standen, gelang, die Leute Baumgartens aus Münsteuer zu vertreiben, ging dieser mehrmals (17., 25. April und 8. Mai) gegen das Stift selbst vor, das sich wacker verteidigte. *Selbst Chorherren griffen zu den Waffen* (Classen, 290), was im konkreten Fall auch Gerhoch, der ein Leben lang jeden Kriegsdienst der Kirche abgelehnt hatte, gut hieß. Persönlich entzog sich jedoch der Propst, der damals bereits 73 Jahre zählte, den Ereignissen, indem er sich ins Exil begab. Wohin er ging, ist nicht bekannt. Klosterneuburg, wo sein Bruder Rüdiger damals Propst war (1167-1168), Admont oder Aldersbach kommen als Orte seines Aufenthalts in Frage. Zu diesen Klöstern hatte er gute Beziehungen, was auch daraus hervorgeht, dass sie alle Gerhoch-Handschriften besitzen.

Erst nachdem sich in Reichersberg die Lage wieder entspannt hatte (Heinrich von Baumgarten war von Erzbischof Konrad von Salzburg exkommuniziert und aus Reichersberg vertrieben worden), kehrte Gerhoch zurück.

Noch im Exil hatte er an zweien seiner Werke zu schreiben begonnen. In seinem von Alterspessimismus gekennzeichneten Buch *De quarta vigilia noctis* (Über die vierte Nachtwache) bietet Gerhoch einen in vier Perioden gegliederten Überblick über die Geschichte der Kirche von den

Anfängen bis zu (seiner) Gegenwart, die er in den düstersten Farben schildert. Da die Kirchenreform immer wieder unterblieb, sei nun der Antichrist machtvoll am Werk, was sich u.a. im damaligen Schisma und in den Überfällen auf Salzburg und Reichersberg geäußert habe.

Neben der Abfassung dieser Schrift hatte Propst Gerhoch noch im Exil auch die Arbeiten an seinem *Psalmenkommentar* wieder aufgenommen.

Nach seiner Rückkehr blieb Gerhoch anscheinend auf Dauer im Stift. Die knapp zwei Lebensjahre, die ihm noch gegönnt waren, konnte er zwar in äußerer Ruhe verbringen, doch quälten ihn weiterhin die Sorgen um die Kirche und den rechten Glauben. Er revidierte noch Einiges an seinen Büchern, bevor ihm am 27. Juni 1169 der Tod die Feder aus der Hand nahm.

Am Fest Johannes des Täufers (24. Juni) hatte er noch die hl. Messe zelebriert und vor dem Volk eine lange Predigt gehalten, die später als Abschiedsrede gedeutet wurde. Nach Empfang der Sterbesakramente starb Gerhoch in der Nacht vom 26. auf den 27. Juni im Kreise seiner Mitbrüder. Bereits am 29. Juni, dem Fest der Apostelfürsten Petrus und Paulus, wurde er, tief betrauert von seinen Mitbrüdern, beim Kreuzaltar der Stiftskirche beigesetzt. Die Leitung des Stiftes übernahm sein tüchtiger Bruder Arno (gest. 1175), der ihm stets besonders nahe gestanden war.

Nachleben und Würdigung

Im Stift Reichersberg entstand schon bald nach dem Tod von Propst Gerhoch ein Gedicht, das *ein schönes Zeugnis der Liebe* darstellt, *die ihm seine Kanoniker und Kanonissen entgegenbrachten* (Classen, 307f.). Auch wurde in die Stiftsannalen zu seinem Todesjahr eine längere *Vita* eingefügt, mit der sein Leben und Wirken gewürdigt wird.

Merkwürdiger Weise widmeten jedoch die Annalisten österreichischer und bayerischer Klöster dem Tode des Propstes, der zu seiner Zeit so oft im hellen Rampenlicht der Geschichte gestanden war, keine einzige Zeile. *Selbst die Zahl der Nekrologien, die seinen Todestag vermerkten, ist nicht allzu groß* (Classen, 309).

Erst im 14. Jahrhundert wurde dem großen Propst ein mit einer Umschrift versehener Gedenkstein in Form einer Tumba gesetzt.

Trotz seines reichen literarischen Schaffens bildete Gerhoch in Reichersberg keine Schule, auch sind die meisten seiner Werke nur in jeweils einer Handschrift erhalten. Die überlieferten Texte weisen *überdies kaum Spuren einer Benutzung im 13.-15. Jahrhundert auf*, und es lässt sich *keine literarische Fernwirkung* seiner Schriften beobachten (Classen, 313).

Gerhoch verdankt seine Wiederentdeckung erst Johannes Aventin (1477-1534) und Jakob Gretser (1562-1625). Eine intensive Beschäftigung mit der Gestalt und dem Werk Gerhochs gehört aber erst dem späten 19. und dem 20. Jahrhundert an.

Diese traurige Bilanz kann aber nicht darüber hinweg täuschen, dass wir es bei Gerhoch mit einem *unermüdlichen Streiter für die Reinheit der Kirche und des Glaubens* zu tun haben, der sich nachhaltig für die Kirchenreform und die *vita apostolica*, wie er sie verstand, einsetzte (Classen, 314f.). Sicherlich mit Recht hat er die Gefahren aufgezeigt, die sich aus der Verleihung von Hoheitsrechten (Regalien) für die Bistümer in Zukunft ergeben sollten; sie erwiesen sich tatsächlich als eine Quelle für die Verweltlichung der Kirche. Manchmal hat Gerhoch, wie unsere Ausführungen erwiesen haben, mit seinen Forderungen den Bogen jedoch überspannt.

Das literarische Werk des Reichersberger Propstes ist von großer theologiegeschichtlicher Bedeutung. Durch die Auseinandersetzungen mit der Frühscholastik, der er ablehnend gegenüber stand, vermittelt er uns wertvolle Einblicke in die Suche nach Wahrheit in einer bewegten Zeit.

Auch für die Kirchengeschichte sind Gerhochs Schriften sehr wertvoll. Sie stellen einen Spiegel aller Probleme dar, welche die Kirche seiner Zeit bewegten. Beispielhaft sei nochmals an die zwei Schismen und ihre Auswirkungen sowie an Gerhochs Begegnungen mit Kaiser Friedrich Barbarossa und mit mehreren Päpsten erinnert. Für die Vorgänge auf dem Laterankonzil 1123 und die dort erfolgte Verlesung des Wormser Konkordates und den anschließenden Tumult stellt Gerhoch überhaupt die einzige Quelle dar, die wir besitzen.

Als eine Hauptleistung Gerhochs erwies sich die Konsolidierung des Stiftes Reichersberg, das dadurch in die Lage versetzt wurde, einen wichtigen Beitrag zur Seelsorge und zur religiösen Volksbildung leisten zu können. Bis heute kommt die Ordensniederlassung diesen Aufgaben mit großem Engagement nach.

Quellen und Literatur

Quellen

Die Quellen sind verzeichnet bei: P. Classen, *Gerhoch* (vgl. Lit.), 327-468. Druck der *Vita* bei: W. Wattenbach (Hg.), MG SS XVII, 490-495.

Literatur (Auswahl)

Mit Verweis auf P. Classen wird nur Literatur angeführt, die nach dessen Gerhoch-Biographie erschienen ist.

P. Classen, *Gerhoch von Reichersberg – Eine Biographie.* Wiesbaden 1960, K. Rehberger, *Gerhoch von Reichersberg (1093-1132-1169)*. In: O. Danecker (Hg.), *Gerhoch von Reichersberg. Zu seinem 800. Todestag.* Linz 1969, 5-34; W. Beinert, *Die Kirche, Gottes Heil in der Welt. Die Lehre von der Kirche nach den Schriften des Rupert von Deutz, Honorius Augustodunensis und Gerhoch von Reichersberg. Ein Beitrag zur Ekklesiologie des 12. Jahrhunderts* (Habilitationsschrift). Regensburg 1971; A. Lazzarino del Grosso, *Società e potere nella Germania del XII secolo. Gerhoch di Reichersberg* (Il pensiero politico Bd.6). Florenz 1974; St. Weinfurter, *Salzburger Bistumsreform und Bischofspolitik im 12. Jahrhundert. Der Erzbischof Konrad I. von Salzburg (1106-1147) und die Regularkanoniker.* Köln-Wien 1975; H. Litschel (Hg.), *900 Jahre Augustiner Chorherrenstift Reichersberg.* Linz 1983; OÖ. Landesregierung (Hg.), *900 Jahre Stift Reichersberg – Augustiner Chorherren zwischen Passau und Salzburg* (Ausstellungskatalog). Linz 1984; E. Meuthen, *Gerhoch von Reichersberg (1092/93-1169).* In: TRE 12 (1984), 457-459; E. Meuthen, *Gerho(c)h v. Reichersberg.* In: LMA 4 (1989), 1320f; o.V., *Gerhoh von Reichersberg.* In: BBKL 2 (1990), 223f.

Wilbirg von St. Florian. Ölgemälde von Johann Georg Tompke,
Stift St. Florian (um 1755).

Wilbirg von St. Florian

(ca. 1230-1289)
Ein Leben in der Klause

Das Mittelalter kannte merkwürdige Formen religiöser Betätigung. So galt z.B. das Dasein als Klausner oder Klausnerin als eine Hochform geistlichen Lebens. Bei diesen Inklusen, wie sie auch genannt wurden, handelte es sich um Männer oder Frauen, die sich, nach eingeholter Erlaubnis eines Bischofs oder Abtes, in eine kleine, an eine Kirche oder an ein Kloster angebaute Zelle einschließen oder einmauern ließen, um darin für den Rest ihres Lebens Buße zu üben, Gott zu dienen und für die Mitmenschen zu beten. Mit der Außenwelt waren die Klausen in der Regel durch drei kleine Fenster verbunden. Durch sie empfingen die Eingeschlossenen Licht, Nahrung und Eucharistie.

Klausner oder Klausnerinnen waren aber keineswegs völlig isoliert von der Außenwelt. Fast das Gegenteil ist der Fall. Solche Personen wurden von vielen Menschen aus Nah und Fern aufgesucht, um Rat gefragt und um ihr Gebet angegangen. Auch galten sie als Wundertäter, weshalb in Krankheitsfällen nicht selten ihre Hilfe erbeten wurde.

Die bekannteste unter den österreichischen Klausnerinnen war Wilbirg von St. Florian, deren Reliquien heute in der eindrucksvollen spätromanischen Krypta unter der Stiftskirche verehrt werden. Leben, Wirken und Bedeutung der Klausnerin werden auf einer Inschrifttafel von 1755 mit folgenden Worten prägnant kommemoriert:

Alda werden aufbehalten die Gebein Wilburgis, einer gottseeligen Jungfrau, welche, nachdeme sie bey 41 Jahr alhier zu S. FLORIAN freywillig verschlossen gewest, ein mit geistlichen Erscheinungen und andern unza[e]hlbaren Gnaden überhaufftes wundervolles Leben gefiehrt hat, endlich dasselbe den 11. Dec. Ao 1289 mit ungemeinen Ruef der Heiligkeit geendet.

Wir sind über Wilbirg verhältnismäßig gut informiert. Ihr Zeitgenosse, der St. Florianer Augustinerchorherr Einwik Weizlan (ca. 1250-1313), der im Stift als Kämmerer, Dechant und schließlich ab 1295 als Propst wirkte, verfasste eine umfangreiche lateinische Lebensbeschreibung, die *Vita Wilbirgis*. Er hatte die Klausnerin selbst gut gekannt, ja war ihr viele Jahre als Seelenführer und Beichtvater zur Verfügung gestanden. Sein Werk entspricht freilich den Gesetzen der Hagiographie, will also weniger der Geschichtsschreibung als vielmehr der Verehrung der dargestellten Person dienen. Auch ist der Verfasser ein Kind seiner Zeit, die vom Mystizismus beherrscht war. Einwik sieht überall Wunderbares am Werk; er erblickt auch *dort Übernatürliches, wo nur Natürliches vorliegt* (E. MÜHLBACHER). Es geht ihm in erster Linie darum, hinter den Ereignissen deren religiöse Dimension wahrzunehmen. Berücksichtigt man das und bezieht man darüber hinaus die Erkenntnisse der Geschichtswissenschaft ein, so lässt sich der äußere Ablauf von Wilbirgs Leben relativ gut rekonstruieren.

Eine frühere Klausnerin in St. Florian, die ebenfalls Wilbirg hieß und nach einem neunzehnjährigen Inklusenleben am 26. Jänner 1226 starb, könnte die Eltern unserer Wilbirg veranlasst haben, ihre Tochter auf diesen Namen taufen zu lassen. Diese wurde um 1230 geboren. Ihr Vater Heinrich war ein angesehener *Eigenmann* des Stiftes St. Florian, starb jedoch schon ein halbes Jahr nach Wilbirgs Geburt auf einer Pilgerfahrt in das Heilige Land. Wilbirg wurde nun von ihrer Mutter, deren Namen wir nicht kennen, zu einer Witwe namens Alheid in Pflege gegeben. Diese sorgte trefflich für das Kind. Bald jedoch erkrankte die Pflegemutter schwer und musste nun ihrerseits vom Stift aus versorgt werden.

Da Wilbirgs Mutter verarmt war, versuchte sie, ihre Tochter, die sie wieder zu sich genommen hatte, zu versorgen und verlobte sie einem jungen Manne, damit er für sie Sorge trage, bis sie das heiratsfähige Alter erlangte. Es stellte sich aber bald heraus, dass der Erwählte ein grober

Mensch war. Deshalb musste die Verlobung wieder aufgelöst werden. Auch ein zweiter Versuch scheiterte. Der diesmal Ausersehene starb schon kurz nach der Verlobung.

Inzwischen war die erkrankte Alheid in das Stiftshospital gebracht worden. Ihre Betreuung wurde u.a. von der jungen Wilbirg übernommen. Kurz vor ihrem Tod sagte Alheid ihrer Pflegerin die Zukunft voraus, so auch das spätere Leben als Klausnerin.

Als Alheid verstorben war, kam Wilbirg zunächst wieder zu ihrer Mutter zurück. Da schon zwei Verlobungen gescheitert waren, wollte nun Wilbirg Christus zum *Bräutigam* nehmen. Sie legte daher die Gelübde der Armut und der Ehelosigkeit (Jungfräulichkeit) ab, und zwar am Vortag zum Maria-Lichtmess-Fest eines uns nicht bekannten Jahres (1247 ?). *Sie war somit eine Art Ordensfrau ohne Bindung an ein Kloster* (J. Etzlstorfer).

Nach dem Tode ihrer Mutter wurde Wilbirg von einer unternehmungslustigen und wohlhabenden Jungfrau namens Mathilde zu sich genommen und versorgt. Mathilde liebte es, Stätten der Heiligen aufzusuchen. Sie war bereits bei den Kirchen der Apostelfürsten Petrus und Paulus in Rom gewesen, aber auch am Grab der erst kurz zuvor (1235) heiliggesprochenen Elisabeth in Marburg an der Lahn hatte sie geweilt. Nun lud sie Wilbirg ein, mit ihr zum Grab des Apostels Jakobus d.Ä. nach Santiago de Compostela im Nordwesten Spaniens zu pilgern. Nach anfänglichem Zögern sagte Wilbirg zu.

Es muss lange gedauert haben, um den beschwerlichen Weg, eine Strecke von ca. 2000 km Luftlinie, zurücklegen zu können. Große Strapazen waren zu bewältigen, aber auch tiefe Eindrücke konnten gesammelt werden. Einwik berichtet davon, dass Wilbirg auf der Reise erkrankte und von einem heftigen Fieber befallen wurde. Sie litt aber auch an wunden Füßen und anderen Beschwerden. Dennoch gab sie nicht auf. Am Ziele angelangt, gesundete sie auf die Fürsprache des hl. Jakobus.

Nachdem die beiden Pilgerinnen mit den aus aller Welt hier angekommenen Wallfahrern entsprechend gefeiert und gebetet hatten, traten sie schließlich die Rückreise wieder an.

Offenbar war die Pilgerfahrt auch bestimmend gewesen für Wilbirgs Zukunft, denn nach ihrer Heimkehr wollte sie sogleich ein Leben als Klausnerin beginnen, das ihr übrigens, wie seinerzeit von ihrer Pflege-

Während der 41 Jahre ihres Lebens als Klausnerin verließ Wilbirg ihre Zelle nur ein einziges Mal. Während der Auseinandersetzungen zwischen König Ottokar von Böhmen und Rudolf von Habsburg brachte sie sich im Jahre 1276 in Enns in Sicherheit. Ihre Klause wurde damals ein Raub der Flammen, später jedoch wieder aufgebaut. Zumindest seit 1279, als der Neubau des Chores der frühgotischen Kirche abgeschlossen war, konnte Wilbirg ihre Zelle wieder beziehen, durch ein Fenster den Gottesdienst mitfeiern und Hilfesuchenden mit Rat und Tat beistehen.

Es waren ihr noch zehn Jahre gegönnt. Am 11. Dezember 1289 starb sie im Alter von etwa 60 Jahren.

Ihr Leichnam wurde in die Kirche gebracht. Einer ihrer geliebtesten Freunde, der ... Zisterzienser Rudiger von Baumgartenberg, war bei der Nachricht ihrer nahen Auflösung herbeigeeilt, um sie noch einmal zu sehen. Er fand sie nicht mehr am Leben. Auf sein inständiges Bitten wurde heimlich der Sarg geöffnet ... Er wollte die geliebten Züge noch einmal sehen. Als er weinend zum Sarge hintrat und sie küßte, verbreitete sich ein Anflug von Röte über das totblasse Antlitz der Jungfrau, wovon alle Anwesenden und die Wache haltenden Nonnen und Frauen, die herbeigerufen wurden, Zeugnis gaben (J. Stülz).

Unter großer Beteiligung des Volkes wurde Wilbirg in der Stiftskirche St. Florian vor dem Altar der hl. Kunigunde beigesetzt. Der Ort des Begräbnisses deutet darauf hin, dass man in ihr eine Heilige erblickte. Üblicherweise wurden nämlich Inklusen entweder in ihrer Zelle oder auf dem Friedhof bestattet.

Im 16. Jahrhundert, unter Propst Peter Maurer (1508-1545), stieß man anlässlich einer Grabung beim Altar Johannes d. Ev., genau gegenüber dem Kunigundenaltar, auf das Reliquiar der Wilbirg. Der Anlass des irgendwann erfolgten *Platzwechsels* ist nicht bekannt. Nun wurde die *Steinlade* mit den Gebeinen der Klausnerin wieder beim Kunigundenaltar beigesetzt. Im 17. Jahrhundert wurde das Reliquiar zeitweilig im Stiftsarchiv verwahrt. Propst Johann B. Födermayr (1716-1732) ließ schließlich die Übertragung in die damals zu einem kleinen Gedächtnisraum umgestaltete romanische Krypta vornehmen, wo die Reliquien bis heute ruhen. 1755 wurde die schon erwähnte Inschrifttafel angebracht.

Gestalten wie Wilbirg lassen sich an heutigen Maßstäben nicht messen. Dennoch scheint die Form ihres Lebens auch für den Menschen des 21. Jahrhunderts eine zeichenhafte Bedeutung zu besitzen. Die heroischen Einschränkungen, die sich die Klausnerin auferlegte, und die große Bereitschaft, mit der sie anderen ihren Rat und ihre Hilfe gewährte, könnten auch für die Menschen unserer Tage, die in Gefahr sind, im Wohlstand zu ertrinken und dabei den Nächsten zu übersehen, ein wertvolles Korrektiv darstellen.

Quellen und Literatur

Quellen

Druckausgaben der Vita Wilbirgis: B. Pez, *Triumphus castitatis seu acta et mirabilis vita venerabilis Wilbirgis virginis.* Augsburg 1715; Ders., *Vita venerabilis Wilbirgis* (Scriptores rerum Austriacarum II). Leipzig 1725, S. 216-275; L. Sainitzer, *Die Vita Wilbirgis des Einwik Weizlan.* Kritische Edition und Übersetzung (Forschungen zur Geschichte Oberösterreichs Bd. 19). Linz 1999.

Literatur

J. Stülz, *Die Klausnerin Wilbirg in St. Florian.* In: ThPQ 2 (1849), 70-114; E. Mühlbacher, *Die literarischen Leistungen des Stiftes St. Florian bis zur Mitte des 19. Jahrhunderts.* Innsbruck 1905, S. 24-30; J. Lohninger, *Der Bau der Stiftskirche St. Florian im Zeitalter Wilbirgs (1231-1289).* In: Christliche Kunstblätter 64 (1923), 24-26, 59-61, 91-94, 118-120; Ders., *Wilbirgs Grabstätte in der Stiftskirche St. Florian.* Ebd. 65 (1924), 15-17, 52-54; W. Tschulik, *Wilbirg und Agnes Blannbekin.* (phil. Diss., masch.) Wien 1925; A. Lhotsky, *Vita venerabilis Wilbirgis.* In: *Quellenkunde zur mittelalterlichen Geschichte Österreichs* (MIÖG, Erg. Bd. 19). Wien 1963, S. 253; A. Zauner, *Die Kirchweihchronik des Stiftes St. Florian.* In: MOÖLA 10 (1971), 50-122, bes. 53-56; [J. Etzlstorfer], *Verrückt geliebt ... Wilbirg von St. Florian (+ 1289).* [St. Florian 1989]; P. Dinzelbacher, *Wilbirg v. St. Florian.* In: LMA 9 (1998), 112.

Konrad von Waldhausen. Entwurf von Gerhard Wünsche
für eine lebensgroße Statue (2003).

Konrad von Waldhausen

(ca. 1325-1369)
Die Posaune Gottes

Im Jahre 1147 gründete Otto von Machland ein Augustinerchorherrenkloster in Säbnich (Sarmingstein ?), das um 1161 nach Waldhausen verlegt und 1786 aufgehoben wurde.

Die bedeutendste Gestalt, die aus dem Stift Waldhausen hervorging, war ohne Zweifel der Reformprediger Konrad, der entschieden gegen den Luxus und Sittenverfall beim Klerus und bei den Laien seiner Zeit auftrat. Er wurde daher auch als Ketzer verdächtigt, die Geschichte gab ihm jedoch den ehrenden Beinamen *Posaune Gottes*. Konrad gilt auch als ein Vorläufer und prägendes Vorbild für Jan Hus, der 1415 in Konstanz als *Ketzer* verbrannt wurde.

Um das Leben und Wirken Konrads recht zu verstehen, ist es unerlässlich, den Zeithintergrund zu berücksichtigen, der im Folgenden kurz dargestellt werden soll.

Die Zeit

Als Konrad von Waldhausen um 1325 in oder nahe bei Waldhausen zur Welt kam, residierten die Päpste schon über fünfzehn Jahre in Avignon.

Sie befanden sich in starker Abhängigkeit von den französischen Königen, begannen aber trotzdem, sich dort häuslich einzurichten. Papst Benedikt XII. (1334-1342), der ehemalige Zisterziensermönch Jacques Fournier, begann damit, den Papstpalast in Avignon festungsartig auszubauen. Auch war er es, der den zwei Kronreifen der päpstlichen Tiara noch einen dritten hinzufügte. Die damit zum Ausdruck gebrachte übersteigerte Amtsauffassung entspricht einem falschen Kirchenbild und demonstriert die Reformbedürftigkeit der damaligen Kirche. Clemens VI. (1342-1352) wird nachgesagt, dass er auf Vorhaltungen, die man ihm wegen seiner luxuriösen Hofhaltung machte, die frivole Antwort gegeben habe: *Praedecessores nostri nesciverunt esse papa. (Meine Vorgänger haben es nicht verstanden, Papst zu sein).*

Um dieselbe Zeit tobte auch ein heftiger Richtungsstreit unter den Franziskanern über die ursprünglichen Intentionen der Regel ihres Ordensgründers. Die Anhänger einer radikalen Armutsauffassung, die sogenannten *Spiritualen* oder *Fratizellen*, die Papst Johannes XXII. (1316-1334) als häretisch verurteilte, erblickten in der Kirche insgesamt ein *Sündenbabel*. Sie schreckten auch vor gewaltsamen Übergriffen gegen Vertreter der *reichen Kirche* nicht zurück. Andere Franziskaner und Bettelmönche hatten es dagegen verstanden, es sich unter dem Deckmantel der Armut recht gut gehen zu lassen. Auch die übrigen Orden blieben vielfach weit hinter den an sie gestellten Erwartungen zurück. Der evangelische Kirchenhistoriker Karl HEUSSI schreibt in diesem Zusammenhang mit Recht: *Die großen Orden, Benediktiner, Cluniacenser, Zisterzienser, Johanniter, waren in Reichtum und Wohlleben versunken, die asketische Strenge war gewichen, der Einfluß, den sie ehedem geübt hatten, verlorengegangen. Auch die Bettelorden hatten ihren Höhepunkt überschritten und erlagen im 14. Jahrhundert dem Verfall.*

Aber nicht nur in der Kirche, sondern auch im Reich gab es Probleme. Heftige Auseinandersetzungen zwischen Papst Johannes XXII. und König Ludwig dem Bayern führten 1324 zu dessen Exkommunikation. Als Trotzreaktion ließ sich Ludwig 1328 in Rom vom Stadtpräfekten Sciarra Colonna zum Kaiser krönen und stellte damit das angestammte Recht des Papstes auf diesen Akt radikal in Frage. Ganz wohl scheint sich Ludwig freilich als *Volkskaiser* nicht gefühlt zu haben, da er sich schon wenige Monate später von dem von ihm erhobenen *Gegenpapst* Nikolaus V. (1328-1330) nochmals krönen ließ.

Schon im Jahre 1324 hatte der exkommunizierte Kaiser den Papst Johannes XXII., nicht zuletzt wegen dessen positiver Einstellung zu den Spiritualen, als Häretiker verurteilen lassen (Sachsenhausener Appellation). In der Folge standen mehr als zwei Jahrzehnte lang alle Deutschen *unter der Gewissensfrage, ob dem Papst zu gehorchen sei, der den Gehorsam gegen ihren König verbot, oder dem König, der diesen Papst für häretisch erklärte* ... (GEBHARDT I, 433).

Als Papst Clemens VI. (1342-1352) im Jahre 1346 den Bann gegen Ludwig den Bayern erneuerte, sahen sich die deutschen Kurfürsten veranlasst, einen neuen König zu wählen. Sie entschieden sich für den aus dem Geschlecht der Luxemburger stammenden, in Prag geborenen und in Paris erzogenen Karl IV. (1346/47-1378), der für Konrad von Waldhausen noch wichtig werden sollte. Der tüchtige Herrscher, der in Prag Residenz nahm, war auch eine der Kräfte, die sich darum bemühten, das Papsttum aus der Abhängigkeit Frankreichs zu lösen und es wieder nach Rom zurückzubringen. Karl sollte diesen Triumph noch erleben.

In theologischer Hinsicht gingen im 14. Jahrhundert die Wellen ebenfalls sehr hoch. Auf den heftigen Streit, ob die Seele unmittelbar nach dem Tod oder erst nach dem Jüngsten Tag Gott schauen werde, sei hier nicht eingegangen. Interessanter für unser Thema ist es, dass der Minorit Marsilius von Padua, der am Hofe König Ludwigs in München weilte, aufrührerische Ideen über die Kirchenstruktur vertrat. In seinem Werk *Defensor pacis* bekannte er sich bereits zur Sola-scriptura-Lehre (*Um die ewige Seligkeit zu erlangen, muß man glauben, daß allein die göttliche Schrift wahr ist*), aber auch zum *Konziliarismus*, nach welchem in Glaubensfragen nur ein allgemeines Konzil entscheiden könne, also nicht der Papst. Auch erkannte Marsilius grundsätzlich allen Bischöfen die gleiche Gewalt zu, womit ein Jurisdiktionsprimat des Papstes zumindest in Frage gestellt wurde.

Während solche Strömungen eher auf einen Umsturz der Kirche abzielten, lassen sich ungefähr gleichzeitig auch echte Kräfte der Reform feststellen. In den Niederlanden und auch in Böhmen, hier zeitlich sogar etwas früher, entstand damals eine neue Frömmigkeitsbewegung, die man später *Devotio moderna* nannte. Diese *neue Frömmigkeit* orientierte sich stark an der Hl. Schrift und den Kirchenvätern, besonders an Augustinus. Die Urkirche, die *ecclesia primitiva*, wurde als *das* Modell angesehen, nach dem sich die Kirche erneuern sollte, also nach dem

Vorbild jener Gemeinschaft, die noch *ein Herz und eine Seele* war. Die persönliche Frömmigkeit aber, eben die *devotio*, sollte Vorrang vor der Lehre und dem Dogma haben.

Eine Trägergruppe dieser *Devotio moderna* waren die Augustinerchorherren, und ein Zentrum der Verbreitung war das böhmische Kloster Raudnitz an der Elbe.

Dieses erste Augustinerchorherrenkloster in Böhmen war vom Prager Bischof Johann v. Draschitz (1301-1343) gegründet worden. Seine vor 1340 erfolgte Stiftung wurde zum *Ausgangspunkt für viele weitere Klostergründungen, auch außerhalb Böhmens, und anhand der hier herausgebildeten Consuetudines werden später auch Chorherrenstifte vor allem in den südwestlichen Nachbargebieten Bayern und Österreich reformiert* (Girke-Schreiber, 82). Im 15. Jahrhundert fanden nach der Zerstörung des Stiftes Wittingau (Trebon) durch die Hussiten von dort flüchtende Chorherren Aufnahme im Stift St. Florian b. Linz; sie dürften dorthin die *consuetudines Rudnicenses* gebracht haben.

Mit dem ersten Prager Erzbischof, Ernst von Pardubitz (1343-1364), der durch sein Studium in Padua und in Bologna vom neu-augustinischen Geist geprägt worden war, tritt uns dann *die erste große Persönlichkeit der böhmischen Devotionsbewegung entgegen* (Girke-Schreiber, 84). In Raudnitz, das ursprünglich ausschließlich Tschechen vorbehalten war, verhalf er dem deutschen Element zum Durchbruch. Unter ihm entstanden auch die Chorherrenstifte Glatz, Jaromer, Rokitzan und Sadska, die alle im Geiste der Raudnitzer Reform wirkten. Später folgten noch weitere Neugründungen (Prihoda, 110). Die Chorherrenbewegung in Böhmen wurde in besonderer Weise durch Kaiser Karl IV. gefördert. Die in der Prager Neustadt errichtete Niederlassung Karlshof, welche mit Chorherren aus Raudnitz besiedelt wurde, geht auf seine Initiative zurück.

Verbindungen bestehen auch zwischen der *Devotio* und der deutschen Mystik, obwohl diese bei den Anhängern der Devotio keine vollständige Zustimmung fand, weil sie ihnen zu weltentrückt war. Sie blieb dennoch nicht ohne Einfluss. Um die Bedeutung der Mystik bewusst zu machen, muss es hier genügen, die klangvollen Namen eines Meister Eckehart, eines Tauler und eines Seuse zu nennen. Meister Eckehart stand sogar in *direkter* Beziehung zu Prag, war er doch seit 1307 *Generalvikar* der böhmischen Provinz seines Ordens.

Das Leben

Leider lassen die erhaltenen Quellen nur eine sehr unvollständige Rekonstruktion des Lebens von Konrad von Waldhausen zu. Sie reichen aber aus, um seine große Bedeutung erkennen zu können.

Wie schon erwähnt, kam Konrad um 1325 in oder bei Waldhausen zur Welt und dürfte früh in das dortige Chorherrenstift eingetreten sein. Von seiner späteren, aufsehenerregenden Predigttätigkeit darf auf eine gute rhetorische und theologische Ausbildung geschlossen werden. Ein Universitätsstudium in Bologna oder Pavia, das die Forschung gelegentlich annimmt (F. WINTER, 76), lässt sich nicht direkt beweisen. Dafür spräche das dort besonders gepflegte augustinisch frühhumanistische Denken, von dem auch Konrad stark beeinflusst war.

Auch der Ort und das Datum der Priesterweihe Konrads lassen sich nicht angeben. Möglicher Weise wurde er in Passau ordiniert, wohin Waldhausen diözesanmäßig gehörte. Doch waren auch damals schon Priesterweihen in Stiftskirchen üblich (ZINNHOBLER, Kirche in OÖ. II, 37), so dass die Ordination auch in Waldhausen stattgefunden haben könnte. Sie erfolgte jedenfalls vor 1350, denn als Konrad in jenem Jahr nach Rom reiste, war er schon Priester. Obwohl die Päpste damals in Avignon saßen, wurde doch ein *Heiliges Jahr* in Rom gefeiert, das sogar einen beachtlichen Pilgerstrom verzeichnen konnte. Die Ewige Stadt stand damals noch unter dem Eindruck der Ereignisse, auf Grund welcher sich 1347 Cola di Rienzo zum Volkstribun erhoben hatte, allerdings schon sieben Monate später in einem blutigen Aufstand wieder gestürzt wurde. Rienzo hatte bereits Ideen vertreten wie die eines vereinigten Italien in Unabhängigkeit von Papst und Kaiser. Nach seinem Sturz ergriff Rienzo die Flucht; 1350 fand er sich bei Karl IV. in Prag ein, der ihn aber gefangen nahm und 1352 an die Kurie in Avignon auslieferte.

Trotz der wirren Zustände in Rom verliefen die Jubiläumsfeierlichkeiten im Wesentlichen ungestört. Welchen Eindruck Rom auf Konrad gemacht hat, ist nicht bekannt. Da er sich aber nach seiner Rückkehr sofort mit Eifer als Bußprediger betätigte, wird man annehmen können, dass ihm dort die Reformbedürftigkeit der Kirche bewusst geworden war.

Den Ideen Rienzos von einem vereinten Italien scheint Konrad positiv gegenüber gestanden zu sein, rief er doch später Karl IV. in einem

Brief auf, einen Beitrag zur Herstellung der Ordnung und Einigung Italiens zu leisten.

Die Predigttätigkeit Konrads erstreckte sich zunächst auf verschiedene Orte Österreichs, u.a. auf Wien, wo am 15. April 1351 Herzog Albrecht II. unter seinen Zuhörern weilte. Thema seiner Verkündigung war vor allem die Reform der Kirche an Haupt und Gliedern. 1362 schrieb Konrad dem Passauer Bischof Gottfried von Weißeneck einen Brief, in welchem er ihn auf den Verfall der Zucht besonders beim Landklerus hinwies und das Einschreiten des Bischofs forderte. Er erzielte mit diesem Schreiben keine Erfolge, da Gottfried noch 1362 starb.

Zu Ostern 1363 predigte Konrad in Prag, wohin er wenig später von Kaiser Karl IV. berufen wurde; dieser wollte *in seinem Streben, alle berühmten Männer in Prag zu versammeln, ... den bekannten Buß- und Reformprediger ... nicht missen* (Winter, 76). Auch Erzbischof Ernst von Pardubitz, der große Freund der Augustinerchorherren, förderte Konrad und übertrug ihm zu seinem Lebensunterhalt zunächst eine Pfarrpfründe in Leitmeritz, 1365 aber die viel einträgigere Pfarre an der Teynkirche in Prag.

1366 erhielt Konrad auf Fürbitte Karls IV. und mit Zustimmung Papst Urbans V. die Vollmacht, an allen Orten der Kirchenprovinzen Prag und Salzburg das Predigtamt auszuüben (Lenzenweger III, 380-382 n. 242f.). Das lässt nicht nur auf ein hohes Ansehen Konrads, sondern auch auf ein weitreichendes Wirken als Wanderprediger schließen.

Die eifrige Predigttätigkeit in Prag, die Konrad zuerst in der Galluskirche, oft auch im Freien und schließlich besonders in der Teynkirche entfaltete, beschreibt Eduard Winter mit den Worten: *Er entzündete mit seinen Predigten in den Herzen der Menschen das Feuer der Liebe zum armen und demütigen Christus. Er lehrte, die äußere Schale der reichen und mächtigen Kirche zu durchdringen, um auf deren inneren, eigentlichen religiösen Kern zu kommen. Die Wirkung war ungeheuer. Viele, selbst aus den angesehensten Kreisen, besannen sich und schwuren der Hoffart der Sinne ab. Studenten, Frauen, Priester gingen in sich. Ein Priester, der viel in der Welt herumgekommen war, schrieb, daß er niemals ... einen gleich hinreißenden Prediger ... gehört habe.*

Adalbert Ranconis, ehemals Rektor der Universität Paris und seit 1364 in Prag tätig, ist ein besonders wichtiger Zeuge für das Wirken Konrads, den er in einem Brief mit dem feurigen Elias vergleicht; er gibt auch der

Hoffnung Ausdruck, dass sein Wort *wie eine brennende Fackel Herzen von Stein erweichen und für das göttliche Wort empfänglich machen* möge. Mit bewegten Worten schildert Adalbert, wie sich die sittlich-religiösen Zustände in Prag auf Grund der Predigten Konrads zu bessern begannen (Loserth, 267f. mit Anm.1).

Da Konrad wiederholt auch die verweltlichte Lebensweise der Bettelmönche angriff, die ihm außerdem seine Erfolge neideten, kam es zu heftigen Auseinandersetzungen mit ihnen. Als Konrad z.B. im Mai des Jahres 1365 einen Predigtzyklus in Saaz hielt, wofür er zunächst die Pfarrkirche gewählt hatte, störten die Minoriten seine Verkündigung, indem sie die große Glocke ihres Gotteshauses stürmisch läuteten; und als er hierauf seine Predigttätigkeit auf den Hauptplatz der Stadt verlegte, veranstalteten sie eine Reliquienprozession quer über den Platz, wobei sie mit großer Lautstärke sangen. Einmal warfen sie sogar Konrads Predigtstuhl in den Kanal; seine Abschiedspredigt aber störten sie durch Zwischenrufe und beschuldigten ihn, dass er lauter Lügen verbreite (Loserth, 266f.).

Die Konflikte mit den Bettelmönchen veranlassten Konrad auch zur Abfassung seiner *Apologie;* das ist eines der wenigen von ihm erhaltenen Werke. Darin wehrte er sich dagegen – nicht zuletzt seinen österreichischen Landsleuten gegenüber –, dass man ihn für einen *Ketzer, Friedensstörer oder Revolutionär in der Kirche* halte (Richter, 8). Schließlich musste sich Konrad sogar in Rom rechtfertigen, wohin er gegen 1369 ein zweites Mal reiste (Richter, 17). Da Konrad seit 1368 auch als Hofkaplan Karls IV. fungierte, trat er seine Romfahrt vielleicht als Begleiter des Kaisers an, der damals seinen zweiten Italienzug durchführte. Der Avignonenser Papst Urban V. (1362-1370), der seit 16. Oktober 1367 in Rom residierte, aber 1370 wieder nach Avignon zurückkehrte, anerkannte die Verdienste Konrads ausdrücklich, ja ernannte ihn 1369 sogar zum päpstlichen Ehrenkaplan (Lenzenweger III, 476f. n. 336, 480 n. 339). Da aber gleichzeitig immer wieder neue Klagen gegen Konrad in Rom einlangten, reiste er schließlich von dort ab, ohne dass eine Klärung seiner Causa erfolgt war. Mit der Wahrung seiner Interessen hatte er zuvor Nikolaus von Jamnitz beauftragt. Noch bevor ein Urteil erging, starb Konrad, noch nicht fünfzig Jahre alt, am 8. Dezember 1369 in Prag. *Tief betrauert von der Bevölkerung Prags, wurde er auf dem Friedhof an der Teynkirche bestattet* (Richter, 17).

Benesch von Weitmühl, der Geschichtsschreiber Böhmens und Freund Kaiser Karls IV., verfasste in seiner *Chronik der Prager Kirche* einen Nachruf auf Konrad, in welchem er vor allem die Wortgewalt des Predigers rühmte.

Die Botschaft

Um die Botschaft Konrads von Waldhausen für seine Zeit und für unsere Zeit zu ermitteln, stehen nur wenige Quellen zur Verfügung: die schon genannte *Apologie*, eine Postille mit Predigtanleitungen für Studierende der Theologie an der Universität Prag, 73 lateinische Musterpredigten, einige Briefe und der schon erwähnte Nachruf des Benesch von Weitmühl. Von den deutschen Predigten Konrads, die seinen eigentlichen Ruhm begründeten und seine Anliegen ganz unmittelbar zum Ausdruck brachten, hat sich hingegen keine einzige erhalten. Trotz dieses Umstandes scheint es möglich zu sein, den Kern der Botschaft Konrads freizulegen.

Die Frage, wie man ein guter Prediger werden könne, beantwortete Konrad einmal mit dem Satz: *Vis fieri bonus doctor, efficiaris prius bonus homo*; d.h., dass derjenige, der ein guter Lehrer (Prediger) werden wolle, zuerst ein guter Mensch sein müsse (Loserth, 46 Anm. 1).

Konrad vertritt also die Auffassung, dass ein beispielhaftes Leben noch wichtiger sei als die Lehre.

Von seinen Zuhörern verlangte Konrad stets die Treue zur Kirche. Zwar nahm er sich bei seiner Verkündigung kein Blatt vor den Mund und tadelte die Fehler der Kirchenleitung, des Klerus und der Christen oft mit großer Heftigkeit. Doch die Kirche insgesamt stellte er nie in Frage, ja verteidigte sie z.B. gegen Angriffe, die ihr wegen einzelner schlechter Priester gemacht wurden. Er formulierte das einmal so: *An schlechten Priestern ist nicht die Kirche schuld, sondern die menschliche Schwäche* (Zerlik, 13).

Eines der wichtigsten Anliegen war es Konrad, wieder eine arme Kirche zu fordern. Vor dem Hintergrund eines reich gewordenen Papsttums sowie der Bestrebungen mancher Bettelmönche, es sich schon hier auf Erden gut gehen zu lassen, ist diese Zielrichtung seiner Predigt zu verstehen. Sie vor allem brachte ihm aber, wie wir gesehen haben, viele Konflikte ein.

Ein wichtiger Zug in Konrads Wirken war die Sprengung nationaler Grenzen. Er selbst predigte in deutscher Sprache. Unter seinen Zuhörern fanden sich aber auch Tschechen und Juden (Richter, 9). Sein Freund Militsch von Kremsier war ein Tscheche, der aber die deutsche Sprache erlernte, um auch den Deutschen das Wort Gottes verkünden zu können. Bei beiden Persönlichkeiten spielten nationale Gegensätze keine Rolle. Anlässlich einer Osterpredigt forderte Konrad seine Zuhörer auf, in ihrer jeweiligen Muttersprache zu singen. Und so erklang das *Christ ist erstanden* auf deutsch und tschechisch zugleich (Richter, 18). Als Konrad starb, trauerte um ihn nicht nur die deutsche Bevölkerung Prags, sondern ebenso die tschechische.

Die Grundhaltungen, die wir an Konrad festgestellt haben, entsprechen dem Geist des Evangeliums. Darum behält seine Botschaft ihre Gültigkeit über die Jahrhunderte hinweg.

Literatur

F. Mencik, *Konrad Waldhauser*. In: *Abhandlungen der königlichen Gesellschaft der Wissenschaften* Bd. 11. Prag 1882, 1-33 (Enthält 16 Briefe bzw. Aktenstücke zu Konrad von Waldhausen); J. Loserth, *Hus und Wiclif. Zur Genesis der husitischen Lehre*. Prag-Leipzig 1884; E. Winter, *Tausend Jahre Geisteskampf im Sudetenraum. Das religiöse Ringen zweier Völker*. Salzburg-Leipzig 1938, bes. S. 76-80; B. Gebhardt, *Handbuch der deutschen Geschichte*. Bd. 1. Stuttgart [8]1954; K. Heussi, *Kompendium der Kirchengeschichte*. Tübingen [12]1960; A. Zerlik, *Konrad von Waldhausen* (2. Sonderdruck aus OÖHBl.). Linz 1971; J. Girke-Schreiber, *Die böhmische Devotio moderna*. In: F. Seibt (Hg.), *Bohemia Sacra. Das Christentum in Böhmen 973-1973*. Düsseldorf 1974, S. 81-91; J. Lenzenweger (Hg.), *Acta Pataviensia Austriaca III. Vatikanische Akten zur Geschichte des Bistums Passau und der Herzöge von Österreich (1342-1378). Urban V. (1362-1370)* (= Publikationen d. Historischen Instituts beim Österreichischen Kulturinstitut in Rom II/IV/3). Wien 1996; W. Prihoda, *Reichersberg und die Raudnitzer Reform*. In: *900 Jahre Stift Reichersberg. Augustiner Chorherren zwischen Passau und Salzburg* (Ausstellungskatalog), hg. v. OÖ. Landesregierung. Linz 1984, S. 109-119; K.F. RICHTER, *Konrad von Waldhausen. Berühmter Prediger und Praktiker seelsorglicher Arbeit am Hof Kaiser Karl IV.* In: A. ZAUNER u.a. (Hg.), *Oberösterreicher*. Bd. 6. Linz 1988, S. 7-19; M. GERWING, *K. v. Waldhausen*. In: LMA 5 (1991), 1366; R. ZINNHOBLER, *Kirche in Oberösterreich*. Bd.2: *Vom hohen Mittelalter bis zum Anbruch der Neuzeit*. Strasbourg 1993; R. ZINNHOBLER, *Die Botschaft des Konrad von Waldhausen*. In: NAGDL 11 (1996/97), 91-98; W. EBERHARD, *Konrad v. Waldhausen*. In: LThK 6 ([3]1997), 286f.

Gestalten in den Umbrüchen der Neuzeit

Leonhard Käser
(1480/85-1527)
Ein evangelischer Martyrer

Der katholische Kirchenhistoriker Karl Eder sieht in dem am 16. August 1527 in Schärding als *Ketzer* verbrannten Leonhard Käser *eine der reinsten Gestalten des österreichischen Protestantismus* (1936). Der ebenfalls katholische Theologe Franz Mußner geht noch einen Schritt weiter, wenn er sagt: *Für mich ist Leonhard Kaiser ein Märtyrer für das Evangelium, den ich ebenso verehren kann, wie ich etwa den hl. Stephanus verehre* (1999).

Käsers Hinrichtung erregte sofort großes Aufsehen, wie drei Flugschriften beweisen, die noch in seinem Todesjahr erschienen. Eine von ihnen ist anonym und enthält auch legendäre Züge. Gegen sie wandte sich der Ingolstädter Theologe Dr. Johannes Eck (1486-1543), einer der wichtigsten Gegenspieler Martin Luthers, in einem kleinen Werk. Schließlich verfasste kein Geringerer als Martin Luther (1483-1546) selbst eine Gedenkschrift, die zwar mit *Wittemberg MDXXVIII* datiert ist, aber schon Ende 1527 vorlag (vgl. Quellen).

Die Frage, die sich auch uns noch stellt, lautet: Wer war Leonhard Käser, ein Ketzer oder ein Heiliger? Um zu einer Antwort zu kommen, ist es nötig, auf das Leben, Wirken und Sterben dieses Mannes näher einzugehen.

Da Käser um 1500 zu studieren begann, wurde er wohl um 1480 oder wenig später geboren. Die Universitätsmatrikel von Leipzig, wo er an der Artistenfakultät inskribierte, verrät uns, dass er aus Raab (Innviertel) stammte. Sein Name wird dabei mit *Keyßer* angegeben. Dagegen scheint er in einer Aufzeichnung über seine Gerichtsverhandlung 1527 als *Käser* auf (HAUSMANN, 75). Die Schreibungen des Familiennamens schwanken. In der Ortschaft Weiret (Gemeinde Zell an der Pram, Bezirk Raab) gibt es ein Bauernhaus *Kaser* (1669 als *Käser zu Käserweidet* verzeichnet). Die richtige Namensform dürfte *Käser* (in damaliger Aussprache: *Kaser*) gelautet haben.

Herkunft, Bildungsweg und erste Kaplansjahre

Über Käsers Familie wissen wir nicht viel. Da das Testament des 1527 zum Tod Verurteilten an seine Brüder gerichtet ist und drei Schwäger namentlich bekannt sind, darf man davon ausgehen, dass er einer kinderreichen Familie angehörte. Die Eltern scheinen wohlhabend gewesen zu sein. Martin Luther bemerkt, Käser sei *von redlicher berümbter freundschaft* gewesen.

Keine Aufzeichnungen gibt es über die Jugendjahre Käsers. Das schon erwähnte Studium in Leipzig schloss er am 12. Februar 1502 mit dem Grad eines *Bakkalaureus der freien Künste* (*Bacc. art.*) ab. In der Folge muss er sich der Theologie zugewandt haben. Die Priesterweihe wurde ihm vermutlich in Passau erteilt, wirkte er doch später in dieser Diözese als Priester. Um 1517 wurde er Pfarrvikar in Waizenkirchen. Der eigentliche Inhaber der Pfarre war der Passauer Domherr Dr. jur. et lic. theol. Johann Perger, der u.a. auch die Pfarrpfründe von Pfarrkirchen im Mühlkreis besaß. Dieser dürfte sich kaum in Waizenkirchen aufgehalten haben, Käser wirkte dort also praktisch als selbständiger Seelsorger. Die erwähnte anonyme Flugschrift von 1527 nennt ihn daher mit einem gewissen Recht *Pfarrer*. Rückschlüsse auf sein Wirken lassen sich aus einer Bemerkung Martin Luthers ziehen, der von ihm sagt, er habe *ein erbars züchtiges Leben gefürt als ein sonderlicher frumer Priester*. Diesem Urteil stimmt übrigens auch Johannes Eck zu.

Das Ansehen, das Käser genoss, lässt sich aus einer Beauftragung erkennen, die ihm vom Klerus erteilt wurde: Am 4. Jänner 1524 hatten die Geistlichen des Landes ob der Enns bei Beratungen in Linz Protest gegen die Einführung der *Terz* erhoben, eine Sondersteuer, die Papst Hadrian VI. (1522-1523) Kaiser Karl V. (1519-1556) zugestanden hatte; sie sollte ein Drittel (*tertia pars*) der Jahreseinkünfte der Geistlichkeit betragen und der Finanzierung der Türkenabwehr und des Krieges gegen Frankreich dienen. Leonhard Käser wurde neben dem Pfarrer von Eferding vom Klerus delegiert, die Protestnote an den Passauer Bistumsadministrator Herzog Ernst von Wittelsbach (1519-1540) zu überbringen, der sie an den zuständigen Metropoliten in Salzburg, Kardinal Matthäus Lang (1519-1540), weiter leitete, ohne dass ein Erfolg erzielt worden wäre.

Hinwendung an Luther

Um diese Zeit hatte sich Käser, wie seine Predigtweise erkennen ließ, bereits der Lehre Martin Luthers zugewandt. Kanonikus Perger, Käsers unmittelbarer Vorgesetzter, verklagte ihn daher in Passau. Das bischöfliche Konsistorium lud ihn hierauf vor, damit er sich rechtfertigen könne. Nach drei Tagen Haft war Käser bereit, die so genannte *Regensburger Ordnung* vom Juli 1524 unter Eid zu akzeptieren; diese stellt ein erstes Dokument der Gegenreformation dar und verlangte u.a. ein rigoroses Vorgehen gegen die Anhänger Martin Luthers. Käser wurde nun die Rückkehr nach Waizenkirchen gestattet, wo er noch etwa ein halbes Jahr wirkte. Sein 1524 geleisteter Eid bereitete ihm sicherlich manche Gewissensprobleme. Bald dürfte er auch wieder *reformatorisch* gepredigt haben, weshalb er schließlich von Dr. Perger *geurlaubt*, d.h. entlassen wurde.

Damit war Käser an einen entscheidenden Wendepunkt in seinem Lebensweg gekommen (F. Hausmann). Er begab sich nun nach Wittenberg, um bei dem (etwa gleichaltrigen) Martin Luther zu studieren. Das Datum seiner Immatrikulation ist der 7. Juni 1525. Es gilt als sicher, dass er in Wittenberg auch ein persönliches Verhältnis zu Luther aufbaute. Der spätere *Trostbrief* des Reformators an Käser, von dem noch die Rede sein wird, wäre sonst unverständlich.

In den zwei Jahren seiner Abwesenheit blieb Käser mit seiner Heimat nicht nur in brieflicher Verbindung, sondern sandte auch Lutherschriften dort hin, obwohl dies u.a. durch das *Wormser Edikt* Kaiser Karls V. von 1521 (Verhängung der *Reichsacht* gegen Luther) streng verboten war.

1527 erfuhr Leonhard Käser durch ein Schreiben seiner Brüder, dass sein Vater schwer erkrankt war. Trotz der Gefahren, in die er sich dadurch begab, eilte Leonhard sofort nach Raab, wo er seinen Vater noch lebend antraf. Zwei Stunden später starb er. Vielleicht war die psychische Belastung, in der sich Käser befand, dafür ausschlaggebend, dass er nun selbst erkrankte.

Bald pflegte er wieder Kontakte mit Gleichgesinnten, so mit Michael Stiefel (1486/87-1567), den Luther selbst in das Land ob der Enns gesandt hatte und der als Prediger auf Schloss Tollet wirkte.

Gefangennahme und Todesurteil

Käsers reformatorische Aktivitäten blieben nicht unbemerkt. Sein Heimatpfarrer wandte sich schließlich in dieser Angelegenheit an den Propst des Augustinerchorherrenstiftes Suben, dem Raab inkorporiert war. Dieser informierte hierauf den Administrator von Passau, der sogleich die Festnahme Käsers anordnete. Aus einem Brief Käsers vom 9. März 1527 an Michael Stiefel geht hervor, dass er zuerst in Raab inhaftiert wurde. In dem Schreiben *bittet er zuerst Gott und Jesus Christus, das mit ihm angefangene Werk zu vollführen und ihm dafür Herz und Sinne zu stärken, damit er als schwaches Gefäß dem reinen Evangelium gerecht werde* (zit. nach F. Hausmann).

Am dritten Tag seiner Haft, am 10. März 1527, wurde Käser vom Hofmarkrichter dem zuständigen Landgericht Schärding überstellt, tags darauf wurde er *auf dem Wasserweg nach Passau gebracht und in der bischöflichen Feste Oberhaus gefangengesetzt* (F. Hausmann). Es folgten mehrere Verhöre durch eine Untersuchungskommission, die sich darum bemühte, ihn umzustimmen, was aber nicht gelang. Im Gegenteil! Käser legte ein eindeutiges *Bekenntnis* seiner Überzeugung, das uns von Martin Luther in seiner *Flugschrift* überliefert wurde, ab. (Luthers Informant war wohl Michael Stiefel gewesen). Wir erfahren, dass Käser sich wiederholt zu Fragen über den allein selig machenden Glauben, die Wirkung und Zahl der Sakramente, den Empfang des Abendmahles unter beiden Gestalten, den Zölibat und das Papsttum äußern musste. Dabei bekannte er sich in allen Punkten zu den Lehrauffassungen Luthers. Es fand auch ein direktes Gespräch mit Herzog Ernst statt, bei welchem Käser forderte, frei gelassen zu werden, wenn man ihn nicht durch die Heilige Schrift widerlegen könne.

In zwei Briefen an einen ungenannten Adressaten, welche Luther seiner *Flugschrift* eingefügt hat, berichtete Käser persönlich über diese Vorgänge. Wir erfahren daraus auch, dass Käser damals kränkelte und von den vielen bei den Verhören an ihn gerichteten Fragen etwas verwirrt war. Es bedeutete ihm viel, dass er in dieser schwierigen Situation einen mit 20. Mai 1527 datierten *Trostbrief* von Martin Luther erhielt. Der Reformator ermunterte ihn dazu, gestützt auf die Kraft des Glaubens, Gottes väterlichen Willen auch dann anzunehmen, wenn die angestrebte Freilassung scheitern sollte.

Einen zweiten *Trostbrief* erhielt Käser von Philipp Melanchthon (1497–1560), dem bedeutenden Wittenberger Gelehrten und Anhänger der Reformation. Dieser verwies den Gefangenen u.a. auf das Wort Christi: *Selig seid ihr, wenn ihr Verfolgung leidet.* Wenn Melanchthon eingangs erwähnt, er sei gebeten worden, *ein Trostwort zu schreiben,* so darf man wohl annehmen, dass sein Brief von keinem Geringeren als Martin Luther angeregt worden war (A. STROHM bringt in seiner Arbeit über Käser beide Trostbriefe sowohl im lateinischen Original als auch in deutscher Übersetzung zum Abdruck; vgl. Lit.).

Die von Luther in seinem Schreiben erwähnten Bemühungen um eine Freigabe Käsers hatten einen sehr konkreten Hintergrund. Der Reformator persönlich veranlasste den Kurfürsten Johann von Sachsen, ein Bittgesuch an den Passauer Bistumsadministrator Herzog Ernst zu richten. Das in Luthers *Flugschrift* abgedruckte, mit 24. Mai 1527 datierte Schreiben argumentierte wie folgt: Zwar habe Käser kaiserliche Mandate nicht beachtet, er habe aber keine Verbrechen begangen; letztlich befinde er sich nur wegen seines Bekenntnisses zum Evangelium im Kerker. Herzog Ernst werde daher gebeten, ihn daraus zu entlassen.

Auch andere Persönlichkeiten intervenierten für Käser, so der Feldherr König Ferdinands I., Markgraf Kasimir von Brandenburg-Bayreuth, und eine Reihe oberösterreichischer Adeliger (Schaunberg, Starhemberg, Traun). Diese große Solidarität dürfte die Lage Käsers freilich eher verschlimmert haben, machte sie doch bewusst, wie stark das Luther-

Verbrennung des Leonhard Käser in Schärding (1527).
Zeitgenössischer Holzschnitt, Titelbild einer Flugschrift von Martin Luther.

tum im Land bereits Wurzeln gefasst hatte. Vielleicht, so dachte man wohl, könne seine weitere Verbreitung dadurch eingedämmt werden, dass man ein Exempel statuierte. *Das Opfer dieses Abschreckungsversuches* wurde Leonhard Käser (Eder, 30).

Anscheinend hatte es auch Versuche gegeben, Käser zur Flucht zu verhelfen. Ein Brief namentlich nicht angeführter Verwandter an den Inhaftierten lässt diesen Schluss zu (Hausmann, 64).

Alle Bemühungen, Käser zu retten, verliefen jedoch im Sande. Es wurde damit begonnen, den Gerichtsprozess vorzubereiten; der 11. Juli 1527 wurde als Gerichtstag festgesetzt. Mit Käser musste noch ein anderer Priester vor Gericht erscheinen, der mehrere Verbrechen begangen hatte. Käser selbst erfuhr erst am 10. Juli, dass am Tag darauf die Verhandlung stattfinden würde. Der Administrator gestattete ihm noch einen Abschiedsbesuch durch seine Verwandten (*die Freundschaft*). Käsers Schwäger Friedrich Paumeister, Hans Reichenperger und Hans Schmit, sein Vetter Erasmus Käser sowie sein Bruder Thomas Käser fanden sich bei ihm in der Feste Oberhaus ein. Zugegen waren auch Dr. Johannes Eck und Abt Wolfgang Marius von Aldersbach. Eck hielt eingangs eine lange Rede, in der er auf das Entgegenkommen Herzog Ernsts hinwies, der nicht nur diesen Besuch erlaubt, sondern Käser sogar einen Rechtsbeistand bewilligt habe. Auf Bitten der Verwandten kam hierauf das Verhörsprotokoll zur Verlesung. Käser sah sich jedoch außer Stande, dazu im Einzelnen Stellung zu nehmen, da er durch seine Gefangenschaft geschwächt sei und nicht alle früheren Äußerungen im Gedächtnis behalten habe. Der Rechtsbeistand erbat schließlich eine Verschiebung des Gerichtstages, was aber nicht bewilligt wurde. Dagegen wurde den Verwandten noch eine Audienz bei Herzog Ernst genehmigt, die aber ebenfalls ergebnislos verlief. *Der letzte Rettungsversuch für Käser war damit gescheitert* (F. Hausmann).

Am 11. Juli fand die Gerichtsverhandlung tatsächlich statt, und zwar im Hof des Domkapitelhauses in Passau unter freiem Himmel. Den Vorsitz führte Herzog Ernst persönlich.

Käser, der auf dem Weg zum Gerichtsort von Freunden und Verwandten in seiner Haltung noch bestärkt worden war, wurde in Fesseln vorgeführt, die ihm aber bei der Verhandlung abgenommen wurden. Als Gerichtssprache wurde, entgegen der Bitte Käsers, Latein verwendet.

Der Gerichtshof setzte sich – neben dem Vorsitzenden – u.a. aus den Weihbischöfen von Passau (Heinrich Kurz) und Regensburg (Petrus Kraft), den Äbten bzw. Pröpsten von Aldersbach (Wolfgang Marius), Suben (Petrus Dörfl), Osterhofen (Stephan Wirsinger), St. Nikola b. Passau (Siegmund Reisacher) und St. Salvator (Leonhard Mörl) zusammen. Eine bedeutsame Rolle spielte bei der Verhandlung Professor Dr. Johannes Eck von Ingolstadt. Weitere Teilnehmer am Prozess waren der Passauer Offizial Dr. Hieronymus Meiting und die Domherren Ludwig Fröschl, Thomas Ramelspach und Johannes Schönburger.

Die Verhandlung, die am frühen Vormittag begann, verlief mit großem Gepränge. Zunächst stellte der Offizial Käser vor, verwies auf die Pflicht des Bistumsadministrators, die Ketzerei auszurotten, und bot dem Angeklagten Gelegenheit, dem Irrtum abzuschwören, was dieser jedoch ablehnte, weil er der Heiligen Schrift verpflichtet sei.

Hierauf verlas der Gerichtsnotar die Anklageschrift, welche Käser neben der Ketzerei die Missachtung kaiserlicher Vorschriften und Eidbruch vorwarf, da er 1524, nach seiner ersten Gefangenschaft, sich zur Einhaltung der *Regensburger Ordnung* verpflichtet habe, ohne diese dann wirklich zu beachten. Der Prokurator Käsers bemühte sich nochmals um eine Vertagung des Prozesses, zumindest aber wollte er erreichen, dass Deutsch als Gerichtssprache verwendet werde. Es war jedoch alles vergeblich. Die Anklagepunkte wurden nun in Latein verlesen, Käser antwortete aber demonstrativ in deutscher Sprache. Als er sich in zusammenhängender Rede verteidigen wollte, *schnitt ihm der Offizial das Wort ab mit der Frage, ob er denn predigen wolle* (Hausmann, 68).

Schließlich verkündete Herzog Ernst persönlich das Urteil: *Käser ist wegen des Beharrens auf den ketzerischen Artikeln, wegen seines Rückfalls und wegen seines Eidbruchs zu degradieren und sodann der weltlichen Obrigkeit zu übergeben* (Hausmann, 68).

Der Angeklagte bat nochmals um Milde; sein Gerichtsbeistand appellierte hierauf an ein freies Konzil. Alle diese Bemühungen blieben ohne Erfolg. Es wurde sogleich an die verfügte Degradierung geschritten. Zu diesem Zweck wurden Käser zunächst geistliche Kleider angelegt, die ihm dann sofort, als Zeichen seiner Rückversetzung in den Laienstand, wieder abgenommen wurden. Hierauf wurde ihm ein zerschnittenes schwarzes Barett, die Ketzermütze, auf den Kopf gesetzt. Nachdem ihm die Fesseln wieder angelegt worden waren, wurde er dem Stadtrichter übergeben. Schließlich wurde er in die Feste Oberhaus zurück gebracht.

Das kirchliche Verfahren war damit abgeschlossen, Käser unterstand nun der weltlichen Gerichtsbarkeit, d.h. dem Herzog Wilhelm IV. von Bayern, dem Bruder des Bistumsadministrators. Von diesem erhielt der bayerische Landrichter Christoph Frenkinger den Befehl, Käser verbrennen zu lassen. Nochmalige Interventionen von Johann und Georg von Schaunberg beim Bayernherzog in München blieben abermals ergebnislos. Am 14. August wurde Käser von Passau abgeholt und nach Schärding gebracht, wo er erst in der *Schergenstube* von seiner Verurteilung zum Feuertod erfuhr.

Am 15. August, dem Vortag der Vollstreckung des Todesurteils, verfasste Käser sein Testament. Es ist an seine Brüder gerichtet und stellt ein Dokument überzeugter Gläubigkeit dar. Seine bevorstehende Hinrichtung sei für ihn die Abberufung *aus dem elend dieser welt;* er gebe seinen Geist auf *umb Göttlicher wahrheit willen;* seine Brüder bitte er, die Mutter (die also damals noch am Leben war) *freundlich* zu behandeln und sie im *rechten Christlichen glawben* unterweisen zu lassen; die Brüder sollten gut zu den Armen sein und *nicht sorgen noch geitzen nach dem verdamlichen gut,* da Gott sie *erneren werde zeitlich und ewiglich.* Auch sollten sie mit ihren *weybern ynn aller einigkeit leben …, eins des andern pürd helffen tragen, gedencken daß unser leben wie der schatten und wie plumen des ackers* sei (zit. nach Eckert, 304).

Die Hinrichtung

Am 16. August war es so weit; Käser musste seinen letzten Gang antreten. Er wurde um 7 Uhr früh abgeholt und auf einem Wagen zum Innufer geführt, wo der Scheiterhaufen auf einer Sandbank, dem so genannten Gries, schon aufgestapelt war. Den ihm angebotenen geistlichen Beistand eines katholischen Priesters lehnte Käser ab, doch betete er mit lauter Stimme: *Christus, du must mit mir leiden, Christus, du must under mich, du must mich tragen, mit mir ist es um sonst und verloren* (vgl. Flugschrift M. Luthers).

Auf dem Weg zur Hinrichtung begleiteten Käser auch seine Brüder und nahmen Abschied von ihm. Beim Holzstoß angekommen, wurde Käser bis auf das Hemd entkleidet, dann wurde er *in einer vorbereiteten Vertiefung auf einem Rost festgebunden* (F. HAUSMANN) und der Scheiterhaufen entzündet. Käser erhob noch einmal seine Stimme und bat die Anwesenden, in das Lied *Komm heiliger Geist* einzustimmen, was diese auch taten. Unter den Klängen des Gesanges erfasste das Feuer den Verurteilten, der noch mehrmals den Namen Jesus hinausschrie. Nach Luther rief er die Worte: *Jhesus, ich bin dein, mach mich selig*. Als der Körper verkohlt war, wurde er aus dem Feuer gezogen und zerschlagen, hierauf wurde er wieder in die Flammen geworfen, in denen er zu Asche zerfiel. Das Leben eines aufrechten Christen war damit auf tragische Weise zu Ende gegangen.

Die von den geistlichen und weltlichen Behörden verfolgte Hoffnung, den Zeitgenossen durch die Hinrichtung Käsers den Mut zu nehmen, sich der Lehre Luthers anzuschließen, erfüllte sich nicht. Käser wurde von vielen als Martyrer des reinen Evangeliums verehrt, wozu die eingangs erwähnten Flugschriften in besonderer Weise beitrugen. Sein Andenken ist bis heute lebendig geblieben und seine Haltung findet Respekt auch über die Konfessionsgrenzen hinweg.

Quellen und Literatur

Quellen

ANONYMUS, *Das warhaftig geschicht des leydens und sterbens Lienhart Keysers seligen, etwenn Pfarrer zu Waytzenkirchen, von des heyligen Evangelij und Götlicher warheyt wegen zu Passaw verurteylt vnd zu Scherding verbrant am freytag nach Laurentij im Jar MDXXVII*, o.O.

J. ECK, *Warhafftige handlung, wie es mit herr Lenhart Käser zu Schärding verbrent, ergangen ist. Wider ain falsch, erdicht unnd erlogen büchlin vormals dar von on namen des dichters außgangen*. [Ingolstadt 1527].

M. LUTHER, *Von Er Lenhard keiser ynn Beyern vmb des Euangelij willen verbrandt. Eine selige geschicht*. Wittenberg 1528 (recte 1527). Kritische

Ausgabe von W. Walther u. P. Pietsch. In: *Weimarer Ausgabe* 23 (1901), 443ff.

Ph. Melanchthon, *Domino Leonhardo Kaiser propter evangelium in carcere obstricto*. Druck bei: H. Scheible (Hg.), *Melanchthons Briefwechsel*, bearbeitet von R. Wetzel, Stuttgart - Bad Cannstadt 2000. Bd. T 3, 90f.; Wiederabdruck bei: A. Strohm (vgl. Lit.), 36f.

Aufzeichnung über die Verhandlungen gegen Leonhard Käser. Gräflich Ortenburg'sches Archiv zu Tambach: Familie und Grafschaft Ortenburg. Akten R 165. Druck bei: F. Hausmann (vgl. Lit.), 75f.

Literatur

F. Roth, *Leonhard Kaiser, ein evangelischer Martyrer aus dem Innviertel* (Schriften des Vereins für Reformationsgeschichte Nr.66). Halle 1900; F. Leeb, *Leonhard Käser (+ 1527). Ein Beitrag zur bayerischen Reformationsgeschichte*. Mit einem Anhang von F. Zoepfl (Reformationsgeschichtliche Studien und Texte 52). Münster 1928; K. Eder, *Glaubensspaltung und Landstände in Österreich ob der Enns 1525-1602* (Studien zur Reformationsgeschichte Oberösterreichs Bd.2). Linz 1936; A. Eckert, *Leonhard Keysser (Käser) in neuer Betrachtung*. In: OBGM 7 (1964/65), 301-309; B. Kaff, *Volksreligion und Landeskirche. Die evangelische Bewegung im bayerischen Teil der Diözese Passau* (Miscellanea Bavarica Monacensia 69). München 1977, bes. S. 15-19; L. Temmel, *Evangelisch in Oberösterreich. Werdegang und Bestand der Evangelischen Kirche*. Linz 1982, S. 14-19; F. Hausmann, *Leonhard Käser – Ein oberösterreichischer Blutzeuge für Martin Luther*. In: MOÖLA 14 (1984), 47-76; W. v. Kloeden, *Kaiser Leonhard*. In: BBKL 3 (1992), 956f.; A. Strohm, *Leonhard Kaisers (Käsers) Ketzertod in neuem Licht. Ein Rückblick auf die Geschehnisse in Passau und Schärding nach 475 Jahren*. In: OBGM 43 (2001), 27-38.

Gedenkstein für Georg Friedrich Koller (gest. 1653)
in der Pfarrkirche Sierning.

Georg Friedrich Koller

(1586-1653)
Ein Vertreter der Toleranz in einer intoleranten Zeit

Unter Toleranz versteht man im Allgemeinen die religiös-weltanschauliche und politische Duldsamkeit und Achtung gegenüber Personen, deren Überzeugungen von den eigenen abweichen. Wer tolerant ist, braucht die Auffassungen des anderen nicht zu teilen. Ihn selbst aber wird er gelten lassen, ihn in seiner Existenz nicht bedrohen, ja darüber hinaus auch versuchen, seine positiven Leistungen zu respektieren. Das sind minimale Forderungen, von denen man annehmen würde, dass sie zu allen Zeiten Beachtung finden. Ein Blick in die Geschichte, aber auch auf die Ereignisse unserer unmittelbaren Gegenwart, beweist jedoch leider das Gegenteil.

Die Reformation und die daraus resultierende Kirchenspaltung wirkten sich auf die Idee der Toleranz zunächst eher negativ aus, auch wenn es Mahner zur Duldsamkeit gab wie Philipp Melanchthon (1497-1560), Sebastian Franck (1499-1543) und Petrus Faber (1506-1546).

Der Versuch, die christliche Einheit wieder herzustellen, ist bekanntlich gescheitert, ja hat zu Glaubenskriegen, Zwangsbekehrungen und Landesausweisungen geführt. Die schließlich erzielte Einigung auf das Prinzip, dass die Obrigkeit auch die Religion der Untertanen bestimmen sollte (Augsburger Religionsfrieden 1555), stellte einen Kompromiss dar, war aber eigentlich zutiefst unchristlich und zog in beiden konfessionellen Lagern viele Ungerechtigkeiten nach sich. Längerfristig begann sich aber vor diesem Hintergrund doch immer deutlicher die Idee der Religionsfreiheit abzuzeichnen. Die Epoche der Aufklärung leistete einen wesentlichen Beitrag zu ihrer Durchsetzung.

Im 16. Jahrhundert war die Erreichung dieses Zieles noch kaum absehbar. Einzelne Personen begannen jedoch, sich von den Trends ihrer Zeit zu distanzieren und einer christlicheren Einstellung gegenüber dem religiösen *Gegner* den Weg zu bereiten. Im Hinblick auf die Ökumene sollte man die Verdienste solcher Gestalten nicht zu gering veranschlagen. Zu ihnen darf auch der *Oberösterreicher* Georg Friedrich Koller gezählt werden.

Der äußere Ablauf seines Lebens

Die bisher bekannten und erschlossenen Quellen lassen es nicht zu, eine ins Einzelne gehende Biographie Georg Friedrich Kollers zu erstellen, ermöglichen aber doch eine Rekonstruktion der wichtigsten Stationen seines Lebens. Neben der aufschlussreichen Inschrift auf einem Gedenkstein in der Pfarrkirche Sierning ist vor allem ein Akt im Bayerischen Hauptstaatsarchiv München (vgl. Quellenhinweise) heranzuziehen. Dieser bezieht sich zwar hauptsächlich auf Kollers Wirken in der Stadt Wels, gibt aber darüber hinaus auch Auskünfte über seine sonstige Tätigkeit.

Georg Friedrich Koller wurde in St. Florian bei Linz geboren. Als Geburtsjahr lässt sich 1586 erschließen. Schon am 20. Juni 1603 wurde er an der Universität Wien als Student der Theologie immatrikuliert. Nach seiner Priesterweihe erhielt Koller den Posten eines Pfarrers von Niederneukirchen an der Ipf, wo er 1610 bis 1613 nachweisbar ist. Dann war er in der gleichen Eigenschaft in Hainburg (NÖ.) tätig (1613-1618), anschließend avancierte er zum Pfarrer von St. Michael in Wien (1618-1625), wo er sich als Kontroversprediger einen Namen machte. Koller war Doktor der Theologie und Rat Kaiser Ferdinands II. (1619-1637). Vom 13. Oktober 1623 bis zum 12. Oktober 1624 übte er auch das Amt eines *Rector magnificus* der Universität Wien aus.

Kollers Tätigkeit in Wels, von der bald mehr zu berichten sein wird, fällt vor allem in die Jahre 1626 bis 1628 und war durch einen vom Bauernkrieg 1626 bedingten Aufenthalt in Krems a. D. unterbrochen, der ihm von manchen nachteilig ausgelegt wurde. Aber Koller kehrte wieder nach Wels zurück, und auch das Angebot, abermals die Kanzel von St. Michael in Wien zu übernehmen, lehnte er ab, mit der Begründung, dass er ja nach Wels verpflichtet sei. In einer *Kundmachung* vom 5. September 1626 stellten ihm Bürgermeister, Richter und Rat der Stadt denn auch das beste Zeugnis aus.

Wenig später trat Koller in Linz in den Kapuzinerorden ein, musste diesen aber aus gesundheitlichen Gründen bald wieder verlassen. Er sagt darüber selbst, er sei gezwungen gewesen, *mit den Füßen auszutreten, mit dem Herzen aber tue er es nicht.*

1629 übernahm Koller den Posten eines Pfarrers von Sierning, einer dem Passauer Domkapitel inkorporierten Pfarre. Das durch den Kanonikus und Vizedekan Rudolf Freiherr von Pötting und Persing (1570-1637) ausgefertigte Verleihungsdekret rühmte an Koller neben seiner herausragenden Gelehrsamkeit (*insignis eruditio*), die sich vor allem an seiner Art zu predigen erwiesen habe, seine Ehrbarkeit in Leben und Sitten (*honestas vitae et morum*).

Aus Anlass der Installation Kollers in Sierning kam es zu einem Konflikt zwischen dem Passauer Domkapitel und der Herrschaft Steyr, welcher die Vogteirechte über die Pfarrpfründe zustanden. Die Amtseinführung in der Kirche verlief zwar problemlos, doch im Anschluss daran fand im Pfarrhof hinter verschlossenen Türen eine hitzige Debatte darüber statt, ob Koller seine Herrschaftsrechte über die zur Pfarre gehörenden weltlichen Güter von der *Vogtei*, d.h. der Herrschaft Steyr, oder aber vom *Inkorporationsinhaber*, also vom Domkapitel, entgegen nehmen sollte. Die Vertreter der Herrschaft Steyr wiesen eine Urkunde Bischof Urbans von Trennbach aus dem Jahre 1584 vor, die ihnen die entsprechenden Rechte zusicherte. Die Kapitelsvertreter waren jedoch der Auffassung, die Urkunde sei nicht rechtskräftig, weil ihre Zustimmung zu dieser nicht eingeholt worden sei. Nach längerem Hin und Her gaben die Vertreter der Herrschaft für diesmal nach; für die Zukunft behielten sie sich jedoch weitere Schritte vor. Nun war es also endlich so weit, dass den Pfarrhofuntertanen, die sich hierzu in der Großen Halle des Pfarrhofs versammelt hatten, vom neuen Pfarrer der Eid abgenommen werde konnte.

Über diese Ereignisse existiert ein langer Bericht, datiert mit 3. Juni 1629 (J. F. Patrouch). Daraus lässt sich auch die Amtseinführung Kollers, die wohl kurz vorher stattfand, zeitlich in etwa einordnen.

Über die langen Jahre des Wirkens von Georg Friedrich Koller in Sierning besitzen wir nur wenige Hinweise.

Seine alte Liebe zu Wels und zu den Kapuzinern bezeugt der Umstand, dass er bei der Grundsteinlegung des dortigen Kapuzinerklosters am 14. April 1630 die Festpredigt halten durfte.

Als Freund der Orden erwies sich Koller auch bei der Gründung des Jesuitenkollegs in Steyr (1630-1632), an der er maßgeblich beteiligt war. Sein Epitaph in Sierning bezeichnet ihn als *author et promotor ... Seminarij studiosorum Styrae apud PP. Societatis [Jesu]*, d.h. als Urheber und Förderer des Studentenseminars bei den Jesuiten in Steyr.

Als sich um 1631/32 abermals Bauernunruhen im Land ob der Enns ankündigten, richtete Koller einen in St. Florian unterzeichneten Appell an seine Untertanen. Das Dokument wurde an einem 23. (Monats- und Jahresangabe fehlen leider) um *9 Uhr abends* unterzeichnet. Darin ruft Koller zum Gehorsam auf. Nähmen sie Abstand von einer Unterstützung der Rebellen, so würden sie von ihm *nit als Untertanen, sondern als fromme Kinder geliebt und gehalten werden*.

Die Bindung Kollers an seinen Heimatort St. Florian geht aus einer Stiftung vom 8. Dezember 1635 mit einem Kapital von 1200 fl., das zu 5% verzinst wurde, hervor; damit sollte einem Knaben eines St. Florianer Untertanen das Studium in Linz ermöglicht werden. Die Auswahl des jeweiligen Kandidaten wurde dem Stiftspropst zugestanden.

Kollers Gedenkstein in Sierning würdigt seine Verdienste um die Restaurierung der Pfarrkirche und nennt ihn einen Wohltäter und Mitstifter des Silbergeräts und des Kirchenschmucks. Bekannt sind auch Kollers eifrige Bemühungen um die völlige Rekatholisierung seiner Pfarre.

Nach einem etwa 24jährigen Wirken in Sierning starb Koller am 4. September 1653 im 68. Lebensjahr. Er wurde in seiner Pfarrkirche beim Altar zu Ehren der Himmelfahrt Mariens beigesetzt.

Die Rekatholisierung der Stadt Wels

Bekanntlich fand die Botschaft Martin Luthers im Lande ob der Enns sehr rasch begeisterte Aufnahme und große Verbreitung. Auch als auf Grund des Augsburger Religionsfriedens von 1555 die Rekatholisierung reichsrechtlich ermöglicht wurde, standen ihr gravierende Hindernisse entgegen. So legte die ständige Türkengefahr den Herrschern bei ihrem Vorgehen gegen die Protestanten große Zurückhaltung auf, waren sie doch auf die Unterstützung durch die weithin der Augsburger Confession angehörenden Stände angewiesen. Im Dreißigjährigen Krieg begann sich dann das Blatt zu wenden. Mit dem für Kaiser Ferdinand II. glücklichen Ausgang der Schlacht am Weißen Berg bei Prag (1620) entschied sich auch das Schicksal des Protestantismus in Oberösterreich. Nun wurde die *Gegenreformation* konsequent und energisch vorangetrieben. 1624 erließ Ferdinand II. ein einschneidendes *Reformationspatent*, durch das die *unkatholischen* Prädikanten und Schulmeister des Landes verwiesen werden sollten; 1625 folgte für alle Evangelischen der Befehl zur Annahme des Katholizismus unter Androhung der Landesverweisung. Der damalige Statthalter des Landes ob der Enns, Adam Graf Herberstorff (1585-1629), sollte an der Spitze einer *Religionsreformationskommission* für die Durchführung der Patente sorgen. In die Zeit zwischen den beiden Mandaten fällt das bekannte *Frankenburger Würfelspiel*, das den Auftakt für den großen oberösterreichischen Bauernkrieg von 1626 abgab, der sich nicht zuletzt an den konfessionellen Ereignissen entzündete.

Damit ist der geschichtliche Rahmen in etwa abgesteckt, in den hinein das *Reformationswerk* des Georg Friedrich Koller in der Stadt Wels fällt.

Als die Zwangsmaßnahmen gegen den Protestantismus nicht den gewünschten Erfolg brachten, wurden Prediger und Missionare eingesetzt, um die Menschen wieder für den Katholizismus zu gewinnen. Allerdings lässt das Ineinander von Gegenreformation und Katholischer Erneuerung keine klaren Abgrenzungen der Maßnahmen erkennen.

Für die Rekatholisierung der Stadt Wels stellte sich damals Georg Friedrich Koller anscheinend freiwillig zur Verfügung. Davon machte Statthalter Herberstorff dem bischöflichen Offizial in Passau am 30. Jänner 1626 Mitteilung und erbat die bischöfliche Zustimmung, die schon

Die hier geschilderte Vorgangsweise Kollers unterschied sich rein äußerlich in nichts von der Praxis anderer am *Reformationswerk* beteiligter Priester. Auch Koller scheint, wie die Verhörsprotokolle zeigen, im Zusammenhang mit den betroffenen Menschen eine Terminologie verwendet zu haben, die einen erschrecken könnte. So soll er z.B. Wolf Pachmair als eine *halsstarrische bestia* und Kilian Gußenpekh als eine *trutzig bestia* bezeichnet haben. Es ist allerdings nicht ganz sicher, ob diese Formulierungen wirklich von Koller und nicht eher vom Protokollführer stammen. Pachmair wurde übrigens später doch katholisch, während Gußenpekh ins Exil ging.

Den ersten Eindruck über Kollers Vorgehen wird man jedenfalls relativieren müssen, wie andere Schriftstücke zeigen, auf die noch einzugehen sein wird.

Die Erfolgsbilanz

Bereits zwei Monate nach Beginn des Wirkens von Dr. Koller in Wels, nämlich am 15. April 1526, sandte der Stadtrat einen Brief an den kaiserlichen Obersthofmeister Graf Leonhard Helfrich von Meggau, aus dem hervorgeht, wie zufrieden man mit der erbrachten Leistung war. Koller habe sich sehr angestrengt, weshalb schon in dieser kurzen Zeit erreicht worden sei, dass weniger als zwanzig *hausgesessene Personen* vorhätten, *das Jus emigrationis zu erkiesen*. Nun habe man leider vernommen, dass Koller wieder abgezogen werden solle; man ersuche daher den Grafen um Fürsprache beim Kaiser, damit Koller, in den sie *sich allerdings ... verliebt* hätten, in Wels bleiben dürfe; es könnten dann noch größere Fortschritte erzielt werden, besonders auch bei *denen teils irrgehenden armen Schäfl von Weibsbildern*.

Kollers erfolgreiche Tätigkeit wurde vom Stadtrat u. a. auch dadurch anerkannt, dass man ihm vor Ostern 1626 *zwei Eimer Wein* überreichte.

Im Verlauf des Bauernkriegs von 1626 drangen am 23. Mai die Truppen Stefan Fadingers in die Stadt ein. Bis zu diesem Zeitpunkt hatte Koller, wie sich aus den erhaltenen Protokollen ergibt, wenigstens 517 *Verhöre* durchgeführt. Es war dadurch nicht nur zu *Übertritten* in die katholische Kirche gekommen, sondern auch zu echten Bekehrungen.

Eine solche lag z.B. bei Christoph Huebmer vor, der noch 1625 sein Amt als Bürgermeister wegen seiner Zugehörigkeit zum Protestantismus hatte zurücklegen müssen, und ebenso bei dem angesehenen Caspar Freysauf, der später viele Jahre als Bürgermeister der Stadt wirkte (1628-1639, 1641-1645).

Beim Übergreifen der Bauernrevolte auf Wels floh Dr. Koller nach Krems a. D. Er rechtfertigte diesen Schritt in einem Schreiben an die Stadtväter vom 29. Mai 1626, in welchem er auch seine Rückkehr ankündigte, sobald die Umstände dies erlaubten. Er habe ja nichts zu befürchten, habe er doch auf öffentlicher Kanzel, wie ihm Freund und Feind bestätigen müssten, *nichts als das Wort Gottes* gepredigt, nichts als jedermanns *zeitliche und ewige Wohlfahrt gesucht, kein Kind auf der Gassen beleidigt* und gar *manchen vor dem Unheil, das ihm bevorstand, gewarnt und herzlich gern von der Höllen errettet*. Er ersuche daher den Magistrat, ihm in seiner Situation Unterstützung zu gewähren. Dieser stellte denn auch am 5. September 1626 in einer *Kundmachung* Koller das beste Zeugnis aus. Man verwies noch einmal auf sein bereitwilliges Kommen nach Wels im Februar des Jahres, um im Sinne des vom Kaiser angeordneten *Reformationswerks* in der Stadt zu arbeiten und *die irrgehenden, armen Schäfl wiederum in den rechten Schafstall Christi bringen zu helfen*. Er habe das getan mit Predigten und *emsiger, unaussetzlicher Unterweisung* und habe *einen solchen progressum geschaffet, daß, gottlob, in kurzer Zeit sich meister Teil der bei hiesiger Stadt wohnenden Bürgersleut zu der allein selig machenden katholischen Religion begeben* habe. Als ihn dann die Bauernrebellion genötigt hätte, nach *Unterösterreich* auszuweichen, sei er von einigen diffamiert worden; man erteile ihm jedoch gerne das von ihm erbetene *Attest* und bestätige ihm seinen Fleiß in dem *heilsamen Religionswerk* ebenso wie seinen guten Lebenswandel.

Das genaue Datum der Rückkehr Kollers nach Wels ist uns nicht bekannt. Es dürfte in den Herbst 1626 fallen. Damals fand er den Großteil der Bürger noch standhaft im Glauben vor, wie er in einem lateinischen Schreiben vom 17. Dezember 1626, das wohl an die kirchliche Behörde in Passau gerichtet war, berichtet. Er bittet darin gleichzeitig um die Verleihung eines *beneficiolum*. Wohl im Hinblick darauf stellte ihm auch der Welser Stadtpfarrer Dr. Paris Stentius am 18. Februar 1627 ein sehr positives *Attest* aus.

Überblickt man den Ablauf des Geschehens, so kann freilich nicht übersehen werden, dass in Wels – wie anderswo auch – die Rekatholisierung keineswegs vollständig gelungen war. Auch nach dem *Bekehrungswerk* Kollers verließen noch viele die Stadt und zogen es vor, eher ins Exil zu gehen, als ihre Überzeugungen aufzugeben. Für die Jahre 1627 bis 1629 konnten etwa fünfzig Namen von Auswanderern festgestellt werden (J. GURTNER). Die tatsächliche Exulantenzahl mag noch höher gewesen sein.

Der Stadtrat sah sich daher später noch wiederholt veranlasst, mit Mahndekreten nachzuhelfen. In einem davon, welches das Datum 29. März 1628 trägt, wird daran erinnert, dass nach dem erklärten Willen des Kaisers alle Bewohner des Landes die katholische Religion hätten annehmen oder das *jus emigrationis* erbitten müssen. Davon hätten einige Welser auch tatsächlich Gebrauch gemacht, die meisten aber hätten sich *accomodiert und pariert.* Manche seien jedoch aus *menschlicher Schwachheit und Blödigkeit hernach in der verfluchten, sehr landsverderblichen entstandenen Bauernrebellion deficiert und abgefallen,* hätten aber dann doch zum größten Teil die katholische Religion wiederum *amplectiert, öffentlich bekannt und die Zeit ihres Lebens dabei zu verharren versprochen und zugesagt.* Der Rat der Stadt sei weiterhin bemüht gewesen, über die Religion zu wachen. Am 17. Dezember 1627 sei daher eine Reihe von *Mann- und Weibspersonen* in das Rathaus vorgeladen und an ihre Pflicht zum Kirchenbesuch und zum Hören der Predigten erinnert worden. Seither hätten sogar viele Frauen versprochen, sich *in der Religion informieren* zu lassen; freilich seien nur wenige ihrer Zusage nachgekommen. Der Magistrat wolle daher mit dem vorliegenden Dekret die Sache abermals *erfrischen.* Wer sich bis zum Sonntag Quasimodo (30. April 1628) nicht *einstelle* und keinen *Beichtzettel fürbringe,* habe mit strengen Strafen zu rechnen.

Besonders aufschlussreich ist das *Dekret* des Stadtrats vom 11. August 1628, das Bezug nimmt auf ein von den kaiserlichen *Kommissaren* in Linz am 1. August an die Stadträte ergangenes Dekret, gemäß dem zwar ganz Wels wieder katholisch sei, die Neubekehrten jedoch im Besuch der Kirche, der hl. Messe, der Ämter und der Predigt *datohero einen gar schlechten Eifer und Andacht* gezeigt und auch ihre Hausfrauen, ihre Kinder und ihr Gesinde nicht dazu angeleitet hätten, woran viele Fromme Anstoß nähmen. Auch würde durch *derlei strafmäßige Connivenz und To-*

leranz den Intentionen der geistlichen und weltlichen Obrigkeiten sowie denen des Kaisers nicht entsprochen. Der Magistrat solle daher *mit und neben gebührendem Zutun und Assistenz der Geistlichen allda* die Neubekehrten *vermittels notwendiger Bestrafung* zu größerem Eifer und größerer Gottesfurcht anhalten und auch dafür sorgen, dass *die noch unkatholischen Weiber, dero erwachsene Kinder und Dienstboten* wieder katholisch würden. Über die erzielten Erfolge solle von Zeit zu Zeit Bericht erstattet werden.

Daraufhin verfügte der Stadtrat im Einzelnen: die Bekanntgabe des Dekretes vom 1. August von der Kanzel; die Aufforderung zur Rückkehr in die katholische Kirche, zur Ablegung der Beichte und zum Empfang der Kommunion; die Ablieferung aller unkatholischen und ketzerischen Bücher im Rathaus. Zuwiderhandelnden wurden ernstliche Strafen angedroht.

Mit dem Inhalt dieser Dekrete wurde selbstverständlich auch Koller befasst, der sich diesbezüglich bereits in einem (im Konzept erhaltenen) Schreiben vom 10. August [1628] an die kirchliche Behörde (den Passauer Offizial?) wandte und sich schützend vor die Welser Bürger stellte. Wer diesen den Vorwurf mache, dass sie nur *wenig in die Kirchen kommen*, der *muß entweder selbst selten in die Kirchen kommen, oder die Augen nit recht auftun, oder aus Passion geredet haben*. Er, Koller, habe im Besuch seiner Predigten *kein Mangel gespürt*. Dagegen müsse er sich über die Bauernschaft beklagen, die seit erlangtem *Pardon* nicht mehr praktiziere. Wenn die objektive Zahl der Kirchenbesucher in Wels tatsächlich etwas zurückgegangen sei, so sei der Grund hierfür, dass die Vorstadt während des Bauernkriegs abgebrannt sei, in der Stadt selbst viele Häuser von den Soldaten *ruiniert* worden seien und ständige Kriegsnot herrsche; auch seien viele vor Kummer und Armut gestorben oder weggezogen; und schaffe man nicht bald Abhilfe, werde man die Kirche bald ganz *oedt* sehen. Ansonsten müsse man anerkennen, dass zum Unterschied von anderen obderennsischen Städten in Wels noch *die wenigsten von ... glaubenhalber* abgewichen seien; auch hätten sich die meisten Abgefallenen *(relapsi)* inzwischen wieder *eingestellt*. Der Magistrat und die ganze Gemeinde hätten sich z.B. beim letzten Portiunkulafest *mit Kommunizieren und Abwartung des Gottsdienst dermaßen erzeigt, daß Euer Hochwürden ein Freud daran gehabt würden haben, wenn sie es gesehen hätten*. Er werde darüber bald noch ausführlicher berichten.

Es macht Koller sympathisch, dass er in einem solchen Maß für die ihm Anvertrauten Partei ergriff. Er stellte sich aber auch schützend hinter die in der Stadt noch vorhandenen Restprotestanten.

Seiner Zeit voraus

Das Dekret der kaiserlichen Kommissare vom 1. August 1628 sprach, wie wir gesehen haben, noch von sträflicher *Toleranz*. Dagegen setzte sich G. F. Koller in einem Gutachten an den Kaiser, das sich im Konzept erhalten hat, unter bestimmten Voraussetzungen bereits für die Duldung der noch im Protestantismus Verbliebenen ein und lehnte deren Ausweisung oder Zwangsbekehrung ausdrücklich ab. Das Dokument, das wohl dem Jahr 1628 zuzuordnen ist, trägt die Überschrift:

Gutachten, wie es noch mit den übrigen, sonderlich denen Weibsbildern, so sich bis dato nit bequemet, gehalten möchte werden.

Im Einzelnen führt Koller darin aus: Man solle die etwa *fünf* in Wels noch vorhandenen *unkatholische Mannspersonen* dulden:

1. Weil gute Hoffnung [bestehe], daß sie sich mit der Zeit einstellen möchten.

2. Weil sie Kinder [haben], die anderswo verführt würden, allhie aber im wahren Glauben erzogen werden.

3. Weil sie sonst ehrliche Leut, die sich der Rebellion nie teilhaftig gemacht und bei denen sich keiner Aufruhr zu besorgen [sei].

Konkret erwähnt Koller in diesem Zusammenhang den Zacharias Mayr, der *ein purer lauterer Phantast* sei; er wisse nicht, was man *mit ihm anfangen* könne. Als zweiten führt er den Weichslbader an, der im *Bauerntumult den Geistlichen viel Gutes getan, ihnen mit Gefahr Leibs und Lebens zu essen und zu trinken zugetragen. Ist auch sonst ein teutscher aufrechter Mann.*

Seiner Meinung nach könne man ein Auge zudrücken und sich *mit den allhiesigen Männern darum etwas patientieren, weil ihrer wenig, und kein Gefahr, daß sie jemand verführen, ja wohl selber mit der Weil sich herbeilassen werden.*

Bezüglich der Ehefrauen glaube er, dass man sie gemäß 1 Kor 7 nicht von ihren Gatten trennen dürfe. *(Wenn ein Bruder ein ungläubiges Weib hat und dieses zustimmt, bei ihm zu bleiben, soll er es nicht entlassen)*. Über die Witwen schreibt Koller wörtlich:

Sein sie dann Witwen, ist auch unserer liebreichen Mutter, der katholischen Kirche, mit ihrem Abzug nichts gedienet, denn weil sie nur ihre Seelen sucht, wird sie es allzeit lieber an Ort und End gedulden, wo noch ein Hoffnung, daß sie mit der Zeit möchten herzugebracht werden, als anderswo in eitel Ketzertum, da sie ungezweifelt in ihrem Irrtum stürben und verdürben.

Gesetzt aber, daß man sie durch scharfe Mittel, Gefängnisse oder dergleichen bezwingen wollte, so weiß ich nit, wie ein Priester jemandem die hl. Sacramenta administrieren kann, von dem er merken und spüren muß, daß er nit freiwillig, ja wider seinen Willen herzutritt, und ob ein solcher für bekehrt mag gehalten werden, der, in seinem Gemüt noch allerverkehrt, allein mit dem Mund ja sagt, ob auch seiner Seelen solche simulierte Bekehrung nit mehr schädlich als nützlich, und was Gefallen Gott der Herr hieran haben kann.

Zwar könne er sich vorstellen, dass man nochmals ein Dekret erlasse, welches die kaiserlichen *Patente* erneut in Erinnerung rufe und die Ablieferung der ketzerischen Bücher verlange; einen letzten Gewissenszwang aber befürworte er nicht. Ja, er sprach sich auch den Nichtkatholiken gegenüber für eine gewisse Milde aus und versuchte seinen Standpunkt mit verschiedenen Argumenten zu erhärten.

Koller hatte die geistige Weite, die ihn in die Lage versetzte, auch bei denen Gutes feststellen zu können, deren Überzeugung er persönlich nicht teilte. So hob er z.B. ausdrücklich hervor, dass während der Bauernunruhen in Wels *der Weichslbader* der katholischen Geistlichkeit viel Gutes erwiesen habe und auch sonst ein aufrechter Deutscher sei. Für die damalige Zeit wirkt es auch überraschend, dass Koller nichts davon hält, jemanden zur Konversion zu zwingen, wenn er in seinem Innern diesen Schritt nicht nachvollziehen könne. Es geht Koller letztlich um die Seelen! Diesen aber sei *solche simulierte Bekehrung ... mehr schädlich als nützlich*, weshalb Gott an ihr kein *Gefallen* finden könne.

Für Praktiken, wie sie ein Burggraf Martinitz von Karlstein in Böhmen bis 1618 praktiziert hatte, der seine protestantischen Bauern mit Hunden zum Gottesdienst hetzen und ihnen die konsekrierten Hostien mit Zangen in den Mund stopfen ließ, hatte Koller jedenfalls nichts übrig. (Martinitz war 1618 einer der vom *Prager Fenstersturz* Betroffenen.)

Vor dem dunklen Hintergrund des Zeitalters der Glaubenskämpfe wirkt das Beispiel Kollers umso heller.

In diesem Licht sind demnach auch die vorhin zitierten Protokolle zu interpretieren. Aus dem darin verwendeten, zeitgemäßen Vokabular lässt sich Kollers wirkliche Gesinnung jedenfalls nicht erschließen. Übrigens war ja die Methode der Verhöre vorgegeben, auch war der *Examinator* der Kontrolle seiner offiziellen Begleitung ausgesetzt. Das vorhin zitierte Gutachten Kollers spricht eine andere als die damals übliche Sprache und stellt ein überzeugendes Dokument wahrer Menschlichkeit dar. Man wird daher wohl annehmen dürfen, dass Koller, so weit es von ihm abhing, auch die *Verhöre* mit Milde und Zurückhaltung abwickelte. Hätten sich freilich nur die zitierten Protokolle erhalten, käme man zum gegenteiligen Schluss. Das zeigt, wie vorsichtig der Historiker mit seinen Quellen umgehen muss. Erst wenn man alle erhaltenen Dokumente zusammen beachtet, ergibt sich, dass Koller ein offener Mensch und Priester war, der seiner Zeit in manchem voraus war.

Quellen und Literatur

Quellen

Schriftliche: Bayerisches Hauptstaatsarchiv München (vormals Landshut), Hochstift Passau Literalien, Rep. 51, Fasz. 33, Nr. 602 u. 607; Diözesanarchiv Wien, Personaldatei.
Gedruckte: F. Gall / H. Paulhart (Hg.), *Die Matrikel der Universität Wien. Bd. IV: 1579/II-1658/59.* Wien 1974, 83, 120.

Literatur

J. Gurtner, *Die Reformation und Gegenreformation in der landesfürstlichen Stadt Wels.* Phil. Diss. (Maschinschrift). Wien 1972; R. Zinnhobler, *Das Reformationswerk des Georg Friedrich Koller in Wels. Ein Beispiel für den Umgang mit dem einfachen Menschen im Zeitalter der katholischen Erneuerung.* In: K. Krenn (Hg.), *Der einfache Mensch in Kirche und Theologie* (Linzer Philosophisch-theologische Reihe Bd. 3). Linz 1974, 209-228; R. Zinnhobler, *Drei Beispiele für religiöse Toleranz im Zeitalter der Reformation und Gegenreformation.* In: Ders. (Hg.), *Was bedeutet uns heute die Reformation?*

(Linzer Philosophisch-theologische Reihe Bd. 2). Linz [2]1978, 129-132; K. HOLTER / G. TRATHNIGG, *Wels von der Urzeit bis zur Gegenwart.* (25. Jahrbuch des Musealvereines Wels 1984/85). Wels [2]1985; J. F. PATROUCH, *A negotiated Settlement. The counter-reformation in Upper Austria under the Habsburgs.* Boston-Leiden-Cologne 2000.

Bischof Franz Joseph Rudigier. Ölgemälde aus der Zeit seines Amtsantritts (1853).
Original im Bischofshof.

Bischof Franz Joseph Rudigier

(1811-1884)
Ein ganzer Einsatz für seine Diözese

Um Bischof Rudigier entsprechend würdigen zu können, ist die kirchenpolitische Situation seiner Zeit unbedingt zu berücksichtigen. Sie machte aus dem Seelsorgebischof einen entschiedenen Kämpfer für die Kirche. Rudigiers Wesen weist zwar auch Schattenseiten auf. Eine gewisse Starrheit und ein eher spröder Charakter trugen dazu bei, dass er auch auf Ablehnung stieß. Dennoch gilt er auf Grund seiner Einsatzfreudigkeit und seiner überragenden Leistung im Urteil der Geschichte als der bedeutendste Bischof der Diözese Linz.

Der Weg zum Priestertum

Franz Xaver Joseph Rudigier stammte aus dem Montafon in Vorarlberg. Er wurde am 7. April 1811 in Partenen als neuntes und jüngstes Kind einer armen Familie geboren und noch am selben Tag in der Pfarrkirche von Gaschurn getauft.

Der Vater, Johann Christian Rudigier (gest. 1836), verdiente sich seinen kargen Lohn als Kleinbauer, Mauteinnehmer und Schuhmacher.

Die Mutter Maria Josepha, geb. Tschofen (gest. 1849), eine überaus religiöse Frau, übte bestimmenden Einfluss auf ihren Sohn Franz Joseph aus. Als dieser z.B. in den Anfangsgründen des Lesens kaum unterrichtet war, musste er vor der Mutter ein Leseexamen ablegen. Dazu wählte sie den Prolog des Johannesevangeliums: *Im Anfang war das Wort.* Die Mutter hatte große Freude an ihrem Jüngsten und pflegte öfter zu sagen: *Das Fränzle ist doch das allerbrävste.*

In seinem Heimatdorf Partenen verbrachte Rudigier seine Kindheit, die von häufiger Not gekennzeichnet war. Hier besuchte er auch die Winterschule. Bald galt er als der begabteste und fleißigste Schüler der Klasse. Im Sommer, während der Schulferien, half er gern auf der Vallüla-Alpe beim Viehhüten. Er war auch ein eifriger Ministrant an der kleinen Expositurkirche St. Michael in Partenen. Der Dienst am Altar bedeutete ihm sehr viel.

Als Zwölfjähriger kam Rudigier für zwei Jahre nach Schruns, wo sein um 14 Jahre älterer Bruder Johann Joseph, der Priester war, zuerst als Frühmesser und später als Pfarrer wirkte. Dieser bereitete Franz Joseph für die Aufnahme in das Gymnasium in Innsbruck vor. Als Rudigier längst Bischof war, berichtete er wiederholt darüber: *O mein Bruder ist mir sehr lieb gewesen. Er erwies sich mir als ein zweiter Vater. ... Ihm habe ich es zu verdanken, daß ich studieren anfangen konnte. Ich kam als zwölfjähriger Knabe in meinem Lederhösle zu ihm. Er unterrichtete mich in den Gegenständen der ersten Gymnasialklassen. Wenn ich ihm etwas zu verzeihen hätte, so wäre es seine Zensur. Er hat mich zu streng klassifiziert. Sein Zeugnis war nicht besonders vorzüglich, während ich nachmals, im Gymnasium selbst, ausgezeichnete Noten erhielt.* 1825 wurde Rudigier gleich in die dritte Gymnasialklasse aufgenommen. Jedes Jahr wurde er für seine vorzüglichen Leistungen mit dem *ersten Prämium*, einem Buch, ausgezeichnet.

Nach Abschluss des Gymnasiums kam Rudigier 1831 zum ersten Mal in die alte Bischofsstadt Brixen, wo er in das Priesterseminar eintrat. Hier studierte er bis 1835 Theologie, und hier erlebte er auch den Geist der kirchlichen Restauration in einem streng tridentinisch geführten Seminar. Regens Michael Feichter z.B., der die Anstalt bis 1832 leitete, ging oft noch um 23 Uhr durch das Haus, um nach dem Rechten zu sehen, manchmal auch noch um 23.45 Uhr oder um 3 Uhr früh. Dadurch gewannen die Alumnen den Eindruck einer Art *Allanwesenheit* des Regens;

sie fühlten sich ständig beobachtet. Diese Erziehung prägte Rudigier nachhaltig.

Rudigier war ein guter Student. Bei jeder Prüfung erhielt er, wie die im Brixener Diözesanarchiv erhaltenen Kataloge ausweisen, die Note *I. Klasse mit Vorzug*. Trotzdem machte er sich oft Vorwürfe über verschwendete Zeit und fasste am 7. April 1834, seinem 23. Geburtstag, den Vorsatz: *Streben will ich in Zukunft mit unablässigem Streben, zu erreichen das Vollalter in Jesu Christo und auch in geistiger Hinsicht ein Mann zu sein, wie ich es nun in leiblicher Hinsicht bin: feststehend, nicht herumgetrieben von jedem Winde der Lehre, sondern immer die Form der gesunden Lehre vor mich habend, mit dem Willen, mich ganz an Gott hinzugeben.*

Seine Priesterweihe nahm am 12. April 1835, dem Palmsonntag, der greise Fürstbischof Bernhard Galura (1829-1856) in der Kapelle der bischöflichen Hofburg in Brixen vor.

Galura, der sich stets als väterlicher Freund Rudigiers erwies, sagte nach der Weihe zu ihm: *Ich habe Ihnen nun einen besonderen Dienst erwiesen, suchen auch Sie in Ihrem Leben anderen Dienste zu erweisen.* Das erste Messopfer feierte Rudigier in Anwesenheit seiner Eltern und Geschwister in Schruns, in der Pfarre seines Bruders, die ihm zur zweiten Heimat geworden war.

Erste Jahre in der Seelsorge und abermaliges Studium

Nach einem kurzen Seelsorgeaufenthalt in Vandans übernahm Rudigier das Frühmessbenefizium in Bürs, das er knapp zwei Jahre (1836-1838) innehatte. Das war eine wichtige Station in seinem Leben. Über seinen Einzug in das *Frühmesserhaus* schreibt er später: *Am 27. Mai 1836 bin ich auf mein Frühmeßbenefizium in Bürs aufgezogen und habe angefangen zu leben und zu wirken in einer Gemeinde, welche meinem Herzen jeden Tag teurer geworden ist und ewig teuer bleiben wird.*

Nach dem Tode des Vaters im August 1836 übersiedelte Rudigiers Mutter nach Bürs und wohnte bei ihrem Sohn. Doch schon 1838 wurde dieser von seinem Bischof zum Doktoratstudium freigestellt und kam an das höhere Priesterbildungsinstitut St. Augustin in Wien (Frintaneum). Somit wurde Bürs zum Sprungbrett seiner Karriere.

Der politische Bischof

Die Auseinandersetzung mit dem Liberalismus wurde überhaupt zur Signatur der Zeit. Auf Grund der Umstände wurde Rudigier zu einem *politischen Bischof.*

Im Jahr 1855 war ein Konkordat zwischen Österreich und dem Hl. Stuhl abgeschlossen worden, ein bilateraler Vertrag, der für die katholische Kirche sehr günstig ausgefallen war. Freilich war damit auch eine neue *Ehe zwischen Thron und Altar* besiegelt worden, die für die Kirche nicht nur Vorteile brachte.

Schon bald danach standen die Zeichen auf Sturm. Im Jahre 1861 wurde Österreich in eine konstitutionelle Monarchie umgewandelt. In Form des Reichsrates und der Landtage war nun in beschränkter Form auch das Volk am politischen Leben beteiligt. Doch auf Grund eines besonderen Wahlrechtes (Kurienwahlrecht) hatten die liberalen Kräfte das eigentliche Sagen, auch im oberösterreichischen Landtag.

Immerhin aber gewährte die neue Landesverfassung dem jeweiligen Bischof Sitz und Stimme im Landtag, und zwar kraft seines Amtes. Er besaß eine so genannte *Virilstimme,* musste also nicht gewählt werden. Das bot Rudigier Gelegenheit, sich auf dem politischen Parkett immer wieder für die Anliegen der Kirche einzusetzen.

Im Mai 1868 erschienen in Österreich drei Gesetze, die so genannten Maigesetze, durch welche das dreizehn Jahre zuvor abgeschlossene Konkordat auf dem Gesetzeswege ausgehöhlt wurde. Durch diese Maigesetze wurden Ehe und Schule weithin der Kompetenz der Kirche entzogen und die Gleichheit der Konfessionen in die Wege geleitet. Heute hält man diese Gesetze vom Inhalt her im Großen und Ganzen für berechtigt. In der Sicht der damaligen Kirche bedeuteten sie aber einen regelrechten Vertragsbruch. In seinem berühmt gewordenen Hirtenbrief vom 8. September 1868 nahm Rudigier daher energisch gegen die neuen Gesetze Stellung. Sein Schreiben beginnt mit den drastischen Worten: *Noch nie hat die Schlange, das ist der böse Geist, der Lügner von Anbeginn und der Vater der Lüge, eine solche Schlauheit entwickelt, wie in unseren Tagen, um die Gläubigen der christlichen Wahrheit zu entfremden ...* Das mag im Ton überzogen sein, wird aber nachvollziehbar, wenn man das Schreiben vor dem Hintergrund der eingeschlagenen Taktik sieht, die einen völkerrechtlichen Vertrag zu Fall bringen wollte.

Das Hirtenwort wurde von der Justiz als *Verbrechen der Störung der öffentlichen Ruhe* eingestuft. Die bereits ausgedruckten 1000 Stück wurden konfisziert und eingestampft, die Druckstöcke vernichtet. Der Bischof wurde mehrmals vor Gericht geladen, erschien aber nicht, bis man ihn am 5. Juni 1869, seinem 16. Weihetag als Bischof, zwangsweise vorführte. Zuvor hatte er noch, in Erinnerung an seinen Weihetag, auf dem Pöstlingberg die Messe gefeiert. Nach seiner Rückkehr nahmen ihn Bürgermeister Viktor Drouot und Gemeindesekretär Eduard Thum im Bischofshof fest. In *rasender Eile* fuhr man ihn per Kutsche vom Bischofshof durch die Bischofsstraße zum Landesgerichtsgebäude. Unterwegs hatte sich eine Menschenmenge versammelt, die dem Bischof zujubelte. Rudigier erklärte vor Gericht dieses als unkompetent und verweigerte jede Antwort.

Wieder im Bischofshof angelangt, informierte Rudigier den Wiener Weihbischof Johann Kutschker über die Ereignisse. Er schrieb: *Das geschah heute zwischen 12 und halb 3 Uhr nachmittags an meinem sechzehnten Consecrationstage ... Nachträglich bemerkte ich, daß ich im Chorgewande zum Landesgerichtsgebäude gefahren bin. Die Handlung, welche vor sich gehen sollte, war eine religiöse, ein feierliches Bekenntnis.*

Das ist eine entscheidende Aussage. Für Rudigier war also auch sein ganzer politischer Einsatz ein Agieren im Dienste der Religion.

Bei der Schwurgerichtsverhandlung am 12. Juli 1869, bei welcher der Bischof nicht persönlich anwesend war, wurde er zu zwei Wochen Kerker verurteilt. Der Verteidiger zitierte damals einen Ausspruch Rudigiers, der diesen trefflich charakterisiert. Demnach habe der Bischof gesagt: *Wenn ich das nicht sage, was ich als nicht-katholisch halte, so bin ich nicht wert, Bischof zu sein, dann kann ich Holzspalter werden. Ich bin nicht dazu da, um in Karossen zu fahren, sondern ich bin dazu da, um zu lehren, und wenn das, was geschieht, nach meiner Ansicht unrecht ist, demselben entgegenzutreten.*

Bekanntlich wurde Rudigier von Kaiser Franz Joseph schon am Tag nach der Verurteilung begnadigt. Das ganze Geschehen erregte aber ein ungeheures Aufsehen, und zwar weit über die Landesgrenzen hinaus, wie die vielen noch erhaltenen Glückwunschadressen an ihn beweisen. Rudigier, der bis dahin auf Grund seines verschlossenen Wesens nicht besonders populär war, wurde über Nacht zum Volksbischof.

In der Folge gelang die Sammlung der katholischen Kräfte; sie wurden mobil gemacht gegen den politischen Liberalismus. Der Katholische Volksverein und der Katholische Preßverein wurden gegründet, ein reges Vereinsleben entfaltete sich, in katholischen Tages- und Wochenzeitungen erfuhr das erwachende katholische Selbstbewusstsein seinen Ausdruck; man rückte näher zusammen, und in dem damals noch jungen Bistum Linz entwickelte sich ein wirkliches Diözesanbewusstsein. Die geänderte politische Situation aber findet darin ihren trefflichsten Ausdruck, dass 1884, im Todesjahr Rudigiers, das katholisch-konservative Lager erstmals die Mehrheit im oberösterreichischen Landtag erhielt.

An den Sitzungen des Ersten Vatikanischen Konzils 1869/70 hatte Rudigier nicht zur Gänze teilnehmen können, da gerade damals die politischen Wellen in der Diözese Linz sehr hoch gingen. Er war jedoch zugegen, als Papst Pius IX. 1870 das Dogma von der päpstlichen Unfehlbarkeit verkündete. Rudigier war aber nicht von Anfang an für diese Definition gewesen, sondern hielt diese zunächst für nicht opportun. Er ließ sich jedoch auf dem Konzil umstimmen, wahrscheinlich unter dem Eindruck einer großen Rede seines Brixener Amtskollegen Vinzenz Gasser (1856-1879). Wieder in seiner Diözese angelangt, wurde Rudigier aber nicht müde, dem Volk die Bedeutung des neu formulierten Dogmas im Sinne des Konzils zu erklären.

Der Lebensstil des Bischofs

Während Rudigier bei seinen Amtshandlungen eine gewisse Prachtentfaltung durchaus zuließ, ja diese für richtig hielt, war seine persönliche Lebensführung stets äußerst bescheiden gewesen. Von den stattlichen Amtsräumen abgesehen, bewohnte er privat nur ein einziges Zimmer im ersten Stock an der Ecke vom Süd- zum Osttrakt des Bischofshofes. Auf seinem Stehpult schrieb er dort eigenhändig über 15.000 Briefe, dazu noch seine zahlreichen Predigten, Reden und Eingaben.

An sein hartes Bett gewöhnt, lehnte der Bischof auch bei Visitationsreisen weiche Federbetten ab. Hinsichtlich der Kleidung legte er ebenso Wert auf Einfachheit. Für gewöhnlich trug er den bischöflichen Talar, bei Ausgängen einen langen schwarzen Gehrock, dazu die für den Bischof damals üblichen Schnallenschuhe und violetten Strümpfe. Die Kopfbedeckung war meist der breitrandige bischöfliche Hut mit grünem Band und goldener Quaste. Bei festlichen Anlässen dagegen legte der Bischof, wie schon betont, Wert auf entsprechende Kleidung und verwendete prunkvolle Ornate und kostbare Geräte.

Für seine Fahrten benützte Rudigier entweder Lohnkutschen, die Eilpost oder die Bahn; erst in späteren Jahren hielt er sich eine eigene Equipage. Zu Kirchenbesuchen in der Stadt ging er meist zu Fuß; nur zu seiner Bischofskirche, dem *Alten Dom*, fuhr er mit der Kutsche.

Rudigier und Bruckner

Organist im damaligen Dom wurde 1856 Anton Bruckner. Bischof Rudigier hatte bei der Bestellung ein entscheidendes Wort mitgeredet. Die neue anspruchsvolle Aufgabe war mit ein Grund, dass aus dem orgelspielenden Volksschullehrer Bruckner der weltbekannte Organist und Komponist wurde.

Bischof Rudigier förderte den Künstler, war ihm freundschaftlich zugetan und erteilte ihm Kompositionsaufträge, so zur Grundsteinlegung des Neuen Domes (Festkantate) und zur Einweihung der Votivkapelle (e-Moll-Messe). Rudigier schätzte aber auch die Begabung Bruckners zum Improvisationsspiel und ließ sich von diesem gerne zur Meditation anregen.

Der Dombau

Rudigiers Lebenswerk wurde durch den Bau einer neuen Kathedrale gekrönt. Bereits 1855 rief er, anlässlich der im Jahr zuvor erfolgten Verkündigung des Dogmas von der Unbefleckten Empfängnis Mariens, zum Bau eines neuen Domes auf, der so groß sein sollte, dass *auch die getrennten Brüder in demselben Raum haben*. In seinem diesbezüglichen Hirtenschreiben heißt es u. a.:

Ja, ein schöner und großer Tempel im gothischen oder byzantinischen Style soll in Linz erstehen, und seiner Zeit eingeweihet werden zur Ehre der unbe-

fleckten Empfängniß Mariä, und mit seinen majestätischen Hallen, mit seinen hochragenden Thürmen, und seinem erhabenen Gottesdienste eine durch Jahrhunderte und Jahrhunderte fortdauernde Lobpreisung dieses großen Geheimnisses werden ...

Nach dem Wunsche Rudigiers sollte die neue Kathedrale ausschließlich aus Spenden der Gläubigen errichtet werden. Mit diesem Bau nach Plänen des Kölner Dombaumeisters Vinzenz Statz (1819-1898) entstand die flächenmäßig größte Kirche Österreichs; der Turm ist jedoch geringfügig niedriger als der des Stephansdomes in Wien.

Die feierliche Grundsteinlegung fand 1862 statt, 1869 konnte Rudigier die Votivkapelle einweihen, 1901 wurde der Turm fertig gestellt. Vollendet wurde die Kathedrale allerdings erst 1924 nach zweiundsechzigjähriger Bauzeit unter Rudigiers viertem Nachfolger, Bischof Johannes Ev. Maria Gföllner.

Tod und Nachleben

Rudigier war gesundheitlich weniger robust, als es sein Aussehen nahe legte. Im November 1884 erkrankte er schwer bei einer Visitationsreise in Ried i. I. Nach Linz zurückgekehrt, verabschiedete er sich noch von seinem Domkapitel. Es waren Worte des Dankes: *Ich danke dem Kapitel für die Liebe und treue Unterstützung und empfehle Ihnen die Diözese. Meinem Klerus danke ich für die Liebe und treue Anhänglichkeit ... Meinen Gruß dem Volk ... Das Werk des Domes empfehle ich dem Kapitel ...*

Nach Empfang der Sterbesakramente starb Rudigier in Linz am 29. November 1884 um 15.40 Uhr; das Begräbnis fand am 3. Dezember, seinem Namenstag, statt. Er wurde als erster Bischof von Linz bereits in der Krypta des Neuen, damals noch unvollendeten Domes beigesetzt.

Nachdem Kaiser Franz Joseph vom Tode des Linzer Bischofs erfahren hatte, sprach er die Worte: *Er war ein guter Bischof, aber kein kommoder.*

Mit diesem trefflichen Wort wird der Bischof gut charakterisiert. Sein Bild in der Geschichte schwankt. Seine kämpferische Haltung und eine gewisse, mit zunehmendem Alter immer stärker zu Tage tretende Starrheit lassen sich nicht übersehen. Daher machte er auch Fehler. Er war sich übrigens selbst dessen bewusst, dass er anfällig für *Irrtümer* war. In diesem Zusammenhang sei nochmals in Erinnerung gebracht, was im Einleitungskapitel dieses Buches schon zitiert wurde. Als man dem Bischof einmal den Vorwurf machte, er beanspruche für sich die Irrtumslosigkeit, entgegnete er: *Ich habe oft geirrt, werde wohl auch in der Zukunft noch irren, mit Gottes Gnade aber niemals vorsätzlich im Irrtum verharren* (MEINDL I, 527).

Tatsächlich verleiteten jedoch Rudigier seine Einsatzfreudigkeit und die ihm eigene Konsequenz im Handeln wiederholt zur Unnachgiebigkeit. Als z.B. der liberale Staat der Kirche entgegenkommen wollte und ihr gestattete, Geistliche in die neu geschaffenen Schulräte zu entsenden, lehnte dies Rudigier, zum Unterschied von anderen Bischöfen, wegen der bestehenden Konfliktsituation ab und verspielte der Kirche damit Chancen, die erst sein Nachfolger Ernest Maria Müller (1885-1888) zu nützen begann. Für diese Kompromisslosigkeit Rudigiers ließen sich auch noch andere Beispiele anführen. Es ist aber doch beachtenswert, dass der Bischof mitten in der Zeit heftigster Auseinandersetzungen mit dem Liberalismus in einem Hirtenbrief die Worte fand: *Intolerant ist nur der Ungläubige, der gute Katholik ist tolerant. Er liebt die Wahrheit und hasset den Irrthum, aber er hasset niemals den Irrenden, nimmt gern an, sein Irrthum sei ein unverschuldeter* (LDB 18, 1873, 153).

Wir wären heute froh, wenn sich alle zu einer solchen Haltung durchringen könnten. Der St. Pöltener Moraltheologe Josef Scheicher (1865-1869), einer der Väter der Christlichsozialen Partei, stufte übrigens *die Zeit der Rauscher, Feßler, Rudigier, Gasser etc., deren Namen für alle Zeiten als Namen großer Geister berühmt sein werden* (hier wird Bezug genommen auf den Erzbischof von Wien und die Bischöfe von St. Pölten, Linz und Brixen), als innerkirchlich verhältnismäßig liberal ein, während später in vielen Alumnaten die Lektüre von *Reichspost* oder *Korrespondenzblatt für den katholischen Klerus* verboten war, ein Professor nichts veröffentlichen durfte, wenn er nicht *mit jeder Zeile eines Schriftsatzes sich der Punzierung ... eines Bischofs unterworfen* hatte, und die Alumnen *nicht denken, nicht sich selbst eine Anschauung ... schaffen* durften, sondern *nur durch die Brille sehen* sollten, *welche momentan der Hausdirektor vom Ordinarius vorgeschrieben bekommen hat!* (SCHEICHER, Erinnerungen 2, 457-459).

Die hier festgestellte Verengung in der Zeit nach Rudigier trifft für Linz besonders unter Bischof Franz S. Maria Doppelbauer (1889-1908) zu.

Rudigiers beachtliche Leistungen überdauerten jedenfalls seinen Tod. Da sein Wirken für das damals noch junge Bistum Linz dieses erst wirklich konsolidiert hatte, sprach man mit Recht von der *Diözese Rudigiers*.

Das Andenken des Bischofs lebt auch fort in manchem Werk der Kunst wie in dem schönen Glasfenster von Gramastetten, in seinem Grabmal (Kenotaph) im Neuen Dom, vor allem aber in der großen Domkirche selbst, die er zu bauen begonnen hatte. Was ihm die neue Kathedrale bedeutete, geht auch daraus hervor, dass er in seinem Testament (neben persönlichen Legaten) zu zwei Dritteln den Dombauverein zum Erben eingesetzt hatte; ein weiteres Drittel war für das Knabenseminar vorgesehen.

Rudigiers Einsatz für den Glauben und die Kirche sprengte das Maß des Gewöhnlichen so sehr, dass weite Kreise von Klerus und Volk der Diözese Linz schon bald nach seinem Tod den Wunsch nach seiner Seligsprechung äußerten. Rudigiers zweiter Nachfolger, Franz Sales Maria Doppelbauer, unternahm konkrete Schritte in diese Richtung. Der eigentliche *Seligsprechungsprozess* wurde 1895 eingeleitet; 1905 sprach sich Papst Pius X. für die Fortführung des Verfahrens aus. Seither darf Rudigier *Ehrwürdiger Diener Gottes* genannt werden.

Zwei Weltkriege sowie andere ungünstige Umstände verzögerten freilich in der Folge die Weiterarbeit am Prozess, der aber nun unter Bischof Maximilian Aichern wieder tatkräftig fortgeführt wird.

Quellen und Literatur

Werke von Bischof Rudigier

Hirtenschreiben. Linz 1888; *Politische Reden*. Linz 1889; *Kirchenpolitische Aktenstücke*. Linz 1890; *Vita Beati Petri*. Linz 1890; *Predigten*, 2 Bde. Linz 1900-03; *Geistliche Reden*, 2 Bde. Linz [3]1901-05; *Exercitia spiritualia*. Linz 1908. (Alle herausgegeben von Bischof F. M. Doppelbauer).

Quellen

Schriftliche: DAL, BiA Rudigier; Diözesanarchiv Brixen; DAW, Archiv des Frintaneums.
Gedruckte: *Sechs unbekannte Briefe des Linzer Bischofs F.J. Rudigier,* hg. v. R. Zinnhobler. In: Jb. OÖ MV 135/I (1990), 153-164; *Zeugnisse der Sorge für andere. Zwölf Briefe Bischof Rudigiers an Franz Anton Jenni,* hg. v. R. Zinnhobler. In: NAGDL 8 (1993/94), 79-90; *Beatificationis et canonizationis servi Dei Francisci Josephi Rudigier Episcopi Linciensis (1811-1884). Positio super virtutibus* Vol. I und II (Vol. II in drei umfangreichen Teilbänden), hg. v. Congregatio de causis Sanctorum. Rom 2000f.

Literatur

K. Meindl, *Leben und Wirken des Bischofes Franz Joseph Rudigier von Linz.* 2 Bde, Linz 1891-92; J. Scheicher, *Erlebnisse und Erinnerungen*. Bd. 2: *Aus der Studienzeit*. Wien-Leipzig [ca. 1907]; B. Scherndl, *Der Ehrwürdige Diener Gottes Franz Josef Rudigier. Bischof von Linz*. Linz 1913, 2. Auflage 1915; H. Bahr, *Rudigier*. Kempten/München 1916, Nachdruck Linz 1984; H. Slapnicka, *Bischof Rudigier. Eine Bildbiographie*. Linz 1961; R. Zinnhobler, *Rudigier, Franz Joseph*, in: *Die Bischöfe der deutschsprachigen Länder 1785/1803*, hg. v. E. Gatz. Berlin 1983, 634-636; H. Slapnicka, *Franz Joseph Rudigier*. In: R. Zinnhobler (Hg.), *Die Bischöfe von Linz*. Linz 1985, 105-146; P. Leisching, *Die römisch-katholische Kirche in Cisleithanien*. In: A. Wandruszka / P. Urbanitsch (Hg.), *Die Habsburgermonarchie 1848-1918*, Bd. 4. Wien 1985, 1-247; R. Zinnhobler (Hg.), *Bischof Franz Joseph Rudigier und seine Zeit*. Linz 1987; G. Mayer, *Österreich als katholische Großmacht. Ein Traum zwischen Revolution und liberaler Ära*. Wien 1989; R. Zinnhobler – J. Ebner – M. Würthinger (Hg.), *Auf den Spuren Bischof Rudigiers*. Linz 1992; R. Zinnhobler, *Der politische Aspekt im Wirken des Linzer Bischofs F.J. Rudigier* (1853-1884). In: *Festschrift J. Schasching*, hg. v. H. Schambeck und R. Weiler. Berlin 1992, 429-443; R. Zinnhobler, *Rudigier, Franz Joseph*. In: LThK 8 (^{3}1999), 1342; R. Zinnhobler, *Der Linzer Bischof Franz Joseph Rudigier. Der geistliche Aspekt in seinem Leben und Wirken*. In: J. Mikrut (Hg.), *Faszinierende Gestalten der Kirche Österreichs*. Bd. 2. Wien 2001, 233-263; R. Zinnhobler, *Das Bistum Linz. Seine Bischöfe und Generalvikare*. Linz 2002, 66-72.

Bischof Rudolph Hittmair. Foto von P. Weidinger (Linz).

Bischof Rudolph Hittmair

(1859-1915)
Lebenshingabe für die Kranken

Bischof Rudolph Hittmair war eine komplexe Persönlichkeit. Nicht alles, was er sagte und tat, war richtig und ausgewogen. Seinem Einsatz für Verwundete und Kranke im Ersten Weltkrieg – ohne jede Rücksicht auf sich selbst – kommt jedoch Zeichencharakter zu. In dieser Hinsicht handelte er ganz nach dem Evangelium, das denen das Reich verspricht, welche die Kranken nicht im Stiche lassen (Mt 25,36). Hittmair opferte sein Leben buchstäblich auf für die Kranken. Das haben schon seine Zeitgenossen bewundert. Es verdient, auch unserer Zeit in Erinnerung gerufen zu werden.

Da Bischof Hittmair testamentarisch die Verbrennung seiner Privatpapiere nach seinem Tode verfügte und dieser Anordnung entsprochen wurde, ist die Quellenbasis für eine Biographie sehr schmal. Außer einem nicht besonders umfangreichen Akt im Diözesanarchiv Linz, den Diözesanblättern aus den Bischofsjahren und verschiedenen Zeitungsberichten stehen eigentlich nur die von Friedrich Pesendorfer (1867-1935) redigierten *Erinnerungsblätter* zur Verfügung, die zwar wertvolles Material enthalten, aber als Dokumente der Verehrung entsprechend kritisch zu lesen sind.

Herkunft und Bildungsweg

Rudolph Philipp Hittmair, wie er mit vollem Namen hieß, wurde am 24.7.1859 in Mattighofen geboren, und zwar im ehemaligen kaiserlichen Schloss, in welchem damals das Bezirksgericht, dem sein Vater Anton Hittmair vorstand, untergebracht war. Die Mutter Agnes, geb. Plank, besorgte das Hauswesen, unterstützt von einer Hausgehilfin und einer Dienstmagd. Rudolph hatte einen älteren Bruder namens Anton (1858-1911). Die Eltern waren wohlhabend, dabei aber persönlich recht anspruchslos. Der Vater begnügte sich abends oft mit einem Glas Bier und einem Stück Brot, während er anderen gegenüber großzügig war. Er hatte z.B. an die neunzig Tauf- und Firmpaten. Neben der Noblesse der Gesinnung wird an ihm der strenge Rechtssinn gerühmt. Die Mutter, eine Lehrerstochter, war eher sparsam, sehr ordnungsliebend, dabei aber schöngeistig veranlagt. Ferdinand Krackowizer bezeichnet sie als *eine sehr gebildete und phantasievolle Frau*.

Die beiden Buben wurden streng erzogen, der Unterricht wurde ihnen durch Hauslehrer erteilt, weshalb sie wenig mit anderen Kindern in Kontakt kamen.

1868 wurde der Vater auf eigenen Wunsch als Bezirksrichter nach Urfahr versetzt. Seine Söhne waren ab 1869 Schüler des Staatsgymnasiums; ihr häusliches Studium wurde von einem Instruktor begleitet. Die zwei Knaben waren gut begabt; neben den Pflichtfächern lernten sie Klavierspielen sowie Französisch und Englisch. 1877 legten sie gemeinsam die Matura ab, Rudolph erhielt in allen Prüfungsgegenständen die Note *vorzüglich*. Er war inzwischen zu einem temperamentvollen, breitschultrigen mittelgroßen Mann herangewachsen, dessen blaue Augen viele beeindruckten.

Nach der Matura wollte Rudolph ins Priesterseminar eintreten, doch war der Vater dagegen, da er in seinem Sohn bereits den kommenden berühmten Juristen sah. Rudolph beugte sich zunächst dem Wunsch des Vaters und begann das Jusstudium in Wien. Seine Vorlesungsmitschriften haben sich erhalten (DAL, BiA Hittmair). Obwohl Hittmair das Fach nicht lag, bestand er nach zwei Jahren die erste Staatsprüfung mit Auszeichnung.

Während des ungeliebten Jusstudiums bat Rudolph Hittmair seinen Vater wiederholt um die Erlaubnis zum Eintritt in das Priesterseminar.

1880 erteilte dieser seine Zustimmung, wenn auch nur widerstrebend. Aus dieser Uneinigkeit zwischen Vater und Sohn erwuchs aber keine Missstimmung. Vater Hittmair stand schließlich durchaus positiv zur Entscheidung seines Sohnes.

In der damaligen priesterarmen Zeit war Bischof Franz Joseph Rudigier (1853-1884) natürlich beglückt über die Berufswahl des talentierten jungen Mannes. Rudigier machte den Vorschlag, Hittmair solle auch sein Jusstudium abschließen, was dieser jedoch mit den Worten ablehnte: *Bischöfliche Gnaden, dazu habe ich nicht um Aufnahme ins Priesterseminar gebeten.*

In die Seminarordnung fügte sich Hittmair gut ein. Der damalige Subregens Leopold Dullinger (1832-1912) stellte ihm das Zeugnis aus: *Er benahm sich tadellos und korrekt.* Sein impulsives Temperament machte Hittmair freilich zu schaffen. Im Gespräch war er schlagfertig und geistreich, mitunter aber auch verletzend. Ludwig Bermanschläger (1861-1921) überliefert eine Äußerung, die Hittmair ihm gegenüber einmal machte: ... *wenn mein böses Maul nicht wäre, aber das geht mir manchesmal durch und dann muß ich gleich wieder zu den Karmelitern* [zur Beichte] *laufen.* Später, als Bischof, sagte Hittmair einmal über sich selbst: *Als Kind verbrannte er sich den Finger, als Mann den Mund.* Sonst war Hittmair streng gegen sich, ja skrupelhaft. Noch als Bischof ging er zweimal in der Woche zur Beichte.

Am 29. Juli 1883 erteilte Bischof Rudigier dem Alumnen Hittmair nach Abschluss des dritten Studienjahres die Priesterweihe. Die Primiz fand am Tag danach, einem Montag, in aller Stille in der Stadtpfarrkirche Urfahr statt.

Das Priestertum bedeutete Hittmair sehr viel. Die Feier der hl. Messe ließ er praktisch nie ausfallen, ja er sagte später sogar einmal eine schon bis ins Detail geplante Nordlandreise ab, weil er auf die Anfrage nach der Möglichkeit zur täglichen Zelebration keine befriedigende Antwort erhalten hatte.

Im 4. Jahrgang bekleidete Hittmair auch das Amt des Generalpräfekten, dann wirkte er für kurze Zeit als Hilfspriester auf dem Pöstlingberg. Den dortigen Pfarrer Franz Thanninger (1824-1895) verehrte er zeitlebens als das Ideal eines Seelsorgers.

Es entsprach mehr dem Wunsch Rudigiers als Hittmairs, dass sich dieser anschließend im Frintaneum in Wien auf das theologische Doktorat vorbereitete, das er 1888 mit einer 196 Seiten umfassenden kirchenrechtlichen Dissertation zum Thema *De impedimentis affinitatis et quasiaffinitatis* abschloss.

Domprediger und Erzieher

Der erste Posten Hittmairs nach Erlangung des Doktorates war der des Dompredigers. Er freute sich über diese Berufung, wie ein Telegramm an seine Eltern erkennen lässt: *Heute kommt nach Hause Domprediger Rudolph*. Die sechs Jahre, in denen Hittmair die Domkanzel versah, bilden einen der glänzendsten Abschnitte in seinem Leben. Wenn er predigte, war der Alte Dom meist bis auf den letzten Platz gefüllt. Hittmair war ein Meister der Rhetorik. Sein überschäumendes Temperament kam hier zur Geltung. Wilhelm Binder (1887-1963) hat die Wirkung der Predigten Hittmairs mit folgenden Worten unübertrefflich geschildert:

Alles war lebendig vor dem Auge des Zuhörers, alle erlebten die Predigt mit, sie erzitterten mit dem Redner vor Furcht, vor Angst des Gewissens, vor Ratlosigkeit, dann wieder waren sie froh mit ihm, vor Freude, vor Trost und Beruhigung. Bald war er die gellende Posaune, die alle zum Gerichte ruft, dann war er wieder der Engel, der den müden Wanderer vom Schlafe erweckt und stärkt, dann war er wieder Lehrer und wurde mit den Kleinen klein, dann wieder guter Hirt, der in der Wüste nach dem Schäflein ruft: sein ganzes Leben, wie auch seine Predigten ein rührender Guter Hirtenbrief.

Wenigstens ein Beispiel sei zitiert, um den Kanzelredner zu charakterisieren. Bald nach dem Tod Bischof Doppelbauers (1908), zur Zeit der Sedisvakanz, nahm Hittmair am 8. Dezember 1908 auf dieses Ereignis mit den Worten Bezug:

Der Tod hat den Hirtenstab an sich genommen, der Tod hat sich die Inful aufs Haupt gesetzt, der Tod thront hier im hohem Dome: - in der Gruft!

Viele der Predigten Hittmairs sind später im Druck erschienen. Ludwig Bermanschläger bemerkt jedoch zu Recht, dass die Lektüre das lebendige Wort nicht zu ersetzen vermag, denn zu Hittmairs Predigt gehörte *vor allem andern er selber, das heißt, um die Wirkung seiner Predigten richtig würdigen zu können, genügt es nicht, sie zu lesen ...; man mußte die Musik seiner Sprache gehört, das Leuchten seiner großen Augen gesehen und am Adel seiner ganzen Erscheinung sich erfreut haben. Da erschien einem kein Bild zu kühn, kein Einfall zu paradox, da fand man es selbstverständlich, daß er Ueberraschungen liebte und als selbstherrliches Genie blendende Uebergänge baute.*

Es lässt sich freilich auch nicht übersehen, dass die rhetorisch sehr eindrucksvollen Predigten vielfach von einem düsteren Grundton bestimmt waren.

Die Kanzel war aber nicht das einzige Aufgabengebiet Hittmairs. Er war auch ein fleißiger Beichtvater, der viel Verständnis, besonders für Skrupulanten, aufbrachte, der aber auch streng sein konnte, wenn er dies für nötig hielt.

Außerdem war Hittmair schon vor seiner Promotion an der Erziehungsanstalt *Zum Guten Hirten* in Linz als Katechet angestellt worden. 1892 übernahm er die Leitung dieser Anstalt, an der er insgesamt dreizehn Jahre tätig war. Er kam seinen Aufgaben mit Hingabe nach, versuchte neue pädagogische Methoden, legte großen Wert auf Hygiene und gesunde Ernährung der Zöglinge und führte einen Neubau des Anstaltsgebäudes durch. War ein Kind zum Sterben, so kam es vor, dass Hittmair auf einem Strohsack neben dem kranken Kinde schlief, um zur Stelle zu sein, wenn es seinen priesterlichen Beistand brauchte. Hittmair verfasste für die Kinder auch kleine Theaterstücke, von denen zwei sogar im Druck erschienen sind (vgl. Quellen).

Von 1890 bis 1893 fungierte Hittmair überdies als provisorischer Domsakristeidirektor und Domzeremoniär. Als solcher entwickelte er eine große Liebe zur Liturgie. Auch als Bischof war er später peinlich darauf bedacht, die Zeremonien stets genau und würdevoll zu vollziehen.

Professor der Theologie und Regens des Priesterseminars

Ein neues Aufgabengebiet übernahm Hittmair, als er 1893 supplierender und 1894 wirklicher Professor der Pastoraltheologie an der Theologischen Diözesanlehranstalt wurde. Als solcher musste er auch die Fächer Liturgik, Geistliche Beredsamkeit und Katechetik versehen, für die damals noch keine eigenen Lehrkanzeln bestanden. Den Posten des Dompredigers legte er damals zurück, während er die Leitung der Erziehungsanstalt *Zum Guten Hirten* zunächst noch beibehielt (bis 1901).

Hittmairs Vorlesungen waren sehr lebendig, bisweilen waren sie auch mit Humor gewürzt. Er war ein beliebter Lehrer.

Seit 1895 bekleidete Hittmair auch Ämter im Diözesangericht. Im genannten Jahr wurde er Prosynodalrichter, 1896 zweiter und 1897 erster *Procurator* bzw. *Promotor fiscalis* in kirchlichen Strafsachen. (Die beiden Begriffe werden gleichbedeutend verwendet und bezeichnen jemanden, der sich für die öffentliche Einhaltung des Kirchenrechtes einsetzt, vergleichbar einem Staatsanwalt beim weltlichen Gericht). Die übertragene Aufgabe lag Hittmair überhaupt nicht. Die Rolle eines Verteidigers hätte er sich schon eher vorstellen können.

Nach dem Rücktritt von Kanonikus Dr. Johannes Mayböck (1845-1920) als Regens des Priesterseminars betraute Bischof Doppelbauer mit Schreiben vom 30. September 1903 Professor Hittmair mit dem frei gewordenen Amt. Der entscheidende Passus lautet:

Da ich jetzt eines neuen Regens des bischöflichen Alumnates bedarf, so ersuche ich Euer Hochwürden gleichzeitig mit ihrer Professur die Stellung eines Seminar-Regens zu bekleiden. Ich ernenne Sie daher zum Regens des bischöflichen Alumnates mit dem bene der freien Station ... In Betreff der Übernahme des Amtes wollen Sie sich mit Ihrem Amtsvorgänger, dem hochwürdigen Mons. Dr. Johann Mayböck, in's Einvernehmen setzen.

Gleichzeitig wurde Hittmair bescheinigt, dass er bisher in seinen *verschiedenen kirchlichen Stellungen ... den Erwartungen und Intentionen des Bischofs vollauf entsprochen* habe.

Das neue Amt hatte Hittmair nicht angestrebt, es entsprach auch nicht unbedingt seinen Neigungen, wie eine Äußerung gegenüber dem Bischof, die er damals tat, erkennen lässt:

Wenn mir Bischöfliche Gnaden dies sub oboedientia befehlen, muß ich als katholischer Priester gehorchen, aber ich tue es mit demselben Vergnügen, als wenn Sie mir sub oboedientia befehlen würden, einen brennenden Scheiterhaufen zu besteigen.

Hittmair wurde dennoch ein guter Regens. Es war sein Bestreben, die Seminaristen zur Selbsterziehung anzuleiten. Wilhelm Binder hat einen charakteristischen Ausspruch von ihm überliefert: *Die Herren müssen sich eben selbst erziehen.* Großen Wert legte der Regens auf Ordnung und Disziplin. Das Seminar hatte damals den Ruf, fast einem Kloster zu gleichen. Hittmair hatte übrigens persönlich eine große Vorliebe für die Orden und erwog zeitweilig sogar den Eintritt in ein Kloster. Großzügig war Hittmair jedoch, wenn die Theologiestudenten ihre Eltern besuchen wollten. Wohnten diese in Linz oder Urfahr, durfte ihr Sohn sie jede Woche aufsuchen, im Krankheitsfall auch täglich, was damals durchaus unüblich war. Hittmair selbst stattete ja seiner alten Mutter jeden Tag einen Besuch ab.

Großen Eindruck machte auf die Seminaristen die Freigiebigkeit des Regens und seine pastorale Ausrichtung; aber auch seine Bemühungen um eine moderne Ausbildung fanden Anklang. Beeindruckt waren die Theologen auch von der äußeren Erscheinung des Regens – er war stets der *vollendete Gentleman*. Am Akademischen lag Hittmair wenig, am Priesterlichen dagegen sehr viel. Auch als Regens behielt er seine Visitkarte bei, die nur die Worte aufwies: *Rudolph Hittmair – Priester*. Seine Eingaben an das Ordinariat und an den Bischof zeichnete er meist nur mit seiner Unterschrift ohne Hinzufügung des Doktortitels oder seiner Amtsbezeichnung.

Wissenschaftlich profilierte sich Hittmair während der Zeit seiner Lehrtätigkeit vor allem mit den zwei Büchern: *Die Lehre von der Unbefleckten Empfängnis an der Universität Salzburg* (Linz 1896; ^{2}1909) und: *Der Josefinische Klostersturm im Lande ob der Enns* (Freiburg 1907). Obwohl Hittmair für beide Werke eingehende Quellenstudien betrieben hatte, verzichtete er auf den kritischen Anmerkungsapparat und gab schon dadurch zu erkennen, dass sein eigentliches Anliegen nicht die wissenschaftliche Gelehrsamkeit war. Während das erste Buch als ein Beitrag zur Verehrung Mariens als der Unbefleckt Empfangenen gedacht war, sollte das andere Werk den Nachweis für das große religiöse Defizit erbringen, das die Klosteraufhebungen im Lande ob der Enns zur Folge hatten.

1906 ersuchte Hittmair um Enthebung vom Amt eines *promotor fiscalis*. Ein erstes Bittgesuch vom 1. Mai d.J. erwähnt, dass er diese Aufgabe schon bei seiner Berufung zum Seminarregens hatte zurücklegen wollen und dass er 1905 dem Bischof mündlich diesen Wunsch erneut vorgetragen habe. Das offenbar sehr hastig zu Papier gebrachte Schreiben, eines der wenigen erhaltenen Dokumente von der Hand Hittmairs, erlaubt tiefe Einblicke in sein Wesen und sei daher zum Teil zitiert:

Ich bitte inständig, mich des Amtes eines promotor fiscalis zu entheben, oder doch jener Amtsfunktionen mich zu entledigen, zu deren Durchführung ich mich gar nicht fähig füle.

Wäre ich bei der Justiz geblieben, so hätte ich mich wohl nie, soweit ich nach den seinerzeit erwogenen Lebensplänen urteilen kann, mich der Staatsanwaltschaft zugewendet. So erhaben die Aufgabe eines Staatsanwaltes ist, so sehr ich mit Ehrfurcht seit den Studentenjahren zu den Trägern dieses Amtes aufblickte, so fülte ich mich doch durch persönliche Veranlagung, vielleicht Mitleidigkeit, Skrupulosität, nicht geneigt für dieses hochansehnliche Amt.

Die Stellung eines promotor fiscalis beim geistlichen Gericht scheint mir unerträglich geworden zu sein, ist mir zur Qual geworden, wenn ich in Strafsachen intervenieren sollte, oder soll. Die Aufgabe ist ja gewiß auch eine ideale: aber alles macht mir die Durchführung der Aufgabe entsetzlich: Objekt und Subjekt des Verfahrens, der Mangel eines klar kodifizierten Strafrechtes, der Mangel einer präzisen und praktischen Strafprozeßordnung ...

Als dem Gesuch Hittmairs nicht sofort stattgegeben wurde, wiederholte er seine Bitte schon am 10. Mai mit den Worten:

Ich bitte Excellenz um gnädige Erledigung, resp. Erhörung meiner Bitte um Entlastung von den Amtsfunktionen eines procurator fiscalis in kirchlichen Strafsachen. Ich hielte es nicht aus, in solchen weiter in Anspruch genommen zu werden.

Daraufhin wurde ihm, und zwar noch am selben Tag, Kanonikus Balthasar Scherndl (1864-1922) als stellvertretender *procurator fiscalis* an die Seite gegeben, so dass Hittmair mit Strafsachen nicht mehr befasst wurde.

Ein Freund der Literatur und der Berge

Zur Erholung dienten dem Professor und Regens Hittmair die schöngeistige Lektüre, das Wandern und Bergsteigen sowie ausgedehnte Reisen.

Hittmair verfolgte z.B. das Schaffen der Schriftstellerin Enrica v. Handel-Mazzetti (1875-1955), deren ersten historischen Roman *Meinrad Helmpergers denkwürdiges Jahr* (1900) er sehr schätzte, während ihm *Jesse und Maria* (1906) viel weniger gefiel. In seiner offenen Art sagte er damals zur Dichterin:

Ich hätte ja Flausen machen und Ihnen sagen können, ‚Jesse und Maria' ist herrlich, wie es manche taten, die dann hinter Ihrem Rücken über ihr Werk herfielen. So etwas tut der Hittmair nicht. Wir wollen immer ehrlich miteinander sein. Nicht wahr?

Auch die weiteren Werke der Baronin fanden nur wenig Gnade bei Hittmair. Erst die *Stephana Schwertner* (1912) schätzte er wieder. Er äußerte sich damals: *Jetzt bin ich mit ihr zufrieden.*

Hittmair war ein großer Freund der Berge. Schon als Student erholte er sich gern bei Alpenwanderungen. Bei seinen Unternehmungen wurde er meist von seinem Bruder Anton begleitet, der übrigens 1911 in den Tiroler Bergen tödlich verunglückte. 1902 waren die beiden im Sellraintal, Kühtai und noch im selben Jahr im Ötz- und Schnalsertal, 1903 in der Schweiz (Maloja – Bernina – Stilfserjoch), 1905 wieder in der Schweiz (St. Gotthard), und im Sommer desselben Jahres machten sie eine Ötscherpartie; 1906 folgte eine Dolomitentour und ein Besuch des Wendelsteins.

Solange Hittmair Direktor der Erziehungsanstalt *Zum Guten Hirten* war, verzichtete er mit Rücksicht auf die Armut der Kinder auf größere Reisen. Als Professor und Regens unternahm er jedoch weite Fahrten. So begab er sich nach Ostern 1901 während des Studienjahres mehrere Wochen nach Italien, insbesondere nach Rom, *um die dortigen Unterrichtsanstalten für den Clerus etwas kennenzulernen*; er sorgte jedoch für entsprechende Vertretung in den von ihm gelehrten Fächern. 1902 reiste Hittmair nach Deutschland, Belgien und Holland, 1903 nach England, Schottland und Irland, im selben Jahr aber auch durch Salzburg und Bayern nach Deutschland, Belgien, Frankreich und Luxemburg sowie in die Schweiz, 1905 nach Bayern, in die Schweiz und nach Norditalien, später nach Bosnien und Dalmatien. Auch als Bischof setzte Hittmair seine Bergtouren und Reisen, wenn auch in geringerem Maße, fort.

Die Jahre als Bischof

Nach dem frühen und unerwarteten Tod Bischof Doppelbauers (gest. 2.12.1908) wurde Regens Hittmair *mit Allerhöchster Entschließung* vom

17. März 1909 von *Sr. kaiserlichen und königlich-Apostolischen Majestät* zum Bischof von Linz ernannt.

Durch sein Studium in Wien dürfte Hittmair dem Kaiserhaus nicht ganz unbekannt gewesen sein; schon am 30. November 1908 war ihm das Ritterkreuz des Franz-Josef-Ordens verliehen worden.

Im Gespräch für die Bischofsnachfolge waren damals auch Bischof Dr. Franz Xaver Nagl (1855-1913) von Triest und der Wiener Universitätsprofessor Dr. Franz Martin Schindler (1847-1922) gewesen sowie zwei Linzer Diözesanen, nämlich Kanonikus Balthasar Scherndl (1864-1922) und der damalige Rektor der Anima, Prälat Dr. Josef Lohninger (1866-1926).

Die Präkonisation des neuen Bischofs, d.h. die feierliche Bekanntgabe der Ernennung durch den Papst, erfolgte am 14. April, die Übernahme der Jurisdiktion über die Diözese am 29. April, die Bischofsweihe und Inthronisation im Neuen Dom zu Linz am 1. Mai 1909. Hittmair war der erste Linzer Bischof, der seine Weihe im Mariä-Empfängnis-Dom erhielt. Sein Konsekrator war der Apostolische Nuntius in Wien, Erzbischof Januarius Granito Pignatelli di Belmonte (1851-1948, Nuntius 1904-1911); als Mitkonsekratoren fungierten Hof- und Burgpfarrer Bischof Dr. Laurenz Mayer (1828-1912) und der Wiener Weihbischof DDr. Godfried Marschall (1840-1911).

Am Tag nach der Amtsübernahme stellte die *Linzer Post* ihren Lesern den neuen Bischof mit folgenden Worten vor:

Die Gestalt unseres neuen Oberhirten ist von Mittelgröße, eher schlank als stark, das Haar ist bereits ziemlich ergraut, die Stirn hoch, die graublauen Augen blicken wohlwollend und freundlich, seine Bewegung ist rasch, aber elegant, seine Stimme ist weich, so daß man sie gern anhört.

Der Bischof liebt allem Anscheine nach Einfachheit, aber peinliche Sauberkeit der Kleidung, Prunk liegt nicht in seinem Wesen, wohl aber hält er auf schlichte harmonische Schönheit der Einrichtung.

In seinem ersten, lateinischen Hirtenwort an die Priester der Diözese empfahl er sich ihnen als Freund. Das Schreiben enthält auch eine begeisterte Schilderung der kirchlichen Situation Oberösterreichs, die hier in freier deutscher Übersetzung wiedergegeben sei:

In unserem Heimatlande Oberösterreich ist ein Volk, das einen Glauben hat, stark wie Felsgestein. Gegen den Heiligen Vater in Rom herrscht heiligste Ehrfurcht und kindlicher Gehorsam. Das kirchliche Leben steht in Blüte in allen seinen Zweigen, auf karitativem Wege wird Hervorragendes geleistet. Kunst und Wissenschaft finden begeisterte Pflege. Die bürgerlichen Tugenden blühen, und innige Liebe zum geliebten Kaiser zeichnet unser Volk vor allem aus ... Darüber freuen wir uns auf das herzlichste ... Was lebt und blüht, das wachse noch! (LDB 55, 1909, 34f.)

Schon am 15. Juni 1909 trat Hittmair seine erste Romreise als Bischof an. Am 21. Juni wurde er von Papst Pius X. (1903-1914) empfangen. Noch im selben Jahr nahm Hittmair an einer Pilgerfahrt nach Lourdes teil. Diese beiden Reisen symbolisieren die Papsttreue und die Marienfrömmigkeit des Bischofs. Jene hatte er schon als Domprediger in einer panegyrischen Rede anlässlich einer Papstfeier am 19.2.1893 bekundet (LVB 22.2.1893, 1f.), diese kommt u.a. in der zielstrebigen Fortführung des Baues des Immakulata-Domes zum Ausdruck. Übrigens war gleichzeitig mit der Bischofsweihe und Inthronisation Hittmairs die Kathedralfunktion vom Alten auf den Neuen Dom übergegangen. Der Bischof hatte auch in seiner Bestätigungsurkunde durch den Papst den Auftrag zur Vollendung des Domes erhalten. Hatte man vorher an Hittmair kein besonderes Interesse am Dombau feststellen können, so war man nun überrascht, wie sehr er sich als Bischof die Sache angelegen sein ließ. In einem Aufruf vom 17. November 1909 kündete er an: *Der Dom soll wie im Sturme erstehen – im Sturme allgemeiner Begeisterung!* Tatsächlich wurde unter Hittmair das Langschiff und der größte Teil des Querschiffes unter Dach gebracht, der Bischof persönlich entwarf das künstlerische Programm für die Domfenster und übernahm für zwei derselben auch die Kosten. An jeder Sitzung des Dombaukomitees nahm er teil, oft weilte er an der Baustelle und förderte die Arbeit durch großzügige Trinkgelder. Die Kürze seiner Regierung erlaubte es ihm freilich nicht, den Bau der Kathedrale zum Abschluss zu bringen.

Es entspricht der pastoralen Einstellung Hittmairs, dass er sofort nach seiner Amtsübernahme mit den Visitations- und Firmungsreisen begann. Es war ihm ein Anliegen, jedes Jahr möglichst viele Pfarren zu besuchen. Bei diesen Reisen benützte er meist, und zwar unabhängig vom Wetter, einen offenen Wagen. Der Bischof trug schlichte Reisekleidung; seine Pontifikalgewänder legte er erst vor Ankunft an dem betreffenden Ort an. *Seine Hauptsorge auf den Reisen war stets, zur angesagten Stunde pünktlich einzutreffen.* Übernachtete Hittmair in einer Pfarre, so machte er am nächsten Tag schon in aller Frühe einen Spaziergang um den

Ort und plauderte mit den Leuten. Dann ging er in die Kirche. Bei einem größeren Andrang von Beichtenden begab er sich, wenn es die Zeit zuließ, auch persönlich in den Beichtstuhl. Gern besuchte er auch die Kranken. Mit den Kindern ging er besonders liebevoll um, so dass die damals bei Visitationen üblichen Religionsprüfungen ihre Schrecken für die Schuljugend verloren.

Das Frühstück nahm der Bischof erst nach Verrichtung seiner kirchlichen Funktionen ein. Beim Mittagstisch genoss er sehr wenig, umso mehr widmete er sich dem Gespräch. Seine Leutseligkeit machte großen Eindruck; freilich machte er manchmal auch scharfe, ja verletzende Bemerkungen.

Da Hittmair eine große Angst vor Bazillen hatte, ließ er Kinder aus Gebieten, in denen eine ansteckende Krankheit oder eine Epidemie herrschte, nicht zur Firmung zu. Er sagte Visitationen und Firmungen auch kurzfristig ab, wenn ein Ort seuchengefährdet war. An Begräbnissen nahm Bischof Hittmair nur teil, wenn es sich gar nicht vermeiden ließ.

Wie die Predigten Hittmairs zeichneten sich auch seine Hirtenschreiben durch eine ungewöhnliche Diktion aus. Zur Fastenzeit 1910, also fast ein Jahr nach Übernahme des Bischofsamtes, erließ Hittmair seinen ersten Hirtenbrief. Er hatte programmatischen Charakter und stand unter dem Leitwort: *Liebe, mehr Liebe!* Er wandte sich besonders an die Kranken und Leidenden, an diejenigen, *die hoffnungslos ringen mit den Finsternissen der Seele ..., mit der dämonischen Gewalt erdrückenden Trübsinnes, schleichenden Wahnsinnes.* Die überschwängliche Art des Schreibens sei durch einige Stellen illustriert:

Selig macht die Liebe! Da gibt es kein Dulden, wo Liebe ist. Tausende können sagen: ‚Ich kann es nicht mehr ertragen', aber kann Einer sagen: ‚Ich kann nicht lieben?' O, versucht es, fangt an zu lieben! Alle, die ihr leidet, weg mit eurer Qual, denkt nicht nach über euren Schmerz; sorgt nicht um die kommenden Tage gefürchteter, trüber Zukunft, nicht um die nächsten Stunden und Minuten! Im Augenblick, wo Trübsal über euch kommt: o, nur ein Akt der Gottesliebe! Nehmt das Kreuz in die Hand, des Gekreuzigten heilige Wunden an eure Lippen, an euer Herz seine Herzwunde und flüstert ihm Liebe zu, daß ihr ihn liebt, liebt über alles, bis, was eure Lippen sprechen, in euer Herz kommt und euer Herz fühlt: die Liebe, die Liebe zu ihm und süße Seligkeit und seligen Frieden.

In dem Hirtenwort finden sich aber auch begeisterte Worte über Papst und Kaiser. Über diesen sagte er u.a.:

Immer bitterer, immer schwerer wird die Gottesgnade: Herrscher sein zu müssen. Und diesen Kronreif des Herrscherleidens sehen wir immer tiefer und schmerzlicher sich eindrücken der Stirne desjenigen, zu dem wir aufblicken mit einer Liebe und Treue bis in den Tod, dem es aus tiefstem Grund unserer Seele gilt: ‚Gut und Blut für unsern Kaiser!' Mit jedem Tag inniger, hundert-, hundert-, hundertmal mehr mit jedem Jahr, das Gott ihn uns erhält, wird unsere Liebe zum guten, edlen Kaiser.

Das ist eine ungewöhnliche Sprache für einen Hirtenbrief. Wir begegnen ihr wieder in den Hirtenschreiben des Bischofs aus den Jahren 1912, 1913 und 1914.

Ein besonderes Anliegen war Bischof Hittmair vom ersten Tag seines Amtsantritts an die Förderung jener Anstalten, die der Heranbildung von Priestern bzw. von Priesteramtskandidaten dienten. Bereits im vorhin zitierten Hirtenbrief von 1910 hatte er die Gläubigen auch zur Liebe zu den beiden Seminarien (Priester- und Knabenseminar) aufgerufen.

Das Knabenseminar zeichnete Hittmair auch dadurch aus, dass er in der Kapelle der Anstalt seine erste Priesterweihe vornahm (20. Mai 1909), und zwar an den Kandidaten Karl Angerbauer und Josef Scherndl, die als erste ihre gesamte Gymnasialbildung am Petrinum erhalten hatten.

Bei aller Hochschätzung des Kollegium Petrinum missfielen Hittmair jedoch die dort üblichen Theateraufführungen anlässlich des Bischofsnamenstages; er schrieb diesbezüglich am 17. Februar 1912 dem Direktor der Anstalt Johann Zöchbaur: *Ich bin kein Freund, wenn nicht gar Gegner der Kinder- und Schüler-Schauspielvorstellungen.* Er vertrat die Auffassung, dass viele Besucher nur aus *einer dem Bischof schuldig geglaubten Rücksicht* kämen und meinte: *Ich und das Petrinum sollen niemandem lästig fallen, jeder Vorwurf oder Schein von Unbescheidenheit von uns ferngehalten werden.* An Akademien und anderen Veranstaltungen im Petrinum nahm Hittmair jedoch gern teil.

Wie viel dem Bischof das Petrinum bedeutete, geht auch aus seinem Testament hervor, dessen erster Satz lautet: *Zu Erben meines Vermögens setze ich ein zu gleichen Teilen: den Mariä-Empfängnis-Dombau-Verein zu Linz und das bischöfliche Knabenseminar Petrinum in Urfahr.*

Das besondere Wohlwollen Hittmairs galt auch den karitativen Einrichtungen der Diözese. Schon am Tag nach der Bischofsweihe stattete er dem *Haus der Unheilbaren* einen Besuch ab und erwies mehreren Kranken persönliche Dienste. Noch im selben Jahr 1909 visitierte er auch die *Blindenanstalt* und das *Waisenhaus St. Isidor*. Die *Taubstummenlehranstalt* und die damals so bezeichnete *Idiotenanstalt* in Hartheim erfreuten sich ebenfalls seiner Förderung. In dieser spendete er 1912 auch das Sakrament der Firmung an 58 Personen. Dabei nahm er einige der schwer behinderten Pfleglinge *förmlich auf seinen Schoß, um an ihnen die heilige Handlung zu vollziehen.*

Den Kranken und Notleidenden schenkte der Bischof viel Aufmerksamkeit. Als im Welser Krankenhaus ein sterbender Patient den Wunsch äußerte, vor seinem Tod noch gefirmt zu werden, wurde Hittmair hiervon am Abend telefonisch verständigt. Er fuhr daraufhin sofort nach Wels. Die von ihm dort vollzogene Sakramentenspendung wurde als die *Firmung um Mitternacht* bekannt (Erinnerungsblätter, 89).

Die große Fürsorge des Bischofs für die Gebrechlichen hat Wilhelm BINDER in die Worte gefasst: *Er kommt zu den Blinden, zu den Taubstummen, zu den Unheilbaren, besucht die Kindergärten und Bewahranstalten und bringt überallhin durch sein Kommen Freude, Sonne. Vor den Pfleglingen des Idiotenheimes, die weder gehen noch stehen können, kniet er nieder, um ihnen das heilige Sakrament spenden zu können. Niemand ist ihm zu gering ...*

Der Primat der Pastoral, den Hittmair stets betonte, wirkte sich umgekehrt leider dahin aus, dass wissenschaftliche Einrichtungen kaum einen Förderer in ihm fanden. Sein Vorgänger, Bischof Doppelbauer, hatte 1902 ein *Diözesanarchiv* gegründet und ab 1904 die Herausgabe einer diözesangeschichtlichen Zeitschrift *Archiv für die Geschichte der Diözese Linz* ermöglicht. Hittmair liquidierte beides (1910) und trat die wertvollsten Archivbestände an das Oberösterreichische Landesarchiv ab (1913). Noch zu Lebzeiten Hittmairs wurde zu diesen Vorgängen in einer Broschüre von Wilhelm Gärtner mit dem Titel *Die Heimatbewegung in Oberösterreich* (Prag 1914) öffentlich Stellung genommen. Der Verfasser schreibt darin u.a.:

Das ‚Archiv' hätte der ‚Sammelpunkt kirchenhistorischer Arbeiten der engeren Heimat' werden wollen, hätte aber andererseits auch das Niveau der Geistlichkeit heben, dieser regeres Interesse für die Geschichte ihrer Diözese einflößen sollen. Daß die beiden Leiter [Dr. Konrad Schiffmann und Dr. Franz Berger] *zurücktraten, daß das Diözesanarchiv selbst, dessen Hauptbestandteile das Garstener, Gleinker und das bischöfliche Archiv, die Passauer*

Akten, eine wertvolle Handbibliothek und eine ansehnliche Zahl von Inkunabeln bildeten, aufgelöst und dem Landesarchive überwiesen wurde, daß ein weiterer Plan der beiden genannten Forscher, eine Diözesanbibliothek zu gründen, für die sie die ehemalige Ranshofener Stiftsbibliothek schon nach Linz übertragen hatten, scheiterte, das alles hat seinen Grund in dem Wechsel auf dem bischöflichen Stuhle; der derzeitige Bischof steht allen diesen Bestrebungen fremd gegenüber.

Mit dem 1906 von Bischof Doppelbauer errichteten Diözesanmuseum ging Hittmair ähnlich vor. Die Bestände wurden 1911 aus dem Bischofshof zunächst nach Gleink und 1915 schließlich in das Oberösterreichische Landesmuseum transferiert. Umgekehrt hatte Hittmair 1912 das Amt von Diözesankonservatoren eingeführt und hierfür 16 Personen benannt, vor allem Priester, die im Falle der *Entfernung, Abänderung oder Restaurierung* kirchlicher Kunstwerke Gutachten zu erstellen hatten, wenn sie vom Ordinariat dazu aufgefordert wurden (LDB 58, 1912, 95f.).

Die Beziehungen zwischen der Theologischen Diözesanlehranstalt und dem Bischof, der an dieser früher selbst gelehrt hatte, scheinen nicht besonders intensiv gewesen zu sein. Es fällt jedenfalls auf, dass die eingangs erwähnten, von Friedrich Pesendorfer gesammelten *Erinnerungsblätter* keine Beiträge von Theologieprofessoren enthalten. Auch hatte der Bischof einen Konflikt mit der Redaktion der von der Hochschule herausgegebenen *Theologisch-praktischen Quartalschrift*, der vor dem Hintergrund der damaligen Modernismuskämpfe zu sehen sein dürfte. In den leidenschaftlichen Auseinandersetzungen zwischen Neuerern (Modernisten) und Bewahrern (Antimodernisten) hatte Papst Pius X. eindeutig die Partei der Letzteren ergriffen und im Dekret *Lamentabili* sowie in der Enzyklika *Pascendi* (1907) alle Versuche einer Anpassung der Kirche an die moderne Welt mit scharfen Worten verurteilt. Bischof Hittmair stand selbstverständlich auf der Seite des Papstes, der ihn dafür in einem Schreiben vom 22. Dezember 1911 nachdrücklich lobte (AAS 4, 1912, 209).

Der erwähnte Konflikt mit der Quartalschrift betraf die bischöfliche Zensur. 1909, nach seinem Amtsantritt, hatte Hittmair der Redaktion noch wissen lassen, dass er – zum Unterschied von Bischof Doppelbauer – keine *Vorzensur* mehr ausüben werde, weshalb auch der Aufdruck: *Mit bischöflicher Genehmigung*, der bis dahin auf der Zeitschrift angebracht war, entfallen könne. Die *Censura subsequens* (nachträgliche Prüfung) genüge durchaus. 1911 schritt der Bischof jedoch ein gegen einen bereits gesetzten Artikel über *Vasektomie* und verbot dessen Veröffentlichung. Die Redaktion, bestehend aus den Professoren Martin Fuchs (1843-1919) und Johannes Ev. Gföllner (1867-1941), dem Nachfolger Hittmairs als Bischof von Linz, fügte sich zwar und verzichtete auf die Publikation des Artikels, protestierte aber gleichzeitig mit Schreiben vom 24. Juni 1911 gegen die getroffenen Maßnahmen. Es wurde bedauert, dass von der 1909 eingeführten Praxis *ohne ersichtlichen Grund* abgegangen worden sei und dass die Kontakte zwischen dem *Hochwürdigsten Bischöflichen Ordinariat* nur über eine Mittelsperson erfolgt seien. Der inkriminierte Artikel wurde dem Schreiben *ausnahmsweise* zur Durchsicht beigelegt, und zwar mit der Bemerkung: *Vielleicht findet sich der Hochwürdigste Herr Ordinarius nach genauer Prüfung desselben veranlaßt, das scharfe Urteil zu modifizieren u. die Veröffentlichung für das nächste Heft zu gestatten.* Schließlich verwies die Redaktion noch darauf, dass für die Zeitschrift, *die sich in der ganzen Welt der größten Hochachtung* erfreue, *bisher kein einziges bischöfliches Ordinariat in Österreich ein Wort der Anerkennung* gefunden habe. Das war natürlich auch eine Anspielung auf Linz und seinen Bischof. Die Veröffentlichung des Artikels über *Vasektomie* unterblieb auch im nächsten Heft der Quartalschrift.

Im Folgenden seien einige besondere Ereignisse, die in die Regierungszeit Bischof Hittmairs fallen, angeführt. 1911 hielt er eine Diözesansynode im Neuen Dom ab (22.-24. August), deren Beschlüsse für lange Zeit bestimmend blieben. Ebenfalls 1911 teilte der Bischof die Diözese in vier Kreisdekanate, für die jeweils ein eigener Kreisdechant bestellt wurde, ein. Es war das Ziel dieser Maßnahme, durch eine bessere Gliederung des Bistums die Pastoral zu fördern.

In das Jahr 1912 fällt der große *Internationale Eucharistische Kongreß* in Wien. Nicht zuletzt auf Grund der Kommuniondekrete Papst Pius' X. war Bischof Hittmair zum glühenden Förderer einer eucharistisch geprägten Frömmigkeit geworden. Er widmete diesem Anliegen den Hirtenbrief des Jahres 1912, der schon im Zeichen des Eucharistischen Kongresses in Wien stand. Darin führte er in typisch Hittmairscher Diktion u.a. aus:

Nicht mehr darf Schwachheit eine Schranke sein, die zurückhält vom Brot der Starken. Nicht mehr ist das Speisgitter eine Schranke, die trennt von der

Vereinigung mit Jesus, sondern: am Speisgitter täglich eucharistischer Weltkongress!

Es ist nicht verwunderlich, dass Bischof Hittmair eingeladen wurde, beim Kongress selbst die Festpredigt zu halten. Sie löste *ungeheure Begeisterung* aus.

Die Liebe zur Eucharistie sollte neben der Liebe des Bischofs zur Bergwelt auch Ausdruck finden durch den Bau einer Kapelle auf dem Dachstein, dem höchsten Berg Oberösterreichs. Diese Messkapelle entstand *am Rande des Karls-Eisfeldes in der Nähe der Simony-Hütte* und erhielt das Patrozinium *Heiligstes Altarssakrament.* Nach dem Wunsch des Bischofs sollte das Bauwerk aber auch eine Huldigung an das Haus Habsburg darstellen und deshalb *Habsburger-Kapelle* heißen. Als Architekt fungierte kein geringerer als Dombaumeister Matthäus Schlager (1870-1959). Den genannten Zielsetzungen entsprechend, wurde die Verehrung des heiligsten Altarssakramentes durch Rudolf I. von Habsburg zum Thema des Altarbildes gewählt. Am 21. September 1913 legte der Bischof den Grundstein, am 1. September 1914 konnte er die Weihe des Kirchleins vornehmen. Ein anderer Plan, der eine Kapelle auf dem Großen Priel vorsah, kam wegen des frühen Todes des Bischofs nicht mehr zur Ausführung.

Sehr stark von Bischof Hittmair geprägt war der *Katholikentag der Deutschen Österreichs in Linz,* der vom 15. bis 17. August 1913 stattfand. Die Benennung zeigt, dass es sich um keinen *allgemeinen* Katholikentag handelte. Die Einschränkung auf die *Deutschen,* die vor allem Hittmair durchgesetzt hatte, deutet bereits den Zerfall der Monarchie an. Der Bischof stand nicht nur an der Spitze des vorbereitenden Landeskomitees, er hielt am 15. August auch die begeistert aufgenommene Begrüßungsansprache und am 17. August eine viel beachtete Rede beim Festmahl; schließlich führte er die gewaltige Prozession der Teilnehmer auf den Pöstlingberg an.

In politischer Hinsicht trat Bischof Hittmair weniger in Erscheinung als seine Vorgänger Rudigier (1853-1884) und Doppelbauer (1889-1908). Auch Hittmair hatte kraft seines Amtes Sitz und Stimme (Virilstimme) im Landtag. Er ergriff das Wort jedoch nicht oft, zumeist nur in Schulangelegenheiten. Wiederholt trat er aber für Eintracht und Einigkeit ein, weshalb er auch von der gegnerischen Presse *mit großer Hochachtung behandelt* wurde.

Dem Katholischen Volksverein gegenüber, der zugleich *die politische Landesorganisation der christlichsozialen Partei in Oberösterreich* darstellte, erwies sich der Bischof als Freund und Förderer. Er nahm an jeder Generalversammlung des Vereines teil und hielt dabei begeisternde Ansprachen. Am 20. Jänner 1913 z.B. erklärte er es geradezu als die Pflicht eines Bischofs, sich *gewissermaßen als geistigen Präsidenten des Katholischen Volksvereines zu betrachten,* und die Generalversammlung in Wels am 20. Jänner 1914 bezeichnete er als einen *Katholikentag Oberösterreichs.*

Der Bischof als ein Opfer der Nächstenliebe

Am 28. Juli 1914 begann der Erste Weltkrieg. Dieses Datum bedeutete auch einen tiefen Einschnitt im Leben Bischof Hittmairs. In einem eigens erlassenen Hirtenbrief teilte er die damals herrschende Kriegsbegeisterung. Es heißt darin u.a.:

Krieg! Wir kennen seine Schrecknisse nicht mehr, doch wir verkennen sie nicht ... Und doch: mit jubelnder Begeisterung hat ganz Oesterreich erfüllt das entscheidende Wort: es ist Krieg. Und dieses in Kriegsbegeisterung aufjauchzende Oesterreich: Kaiser! Das ist Dein erster Sieg in diesem Krieg.

Diese Worte wirken heute (und wirkten vielleicht auch damals) im Munde eines Bischofs als unangebracht. Letztlich bringen sie aber nur – in der impulsiven Art Hittmairs – die Meinung zum Ausdruck, die viele Zeitgenossen teilten, dass die Kriegserklärung durch den Kaiser zu Recht erfolgt sei.

Schon vor Ausbruch des Krieges hatte die Militärverwaltung den Bischof ersucht, gegebenenfalls die beiden Seminarien für Spitalszwecke freizugeben. Hittmair erklärte sich hierzu *mit Freude* bereit. Tatsächlich sollte er seine Zusage bald einlösen müssen. Das Knabenseminar wurde in der Folge nach Schlierbach (Unterstufe) bzw. Gleink (Oberstufe) verlegt.

Auch im Bischofshof wurden für den Bedarfsfall zwanzig Betten für Verwundete bereitgehalten. Hittmair stellte überdies Seminaristen als Krankenpfleger zur Verfügung und motivierte auch die Ordensleute, die Betreuung der Verwundeten zu übernehmen. Die Militärseelsorge unterstützte der Bischof, wo immer er konnte: Er kümmerte sich um die

Gottesdienste in den Spitälern und ordnete in der Diözese die Abhaltung von *Kriegsandachten* an. Zur materiellen Unterstützung des Krieges empfahl er dem Klerus die Zeichnung der ausgeschriebenen Kriegsanleihe.

In der Not der Zeit wollte Hittmair aber auch einen ganz persönlichen Beitrag leisten und stellte sich daher als Krankenpfleger im Spital der Barmherzigen Brüder in Linz zur Verfügung. Um von seinen bischöflichen Aufgaben weithin entlastet zu sein, bestellte er in der Person von Kanonikus Balthasar Scherndl einen Generalvikar. Dieses Amt war in der Diözese Linz seit dem Tod des ersten Generalvikars Anton Edler v. Finetti (gest. 1802) nie mehr definitiv besetzt worden; es verdankt seine Wiederbelebung dem Wunsch Hittmairs, frei zu sein für die Pflege verwundeter Soldaten.

Schon im August 1914 ließ sich der Bischof im Spital der Barmherzigen Brüder zum Krankenpfleger ausbilden und verschmähte es nicht, auch die niedrigsten Aufgaben dieses Berufs zu verrichten. Ein halbes Jahr stand er dann Tag für Tag im Einsatz; jeden dritten Tag wollte er auch den Nachtdienst übernehmen, was ihm aber die Ärzte mit Rücksicht auf seine Gesundheit verboten. Wenn er Nachtwache hielt, pflegte er dabei jeweils sechs Rosenkränze zu beten. Seine große Freigebigkeit zeigte sich u.a. darin, dass er oft Lebensmittel, die er meist persönlich in einer Tasche mitbrachte, an die Soldaten verteilte.

Den Todeskeim holte sich der Bischof am 10. Februar 1915, als er kriegsgefangene Serben, die an Flecktyphus erkrankt waren, in ihrer Baracke in Mauthausen besuchte. Als Motiv für diesen Besuch gab er seinen Sekretären gegenüber an:

Wenn ich vom letzten Kaplan meiner Diözese verlange, daß er zu jedem Kranken und Sterbenden gehe, was immer für eine Ansteckung zu fürchten ist, so bin ich auch selber als Bischof das gute Beispiel schuldig, um so mehr, weil der Heilige Vater die Sorge für die Kriegsgefangenen speziell uns Bischöfen aufgetragen hat (Erinnerungsblätter, 47).

Hittmair leistete damit einen Einsatz über nationale und konfessionelle Grenzen hinweg; die Serben waren ja in der Mehrzahl keine Katholiken.

Als ein Pfarrer dem Bischof gegenüber den Kaplan Franz Schwarzelmüller bedauerte, der sich im Serbenlager Mauthausen den Flecktyphus zugezogen hatte, meinte der Bischof: *Da ist er durchaus nicht zu bedau-*

ern, da ist ihm ja zu gratulieren. Und als derselbe Pfarrer der Hoffnung Ausdruck verlieh, der Bischof möge sich bei seinem Besuch der Kranken nicht angesteckt haben, entgegnete Hittmair: *Da wäre ich nur glücklich darüber ... Da würde ich ja früher in den Himmel kommen.* Das sagte derselbe Bischof, der früher so sehr an Bazillenphobie gelitten und es gemieden hatte, an Begräbnissen teilzunehmen!

Durch den vorausgehenden aufreibenden und intensiven Dienst an den Verwundeten war Bischof Hittmair so geschwächt, dass sein Körper der Krankheit nicht genügend Widerstand entgegen setzen konnte. Er wurde tatsächlich angesteckt. Im Bewusstsein seines bevorstehenden Todes ließ er sich am 1. März 1915 die Sterbesakramente reichen. Zu dem Priester, den man gerufen hatte, sagte er die Worte: *Alles, was jetzt über mich kommen wird, will ich aus der Hand Gottes annehmen und tragen als Buße für meine Sünden und aus Liebe zu Gott. Ich hoffe, daß der liebe Gott diesen Willen annehmen wird* (Erinnerungsblätter, 134).

Hatten die betreuenden Ärzte zunächst noch darauf gehofft, das Leben des Bischofs retten zu können, so mussten sie schließlich zur Kenntnis nehmen, dass ihre Kunst am Ende war. Gegen 6 Uhr früh des 5. März begann die Agonie, um 9.30 Uhr verstarb Rudolph Hittmair. Er stand im 56. Lebensjahr.

Der Leichnam wurde mit *Rücksicht auf den infektiösen Charakter der Krankheit gemäß sanitätsbehördlicher Anordnung* noch am selben Tag in aller Stille in der Gruft des Mariä-Empfängnis-Domes beigesetzt. Am Sonntag, dem 7. März um 17 Uhr, wurde unter starker Beteiligung des Volkes das Totenoffizium verrichtet, am 8. März fand das feierliche Requiem in Anwesenheit einer großen Menschenmenge und vieler illustrer Trauergäste statt. Sie nahmen mit Ergriffenheit Abschied von dem toten Bischof, der als Opfer der Nächstenliebe verstorben war, und verrichteten ihre Gebete für ihn.

Versuch einer Würdigung

Es geht ein Riss durch die Persönlichkeit Bischof Hittmairs. Als *außergewöhnlich* und *eigenartig* haben ihn schon seine Zeitgenossen charakterisiert. Der musisch und intellektuell veranlagte Bischof, der akademische Würden erlangt und sich wissenschaftlich ausgewiesen hatte, unterband in seiner Diözese Unternehmungen und Einrichtungen im Dienst der Kultur und der Wissenschaft. Derselbe Mann, der mit einem sehr *energischen und heftigen* Naturell ausgestattet war, kniete vor Kindern und Krüppeln nieder, um sich ihrer anzunehmen. Der Bischof, der nicht müde wurde, die Liebe zu predigen, konnte durch unbedachte Äußerungen auch verletzend sein. Hittmair, der enge Bindungen an seine Familie hatte, brachte es fertig, seinen eigenen Bruder vom Mittagstisch auszuschließen, um ja nicht des *Nepotismus* geziehen zu werden; aus demselben Grund verwendete er sich auch nie für Verwandte, um ihnen *bei Bewerbungen oder zu Beförderungen* zu helfen. Der gelernte Jurist hatte geradezu einen Abscheu vor einer Betätigung im kirchlichen Rechtswesen. Der durchaus autoritär denkende Bischof verzichtete auf die Ausübung seines Amtes und überließ den Großteil seiner Aufgaben dem neu bestellten Generalvikar, um sich selbst dem Krankendienst zu widmen. Der Bischof, der eine große Angst vor Bazillen hatte und Begräbnisse mied, ging schließlich zu den an Flecktyphus erkrankten Serben in Mauthausen und holte sich dort den Tod. Das wurde schon damals nicht nur positiv kommentiert. 1925 erschien im *Korrespondenzblatt für den katholischen Klerus* vom 10. Juni 1925 ein nicht gezeichneter Artikel, der folgenden Passus enthält: *Bischof Hittmairs Größe war sein ziemlich zweckloser Opfertod in Mauthausen; ein hochgestellter Priester der Linzer Diözese hat damals gesagt: Wir sind um des Bischofs willen froh, daß ihn der Herrgott den Heldentod hat sterben lassen, sonst hätte er in einem Sanatorium geendet.*

Es sei darauf verzichtet, dieses Urteil zu kommentieren. Man wird jedoch festhalten dürfen: Wenn man es am hl. Wolfgang rühmt, dass er auch noch als Bischof den Armen und Kranken persönlich beistand, wird man es an Bischof Rudolph schwerlich tadeln können. Staatsanwalt hätte Hittmair nie werden wollen, als Anwalt der Notleidenden, Kranken und Sterbenden hat er aber jedes Mittelmaß gesprengt.

Veröffentlichungen

[R. Hittmair], *Blind vor Liebe. Ein Weihnachtsspiel für größere Mädchen. In drei Acten und einem Vorspiele*. Linz $^{1-2}$1896; *Die Lehre von der Unbefleck-*

ten Empfängnis an der Universität Salzburg. Linz 1896, [2]1909; [R. Hittmair], *Des heiligen Franciscus Krippenfeier. Ein Weihnachtsspiel in einem Act mit Vorspiel (in fünf Bildern)*. Linz 1897; *Der Josefinische Klostersturm im Land ob der Enns*. Freiburg 1907; *Bischof Rudolphs Hirtenschreiben mit der Festpredigt beim Eucharistischen Weltkongreß in Wien*. Linz 1915; *Aus den geistlichen Vorträgen des Bischofs Dr. Rudolph Hittmair: Fastenpredigten und Exerzitienvorträge*. Linz 1915, [4]1925.

Quellen und Literatur

Quellen

Schriftliche: DAL, BiA Hittmair.
Gedruckte: AAS 4 (1912), 269: *Schreiben Papst Pius X. an Bischof Hittmair vom 20. Dezember 1911*; LDB (entsprechende Jahrgänge); F. Pesendorfer (Hg.), *Erinnerungsblätter an Bischof Rudolph von Linz*. Linz 1915.

Literatur

W. Binder, *Rudolph Hittmair (1859-1915)*. In: E. Strassmayr (Hg.), *Oberösterreichische Männergestalten aus dem letzten Jahrhundert*. Linz 1926, 32-36; J. Kratschmayr, *Rudolph Hittmair. Kirchenführer im Anbruch des Industriezeitalters* (Kirchengeschichtl. Diplomarbeit). Linz 1973; R. Zinnhobler, *Rudolph Hittmair*. In: R. Zinnhobler (Hg.), *Die Bischöfe von Linz*. Linz 1985, 242-260; R. Zinnhobler, *Das Bistum Linz, seine Bischöfe und Generalvikare* (NAGDL 15/I, 2002), 81-84.

Opfer des Nationalsozialismus

Abt Bernhard (Peter) Burgstaller OCist.

(1886 1941)
Ein unschuldiges Opfer der NS-Justiz

Peter Burgstaller entstammte einer kinderreichen und tief religiösen Familie. Die Eltern besaßen eine kleine Landwirtschaft in Eidenberg, einer Filiale der dem Zisterzienserstift Wilhering inkorporierten Pfarre Gramastetten. Am 14. Februar 1886 geboren, wurde er noch am selben Tag getauft. Peter hatte elf Geschwister. Zwei seiner Schwestern schlossen sich der Ordensgemeinschaft der Elisabethinen in Linz an. Von ihnen starb Sr. Kamilla schon in jungen Jahren, während Sr. Agnes ihren Bruder überlebte.

Da der begabte Junge den Wunsch hatte, Priester zu werden, kam er 1897 an das Stiftsgymnasium Wilhering. Dieses war damals erst im Aufbau begriffen, weshalb Peter 1899 in das Staatsgymnasium in Linz überwechselte. Nach seiner Matura (1905) trat er in Wilhering ein. Bei der Einkleidung am 19. August d. J. erhielt er den Ordensnamen Bernhard. Ein Jahr später legte er am Fest des hl. Bernhard die zeitliche Profess ab (20. August 1906). Theologie studierte er an der Hauslehranstalt des Stiftes St. Florian. In diese Zeit fiel auch die feierliche Profess (27. August 1909).

Nach dem Empfang der Priesterweihe (31. Juli 1910) wurde P. Bernhard von Abt Theobald Grasböck dazu bestimmt, klassische Philologie

Abt Bernhard (Peter) Burgstaller.
Ölgemälde im Stift Wilhering von H. Fichtenau (1946).

zu studieren, da er einmal am Stiftsgymnasium unterrichten sollte. 1915 legte er die Lehramtsprüfung ab; am 22. Dezember d. J. wurde er zum Doktor der Philosophie promoviert. Als Lehrer der klassischen Sprachen genoss P. Bernhard hohes Ansehen, vielleicht gerade deswegen, weil er von seinen Schülern viel verlangte. Auch wurden sein großes Wissen und sein Gerechtigkeitssinn geschätzt.

P. Bernhard war auch ein großer Freund der Natur und machte ausgedehnte Wanderungen im Mühlviertel. Er liebte aber auch das Gebirge und bewährte sich als Bergsteiger.

Der *Anschluss* Österreichs an das Deutsche Reich veränderte P. Bernhards Leben radikal. Der Entzug des Öffentlichkeitsrechtes für Privatschulen (23. Juli 1938) und wenig später die Aufhebung des Stiftsgymnasiums (9. September 1938) brachten ihn um sein bisheriges Betätigungsfeld. Da er seine Arbeit und den Umgang mit den Schülern liebte, fiel ihm das sehr schwer.

Welches Los auch ihn treffen konnte, erlebte er an seinem Mitbruder P. Konrad Just, damals Pfarrvikar in P. Bernhards Heimatpfarre Gramastetten, der schon am 12. März 1938, dem Tag des Einmarschs der deutschen Truppen, wegen seiner antinationalsozialistischen Einstellung verhaftet wurde. Damals wurde er zwar wieder freigelassen, doch folgte bald eine abermalige Festnahme (10. Juni 1938) und schließlich die Einlieferung in das Konzentrationslager Dachau, wo er bis 26. April 1945 festgehalten wurde.

Da Abt Gabriel Fazeny am 3. Oktober 1938 verstorben war, stand eine Neuwahl an. Aus dieser ging am 29. November d. J. schon im ersten Wahlgang P. Dr. Bernhard Burgstaller mit großer Stimmenmehrheit hervor. Am Tag darauf erteilte ihm Diözesanbischof Dr. Johannes M. Gföllner die Abtbenediktion.

P. Bernhard übernahm seine neue Aufgabe nur ungern. Doch *die Liebe zum Stift und zu seinen Mitbrüdern ließ ihn dieses Opfer bringen* (M. H. Lichtenwagner). Die schweren Schicksalsschläge, die das Stift treffen sollten (sie können hier nicht im Einzelnen geschildert werden), konnten auch durch die Bereitschaft des Abtes, mit den Behörden ein gutes Einvernehmen zu pflegen, nicht verhindert werden. Besonders nahe ging es ihm, als zwischen 26. und 27. Juli 1940 sechs seiner Mitbrüder, die Patres Sylvester Birngruber, Eduard Haiberger, Theoderich Hofstätter, Stephan Plohberger, Gebhard Rath und Amadeus Reisinger, wegen ihrer Mitgliedschaft bei der Großösterreichischen Freiheitsbewegung, von deren Existenz im Stift der Abt nichts gewusst hatte, verhaftet wurden. Erst durch einen Brief des Kanzleidirektors im bischöflichen Ordinariat, Ferdinand Weinberger (1896-1981), der Abt Burgstaller zur Vorsicht mahnen wollte, wurde dieser mit der Angelegenheit konfrontiert. Doch P. Stephan, den er diesbezüglich fragte, beschwichtigte ihn, um ihn aus der Sache herauszuhalten.

Über das Schicksal der verhafteten Patres herrschte längere Zeit völlige Ungewissheit. Deshalb fuhr der Abt am 12. November 1940 nach Wien. Er wollte Erkundigungen einziehen und sich mit einem Rechtsanwalt besprechen, auch wollte er einige Besorgungen für das Stift tätigen. Doch Abt Bernhard sollte erst als Toter wieder in sein Kloster zurückkehren.

Gleich nach seiner Ankunft am Wiener Westbahnhof wurde er von zwei Gestapobeamten festgenommen, die ihn der Mitwisserschaft an der besagten Widerstandsbewegung bezichtigten. Zuerst wurde Burgstaller drei Wochen in der Gestapozentrale am Morzinplatz festgehalten, dann überstellte man ihn an das Landesgericht I in Wien VIII.

In Wilhering erfuhr man von der Verhaftung des Abtes erst in der Woche darauf. Die Festnahme war offenbar deshalb in Wien erfolgt, um in *Oberdonau* kein Aufsehen zu erregen.

Zu den Schikanen der Untersuchungshaft gehörte es auch, dass die Post des Abtes nicht befördert wurde, obwohl man ihm dies zugesichert hatte. Daher kam er auf die Idee, mit einer Mittelsperson zu korrespondieren und durch sie dem Stift Nachrichten zukommen zu lassen. Er wandte sich diesbezüglich an Frau Martha Günthersberger; der erste Brief an sie trägt das Datum 22. Dezember 1940, wurde aber, wie der Poststempel zeigt, erst am 28. März 1941 abgeschickt. Ein Vierteljahr hatte man also das Schreiben liegen lassen, in welchem er u. a. um sein Brevier (Pars hiemalis) und um verschiedene Gegenstände für den täglichen Gebrauch gebeten hatte. Am 4. April 1941 erhielt er endlich Post von Frau Günthersberger. In seiner Antwort vom 14. April gab er seiner Freude darüber Ausdruck, aber auch seiner Verwunderung, dass er von seinen Mitbrüdern *noch immer kein Lebenszeichen erhalten habe.* Offenbar waren also direkte Kontakte zwischen Abt und Kloster nicht zugelassen. Dreizehn der Briefe an Frau Günthersberger haben sich erhalten. Sie wurden von P. Markus Lichtenwagner publiziert und geben, obwohl sie selbstverständlich der Zensur unterworfen waren und daher entsprechend vorsichtig formuliert werden mussten, gute Einblicke in die Zeit der Gefangenschaft.

Am 28. März 1941 wurde es Abt Bernhard nach einer Aussprache mit dem Untersuchungsrichter gestattet, eine *Haftbeschwerde* an den Volksgerichtshof in Berlin zu richten. Nun schöpfte er wieder ein wenig Hoffnung, leider vergeblich.

Am 27. April 1941 schrieb er: *Mein inneres Bewußtsein, daß ich persönlich von jeder Verschuldung frei bin, hat mir ein weiteres geduldiges Ausharren wieder sehr erleichtert.*

Als Erleichterung seiner Situation empfand er es auch, dass ihm Zugang zur Gefängnisbücherei gewährt wurde, in der sich auch klassische Literatur befand, so auch lateinische und griechische Schulbücher, darunter Texte von Xenophon und Demosthenes. Am 6. Juli 1941 schrieb er darüber:

Welche Erinnerungen an die Unterrichtsstunden im Gymnasium steigen da auf! Ich habe da jetzt auch wieder Gelegenheit, mich mit der mir immer so imponierenden Gestalt des Sokrates zu beschäftigen, der als Prophet im Heidentum auf einsamer Höhe steht und so viele christlich-aszetische Grundsätze im voraus erkannt und nicht nur gelehrt, sondern auch gelebt hat. Ich habe schon öfter gesagt, daß wir in der Gegenwart gewissermaßen ein philosophisch-asze-

tisches Praktikum durchmachen, und so mancher Grundsatz, den man einst, oft ohne viel zu denken, den Schülern vorgelegt hat, muß jetzt seine stützende und tröstende Kraft bewähren.

Eine andere Kraftquelle war ihm das Breviergebet. Im Brief vom 15. Juni 1941 bemerkt er: *Noch nie war mir früher das Brevier so wertvoll wie jetzt, denn das vermittelt mir jetzt am besten die Verbindung mit den Mitbrüdern und dem Stift.*

Kraft hatte Abt Bernhard auch bitter nötig. Die Ungewissheit seines Schicksals lastete doch sehr schwer auf ihm. Er bemühte sich aber, nicht ins Klagen zu verfallen. So heißt es in einem Brief vom 2. Juni 1941:

Bezüglich meines persönlichen Befindens habe ich keine Klagen. Ich war bisher nie krank. Allerdings spüre ich, daß meine Kräfte und Leistungsfähigkeit schon etwas geschwächt sind. Einen Gewaltmarsch könnte ich wohl nicht unternehmen. Ich hab doch schon etwas mehr als nur das überflüssige Fett verloren.

Immer wieder klang in seinen Schreiben auch das Heimweh durch.

Eine herbe Enttäuschung bedeutete es für Abt Bernhard, dass am 16. Juli 1941 auf sein Gesuch vom 28. März 1941 ein negativer Bescheid erfolgte.

Im schon zitierten Brief vom 6. Juli 1941 kündigte Burgstaller auch eine für ihn einschneidende *Änderung* an:

Aber eben jetzt habe ich gehört, daß in den allernächsten Tagen eine wichtige Änderung kommen werde und wir an einen andern Ort versetzt werden sollen nach Norddeutschland an die Nordsee. Da heißt es wohl, weiterhin mit Geduld sich wappnen.

Tatsächlich wurde er am 8./9. Juli 1941 in das Zivilgefängnis Anrath bei Krefeld überstellt. Über die Reise und die ersten Eindrücke von Anrath berichtet er in seinem Brief vom 19. Juli:

Unsere Übersiedlung fand am 8. statt. Es kamen alle Bekannten zusammen, manches überraschende Wiedersehen und Wiedererkennen. Mit dem D-Zug fuhren wir um ½ 6 Uhr abends durch Linz mit einem langen Blick auf den Kürnberg. Die Fahrt war angenehm, auch in der Nacht (Nürnberg, Würzburg, Frankfurt) in der Vollmondhelle gute Aussicht. Über Bonn - Köln kamen wir am 9. mittags hier an. Anrath liegt in der Nähe von Krefeld, Düsseldorf, und hat, wie ich gehört habe, ungefähr 5000 Einwohner. Nach bisheriger Beobachtung und meiner Auffassung ist der Tausch gar nicht schlecht. Wir sind nicht mehr in der Großstadt. Das Gefängnis hier liegt am Rand der Stadt in ländlicher Umgebung mit Landwirtschaft, infolgedessen Licht und Luft und Ruhe unvergleichlich angenehmer, auch sonst keine Verschlechterung. Immerhin will ich doch hoffen, daß der Aufenthalt nicht allzulange dauert.

Der erwähnte *lange Blick auf den Kürnberg* ist ein deutliches Zeichen für das Heimweh, das Burgstaller auf der Fahrt überfallen hatte. Es kommt auch in seinem Brief vom 8. Oktober 1941 klar zum Ausdruck, in welchem es heißt:

Wenn ich aber nachmittags so über die sonnige Herbstlandschaft hinschaute, überkam mich öfter eine gewisse Sehnsucht nach den Mühlviertlerbergen, hier ist ja nur Ebene, die nicht weit zu überblicken ist. Schön wäre jetzt so eine Wanderung im Mühlviertel, wenn ich vielleicht auch stärkere Turen [!], wie ich sie gewohnt war, bei meiner jetzigen Körperkonstitution nicht gut unternehmen könnte. Einen Ersatz für die mangelhafte Bewegung suche ich mir durch gelegentliche Turnübungen zu verschaffen, dabei merke ich schon einen ziemlichen Kräfteverfall.

Ein großer Trost war es Abt Burgstaller in Anrath, dass er mit den ebenfalls dort festgehaltenen sechs Wilheringer Patres beisammen war. Er schrieb darüber am 5. August 1941:

Angenehm ist auch, daß wir hier alle beisammen sind, und wenn wir auch nicht miteinander sprechen können, so können wir uns doch beim Spaziergang fast täglich sehen.

Übrigens gelang es den Patres trotz des strengen Sprechverbots manchmal doch, miteinander sowie mit dem Abt ein paar Worte zu wechseln.

In dem Zitat aus dem Brief vom 8. Oktober klang schon an, dass die Haftbedingungen gegenüber Wien doch eher eine Verschlechterung bedeuteten. Vor allem war hier die Verpflegung noch karger, so dass Abt Bernhard sehr an Hunger litt. Sein letzter Brief, der das Datum 30. Oktober 1941 trägt, spricht eine deutliche Sprache:

Einen kleinen Unterschied bietet diesmal mein Bericht, weil ich doch nicht gut schreiben kann, daß es mir heute gleich gut geht wie immer. Es hat mich gerade vor ein paar Tagen mein Rachen- und Bronchialkatarrh überfallen, der auch früher während meiner Schulzeit immer so ungefähr in dieser Zeit eingetreten ist und erst in den letzten Jahren ausgeblieben ist. Das hat aber nicht viel zu bedeuten und wird wie sonst hoffentlich in einigen Tagen wieder vorüber sein.

Mehr ärgert es mich, daß ich seit einigen Wochen immer mehr eine gewisse allgemeine Schwäche verspüre; so daß mir jetzt das Stiegensteigen schon einige Beschwerden macht. Ich fühle mich da in meinem Ehrgeiz etwas beschämt und gekränkt, weil ich mich immer für so stark und gesund gehalten habe. Wenn ich aber hier die anderen betrachte, merke ich, daß fast alle viel besser standhalten und weniger im Äußeren merken lassen als ich. Es muß das wohl damit zusammenhängen, daß ich schon immer, auch in [der] Friedenszeit ein starkes Bedürfnis nach Fett hatte und mir deshalb immer die fettesten Speisen die liebsten waren. Hier ist nun eine noch fettärmere Gegend als selbst in Wien und so kann ich mir wohl diese Wirkung auf meinen körperlichen Zustand erklären. Doch ich hoffe, daß daraus nicht eine dauernde Schädigung meiner Gesundheit erwächst und später das Fehlende wieder ersetzt werden kann. Wenn nur endlich einmal etwas Gewisses über die Zukunft bekannt würde!

Aus diesen doch recht aufschlussreichen Zeilen über das Befinden von Abt Burgstaller lässt sich allerdings noch nicht erahnen, dass er schon zwei Tage später, am Allerheiligentag, von seinem schweren Los dadurch erlöst werden sollte, dass ihn Gott aus dieser Welt abberief. Noch am Tag zuvor hatte ihn P. Sylvester Birngruber beim täglichen Spaziergang fragen können, wie es ihm gehe. Der Abt antwortete: *Sonst ganz gut, nur bin ich sehr schwach, ich habe 36 kg Gewicht verloren.*

Als Abt Bernhard am Morgen des 1. November 1941 aufstehen wollte, überfiel ihn beim Anziehen der Socken eine Ohnmacht. Der Gefängniswärter fand ihn sitzend, aber ohne Bewusstsein vor.

Daraufhin entstand im betreffenden Gang des Strafhauses große Unruhe. P. Sylvester Birngruber, dessen Zelle sich in der Nähe befand, wurde aufmerksam und erfuhr vom Wärter, dass den Abt der Schlag getroffen habe. Der Gefängnisseelsorger spendete ihm noch die Krankensalbung, dann verschied P. Bernhard um etwa 10.30 Uhr. Ein Brief des Gefängnisseelsorgers J. Marschang an das Stift Wilhering vom 4. November 1941 berichtet über die Ereignisse:

Am Allerheiligentage morgens um 10 ½ Uhr ist Ihr lieber hochwürdigster Herr Abt gestorben. Als ich nach meiner 2. Messe nach Hause kam, stand der Arzt da, um mich zu benachrichtigen, daß ich zum Herrn Dr. Burgstaller gehen möchte, der einen Schlaganfall bekommen hätte und schon bewußtlos sei. Ich bin sofort hingegangen, habe die Absolution, hl. Ölung und Generalabsolution gegeben. Während der Handlung hatte ich Hoffnung, daß er wieder ganz zum Bewußtsein kommen werde. Auch der Lazarettbeamte teilte sie mit mir. Ich wollte ihm dann das viaticum noch spenden. Leider ist er bald eingeschlafen zur ewigen Ruh und hat recht Allerheiligen gefeiert beim rex aeternus vivorum. Am nachfolgenden Tage habe ich dann in der Gemeinschaft hier das hl. Meßopfer für ihn dargebracht. Sein Neffe H. H. Hofstätter ist gestern nachmittag bei der Leiche gewesen, um kurz in Andacht dabei zu verweilen.

Der Wunsch von P. Theoderich Hofstätter, seinen verstorbenen Onkel nochmals sehen zu dürfen, wurde ihm ebenso erfüllt wie seine Bitte um die Überführung des Leichnams nach Wilhering. Auch erhielten die gefangenen Patres am Todestag des Abtes ein besseres Essen und wurden schon tags darauf aus Anrath weggebracht. Den Gestapoleuten war es offenbar sehr peinlich, dass Abt Burgstaller letztlich an den Folgen von Unterernährung verstorben war.

Am 3. November traf die telegraphische Nachricht vom Tod des Abts in Wilhering ein. Daraufhin ging Prior P. Gottfried Anzinger zum Gauleiter Eigruber von Oberdonau und verlangte im Namen der wenigen als Verwalter im Stift verbliebenen Patres die Überführung des Leichnams nach Wilhering. Diese wurde nur gestattet, wenn nicht ‚Aufsehen und Propaganda' damit gemacht würde. Den Behörden in Linz war das Ableben des Abtes unangenehm gewesen (M. H. LICHTENWAGNER).

Im Stift hielt man sich natürlich an die gestellte Bedingung.

Am 9. November traf dann der Leichnam per Bahn in Linz ein und wurde nach Wilhering übergeführt. Da der Abt in der Gruft bestattet werden sollte und sein Leichnam nur in einem Holzsarg lag, mußte er in einen Metallsarg umgebettet werden. Amtsarzt Dr. Bauer, der Bruder P. Ägids, und die Männer der Leichenbestattung, die die Umbettung vornahmen, äußerten sich später übereinstimmend: Der Mann muß Furchtbares mitgemacht haben, er bot den Anblick einer Hungerleiche (P. NIMMERVOLL).

Abt Bernhard wurde in der Grabkapelle der Stiftskirche Wilhering aufgebahrt und am 11. November 1941 in der Äbtegruft beigesetzt. Von den Mitbrüdern waren 26 gekommen, um ihrem Abt die letzte Ehre zu erweisen. Die Begräbniszeremonien hielt Weihbischof und Kapitelvikar von Linz Dr. Josef Fließer. In einem Nachruf bezeichnete Abtpräses Dr. Gregor Pöck den Verstorbenen als ‚abbas infelicissimus', was die ganze traurige Situation ausdrückte (M. H. LICHTENWAGNER).

Abt Bernhard Burstaller ist ein eindringliches Beispiel dafür, dass man keine Schuld auf sich geladen haben musste, um ein Opfer der NS-Justiz zu werden.

Quellen und Literatur

Quellen

Archiv des Stiftes Wilhering: Abteiakten, Profeßkatalog, Stiftschronik, Pfarrchronik; *Abt Bernhards Briefe aus dem Gefängnis*, (Hg.) v. M. H. Lichtenwagner. In: *Stiftsgymnasium Wilhering. Jahresbericht 1982/83*, 22-45.

Literatur

M. H. Lichtenwagner, *Abt Dr. Bernhard Burgstaller (1886-1941). Ein Opfer des Nationalsozialismus*. In: *Stiftsgymnasium Wilhering. Jahresbericht 1982/83*, 5-21; P. Nimmervoll, *Das Zisterzienserstift Wilhering zur Zeit des Nationalsozialismus (1938 bis 1945)*. In: *75 Jahre Stiftsgymnasium Wilhering. 60. Jahresbericht*. Schuljahr 1969/70, 18-73, bes. 22, 43-47; R. Zinnhobler, *Sie starben für ihre Überzeugung. Priester aus Oberösterreich als Opfer des Nationalsozialismus*. In: *Jahrbuch der Diözese Linz 1980*, 71-79; G. Winkler, *Die großösterreichische Widerstandsbewegung in Wilhering*. In: J. Mikrut (Hg.), *Österreichs Kirche und Widerstand 1938-1945*. Wien 2000, 265-282; R. Zinnhobler, *Abt Dr. Bernhard (Peter) Burgstaller OCist. – Ein unschuldiges Opfer der NS-Justiz. 1886-1941*. In: J. Mikrut (Hg.), *Blutzeugen des Glaubens. Martyrologium des 20. Jahrhunderts*. Bd. 2. Wien 2000, 71-83.

P. Paulus (August) Wörndl OCD

(1894-1944)
Er starb für seine Überzeugung

Der Karmelit P. Paulus Wörndl wurde am 26. Juni 1944 in Brandenburg an der Havel von den NS-Schergen enthauptet. Aus seinem Besitz hat sich im Provinzarchiv des Ordens in Wien ein Spruchbildchen erhalten, das als eine Reliquie des Ermordeten gelten kann. Der aufgedruckte Text lautet: *Unser Beruf ist Gottes Ruf an uns und unsere Fähigkeiten. E. Kawa.* Auf der Rückseite findet sich der handschriftliche Vermerk: *Bereit sein ist Alles. Dein Hermann.* Diese Widmung stammt von Dr. Hermann Gantenberg (1905-1985), einem Jugendseelsorger der Diözese Passau, der in der NS-Zeit wiederholt auch in der Diözese Linz wirkte und aufrüttelnde Predigten und Einkehrtage hielt. Damals war er mit P. Paulus, dem Pfarrer von Linz-St. Josef (Karmeliten), bekannt geworden und hatte diesem das erwähnte Bildchen als Andenken überreicht. P. Paulus trug es seither in seinem *Brevier* mit sich. Seinen hohen Stellenwert hat das Bild dadurch erlangt, dass P. Paulus während der Kerkerhaft, die seiner Hinrichtung vorausging, nach und nach Worte und Sätze mit Bleistift darauf kritzelte, die in der schwierigsten Phase seines Lebens seine Ergebenheit in den Willen Gottes zum Ausdruck bringen.

Die Texte auf der Vorderseite lauten:

Gott hat mein Sühneopfer angenommen.

In petra exaltavit me, tunc exaltabit caput meum super inimicos meos. (Auf einen Felsen trägt er mich empor, nun darf ich kühn mein Haupt erheben vor meinen Feinden ringsumher; Ps [27] 26,2).

Auf der Rückseite des Bildchens finden sich die Worte:

In honorem Dei, Patriae et imperatoris moriar. (Ich will zur Ehre Gottes, des Vaterlandes und des Kaisers sterben).

Mutter und Allen Gruß und Segen. Paul.

Paulus und Johannes.

Gottes Wege wie eigenartig.

Jesu Herz mein Ziel.

Christo zulieb das Amen zum Willen. Auch meinen Tod. Ja.

Schmach mit Christus, Verherrlichung durch ihn.

Betet, daß ich stark bleibe und nicht verzage.

Der Duktus der Schrift lässt den Schluss zu, dass die Hände des Schreibers gefesselt waren. Die erwähnten Heiligen *Paulus und Johannes* markieren den Todestag des P. Paulus, welcher mit dem Fest der beiden römischen Martyrer, die unter Kaiser Julian Apostata (361-363) an einem 26. Juni enthauptet (!) worden sein sollen, zusammen fiel.

P. Paulus soll das Bildchen auf dem Gang zu seiner Hinrichtung zu Boden fallen haben lassen. Wie es in den Besitz seiner Schwester Paula Topf kam, die es später den Karmeliten überließ, ist nicht bekannt. (Abb. bei Zinnhobler, *Drittes Reich*, S. 436).

Warum wurde P. Paulus zum Tode verurteilt, warum wurde er enthauptet? Die Beantwortung dieser Fragen setzt die Kenntnis seines Lebens und Wirkens voraus.

Auf dem Weg zum Priestertum

Am 20. August 1894 wurde in der Gemeinde Itzling, Pfarre Gnigl bei Salzburg, dem Gastwirt Ignaz Wörndl und seiner Frau Josefa, geb. Preuner, ein Sohn geboren, der in der Taufe den Namen August erhielt. Er war eines von vierzehn Kindern des Ehepaares. Um die Jahrhundertwende übersiedelte die Familie nach Schlierbach, wo die Eltern ebenfalls das

Gastgewerbe ausübten und zusätzlich eine Fleischhauerei betrieben. In Schlierbach besuchte August auch die Volksschule. Später zog die Familie Wörndl nach Kirchdorf an der Krems, dann nach Oberhaid bei Wels und schließlich nach Wels-Neustadt, Fadingerstraße 7.

Dem aufgeweckten Jungen wurde der Besuch der Mittelschule ermöglicht; er begann seine Gymnasialstudien als Zögling des Internats der Karmeliten am Akademischen Gymnasium in Linz, setzte sie aber, wegen der Übersiedlung der Eltern, in Wels fort, wo er auch maturierte.

Nach der Reifeprüfung trat August in den Karmelitenorden ein, wozu er auch durch den Besuch von Karmelitenpatres in seiner Familie motiviert worden war. *So ein Karmeliter möchte ich auch werden*, soll er sich mehrfach geäußert haben (Bruderhofer, 302). Am 14. Juli 1913, also im Alter von nicht ganz 19 Jahren, begann er sein Noviziatsjahr in Graz und legte dort am 14. Juli 1914 seine zeitlichen Gelübde ab. Dabei erhielt er den Ordensnamen Paulus von der Jungfrau des Karmel.

Seine philosophischen und theologischen Studien machte Wörndl an den Ordenslehranstalten in Linz und Wien. Am 10. Oktober 1919 wurde ihm im Dom von St. Stefan die Priesterweihe erteilt. Die feierliche Primiz hielt er am 19. Oktober 1919 in der Herz-Jesu-Kirche in Wels, die damals noch kein Pfarrsitz war. Die Festpredigt hielt ihm P. Ildefons von der Herzverwundung (mit bürgerlichem Namen Franz Mühlbacher, 1878-1967).

Als Ordenspriester war P. Paulus anschließend in den Konventen von Wien-Döbling, Linz und Graz tätig.

In der Pfarrseelsorge

Am 14. September 1925, dem Fest der Kreuzerhöhung, wurde P. Paulus nach St. Pölten versetzt. Dort war den Karmeliten von Diözesanbischof Dr. Johannes Rößler (1850-1927, Bischof ab 1884) die Seelsorge an der noch unvollendeten St. Josef-Kriegergedächtniskirche übertragen worden. Die Kirchweihe fand am 6. Oktober 1929 statt. Am 1. April 1930 erfolgte die Pfarrerhebung. Zum ersten Pfarrvikar wurde P. Paulus bestellt, der von zwei Karmeliten als Kooperatoren unterstützt wurde.

Die drei Priester leisteten in der ausgesprochenen Arbeiterpfarre, die für die Seelsorge als steiniger Ackerboden galt, gute Arbeit. P. Paulus war wegen seines Eifers und seiner Güte bald allseits beliebt. Großen Einfluss hatte er vor allem auf die Jugend. Das war der Gestapo, die nach dem *Anschluss* Österreichs an das Deutsche Reich (1938) einen entscheidenden Machtfaktor darstellte, ein Dorn im Auge.

Über die Zeit Wörndls in St. Pölten erfahren wir Näheres aus der *Anklageschrift* vom 22. Oktober 1943 (DÖW 11080). 1939 wurde er wegen eines *Devisenvergehens* belangt, da er versucht hatte, Rompilgern italienisches Geld zu beschaffen, *nachdem ein dahin gehender Antrag von der zuständigen staatlichen Stelle abgelehnt worden war*. Auch hatte er *entgegen den bestehenden Bestimmungen* einen Ministrantenausflug veranstaltet. Vor allem aber warf man ihm politische Aktivitäten vor. Er vertrat die Ansichten der christlich-sozialen Bewegung, der er sich schon nach dem Ersten Weltkrieg angeschlossen hatte, und verbreitete deren Ideen vor allem *in den von ihm geleiteten Organisationen (katholischer Männerverein, Marianische Studentenkongregation, Pfadfinder ‚St. Georg')*, während er, laut Anklageschrift, gegen den Nationalsozialismus regelrechte *Hetzveranstaltungen* abhielt. 1937 wurde Wörndl *Mitglied des monarchistisch-legitimistischen ‚Reichsbundes der Österreicher', der für die Wiedereinsetzung der Habsburger eintrat, und besuchte dessen Veranstaltungen*. Bei einer Predigt in St. Pölten soll P. Paulus 1939 *staatsabträgliche Äußerungen* gemacht haben.

Aus allen diesen Gründen wurde er *aus dem Gau Niederdonau verwiesen*. Seine Oberen versetzten ihn deshalb an den Karmelitenkonvent in Linz, wo er am 12. September 1939 eintraf.

Der Weggang aus St. Pölten war P. Paulus sehr schwer gefallen. Er trug sich damals sogar mit dem Gedanken, den Orden zu verlassen, um weiterhin in der Pfarrseelsorge tätig sein zu können. Er hatte sich an Bischof Michael Memelauer (1874-1961, Bischof ab 1927) gewendet und ihm den Wunsch vorgetragen, in der Diözese St. Pölten als Weltpriester wirken zu dürfen. Memelauer, der Wörndl gerade erst zum Konsistorialrat ernannt hatte, bat ihn, sich die Sache noch zu überlegen.

Anlässlich seines Abschiedes aus St. Pölten trug P. Paulus folgende Zeilen in die Pfarrchronik ein: *Und nun muß ich die Chronik schließen, denn die Stunde meines Abschiedes hat geschlagen. Ich muß fort auf Verlangen der Partei, weil ich zuviel mit dem Volke und vor allem mit der Jugend*

P. Paulus (August) Wörndl OCD

verbunden bin. Ich freue mich, daß ich das Opfer bringen darf zur Sühne für meine Sünden und für meine liebe teure Pfarrgemeinde. Nun bin ich eingereiht in die Reihe der Kreuzträger. – Am Sonntag, dem 10.9., hielt ich meine Abschiedspredigt bei den hl. Messen ... Am Abend dankte ich nochmals meiner Pfarrgemeinde für alle Mitarbeit und Liebe ... bat um Verzeihung und das Gebet. So lange mein Herz schlägt, werde ich in Dankbarkeit meiner vielen Wohltäter gedenken, die mir so Großes zu vollbringen geholfen haben.

Die Leistung Wörndls in St. Pölten und das hohe Ansehen, das er dort genossen hatte, kommen auch in einem Brief Bischof Memelauers vom 22. September 1939 zum Ausdruck, in welchem er schreibt: *Mit unermüdlichem Fleiss haben Sie durch 14 Jahre auf dem steinigen Boden von St. Pölten unverdrossen gearbeitet und in der St. Josefspfarre die Seelsorge aufgebaut. Die vollbesetzte Kirche bei Ihrem Abschied und das laute Weinen nicht bloss der Frauen, sondern auch der Männer, die warmen Händedrücke mögen Ihnen ein Beweis gewesen sein, wie tief Sie sich in die Herzen der St. Pöltner eingebaut hatten. Ich danke Ihnen von ganzem Herzen für alle Arbeit, die Sie geleistet haben. Möge Gott sie Ihnen recht reichlich lohnen.*

Eine wirkliche Erfüllung fand P. Paulus in Linz erst, als er sich wieder der Pfarrarbeit zuwenden durfte. Nach Errichtung der Pfarrexpositur St.

Josef an der Karmelitenkirche mit 1. November 1941 wurde er zum ersten Pfarrvikar ernannt.

Es dauerte nicht lange, und sein Wirken fand auch hier eine gute Resonanz. P. Raimund Bruderhofer würdigt seine Seelsorgearbeit mit den Worten: *Sein Frohsinn, seine Hingabe an die Arbeit, seine besondere Liebe für die Jugend und seine vielseitige Begabung in praktischer Tätigkeit und als vielgesuchter Beichtvater und Prediger machten ihn auch hier über den Kreis seiner Pfarrkinder hinaus bekannt und beliebt. Seine Bemühungen um Hebung des Kirchenbesuches und in der Jugendarbeit waren unermüdlich.*

Aus seiner anti-nationalsozialistischen Einstellung machte P. Paulus kein Hehl. Auch bei seinen Predigten fielen manchmal unvorsichtige Äußerungen, so z.B. 1941 bei einer Predigt in Katsdorf, wegen der er *von der Staatspolizei verwarnt* wurde (DÖW 11080). Dass er 1943 aus Anlass des Geburtstages Adolf Hitlers (10. April) die Kirche *nicht ordnungsgemäß beflaggte,* trug ihm abermals eine Verwarnung ein. Gelegentlich fuhr P. Paulus auch nach St. Pölten, obwohl er doch Gauverbot für *Niederdonau* hatte. Es war daher nur eine Frage der Zeit, bis die Gestapo gegen Wörndl einschritt.

Kerkerhaft in Linz

Am 6. Juli 1943, um acht Uhr früh, erschienen völlig unerwartet Gestapobeamte an der Klosterpforte und nahmen überfallsartig eine Hausdurchsuchung vor. P. Paulus hatte gerade zu einem Spaziergang weggehen wollen; er wurde genötigt zu bleiben. Sämtliche Räume des Gebäudes wurden durchmustert, die Zelle des P. Paulus wurde in seiner Anwesenheit besonders genau inspiziert, er selbst wurde eingehend verhört. Um ca. 10 Uhr 30 durften nach bangen Stunden alle Konventualen wieder auf ihre Zellen zurückkehren, P. Paulus ausgenommen. Er musste weltliche Kleider anziehen, dann wurde er ohne Angabe von Gründen verhaftet und in das Gefängnis des Landesgerichtes, Museumstraße 12, eingeliefert. Am 9. Juli wurde die Klosterzelle des P. Paulus in seinem Beisein nochmals durchsucht, desgleichen ein Raum hinter dem Hochaltar der Kirche. Hier wurde man fündig. Der Pfarrvikar hatte dort im Unterbau des Altares seine Korrespondenz mit Soldaten, die früher in St. Pölten in der Katholischen Jugend tätig gewesen waren, versteckt gehabt. Als besonders belastend wurden drei Briefe von Friedrich Leinböck-Winter, einem ehemaligen Mitglied der Marianischen Kongregation St. Pölten, angesehen, die er an P. Paulus aus Norwegen, wo er als Sanitäter stationiert war, geschrieben hatte. Sie sind mit 25. Juli, 9. August und 26. August 1942 datiert (DÖW 224). Darin bedankt er sich für Briefe, die er von P. Paulus erhalten hatte. Im zweiten Schreiben finden sich die Sätze: *Sie sprechen von meiner Sendung als Katholik! Wie recht haben Sie damit! Ich habe meine Sendung erkannt und ich führe sie durch, unter allen Umständen! Heute bin ich stolz und glücklich, Sie und die ganze Gemeinschaft bitten zu können! Nehmt ‚uns' auf und helft uns im Kampf um die Heimat!*

Überdies bedankte sich Leinböck-Winter bei P. Paulus für *die beiden Adressen*, die er von ihm erhalten habe und von denen er *gerne Gebrauch machen* werde.

Aus der schon erwähnten *Anklageschrift* erfahren wir, dass Leinböck-Winter im Juni 1942 auf Heimaturlaub in Wien und St. Pölten gewesen war. Hier sei er von Wörndl bestärkt worden, in Norwegen *eine hochverräterische Organisation zu errichten, um ... den Sturz der nationalsozialistischen Staatsführung und die Zerschlagung des Großdeutschen Reichs zu fördern*. Den gefassten Entschluss setzte er nach der Rückkehr vom Urlaub in die Tat um und *warb etwa drei Soldatenkameraden und zwölf Norweger*. Auch verfasste er einen Aufruf zur Beteiligung an der *Österreichisch-Norwegischen Freiheitsbewegung*, wovon ebenfalls ein Exemplar bei P. Paulus entdeckt worden war. Der Kernsatz dieses Appells lautet: *Kommt alle und sammelt Euch in der Österreichischen Freiheitsbewegung. Kämpft für ein zufriedenes und glückliches Heimatland.*

Leinböck-Winter wurde Ende August 1942 festgenommen und am 30. November 1942 zum Tode verurteilt.

P. Paulus, der sich, wie gesagt, seit 6. Juli 1943 in Linz in Untersuchungshaft befand, wurde hier sehr schlecht behandelt. Wiederholt wurde er geschlagen, er litt an Hunger und musste mehrmals zermürbende Einvernahmen über sich ergehen lassen, von denen folgende belegbar sind: 9., 12. und 13. Juli, 2. und 25. August 1943. Auf Grund der dabei gemachten Erhebungen wurde später in Berlin die schon mehrmals erwähnte *Anklageschrift* verfasst.

In dieser wurde P. Paulus – außer den schon angeführten Vorwürfen – auch beschuldigt, sich in den Jahren 1933 bis 1939 *an jugendlichen Personen, die meist Angehörige der von ihm geleiteten Pfadfindergruppe waren*, sexuell vergangen zu haben. Es wird hinzugefügt: *Wegen dieser Straftat ist gegen ihn ein besonderes Verfahren eingeleitet worden.*

Ob man die wiederholten Äußerungen des P. Paulus, dass er seine Leiden als *Sühne* für seine *Sünden* auffasse, als Bestätigung für diesen Anklagepunkt ansehen kann, bleibe dahin gestellt. Aber selbst wenn ein solcher Tatbestand vorlag, wird man sagen dürfen, dass sein späterer Kreuzweg hierfür eine mehr als hinreichende Buße dargestellt hätte.

Aus der Zeit der Kerkerhaft in Linz haben sich mehrere Briefe Wörndls an Verwandte erhalten, die seine damalige Stimmung gut erkennen lassen. Einmal spricht er auch von einer *dunklen Nacht der Seele*, obwohl er sich insgesamt doch geborgen wusste im Herrn. Der aussagekräftige Brief vom 13. August 1943 an seine Mutter sei hier wörtlich wiedergegeben:

Meine liebe herzensgute Mutter! Weine nicht! Das ist mein erstes Wort, das ich Dir aus meiner Einsamkeit schreibe. – Meinetwegen mache Dir aber keine Sorgen; ich habe mich mit meinem Lose abgefunden und denke mir, ich bin in einem neuen ganz strengen Orden. Ist gut, daß ich nicht verwirrt bin. Ich trage alles zu Sühne und Buße für meine Sünden, zum Trost der armen Seelen, für die Bekehrung der Sünder. Wenn ich durch diese Buße Christus ganz gewinne, so werde ich einmal diese Zeit der Trübsal segnen, wie ich jetzt schon das ‚Te Deum' öfters gesungen habe. Die Kreuzwegandacht, die ich täglich halte, ist mir eine Quelle großen Trostes geworden, wie [auch das] ‚Stabat Mater'. Die ersten drei bis vier Wochen litt ich oft sehr schwer, doch wem der Herr ein Kreuz auferlegt, dem läßt er auch die Schulter wachsen. Zu Deinem Troste will ich Dir sagen, daß der Herrgott mich nicht verlassen hat, sondern wunderbar alles lenkt und leitet. Ich habe mich ganz dem Willen Gottes ergeben und vertraue mich ganz dem Herzen Jesu und dem Unbefleckten Herzen Mariens an, da bin ich am besten geborgen, selbst wenn ich noch Hartes durchmachen muß – ich hatte Tage, an denen die dunkle Nacht der Seele über mir lag, von der St. Johannes v. Kreuz schreibt und in der ich meinte, jetzt geht es nimmer. Da träumte ich in der Nacht von zwei Aposteln und da sagte der eine auf die Brust des anderen hinweisend: siehe, der hat immer das Muttergottesbild auf der Brust, und ich sah es aufleuchten; dann wurde ich wach und eine Stimme sagte mir: du hast das Skapulier – ein Zeichen des Heiles, ein Schutz in Gefahren. Und so kam wieder Trost in meine Seele (Bruderhofer, 312).

An seine Schwestern wandte sich P. Paulus mit einem Brief vom 7. Oktober 1943, in dem es u.a. heißt:

Sonst bin ich ruhig und suche wie das Efeu mich am Baum des Kreuzes emporzuranken. Oft wiederhole ich die Worte: so nimm denn meine Hände und führe mich! Christus ist ein Licht in dunkler Nacht. So bitte und beschwöre ich Euch, meine lieben so anhänglichen Schwestern, kränkt Euch nicht mehr zu sehr, sondern werfet all Eure Sorgen und Leid auf den Herrn. Leset zu Eurem Troste den 2. Korintherbrief 1. Kap. 11. V. (ebd.).

Die Endstationen Berlin und Brandenburg an der Havel

Während P. Paulus sich noch in Untersuchungshaft in Linz befand, erstellte der *Oberreichsanwalt beim Volksgerichtshof* in Berlin am 22. Oktober 1943 die *Anklageschrift* (8 J 168, 43; Kopie DÖW 11080). Als *Beweismittel* werden darin, neben den drei Briefen von Leinböck-Winter und dessen so genannter *Hetzschrift*, auch angeführt: das Vernehmungsprotokoll des Leinböck-Winter vom 16. September 1942, das Todesurteil gegen denselben vom 30. November 1942, die (heute nicht mehr erhaltene) beglaubigte Abschrift eines Briefes Wörndls an Leinböck-Winter vom 21. August 1942 und ein Strafregisterauszug gegen P. Paulus. Als Zeuge fungierte jener *Polizeibeamte, der die Ermittlungen* in Linz geführt hatte. Verwiesen wird aber auch auf die *Einlassungen des Angeschuldigten*, der letztlich zugegeben habe, *über die hochverräterischen Bestrebungen des Leinböck-Winter unterrichtet gewesen zu sein und diesen durch seine Briefe in seinem hochverräterischen Bestreben bewusst bestärkt zu haben.*

Zusätzlich übermittelte die Stapostelle Linz/Amt IV einen mit 26. November 1943 datierten *Bericht* über den Fall Wörndl nach Berlin mit ähnlichen Aussagen wie in der Anklageschrift (Kempner, 463).

Am 31. März 1944, dem Fest der Sieben Schmerzen Mariens, wurde P. Paulus vom Landesgericht Linz an den Volksgerichtshof Berlin-Plötzensee überstellt, dessen Präsident damals der berüchtigte Dr. Roland Freisler (1893-1945) war. Neunzig Prozent seiner Verfahren endeten mit einem Todesurteil! Die Chancen für P. Paulus, mit dem Leben davon zu kommen, waren also äußerst gering. Der Linzer Rechtsanwalt Dr. Josef Stampfl (1884-1962), ein aufrechter Katholik, gab sich zwar alle Mühe, einen guten Anwalt für P. Paulus zu gewinnen, hatte aber keinen Erfolg. Dr. Walter Petersen wäre an sich bereit gewesen, die Rolle des Verteidigers zu übernehmen, sah sich aber wegen eines schweren Schicksalsschlags daran gehindert. Er hatte bei einem Bombenangriff auf Berlin fast alle Angehörigen seiner Frau verloren. Einen Ersatzmann zu finden, gelang nicht, zumal der Volksgerichtshof große Eile an den Tag legte. Die Hauptverhandlung fand bereits am 18. April in Berlin-Potsdam statt und endete, wie zu erwarten, mit dem Todesurteil (1. Senat, 1 L 79/44-BJ 168/43; Kopie DÖW 224). Die dafür vorgebrachten *Gründe* entsprechen in anderer Textierung denen, die wir bereits aus der *Anklageschrift* kennen. Es handelt sich vor allem um drei Bereiche, durch die Wörndl schuldig geworden sei: 1. durch sein antinationalsozialistisches Verhalten; 2. durch die Förderung einer österreichisch-norwegischen Widerstandsgruppe, an deren Spitze Friedrich Leinböck-Winter stand; 3. durch homoerotische Beziehungen zu Jugendlichen.

Im eigentlichen Urteilsspruch bleibt der dritte Punkt unerwähnt. Die Strafsentenz lautet:

August Wörndl, von jeher fanatischer Feind unserer nationalsozialistischen Lebensauffassung, hat unter Berufung auf seine Priesterautorität einen deutschen Soldaten fortgesetzt habsburgisch-separatistisch verseucht, und ihn darin bestärkt, auch andere hochverräterisch zu zersetzen. Als Handlanger unserer Kriegsfeinde hat er dadurch unsere Kraft zu mannhafter Wehr angegriffen. Für immer ehrlos, wird er mit dem Tod bestraft.

Einen letzten Rettungsversuch stellte ein Gnadengesuch der Mutter P. Wörndls an Adolf Hitler persönlich dar. Dazu riet auch Dr. Petersen, obwohl er keine großen Hoffnungen damit verband. Dr. Stampfl verfasste nun das entsprechende Schreiben an den Führer, das Frau Josefa Wörndl wohl nur schweren Herzens unterschrieb, weil darin *vielfache Verdienste* ihrer Familie um Staat und Partei aufgezählt wurden (so war ihr Sohn Anton Wörndl Mitglied der SA) und eine *schwere Verfehlung* ihres Sohnes August (P. Paulus) eingestanden wurde. Um vielleicht doch noch eine Begnadigung zu erreichen, war sie bereit, das Gesuch zu unterfertigen; dessen letzte Sätze lauteten:

Mein Führer! Um meiner Opfer willen, die ich als Trägerin des goldenen Mutterkreuzes für das deutsche Volk und die Heimat gebracht habe, und mit Rücksicht auf die vielfachen Verdienste, welche sich meine Angehörigen für Partei und Staat erworben haben, lassen Sie Gnade walten und schenken Sie mir das Leben meines Sohnes August, das er sich selbst verwirkt hat, wieder.

Wels, am 24. April 1944. *Josefa Wörndl*

Frau Wörndl hätte sich ihre Mühe und die damit verbundene Demütigung sparen können. Auch ein letzter Versuch von Dr. Petersen, eine Begnadigung direkt über den Volksgerichtshof zu erlangen, scheiterte, wie wir aus seinem Brief an Dr. Stampfl vom 9. Mai 1944 erfahren. Er schreibt: *Ich habe in diesen Tagen versucht, Dr. Freisler, den ich persönlich gut kenne, zu erreichen, um das Gnadengesuch ihm persönlich zu übergeben. Dies ist mir aber nicht gelungen. Ich habe einstweilen nur die Abteilung in Kenntnis setzen können und werde weiter mich bemühen, ihn zu erreichen. Auch versuche ich bei der Kanzlei des Führers nach wie vor den Referenten zu sprechen. Sobald ich etwas in Erfahrung bringe, werde ich unverzüglich Ihnen gegenüber Bericht erstatten.*

Inzwischen war P. Paulus am 28. April 1944 nach Brandenburg an der Havel überstellt worden, wo er im Haus 1/Zelle 197 die Vollstreckung des Todesurteils abwarten musste. Dort wurde ihm *die Gnade zuteil, sein Schicksal mit tiefster Ergebenheit in den göttlichen Willen annehmen zu können. Sein Leben verlor alle Mittelmäßigkeit, und das Bild Christi leuchtete in seiner Person auf* (Bruderhofer, 316).

Dass dies den Sachverhalt trifft, geht aus einer Reihe von Briefen hervor, die P. Paulus an seine Angehörigen gerichtet hat; aber auch Besucher, die er noch empfangen durfte, gewannen den gleichen Eindruck.

In einem Schreiben an seine Schwester Paula vom 2. Mai 1944 finden sich die Sätze: *Du wirst vielleicht meinen, ich werde weinen u. wehklagen. Nein! Kennst Du das Wort: Eure Trauer wird in Freude verwandelt, die euch niemand nehmen kann? Seitdem ich mein Ziel weiß, bin ich ganz ruhig u. bereite mich vor; wie freue ich mich auf die Stunde, da mein Opfer vollendet wird, in der ich zuversichtlich hoffe, das Wort zu hören: Noch heute wirst du bei mir im Paradiese sein. Wenn ich auch nicht immer so ganz christustreu war infolge meiner Schwachheit, so hat er mich durch diese Passion ganz an sich gezogen und mir seine Barmherzigkeit erwiesen.*

Am 8. Mai besuchten die Geschwister Paula, Theresia und Ignaz ihren Bruder. Zu ihrer Überraschung fanden sie ihn nicht *so wie in Linz ge-*

brochen und traurig vor, sondern begegneten *einem trotz seines körperlichen Verfalls heiteren und frohen Paulus*. Er sagte ihnen: ... *ich habe mein Leben ganz in die Hände des Herrn gelegt, und so geschehe alles, was noch kommt, nicht nach meinem, sondern nach Seinem Willen* (BRUDERHOFER, 318).

Prior P. Berthold Humer von Linz konnte P. Paulus noch am 10. Mai aufsuchen. Auch er *fand einen trotz der furchtbarsten Qualen ungebrochenen und heiteren Todeskandidaten* vor, der sich ihm gegenüber wie folgt äußerte: *Ich habe mein Leben vollständig dem Heilande zur Verfügung gestellt, zur Sühne für meine Sünden, für meine Heimat und für die Vereinigung der Kirchen.*

Am 13. Mai 1944 richtete P. Paulus zum Muttertag noch einen Brief an seine Mutter, worin er ihr und den Geschwistern für alle Liebe dankte, besonders auch für die Bemühungen, eine Begnadigung zu erlangen. Er schrieb in diesem Zusammenhang: *So, und nun hoffen wir, daß Euer Bemühen nicht vergebens ist. Ihr habt getan, was Ihr gekonnt, das wird Euch immer ein Trost sein für den Fall, daß ich nicht begnadigt würde. Alles wollen wir Gott anheimstellen; nichts geschieht ohne seinen Willen! Der Mensch des Gottvertrauens hat keine Angst um Gut und Leben, und das ist die Höhe, auf die Christus uns bringen will: das frohe Leben aus Gott!*

Die letzte Zeit verbrachte P. Paulus im Krankenhaus. Aus einem Brief des *Zuchthaus-Seelsorgers* Anton Scholz an Frau Paula Topf vom 27. Juni 1944 erfahren wir, dass er am Sonntag, dem 25. Juni, noch die Krankenkommunion erhielt, am 26. Juni aber bereits die *Wegzehrung*. An diesem Tag wurde er nachmittags um drei Uhr enthauptet. *Er war sehr ruhig und gefasst und sagte immer wieder: Ich sterbe gern.*

Details über die Hinrichtung können dem folgenden Bericht, den Helmut Wagner in seinem Wörndl-Artikel zitiert hat, entnommen werden:

Vor der Urteilsvollstreckung wurde P. Paulus in eine besondere Zelle gebracht. Von dort holten ihn Pfarrer Scholz und zwei Wachtmeister ... ab und führten ihn in einen großen Raum, der ehemals als Garage für Lastautos gedient hatte. Hier wartete bereits der Richter des Landesgerichtes, der hinter einem Tisch stand, auf dem sich ein Kreuz und zwei Kerzen befanden. Im Raum stand auch die Guillotine ... P. Paulus wurde vorgeführt, und der Richter fragte ihn: ‚Wie heißen Sie?' P. Paulus sagte seinen Namen mit deutlicher Stimme. Der Richter fragte weiter: ‚Sie sind zum Tode verurteilt? Gestehen Sie Ihre Verbrechen ein?' P. Paulus antwortete klar und deutlich: ‚Nein'. Da-

raufhin sagte der Richter zum Scharfrichter: ‚Scharfrichter, walten Sie Ihres Amtes.' P. Paulus schwieg und leistete keinen Widerstand. Die Hände wurden ihm auf den Rücken gefesselt ... Nun kamen die Wachtmeister herbei und schoben den Verurteilten auf ein Brett, das Tischbreite hatte, aber etwas länger war, und an dessen Ende ein Fallbeil angebracht war. Der Scharfrichter löste den Hebel und das 80 Pfund schwere Fallbeil fiel herunter.

Damit endete das irdische Leben des P. Paulus Wörndl, der sich als aufrechter Österreicher, Katholik und Priester den nationalsozialistischen Machenschaften widersetzt hatte.

Von offizieller Seite hielt man es nicht für nötig, jemanden von der Hinrichtung zu verständigen. Die Angehörigen von P. Paulus wurden ebenso wenig benachrichtigt wie der Karmelitenkonvent in Linz. Monate später wurden jedoch der Mutter des Toten dessen letzte Habseligkeiten in einem Paket übersandt.

Weitere Details über die letzten Tage von P. Paulus erfuhr Frau Resi Wörndl, die Schwester des P. Paulus, erst durch einen Brief des Pfarrers Scholz vom 17. Juni 1946. Demnach war P. Paulus wegen einer Furunkel auf der Stirn, die ihm große Schmerzen bereitete, und wegen Fiebers in das Krankenhaus der Strafanstalt eingeliefert worden. Als die Behandlung bereits erste Erfolge zeigte, kam plötzlich die Nachricht vom festgelegten Termin seiner Hinrichtung. Der Verurteilte blieb *bis zur letzten Stunde heiter und gefasst* und sprach davon, dass Gott zu Recht *dieses Opfer von ihm verlangte, ihn aber dafür im Jenseits entsprechend belohnen würde*. Die von P. Paulus für den Fall der Hinrichtung gewünschte Erdbestattung wurde von den zuständigen Stellen abgelehnt; der Leichnam wurde verbrannt und die Urne, wie sich Pfarrer Scholz zu erinnern glaubte, von ihm *kirchlich eingesegnet*.

Am 30. November 1948 teilte, offenbar auf Grund einer Anfrage, ein Herr *von Seewald* von der *Österreichischen Delegation* in Berlin-Dahlem dem Bischöflichen Ordinariat Linz brieflich mit, dass nach der Hinrichtung des P. Wörndl dessen sterbliche Überreste *zusammen mit weiteren 10 Leichen in das anatomische Institut nach Berlin gebracht, dort jedoch nicht seziert, sondern eingeäschert* worden seien. Die Urnen seien in der Folge *durch Bombeneinwirkung vernichtet* worden, weshalb eine Überführung der Asche P. Wörndls nach Österreich leider nicht möglich sei. Das Bischöfliche Ordinariat informierte das Karmelitenkloster in Linz am

14. Dezember 1948 über die erst an diesem Tag aus Berlin eingetroffene Nachricht.

Das Andenken an P. Paulus Wörndl ist bis heute lebendig geblieben. In St. Pölten ist der Platz vor der Karmelitenkirche und in Wels eine Straße nach ihm benannt. In der Karmelitenkirche in Linz erinnert eine Gedenktafel an ihn, welche die Aufschrift trägt:

In diesem Gotteshaus wirkte viele Jahre Pater Paulus Wörndl. Er opferte sein Leben und Sterben für die jungen Priester auf! Am 26. Juni 1944 wurde er in Brandenburg enthauptet.

Quellen und Literatur

Quellen

DÖW 11080, Kopien von: *Anklageschrift* vom 22. Oktober 1943 (8J 168/43).

DÖW 224, Kopien von: Todesurteil vom 18. April 1944 (1L 79/44 BJ 168/43); Briefe von Friedrich Leinböck-Winter an P. Paulus Wörndl vom 25.7., 9.8. und 26.8. 1942; *Österreicher*, Appell des Friedrich Leinböck-Winter zur Mitwirkung an der Österreichischen Freiheitsbewegung, o.D.

DAL, PersA Paulus Wörndl; Archiv des Karmelitenklosters Linz; Provinzarchiv der Karmeliten, Wien; Pfarrarchiv St. Pölten/St. Josef.

WuV II, 68.

Literatur (Auswahl)

B.M. Kempner, *Priester vor Hitlers Tribunalen*. München 1966, 462-465; J. Wodka, *Pater Paulus 25 Jahre tot*. Gedenkblatt [St. Pölten 1969]; R. Bruderhofer, *P. Paulus Wörndl O.C.D., ein Opfer des Nationalsozialismus*. In: R. Zinnhobler (Hg.), *Das Bistum Linz im Dritten Reich* (Linzer Phil.-theol. Reihe Bd. 11). Linz 1979, 295-324; R. Zinnhobler, *Die Tätigkeit des Dr. Gantenberg in Oberösterreich*. In: ebd., 230-236; R. Zinnhobler, *Sie starben für ihre Überzeugung. Priester aus Oberösterreich als Opfer des*

Nationalsozialismus. In: Jahrbuch der Diözese Linz 1980, S. 71-79; H. W[AGNER], *Wörndl August (Paulus)*. In: *Gelitten für Österreich. Christen und Patrioten in Verfolgung und Widerstand*. Hg. v. Karl von Vogelsang-Institut. Wien o. J., 131f.; o. V., *P. Paulus Wörndl. Pfarrer der Karmeliten in Linz/Landstraße*. Faltblatt der ARGE für Sozialethik/Maria-Goretti-Bund. Schallerbach [1994]; J. MIKRUT, *P. August Paulus Wörndl. Pfarrer der Gemeinde St. Josef in St. Pölten und der Karmelitenkirche in Linz (1894-1944)*. In: J. MIKRUT (Hg.), *Blutzeugen des Glaubens. Martyrologium des 20. Jahrhunderts*. Bd. 1: Diözesen Wien, Eisenstadt, St. Pölten. Wien 1999, 319-332; P. GLAS, *P. Paulus Wörndl*. In: H. BERNDL (Red.), *Ihr Heiligen unseres Landes* (Ausstellungskatalog). St. Pölten 2000, 161-163.

Camilla Estermann

(1881-1944)
Als Gegnerin des Nationalsozialismus enthauptet

Am 21. November 1944 wurde in Wien die begabte, caritativ eingestellte, aber etwas unstete Camilla Estermann wegen *Wehrkraftzersetzung* hingerichtet. Letztlich basierte das am 25. September gegen sie gefällte Todesurteil auf der ablehnenden Haltung der ehemaligen Ordensfrau gegenüber dem Nationalsozialismus, was sich einerseits in der Verbreitung so genannter *Weissagungen* äußerte, die auf den bevorstehenden Zusammenbruch des Dritten Reiches gedeutet werden konnten, andererseits in der Unterstützung von Kriegsgefangenen, denen sie wiederholt Lebensmittel zukommen ließ. Der Tatbestand war also minimal. Mit Camilla Estermann wurden auch andere Personen verurteilt, wie wir aus der Urteilsschrift des in Linz tagenden Volksgerichtshofes Berlin erfahren.

In der Strafsache gegen 1. den Bezirksinspektor der Gendarmerie i.R. Franz Heger aus Ried... , 2. die Rentnerin Camilla Estermann, ... 3. die Franziska Wimmesberger, ... 4. die Ehefrau Theresia Steineder, ... 5. die Witwe Caroline Zeilmeir, ... 6. die Angestellte Helene Ecker, ... 7. die Schneiderin Maria Zischka, ... 8. das Lehrmädchen Anna Ratzenböck (alle aus Linz) wegen Wehrkraftzersetzung hat der Volksgerichtshof, 3. Senat, auf Grund der Hauptverhandlung vom 25. September 1944 ... für Recht erkannt: Die Angeklag-

Einer Mitschwester im Dritten Orden, der sie stets vollstes Vertrauen entgegenbrachte, ließ Estermann nach ihrer Verhaftung wissen, sie habe es als große Gnade empfunden, dass sie die Festfeier der Wundmale des hl. Franziskus (17. September) in der Ordenskirche noch habe mitfeiern können. Zwei Tage vor der Hinrichtung, am Fest der Ordenspatronin Elisabeth, schrieb sie ihr nochmals: *Gott hat mir durch Dich großen Trost geschenkt. Ich denke viel an diese, wenn auch kurze Zeit zurück; es war die schönste meines Lebens. Ich bitte Euch alle, mir zu verzeihen, daß ich Euch soviele Unruhe und Sorgen gemacht habe und noch immer mache.*

Das Urteil (‚Tod durch Fallbeil') wurde am 21. November 1944 um 18.15 Uhr im Keller des Landesgerichtes vollstreckt. Die Eintragung im Sterbebuch des Landesgerichtes Wien 1944, fol. 135, Zl. 307, enthält folgende Anmerkung: *Hl. Sakramente empfangen durch Ob*[er] *Pfarrer Eduard Köck. (War sehr still und in sich gekehrt bis zum Tod).*

Gefangenenhausseelsorger Eduard Köck übersandte im Herbst 1945 an P. Augustin Etschmeier den Nachlass der Frau Camilla Estermann. Bis zur Guillotinierung (von den Henkersknechten zynisch ‚Köpfler' genannt) konnte Köck öfter mit Frau Estermann sprechen. Sie erzählte ihm auch, dass sie Mitglied der Kapuziner-Drittordensgemeinde Linz sei, und dass sie öfters mit P. Augustin Etschmeier vertrauliche Gespräche geführt habe.

Die Leiche der Frau Camilla Estermann wurde in einem Massengrab auf dem Wiener Zentralfriedhof (Schachtgräberanlage 40, Reihe 32, Grab 181) verscharrt.

Eine Gedächtnissäule für die Opfer des NS-Regimes in Steinerkirchen am Innbach, die Pfarrer Konrad Waldhör 1999 errichten ließ, zeigt u.a. auch Camilla Estermann und Franz Heger.

MONIKA WÜRTHINGER

Quellen und Literatur

Quellen

DAL, Pers-A/A Estermann Camilla; DAL, CA/10, Sch. 44, R/14b (Ried i.I., Redemptoristinnen); OÖLA, LG Sondergerichte, Sch. 875; OÖLA,

Landesregierung/Opferfürsorge, Sch. 15, (OF/1952, Zl. 191, = Heger Franz); DÖW, Zl. 14.545; Archiv der Redemptoristinnen in Ried i.I., St. Anna.

Literatur

K. Malzer, *Chronik der Drittordensgemeinde vom heiligen Vater Franziskus an der Kapuzinerkirche in Linz*, o.J., 43-44; A. Wanner, *Das Kapuzinerkloster in Linz während der NS-Zeit.* Dipl. Arbeit. Linz 1980, hier bes. 315-317; Dokumentationsarchiv des Österreichischen Widerstandes (Hg.), *Widerstand und Verfolgung in Oberösterreich 1934-1945*, Band II. [Wien 1982], 274; A. Wanner, *Das Kapuzinerkloster während der NS-Zeit.* In: *Historisches Jahrbuch der Stadt Linz 1982*. Linz 1984, 115-295, hier bes. 273-278; o. V., *Camilla Estermann – Märtyrerin der Nächstenliebe – Opfer des NS-Terrors.* In: *Mitteilungen des Österreichischen Priestervereines* 4/1993, 3f.; M. Würthinger, *Camilla Estermann. Näherin, Kleinrentnerin (1881-1944)*, in: Jan Mikrut (Hg.), *Blutzeugen des Glaubens. Martyrologium des 20. Jahrhunderts*, Wien 2000, 109-120.

P. Engelmar (Hubert) Unzeitig CMM

(1911-1945)
Ein Martyrer der Nächstenliebe

P. Engelmar Unzeitig hatte sein erfolgreiches Wirken als Seelsorger eben erst begonnen, als es in Folge der Kirchenpolitik des Nationalsozialismus eine dramatische Wende erfuhr.

Der Weg zum Priestertum

Hubert Unzeitig wurde am 1. März 1911 zu Greifendorf im Schönhengstgau, einer deutschen Sprachinsel nördlich von Brünn, geboren. Seine Eltern, Johann Unzeitig und dessen um vier Jahre ältere Frau Maria, geb. Kohl, besaßen eine kleine Landwirtschaft. Sie schenkten sechs Kindern das Leben, vier Mädchen und zwei Buben, von denen einer schon als Kleinkind starb. Der Vater geriet im Ersten Weltkrieg in russische Kriegsgefangenschaft und starb am 14. Jänner 1916 in Simbirsk an der Wolga an Flecktyphus. Die Mutter musste nun ihre Kinder allein durchbringen.

Die ausgesprochen religiöse Atmosphäre in der Familie weckte in Hubert den Wunsch, in einen Orden einzutreten, wobei er sich besonders für den Beruf eines Missionars interessierte; die Lektüre von Mariannhiller Missionszeitschriften hatte ihn in diesem Sinne beeinflusst. Der Junge war begabt, hatte aber aus finanziellen Gründen nur die Volksschule besuchen können. Nach seinem Schulabschluss arbeitete er daher zunächst in der Landwirtschaft. Gleichzeitig richtete er mehrere Gesuche um Aufnahme an einige Missionsgemeinschaften, erhielt aber negative Antworten. Die Mariannhiller Patres nahmen ihn jedoch 1928 in ihr Seminar für Spätberufene in Reimlingen/Nördlingen auf.

Im Jahre 1934 machte Hubert Unzeitig die Reifeprüfung, dann trat er in das Noviziat der Mariannhiller in St. Paul bei Arcen (Holland) ein. Er wurde am 30. April 1934 eingekleidet und erhielt den Ordensnamen Engelmar. Seine erste Profess legte der als *freundlich, hilfsbereit und eifrig* geschilderte Novize am 1. Mai 1935 ab. Während seines Theologiestudiums in Würzburg wohnte er mit seinen Kurskollegen im Pius-Seminar der Mariannhiller. Neben dem eigentlichen Fachstudium lernte er eifrig fremde Sprachen.

1937 trat Engelmars jüngste Schwester Regina bei den Mariannhiller Missionsschwestern vom Kostbaren Blut in Wernberg (Kärnten) ein; sie erhielt den Ordensnamen Adelhilde.

Am 6. August 1939, dem Fest der Verklärung Christi, wurde P. Engelmar in der Herz-Jesu-Kirche der Mariannhiller in Würzburg zum Priester geweiht. Am Fest Mariä Himmelfahrt, dem 15. August, konnte er dann in seiner Heimatpfarre Greifendorf seine Primiz feiern.

Seelsorgliches Wirken und Konflikte mit dem NS-Regime

Da P. Engelmar der neugegründeten österreichischen Mariannhiller-Provinz zugewiesen wurde, kam er im Sommer 1940 in die Burg Riedegg bei Gallneukirchen, den Sitz des Provinzialats. Damit führt seine Spur nach Oberösterreich. In Riedegg waren damals auch ca. dreißig französische Kriegsgefangene untergebracht. Ihrer nahm sich P. Engelmar, der gut Französisch konnte, in besonderer Weise an. Für sie hielt er auch, obwohl dies streng verboten war, jeden Sonntag einen Gottesdienst mit einer Französischen Predigt.

P. Engelmar (Hubert) Unzeitig CMM

In seiner Ausbildungszeit in Reimlingen war Unzeitig vom Leiter des Spätberufenenseminars das Zeugnis ausgestellt worden, er sei *tief fromm, aber etwas ängstlich*. Nunmehr legte er seine Angst ab und wurde zum Bekenner und schließlich zum Martyrer. Obwohl P. Unzeitig als Sudetendeutscher ursprünglich dem großdeutschen Gedankengut aufgeschlossen gegenüberstand, bezog er, nachdem er die Gottlosigkeit und Kirchenfeindlichkeit des Nationalsozialismus durchschaut hatte, eindeutig Stellung gegen diesen. Für diese Haltung sollte er bald einen Leidensweg antreten müssen.

Im Herbst 1940 erbat Bischof Johannes M. Gföllner von Linz die Mithilfe der Mariannhiller in der Pfarrseelsorge für die damals dem Gau *Oberdonau* angeschlossenen Landkreise Krummau und Kaplitz. P. Engelmar wurde ab 1. Oktober 1940 die Pfarre Glöckelberg anvertraut. Den Haushalt führte ihm seine Schwester Maria. Diese schloss sich 1949 den Mariannhiller Missionsschwestern in Neuenbeken (Deutschland) an und erhielt (mit Bezug auf den Taufnamen ihres Bruders) bei der Profess den Ordensnamen Huberta.

P. Unzeitig betätigte sich sehr eifrig in der Seelsorge. In der Schule stellten ihm Hitlerjungen mitunter verfängliche Fragen, die er seiner Überzeugung gemäß beantwortete. Auch auf der Kanzel nahm er sich kein Blatt vor den Mund.

Eine Äußerung, dass Christus allein die Herrschaft über alles gebühre, auch über das Irdische, wurde ihm, wohl zu Recht, als Stellungnahme gegen Hitler ausgelegt. Auch sprach sich P. Engelmar wiederholt gegen die Verfolgung der Juden aus. So wurde er, auf Grund einer Anzeige, am 21. April 1941 von der Gestapo festgenommen und zunächst in das Polizeigefängnis in Linz eingeliefert. Die Geringfügigkeit des zugrunde liegenden Tatbestandes ließ ihn und andere hoffen, dass er bald wieder freigelassen würde. Doch es kam anders. Er wurde des Vergehens gegen das *Heimtückegesetz* beschuldigt und in das KZ Dachau überstellt, wo er am 3. Juni 1941 ankam. Hier war er einer von 2720 Geistlichen. Wegen dieser großen Zahl von festgehaltenen Priestern nannte P. Johannes Lenz Dachau einmal das größte Kloster der Welt.

Als Priester im KZ

Wie seine Mitgefangenen machte P. Engelmar in Dachau viel Schreckliches mit. Dennoch wirkte er trotz strengster Verbote, soweit es die Situation zuließ, auch als Seelsorger. Einen SS-Unterscharführer konnte er ebenso wie einen gefangenen Russen zum katholischen Glauben bekehren.

Etwa zwei Drittel der festgehaltenen Geistlichen haben das KZ lebendig überstanden. P. Engelmar war nicht unter ihnen. 1944 brach nämlich in Dachau eine Flecktyphusseuche aus, der schließlich auch er erlag. Darüber schreibt P. Adalbert Balling:

In den letzten Dezemberwochen 1944 spitzte sich die Lage in Dachau immer mehr zu: In wenigen Wochen hatte eine Flecktyphus-Epidemie das ganze Lager erfaßt. Der Tod wütete grausam. Man pferchte die Menschen, die vom Typhus befallen waren, in bestimmten Baracken zusammen, weil das Krankenrevier sie nicht mehr fassen konnte. Schutzlos ihrer Krankheit ausgeliefert, starben die Kranken wie die Fliegen; eine Lagerstatistik weist einen Tagesdurchschnitt von mehr als hundert Toten aus. Eine Baracke mit 1600 Mann belegt, zählte nach wenigen Wochen nur noch 400 Mann. In den Baracken herrschten entsetzliche Zustände. Die Kranken lagen in ihrem eigenen Kot im Delirium, stöhnten, schrien, verfielen dem Wahnsinn und wälzten sich in Anfällen. Sie waren über und über mit Läusen (den Krankheitsüberträgern!) und Flöhen bedeckt und lagen auf nackten Brettern.

Wegen der unmittelbaren Todesgefahr war kaum jemand bereit, einen Pflegeposten in den verseuchten Baracken zu übernehmen.

In dieser Situation erinnerte sich die Lagerleitung der Geistlichen. Zwanzig Priester stellten sich als freiwillige Helfer zur Verfügung, zehn Deutsche und zehn Polen.

P. Engelmar Unzeitig war einer dieser 20 katholischen Geistlichen. Sie wurden auf den Elendsblocks wie Boten des Himmels begrüßt. (A. Balling). Hier entfalteten sie *eine rege pastorale Tätigkeit. Jeder, der wollte, konnte beichten, kommunizieren, die hl. Ölung empfangen und ruhig und getröstet den letzten schweren Gang antreten* ... (S. Hess).

Über den Einsatz von P. Engelmar berichtet P. Johannes Lenz:

Er *opferte alle seine Freizeit für die armen Kameraden verschiedener Nationen. Er schenkte ihnen noch viel mehr als seine Zeit und selbstlose Mühe: seine ganze priesterliche Liebe. Das war sein Ziel, während der Tod schreckliche Ernte hielt.*

Von den zwanzig Priestern, die sich zur Pflege der Kranken gemeldet hatten, überlebten nur zwei. P. Engelmar wurde von der Seuche angesteckt. P. Lenz als Mitgefangener schildert seine letzten Begegnungen mit ihm:

Eines Mittags wurde ich an ein Fenster der zweiten Stube gerufen. Unser Hubert hatte geklopft ... er war heiter – bei allem tödlichen Ernst der Lage. Das Glück seines priesterlichen Wirkens sprach aus seinem edlen, feingeschnittenen Antlitz. – Einige Tage später ließ er mich abermals um die Mittagsstunde ans Fenster rufen. ... Aber sein Angesicht ließ mich diesmal erschrecken. In hohem Fieber erglänzten seine Augen, und die eingefallenen Wangen zeigten scharf geränderte rote Flecken. Etwas gekrümmt stand er da. Eng zog er seine dünne Häftlingsjacke zusammen, weil Fieberfrost ihn schüttelte. Auch war es noch Winter, etwa um den 20. Februar 1945. Meine Mahnung zur Vorsicht beantwortete er mit einem freundlichen Lächeln. Er unterschätzte völlig seine gefahrvolle Lage und schien nicht zu ahnen, daß der Tod ihn bereits unwiderruflich festhielt. Er wollte ja noch vielen helfen, und viele warteten auf seine Hilfe. An sich selbst jedoch dachte er nicht ...

Schon den Tod vor Augen, schrieb P. Engelmar noch seiner Schwester Adelhilde-Regina. Dieser Brief stellt sozusagen sein geistliches Testament dar. Darin heißt es:

Liebe verdoppelt die Kräfte, sie macht erfinderisch, macht innerlich frei und froh. Es ist wirklich in keines Menschen Herz gedrungen, was Gott für diejenigen bereithält, die ihn lieben. Freilich trifft auch sie die rauhe Diesseitswirklichkeit mit all dem Hasten und Jagen und dem ungestümen Wünschen und Fordern, mit ihrer Zwietracht und ihrem Haß wie ein beißender Frost, aber die Strahlen der wärmenden Sonne der Liebe des allgütigen Vaters sind doch stärker und triumphieren, denn unsterblich ist das Gute, und der Sieg muß Gottes bleiben, wenn es uns auch manchmal nutzlos erscheint, die Liebe zu verbreiten in der Welt. Aber man sieht doch immer wieder, daß das Menschenherz auf Liebe abgestimmt ist und daß ihrer Macht auf die Dauer nichts widerstehen kann, wenn sie sich wirklich auf Gott und nicht auf die Geschöpfe gründet. Wir wollen weiter alles tun und aufopfern, daß Liebe und Friede bald wieder herrschen mögen. ...

Kurz nach Abfassung dieses (undatierten) Briefes starb P. Engelmar Unzeitig am 2. März 1945, einen Tag nach Vollendung seines 34. Lebensjahres. Der originale Totenschein trägt die Aufschrift: *Abgang durch Tod;* als Todesursache wird *Typhus exanthem* und als Todesstunde 7 Uhr 20 angegeben. Zu diesem Zeitpunkt war das Leben eines Martyrers der Nächstenliebe zu Ende gegangen! Der Leichnam wurde eingeäschert. Auf Umwegen kamen die sterblichen Überreste in einem hölzernen Kistchen in das Piusheim in Würzburg und wurden am 30. März, dem Karfreitag, am Städtischen Friedhof beigesetzt. 1968 erfolgte die Übertragung der Urne in die dem Orden der Mariannhiller in Würzburg gehörende Herz Jesu-Kirche. Auf Grund anhaltender Verehrung leitete Bischof Paul-Werner Scheele von Würzburg im Jahre 1991 das Seligsprechungsverfahren für ihn, der sein Leben für andere hingegeben hatte, ein.

Quellen und Literatur

Quellen

Generalatsarchiv der Mariannhiller Missionare, Rom, Via S. Giovanni Eudes 91; DAL, Pers.-A/2, Sch. 86, Fasz. U/3 (Unzeitig Engelmar).
Gedruckte: E. Unzeitig, *Liebe verdoppelt die Kräfte. Briefe aus dem KZ*. Würzburg 1992. Hg. v. W. Zürrlein CMM; *Novene im Gedenken an Pater Engelmar Unzeitig, Mariannhiller Missionar (1911-1945)*. Würzburg 1993.

Literatur

A. L. Balling, *Martyrer der Nächstenliebe: P. Engelmar Unzeitig*. Würzburg, [3]1992; S. Hess, *Dachau – eine Welt ohne Gott.* Nürnberg 1946; J. M. Lenz, *Christus in Dachau.* Wien 1956; A. L. Balling - R. Abeln, *Speichen am Rad der Zeit. Pater Engelmar Unzeitig und der Priesterblock im KZ Dachau* (Herder-Tb. 1241). Freiburg i. B. 1985, [2]1993; A. L. Balling - R. Abeln, *A Martyr of Brotherly Love*. New York 1992 (Übersetzung des vorgenannten Buches); A. L. Balling, *Eine Spur der Liebe hinterlassen*. Würzburg 1984; R. Zinnhobler, *Wider den Strom der Zeit. P. Engelmar Unzeitig – ein Opfer des Nationalsozialismus*. In: NAGDL 8 (1993/94), 200-207; A. L. Balling, *Pater Engelmar (Hubert) Unzeitig*. In: *Zeugen für Christus. Das deutsche Martyrologium des 20. Jahrhunderts*. Hg. H. Moll. Paderborn-München-Wien-Zürich 1999, 813-816; R. Zinnhobler, *P. Engelmar (Hubert) Unzeitig CMM. Ein Martyrer der Nächstenliebe*. In: J. Mikrut (Hg.), *Blutzeugen des Glaubens. Martyrologium des 20. Jahrhunderts*. Bd. 2. Wien 2000, 263-270.

P. Johann Nepomuk Schwingshackl S.J.

(1887–1945)
Ein Kämpfer für Christus und sein Reich

Der 1945 zum Tod verurteilte Jesuit P. Schwingshackl, der mutig gegen den Nationalsozialismus Stellung bezog, war zwar ein gebürtiger Südtiroler, stand aber in sehr enger Beziehung zu Oberösterreich.

Die Jahre vor dem „Anschluss"

Als eines von zwölf Kindern des Bauern Peter Schwingshackl und seiner Frau Theresia Barbara, geb. Goller, erblickte am 4. Mai 1887 ein Sohn das Licht der Welt, der auf den Namen Johann Nepomuk getauft wurde. Der Bub wuchs am einsam gelegenen Plonhof in Welsberg (Pustertal/Südtirol) auf, in einem stark religiös geprägten Elternhaus. Von daher ist sein Wunsch, Priester zu werden, verständlich. Da der Vater zunächst gegen diese Berufswahl war, blieb Johann zu Hause und arbeitete als Knecht, später diente er auf einem anderen Bauernhof. Die Mutter unterstützte jedoch das Anliegen ihres Sohnes mit ihrem Gebet. Insgesamt traten acht Kinder der Familie Schwingshackl in den geistlichen Stand; zwei Söhne wurden Priester, ein Sohn wurde Missionsbruder und fünf Töchter schlossen sich einem Frauenorden an.

P. Johann Nepomuk Schwingshackl S.J.

Mit 23 Jahren kam Johann Schwingshackl anlässlich einer Volksmission wieder der Gedanke an das Priestertum; Benefiziat Josef Mitterrutzner bestärkte ihn in seinem Wunsch. Er erteilte ihm auch Privatunterricht und half ihm über manche innere Kämpfe hinweg. Nach zweieinhalbjähriger Vorbereitung bestand Johann die Aufnahmsprüfung in die 6. Klasse des Staatsgymnasiums Brixen. Die Ablegung der Reifeprüfung verhinderte jedoch der Ausbruch des Ersten Weltkriegs.

Schon nach Abschluss der 6. Klasse Gymnasium wurde Johann Schwingshackl mit zweien seiner Brüder zum Militärdienst einberufen. Er kam nach Innsbruck zu den Kaiserjägern; am 15. August 1914 brach sein Bataillon nach Russland auf. Schwingshackl, der wie viele seiner Zeitgenossen den Krieg für gerecht ansah, erwies sich als tapferer Soldat. Ein Ereignis lastete jedoch *ein Leben lang schwer auf seinem Gewissen ... In den ersten Kriegstagen war er gezwungen, auf Befehl eines Offiziers einen wehrlosen russischen Soldaten zu erschießen* (Ch. Häupl). Am 7. September d. J. wurde Schwingshackl bei Radom in Russisch-Polen von einer Kugel getroffen. Nach einem Aufenthalt in mehreren Lazaretten kam er in das berüchtigte Kriegsgefangenenlager Irkutsk in Sibirien.

Unter schwierigsten Bedingungen war Schwingshackl dort eifrig bemüht, sein Gymnasialwissen auszubauen, wozu er vor allem die Nächte benützte. Oft stand er schon um drei Uhr früh auf. Eine mühsam zusammengebastelte Petroleumlampe spendete ihm das nötige Licht. Mitgefangene Mittelschullehrer unterstützten ihn in seinen Bemühungen. Seine Verlegung auf einen Hof in der Nähe von Moskau nach etwa zwei Jahren hatte negative und positive Folgen. Er erkrankte dort an Typhus. Da ihn aber ein behandelnder Arzt engagierte, seinem Sohn Zeichen- und Deutschunterricht zu erteilen, bot sich ihm die Möglichkeit, seine Studien in viel angenehmerer Lage fortzusetzen. Nach der Rückkehr in die Heimat mit einem Krankentransport im Jahr 1918 wurde Schwingshackl auf Grund der in Russland privat gemachten Studien zur Reifeprüfung zugelassen, die er auch mit Erfolg ablegte. Nun stand für ihn der Weg zum Priestertum frei.

Am Heiligen Abend 1918 erhielt Schwingshackl die Ausreisegenehmigung aus seiner inzwischen mit Italien vereinigten Heimat, um sein Theologiestudium beginnen zu können. Das war für ihn das schönste Weihnachtsgeschenk. Er brach am 2. Jänner 1919 auf und begab sich, ohne vorherige Kontaktnahme mit dem Jesuitenorden, nach St. Andrä im Lavanttal (Kärnten) und bat um Aufnahme in die Gesellschaft Jesu; am 10. Jänner konnte er bereits sein Noviziat beginnen. Ab Oktober 1920 studierte er zwei Jahre Philosophie in Innsbruck, dann ein Jahr lang Theologie in Krakau, wollte er sich doch zum Missionar in Russland ausbilden lassen. In Folge seiner schwachen Gesundheit musste er jedoch 1923 nach Innsbruck zurückkehren; hier schloss er 1926 sein Theologiestudium ab. Schon zwei Jahre zuvor, am 27. Juli 1924, hatte er die Priesterweihe empfangen. Noch konnte er aber nicht in der Seelsorge eingesetzt werden, da eine Erkrankung an Tuberkulose einen Kuraufenthalt in Davos und anschließend einen Erholungsurlaub im Elternhaus in Welsberg nötig machte. Das so genannte dritte Probejahr (Probation) absolvierte P. Schwingshackl im Canisianum zu Innsbruck (1928-1929).

Der erste Dienstposten Schwingshackls als Jesuit war der des P. Ministers (Ökonoms) am Canisianum (1929-1930), dann wirkte er als Gehilfe des Novizenmeisters in St. Andrä (1930-1931), dessen Amt er hierauf selbst übernahm (1931-1933). Weil er aber lieber als Volksmissionar arbeiten wollte, wurde er 1933 nach Innsbruck zurückversetzt, von wo aus er in mehreren Bundesländern (Tirol, Wien, Oberösterreich) eine eifrige Tätigkeit entfaltete. Ab 15. Mai 1936 war Schwingshackl in der Jesuitenresidenz Wien 1 stationiert. Seine nächste Aufgabe war die eines Novizenmeisters bei der reformbedürftigen Ordensgemeinschaft *Regina Apostolorum* in Straßhof (bei Gänserndorf in Niederösterreich, 1936-1938), einer Missionsgemeinschaft von Priestern, Brüdern und Schwestern. *Es war dies ein Amt, wofür man einen besonders fähigen Pater brauchte* (L. Maier).

In der Zeit des Nationalsozialismus

Nach dem *Anschluss* nahm P. Schwingshackl ziemlich deutlich gegen die geplante Volksabstimmung vom 10. April 1938 Stellung.

Ab Mai 1938 wirkte er als Konventpriester in der Jesuitenresidenz in Wien IX (Canisiushaus) und als Kirchenrektor von St. Martin im Alsergrund. Die folgende Zeit war gekennzeichnet von der Auseinandersetzung mit dem Nationalsozialismus. Schwingshackl hielt – gegen den Willen seiner Vorgesetzten – so unerschrockene und scharfe Predigten, dass die Ordensoberen schließlich von Kirchenbesuchern gebeten wurden, ihn zu versetzen, damit er nicht eingesperrt würde. Diesem Wunsch wurde Rechnung getragen.

P. Schwingshackl kam zuerst an die Jesuitenresidenz Steyr (Oktober 1941-März 1942); dann wurde er Lazarettpfarrer und Seelsorger im Kurhaus St. Raphael in Bad Schallerbach. Als solcher bot er sich mit Schreiben vom 26. Jänner 1943 dem Bischöflichen Ordinariat Linz freiwillig an, den betagten Pfarrer Matthias Koller (1871-1950) von Schönau in der Pastoral zu unterstützen, was mit Dank angenommen wurde. Koller war übrigens in Leonding der Katechet Adolf Hitlers gewesen. Über Schwingshackls eifriges Wirken in Bad Schallerbach berichtet die Kurhauschronik:

Seinem nimmermüden Eifer und seiner Tatkraft war es gegönnt, daß in seinem Seelsorgssprengel das katholische Leben besonders bei der Landbevölkerung einen erfreulichen Aufschwung nahm. Aktive Teilnahme am hl. Opfer der Messe, Pflege der Herz Jesu Verehrung durch Herz Jesu Freitag und -Sonntag, Pflege eines schönen Chorgebetes und Chorgesanges waren sein Werk.

Sein großer Einsatz in der Seelsorge entspricht ganz seinem Lebensmotto: *Herr, gib mir Seelen, und sonst tue mit mir, was du willst!* Die Opferbereitschaft Schwingshackls ging bis ans Äußerste. Über sein geistliches Leben teilte die damalige Oberin des Kurhauses, die Kreuzschwester Gabriele Köpf, dem Seelsorgeamtsleiter Franz Vieböck (1907-1984) am 5. Dezember 1946 brieflich mit:

H. P. Schwingshackl lebte für sich sehr streng. Jeden Donnerstag Nachts hielt er die hl. Stunde. In der Karwoche schlief er vom Gründonnerstag bis Karsamstag nichts, ebenso betete er in der Fastnachtszeit die ganzen Nächte durch. Von Gründonnerstag Mittag bis Karsamstag Mittag u. auch am Aschermittwoch nahm er nie Speise zu sich. Seine Betrachtungen machte er immer kniend, ich fragte einmal ob es Ihm [!] den[n] nicht sehr ermüde; er sagte nein, es fließt wie ein Brün[n]lein.

H. P. Schwingshackl hatte eine sehr tiefe glühende Liebe zur Gottesmutter. Er war auch unendlich gütig u. Hilfsbereit für die Armen; auch hatte er die besondere Gabe, entzweite Herzen zu versöhnen. In seinen Forderungen gegen seine Beichtkinder war er streng; aber noch viel strenger mit sich selber.

Schwingshackls seelsorgliches Wirken erregte bald Anstoß bei der NSDAP. Er wurde ständig bespitzelt. Bei seinen Predigten distanzierte er sich deutlich vom herrschenden System, doch bemühte er sich nun, zum Unterschied von der Zeit in Wien, unkluge Äußerungen zu vermeiden. In seinem schon zitierten Brief vom 26. Jänner 1943 erwähnt er ausdrücklich: *Zu bemerken ist noch, dass ich mit der Gestapo schon ein paarmal zu tun hatte, weil der Eindruck der Predigten zu stark war, ohne dass mir das Geringste nachgewiesen werden konnte.* Es genügte damals aber schon, dass Schwingshackl den Krieg als Heimsuchung Gottes, welche über die Menschen wegen ihres Abfalls von Gott hereingebrochen sei, bezeichnete und darauf verwies, dass die Rettung aus dieser Prüfung nur durch eine Rückkehr zu Gott möglich sei. In solchen Worten erblickten die Parteigenossen, wohl mit Recht, einen Aufruf zur Abkehr vom Nationalsozialismus. Am 15. Dezember 1943 wurde Schwingshackl wegen seiner Predigten verhört. Daraufhin wurde ihm ein Redeverbot erteilt; auch wurde ihm die Jugendseelsorge untersagt und eine Geldstrafe von 5000,-- Reichsmark angedroht. Am 14. Februar 1944 ersuchte der Kirchenrektor von St. Raphael (das war offiziell der Pfarrer von Schönau) den Provinzial der Gesellschaft Jesu brieflich, er möge P. Schwingshackl ermahnen, keine ihn gefährdenden Predigten mehr zu halten. Diese Bitte kam aber zu spät.

Festnahme und Gefangenschaft

Schon am 18. Februar 1944, um 1 Uhr mittags, wurde P. Schwingshackl durch Inspektor Josef Grömer von der Gestapo Linz festgenommen. Man ließ ihn, wie Sr. Gabriele in ihrem erwähnten Brief berichtet, nicht einmal mehr das Mittagessen einnehmen.

Zuerst kam P. Schwingshackl in das Polizeigefängnis Linz, am 30. Mai 1944 wurde er jedoch an die Landeshaftanstalt Linz überstellt. Hier war er Zellengenosse von Kooperator Franz Eiersebner (1911-1969), der in zwei Briefen an Seelsorgeamtsleiter Vieböck vom 6. Mai 1945 bzw. 17. Jänner 1946 ausführlich über diese Zeit berichtet. Im zweiten Schreiben heißt es u. a.:

War 17 Wochen mit Hochw. P. Schwingshackl beisammen. Bin fest überzeugt, wenn die Jesuiten in der letzten Zeit einen Martyrer hatten, dann ist P. Sch[wingshackl] dabei. Mir kam er immer vor, wie ein Johannes der Täufer in seiner Strenge und geradezu manchmal herben Wahrhaftigkeit. Sein Beispiel hat uns in der qualvollen Lage viel gegeben. Er litt selber schwer unter Hunger, unter den tierisch rohen Umgangsformen der Herren Sklavenhalter. Besonders das Ungeziefer setzte ihm schwer zu. Als er einmal um Läusepulver schrieb, wurde er in die Direktionskanzlei geholt, erhielt einen schweren Tadel und die anfängliche Sympathie, die er früher bei den [!] Schurken, der sich Betriebsleiter schimpfen liess, genossen hatte, war gründlich weg. Todmüde sank P. Schw[ingshackl] jeden Abend auf den Strohsack, nachdem er seine 100 m. Schnur aus Zelophanpapierstreifen gedreht hatte.

‚Jetzt bin ich müde!' pflegte er zu sagen, ‚als ob ich daheim den ganzen Tag Weizen von der Leiten auf dem Buckel herabgetragen hätte!' Auf dem Strohsack sitzend, hielt er täglich seine Morgenbetrachtung. Wie er das bei seinem ausgehungerten, ausgemergelten Körper aushielt, war mir stets ein Rätsel. Er liess es sich nicht nehmen, so wie die Jüngeren Kameraden beim Putzen auf dem Boden herumzurutschen und das Klosett zu reinigen und er konnte geradezu ungehalten werden, wenn wir es ihm verwehren wollten. 7 Wochen hindurch hielt er uns während der Arbeit täglich 2 Exerzitienvorträ-

ge, er war aber über unser Verhalten nicht sehr erbaut. Die fast unerträgliche Lage, eine Luft zum Ersticken brachten es mit sich, dass wir unter dem festen Griff unseres Meisters manchmal auch aufbegehrten. Als ich nach meiner Rückkehr vom Berliner Volksgericht wieder auf Zelle 61 für 3 Wochen zurückkehrte, schien P. Schw[ingshackl] fest mit einem Todesurteil zu rechnen. Damals schrieb er an seine Oberen, man möge von einem Begnadigungsgesuch absehen.

Abschließend charakterisiert Eiersebner P. Schwingshackl als *einen Menschen, den sein ganzes Leben das Leid nicht verlassen hat, der oft nicht verstanden worden war, der so ganz anders war als gewöhnliche Menschen.*

Und er fügt hinzu:

Ich verehre ihn wie einen Heiligen. Er blieb seinen Grundsätzen in der Zeit schwerster Erprobung treu und ging für sein Eintreten für die Wahrheit in den Tod.

Das Todesurteil

Damit sind wir aber den Ereignissen schon etwas vorausgeeilt. Laut Schreiben der Geheimen Staatspolizei/Staatspolizeistelle Linz (IV/4-680/44 Grö[mer]) vom 4. Mai 1944 an den *Oberstaatsanwalt als Leiter der Anklagebehörde beim Sondergericht Linz/Donau* war vom *Oberreichsanwalt beim Volksgerichtshof in Berlin* mit Schreiben vom 20. April 1944 (Aktenzeichen 5 J 880/44) die Mitteilung erfolgt, *daß dort gegen Schwingshackl ein Verfahren anhängig ist. Dem Beschuldigten wird vermutlich Zersetzung der Wehrkraft des deutschen Volkes zur Last gelegt.*

Da dem Volksgerichtshof Berlin der berüchtigte Dr. Roland Freisler (1893-1945) vorstand, war Schwingshackl das Todesurteil, mit dem er auch selber rechnete, praktisch sicher.

Nach neun Monaten Haft in Linz wurde er am 3. November 1944, am Herz Jesu-Freitag, in die Landeshaftanstalt Salzburg überstellt, wo ihm der Prozess gemacht werden sollte.

Der am 27. Oktober 1944 eingelangten Anklage des Oberreichsanwalts lagen zwei Fakten zugrunde: Schwingshackl wurde vorgeworfen, dass er sich *einer wehrkraftzersetzenden Äußerung gegenüber einem Wehrmachtsangehörigen* schuldig gemacht habe. Den Hauptanklagepunkt bildete jedoch ein inzwischen offenbar von der Gestapo entdeckter umfangreicher *Bericht*, den P. Schwingshackl schon am 31. Juli 1943 an seinen Ordensprovinzial P. Johann B. Beck (1886-1975) und – in Durchschrift – auch an seinen Mitbruder P. Engelbert Maaß gesandt hatte. Das 27 Seiten umfassende Original des Textes hat sich im Provinzarchiv der Jesuiten in Wien erhalten. Darin hat sich P. Schwingshackl eingehend mit dem Nationalsozialismus auseinandergesetzt und über diesen ein vernichtendes Urteil gefällt.

Noch vor dem Prozess, zu dem Dr. Freisler persönlich anreiste, hatte Schwingshackl aus Salzburg einen (in Abschrift erhaltenen undatierten) Brief an Sr. Gabriele gerichtet, in welchem es u. a. heißt:

Inzwischen warte ich auf die Verhandlung. Nicht nur ich würde mich freuen, sondern meine Freude wäre sehr groß, wenn ich dem Heiland das Blutopfer bringen dürfte ... Leider aber fürchte ich, daß ich für diese große Gnade – es wäre die Gnade des Martyriums – nicht reif genug bin.

Die Hauptverhandlung fand am 16. Dezember 1944 statt, wobei der erste Anklagepunkt wegen Nichterscheinens des einzigen hierzu vorgeladenen Zeugen ausschied. Der *Bericht* vom 31. Juli 1943, den P. Schwingshackl an seinen Provinzial gesandt hatte, schien den Richtern jedoch auszureichen, um ein Todesurteil zu fällen.

Da der Urteilsspruch ausgiebig aus dem inkriminierten *Bericht* Schwingshackls zitiert und zudem einen guten Einblick in das Gerichtsverfahren gewährt, sei er hier vollständig wiedergegeben:

1 L 407/44
5 J 880/44

IM NAMEN DES DEUTSCHEN VOLKES!

In der Strafsache gegen den Jesuitenpater Johann Schwingshackl aus Bad Schallerbach (Oberdonau), geboren am 4. Mai 1887 in Monguelfo (Italien), zur Zeit in dieser Sache in gerichtlicher Untersuchungshaft, wegen Wehrkraftzersetzung und Feindbegünstigung, hat der Volksgerichtshof, 1. Senat, auf die am 27. Oktober 1944 eingegangene Anklage des Herrn Oberreichsanwalts, in der Hauptverhandlung vom 16. Dezember 1944, an welcher teilgenommen haben als Richter:

Präsident des Volksgerichtshofs Dr. Freisler, Vorsitzer,
Landgerichtsdirektor Dr. Schlemann,

SA-Gruppenführer Generalmajor a.D. Haas,
Gauobmann der DAF Resch,
SA-Standartenführer Koch,
als Vertreter des Oberreichsanwaltes: Landgerichtsdirektor Dr. Lenhardt,
für Recht erkannt:

Johann Schwingshackl, ein Jesuitenpater, hat in einem Brief an seinen „Provinzial" zum härtesten „frontmäßigen Kampf gegen das nationalsozialistische Reich" aufgefordert, zumal dieses nach dem Siege die Kirche „infernalischer als unter Decius" verfolgen werde.

Durch diese Zersetzung unserer Kampfkraft hat er sich zum Büttel unserer Kriegsfeinde gemacht. Für immer ehrlos wird er dafür mit dem Tode bestraft.

Gründe.

Johann Schwingshackl war bis zum 24. Lebensjahr in der väterlichen Landwirtschaft in Südtirol tätig, nahm am Weltkriege teil, geriet schon im September 1914 verwundet in russische Kriegsgefangenschaft und trat nach Rückkehr 1918 in den Jesuitenorden ein.

Seitdem ist er als Priester tätig.

Am 31. Juli 1943 sandte er an seinen Ordensprovinzial und zugleich an einen anderen Ordensbruder einen umfangreichen Bericht, an dem er, wie er selbst sagt, monatelang gearbeitet hatte.

Zweck des Berichtes ist, ihn und andere Obere aus ihrer, wie er meinte, Laschheit im Kampf und ihrer Zurückhaltung zu scharfem Kampf, aus „Friedensarbeit" zu Frontdienst mit seinen unerläßlichen Verlusten anzustacheln.

In diesem Bericht schreibt Schwingshackl,

„er rechne immer damit, daß es früher oder später etwas abgeben werde und halte es nicht für ein gutes Zeichen, wenn einer bei der Seelsorge heute auf die Dauer ‚von ihnen' keine Schwierigkeit bekommt. Nur durch das Beten könne er sich erklären, wie er noch auf freiem Fuße sei und arbeiten könne."

Er schreibt weiter:

„Wir alle wissen zu gut, daß es sich um Sein oder Nichtsein der katholischen Religion in Europa (und damit auch um dessen Bestand) handelt. Und wir haben diese Frage für Jahrhunderte zu entscheiden und damit zu verantworten. Darum auch die ganz große Verantwortung jedes Katholiken und besonders jedes Priesters, alles zu tun, was er nur kann.

Daß für uns in Bezug auf die Verteidigung der Glaubensgüter seit [19]38 genau dasselbe gilt, haben wir bis heute beileibe nicht klar genug begriffen. Was wir tun, ist, im allgemeinen geschaut, lauter Arbeit wie in ‚Friedenszeiten', oder höchstens nur ‚Hinterlandsdienst', aber nirgends ‚Frontdienst' mit dem Einsatz, dem Wagnis, den Gefahren, den Verlusten, die der Frontdienst unerläßlich fordert. Hier liegt unsere entsetzliche Schuld. Hier liegt auch die Wurzel des schrecklichen Vorwurfes, den man uns machen muß: wir arbeiten nicht richtig."

Weiters sagt er:

„Dieselbe Verpflichtung, die ich dem Vaterlande gegenüber hatte, habe ich, haben wir alle jetzt. Nur ist sie viel heiliger und darum noch tiefer gehend, noch verantwortungsgrößer, weil nicht das irdische Vaterland in Frage steht und nicht nur Österreich, sondern das Reich Gottes und zwar in ganz Europa."

Beachtenswert ist hier:

nicht nur, d. h. als auch für Österreich!

Weiter steigert sich Schwingshackl in seinem Bericht zu der Erklärung:

„Wir alle erkennen, daß es besonders in Deutschland um Sein oder Nichtsein der katholischen Kirche geht. Wir erkennen, daß, wenn die Gegner des Glaubens im Kriege siegen, das katholische Leben so radikal ausgerottet wird, wie es in der 2000 jährigen Geschichte nur etwa unter Decius geschah, und mit so infernalen Mitteln, wie sie nur etwa im Bolschewismus zutage treten.

Wir sehen auch ein, daß vom Priesterstand in erster Linie die Verantwortung gefordert wird, ob wir in dieser so großen Zeit, wie sie über Europa noch nie gekommen war, alles und das Allerletzte getan haben, um dieses Unheil abzuwehren. Das bisher Gesagte sehen wir wohl alle ein und geben es zu, wenn auch teilweise im Stillen gegen alle Tatsachen gehofft wird, daß es vielleicht doch nicht so arg sein wird. Eine Hoffnung, die sehr schädlich ist."

Und schließlich beschwert er sich, daß „so viele hungernde und so ideal strebende Seelen" von der kirchlichen Obrigkeit mit einem Druck niedergehalten würden, „der ein Gegenstück nur im Druck der heutigen weltlichen Machthaber findet. Nur daß letztere mit Gewalt arbeiten, erstere mit dem heiligen Gehorsam."

Er bekennt, daß die Kirche, solange sie so arbeite, keine Aussicht habe, den Kampf mit der Macht des Bösen, das Europa zu erschlagen drohe, erfolgreich zu führen.

Und schließlich sagt er schwerste Verfolgung der Kirche und der Religion nach einem Siege voraus, um zugleich den, wie er meinte, erfolgreichen Widerstand zu preisen:

„Wir gehen einer Verfolgung der Kirche entgegen, die an radikalem Verfolgungswillen nur etwa in der Verfolgung unter Decius ein Beispiel hat. Die Methoden werden noch raffinierter sein. Wie schwer ist unsere Verpflichtung, wirklich alles zu tun, was nur jeder kann, um diese schreckliche Entscheidung vorzubereiten. Unsere Arbeit ist durchaus nicht so, wie sie eine solche Vorbereitung verlangt. Unser Widerstand, den wir bisher entgegensetzten, auch in keiner Weise. Wie viel wir durch einiges Vorgehen erreicht hatten, zeigen die paar Fälle, wo sich die ganze katholische Front einem staatlichen Übergriff widersetzte. Der Gegner zog sich in diesen Fällen glatt zurück."

Trotz aller Vorhalte hält Schwingshackl heute vor uns die Fiktion aufrecht, er habe „zum Kampf für den Glauben" nur gegen Einzelübergriffe aufgefordert.

Davon kann aber gar keine Rede sein. Nicht umsonst spricht er von den weltlichen Machthabern, vergleicht erwartete Verfolgungen mit denen des Decius, fordert den Übergang vom Feindesdienst [richtig wohl: Friedensdienst] zum Frontdienst und erwartet schließlich besondere Verfolgungen von unserem Sieg!

Schwingshackl hat also, mitten im Kriege, unter schwerst zersetzender unwahrer Begründung zum Kampf gegen unser Großdeutsches Reich aufgestachelt, verlangt geradezu, daß er organisiert werde.

Dadurch hat er in der Person seines „Provinzials" unsere Kraft zu geeinter Wehr gegen unsere Kriegsfeinde angegriffen, ebenso in der Person des zweiten Ordensbruders, dem er den Bericht sandte.

Der Verteidiger, der den schwer zersetzenden Inhalt des Berichtes ebenfalls anerkannte, meinte, als Defaitist könne Schwingshackl nicht bestraft werden, weil er nicht öffentlich zersetzt habe.

Aber

1.) sind wir der Meinung, daß politische Gedankenäußerungen in unserem Volkstaat schon deshalb grundsätzlich als öffentlich angesehen werden müssen, weil wir ja gerade wollen, daß alle Volksgenossen sich mit Politik beschäftigen und man deshalb stets damit rechnen muß, daß sie gehörtes Politisches untereinander besprechen, der Ordensprovinzial z. B. mit seinen nächsten Ordensmitarbeitern.

2.) Hat Schwingshackl selbst den Bericht Zweien geschickt. Durch diese Zersetzung (§ 5 KSSVO) hat Schwingshackl sich zum Büttel unserer Kriegsfeinde gemacht. Denn diese wünschen nichts sehnlicher als Spaltung unserer Einheit (§ 91 b StGB.).

Gewiß, als geschulter Jesuit schimpft Schwingshackl nicht unbedacht mit starken Worten. Deshalb aber ist er nicht minder gefährlich.

Im Gegenteil – in fanatischem Haß gegen unser Großdeutsches Reich und damit auch gegen unser deutsches Volk, den auch der Eindruck seiner Persönlichkeit bestätigt, will er den Zwiespalt organisieren!

Dieser Verrat zerstäubt seine Persönlichkeit, vernichtet seine Ehre für immer. Unser Sauberkeitsbedürfnis und der Schutz unseres kämpfenden Reiches verlangen dafür die Todesstrafe.

Das gilt selbst dann, wenn sich die weiteren Vorwürfe der Anklage nicht erweisen lassen sollten; auf ihre Untersuchung hat deshalb auch der Vertreter des Herrn Oberreichsanwalts verzichtet.

Weil Schwingshackl verurteilt ist, trägt er auch die Kosten.

gez.: Dr. Freisler *Dr. Schlemann*

P. Schwingshackl nahm den Urteilsspruch gelassen entgegen, ja erblickte in dem ihm zugedachten Martyrium eine unverdiente Gnade. Er bat, wie schon erwähnt, ausdrücklich darum, von einem Gnadengesuch Abstand zu nehmen.

Am 9. Jänner 1945 richtete jedoch sein Verteidiger, Rechtsanwalt Dr. Franz Peterson, eine überaus mutige Gnadenbitte an Reichsjustizminister Dr. Otto Thierack (1889-1946). Er wandte sich entschieden dagegen, dass der Angeklagte als *staatszersetzender Defaitist* bezeichnet worden sei und schilderte ihn, damalige Sichtweisen geschickt zu Gunsten seines Mandanten nutzend, als einen aufrechten Deutschen. In dem Gesuch heißt es u. a.:

Diese[s] Erkenntnis des Gerichtes lässt die Persönlichkeit des Angeklagten in völliger charakterlicher Verdammnis erscheinen.

Dagegen Stellung zu nehmen, fühle ich mich als Rechtswahrer unbedingt verpflichtet, kraft Tatsachen und Umstände[n], die mir erst nach dem Termin zugänglich geworden sind. Ich wende mich aber nicht im Namen meines Mandanten an Sie, Herr Minister, sondern persönlich für den Verurteilten, der über meine Eingabe überhaupt nicht informiert wird.

Ich erachte es für meine Pflicht, so zu handeln, nachdem ich mir auf der Suche nach Recht und Wahrheit eine völlig andere Meinung über die Person und den Charakter des Paters bilden musste. Der Angeklagte ist weder ein charakterloser Defaitist, noch ein vaterlandsloser Geselle, noch weniger ein Jesuit mit aalglatten rhetorischen Kniffen, diplomatischer Gewandtheit und Hinterhältigkeit ausgestattet; er ist der Sohn eines deutschen Bauern aus dem deutschen Welsberg (nicht Monguelfo, wie es verwelscht wurde), in Südtirol, der 10 Geschwister (davon 5 Brüder) hatte.

Sämtliche Brüder haben den ganzen Weltkrieg mitgemacht, einer von ihnen ist gefallen. Der ältere Bruder, der als Schwerkriegsversehrter heimkehrte, hat dem deutschen Grenzland 9 Kinder geschenkt. Auch der Angeklagte ist gleich beim Ausbruch des Weltkrieges an die Front gekommen. Schwer verwundet geriet er am 7. September 1914 in russische Gefangenschaft, nachdem er sich vorher durch hervorragende Tapferkeit ausgezeichnet hatte und zur Verleihung der grossen silbernen Tapferkeitsmedaille bereits eingegeben war. Das Tagebuch, das der damalige 23jährige schrieb, ist wohl der unverdächtigste Zeuge jener Vorstellungen, die der Angeklagte schon damals als junger Mensch für Volk und Vaterland hegte. Mir sind Teile dieses Tagebuches – ohne dass der Angeklagte hievon die geringste Kenntnis hatte – zur Verfügung gestellt worden. Ich erlaube mir, wörtlich eine Stelle aus diesem Tagebuch zu zitieren: „Ich will sehr gerne alle Opfer bringen, die der Krieg von mir fordert, sie gelten dem Vaterland! Ich will auch mit keiner Wimper zucken, wenn es mich treffen sollte, auf den Altar des Vaterlandes das Opfer meines Lebens zu legen. Ich habe mich nach der Schlacht gesehnt des bedrängten heissgeliebten Vaterlandes wegen!" Und an anderer Stelle: „Echte Vaterlandsliebe ist nun schon einmal ein Erbstück in unserer Familie. Vor jedem Gefecht bitte ich Gott, er möge mein Leben hinnehmen für das eines Familienvaters." Nach seiner Rückkehr aus Sibirien fand sich folgende Stelle: „Die Feder sträubt sich förmlich, es zu schreiben, dass wir [Deutsche in Südtirol] nun das verhasste Joch der Welschen tragen müssen."

Dieses Bekenntnis zum Deutschtum war damals – ich kann dies als gründlicher Kenner Italiens, seiner Sprache und Gesetze, mit allem Nachdruck versichern – ein Wagnis und eine Probe persönlichen Mutes und Unerschrockenheit, die langjährige Verbannung zur Folge haben konnte.

Mit einer solchen Haltung, die vielleicht nur der Grenzlanddeutsche überhaupt richtig zu würdigen verstehen wird, ist ein Zweifel an der Grösse und Ehre des grossen deutschen Vaterlandes wohl grundsätzlich unvereinbar …

Das Gnadengesuch endet mit der Bitte:

Ich bitte Sie, Herr Minister, sprechen Sie hier ein Machtwort der Gnade, das Sie bestimmt nicht an einen Unwürdigen verschwenden würden.

Die Mühe Petersons war umsonst. Das Urteil wurde schon am 11. Jänner 1945 erneut bestätigt.

Von der Verurteilung bis zum Tod

Mit dem Tag der Verurteilung wurde P. Schwingshackl in Ketten gelegt. Trotzdem gelang es ihm noch – durch das Entgegenkommen eines Gefängniswärters – auf fünf kleinen Zettelchen einen Abschiedsbrief zu schreiben und ihn über Sr. Gabriele Köpf, die ihn noch am 5. Februar 1945 in der Salzburger Haftanstalt besuchen konnte, an seine Angehörigen weiter zu leiteten. Das Schreiben wird in der Literatur über P. Schwingshackl verschieden datiert, doch ergibt sich aus der Originalangabe *dritter Sonntag nach Erscheinung des Herrn* der 28. Jänner 1945.

Der Brief, der nur in Abschriften erhalten ist, enthält eine genaue Schilderung seiner Situation und der Stimmung, in der er sich damals befand. Der Grundtenor des Briefes ist die Sehnsucht, für die Sache Christi sterben zu dürfen. Der erste Absatz des Schreibens, der hier übergangen sei, enthält Hinweise für seine Verwandten. Der anschließende Text lautet (nach Ch. Häupl):

Nun nehmen wir Abschied. Oft bin ich v. daheim u. v. Euch gegangen. Nie so leicht u. beglückt, als diesmal, obwohl ich Euch alle mit tiefer Liebe im Herzen trage. – Wie es mir geht, wollt ihr wissen. – Wenn ich sage, gut, ich sei glücklich, so ist es zuwenig. – Ich bin selig. – Klar hat die Untersuchung, bes. aber die Art der Verurteilung gezeigt, daß ich nur für die Sache Christi sterbe. Ich habe vor 1 1/2 Jahren ein großes Schriftstück an meinen Provinzial geschrieben. Dort schrieb ich mit erschreckender Offenheit unsere Fehler im kath. Lager, u. Arbeiten, u. machte Vorschläge. Der Provinzial antwortete mit ein paar unwirksamen Gedanken. Die Nationalsozialisten erkannten gleich u. ganz. Die Gestapo in Linz gab es klar zu, wie recht ich habe u. wie mein Plan u. ich, so urteilen sie, geeignet wären, kath. Leben zu wecken. Sie zollten deutlich Bewunderung. Da diese aber solches nicht brauchen können u. aufsprießendes kath. Leben ihre Pläne durchkreuzt, so sollte ich aus der Welt geschafft werden. Ich war verurteilt vor der Verhandlung. Ich kann Euch nicht sagen, wie glücklich ich bin, daß mein Sterben nur für die Sache Christi ist. Zudem ist es gerade der Punkt, für den ich seit August 1927 denke, arbeite u. so viel gelitten habe. – Es könnte wahrhaftig nicht herrlicher sein. – Zudem wird mein Sterben ein vollständig freies. Denn ich sah es ganz deutlich u. sagte es auch immer voraus, daß so etwas kommen werde, u. ging doch festen Schrittes meinen Weg. Er war zu klar. Nun stehe ich vor der Hinrichtung. Es ist der Kelch gewiß ziemlich randvoll. – Ich war ein Deutscher durch und durch, mein Leben lang. Ich bin heute nach 30 Jahren noch glücklich für Deutschtum und mein Vaterland gekämpft u. so viel gelitten zu haben. Wegen meines echten deutschen Denkens habe ich in den letzten Jahren und auch in all den zahlreichen Gefängniszellen nicht wenig unter Bekämpfung zu leiden gehabt. Nun hat das höchste Gericht (Präsident Freisler) Deutschlands, mich für „ehrverlustig für Zeit u. Ewigkeit" erklärt. Ich habe mich mit dem Deutschen Volke so vergangen, daß ich so ausgelöscht werden mußte, als hätte ich nie existiert. Gar so scharf war man, weil ich Jesuit bin; die fürchtet man. – Und nun der Plan, den ich im Schriftstück entwickelte. Ich wollte ein rechter Priester sein. Nun entbehre ich so lange sozusagen jeder geistl. Hilfe. Das war u. ist das schwerste Opfer. Zu denken, daß ich [nicht] *mehr zelebrieren darf, das hält mir beinahe den Atem an. Ich bin ein Arrestant, trage seit der Verurteilung dessen Kleider, bin seither, also jetzt schon 5 Wochen, Tag u. Nacht in Ketten gefesselt. Zuerst legte man sie so eng an, daß ich in der ersten Nacht schon einige Aufreibungen hatte. Eine davon bildete durch den vielen Schmutz im Armknöchel ein großes Geschwür, der ganze Unterarm schwoll stark an. Die Ketten schnitten tief in diese u. ließen die blauen Male zurück. Verdemütigungen regnete es. Meistens grobe Behandlung, z. B.: Habe ich das Recht, als Verurteilter Euch zum Abschied zu schreiben. Der Vorstand der Haftanstalt erlaubte es* [nicht]. *Siebenmal bat ich. Bis heute ist es wegen Härte eigener Art nicht ermöglicht worden. Es friert mich ständig, weil man mir die Wollwäsche nicht läßt. Vor einem Jahr wollten zwei Ärzte mit größter Bestimmtheit Bandwurm feststellen. Die letzten Beweise blieben zwar aus, aber meinen „schrecklichen" Hunger könnte ich am besten nur* [?] *dadurch erklären. Ich würde immer das dreifache von dem essen von dem, was ich bekomme. – So warte ich auf das Letzte, auf das Blutopfer. – Ich warte, und das ist ein eigenes Leiden, ohne zu wissen, wann das sein wird. – Es kann zu jeder Minute, Tag und Nacht, die Tür geöffnet und hereingerufen werden: Schwingshackl! Kommen Sie! Die Gesundheit ist „wackelig". Es kommt immer etwas Blut und zwar wegen des starken Hustens eines sehr bösen Bronchialkatarrhs (Erbstück von der Mutter selig). Nein, Blutsturzgefahr ist wohl nicht. Ja, der Kelch ist voll, – aber das ist das Schöne, so voll der Kelch ist, so überaus groß u.* <u>*lieblich*</u> *ist die göttliche Gnade. – Ich bin geradezu selig, daß ich dem Heiland meine Liebe auf diese Weise zeigen darf. – Wie oft beten wir, wir möchten mit unserem Blute ihm unsere Liebe bezeigen, oder die Sünden der Menschen sühnen, das kam mir immer eine so schwulstige Freundschaftsbezeugung in den guten Tagen vor. – Jetzt kann ich sagen: „Heiland, mir ist ernst". – Die Weihnachten waren so schön wie noch nie im Leben. In der Jugend ist man doch auch noch zu menschlich. Als Priester hat man zu viel Arbeit, – heuer konnte ich mich nur mit der Weihnachtsliebe des Erlösers beschäftigen, bei Tag und besonders viele Stunden bei Nacht – denn da ist man nicht gestört. – Herrlich war es! Wenn ich sage, ich sei die ganze Weihnachtszeit immer glücklich gewesen, ist* [es] *viel zu wenig. Es waren vielfach Wonnen. – Der Neujahrtag begann wunderbar. Ich wurde gerufen und in eine Zelle geführt. Dort wartete ein Priester und hatte zum Versehen hergerichtet. Den Weihnachtsbesuch hatte er für drei Priester erreicht. Als ich so plötzlich und unerwartet vor dem Heiland kniete, weinte ich wie ein Kind. 7mal habe ich die 11 Monate kommuniziert, 5mal in Linz, durch die Güte eines Beamten bei Sonntagsgottesdiensten. Einmal brachte mir eine Dame hierher das Allerheiligste, und um Neujahr. Ich weiß, ich weiß, wie alles* <u>*Gnade*</u> *ist, daß es mir so gut geht trotz allem. Erbetene Gnade. – Erbeten, zu einem ganz großen Teil durch Euch. –- Damit komme ich zum Abschiednehmen. Das erste sei ein ganz inniges* <u>*Danken*</u> *für alles Beten und Opfern, um das bitte ich weiter – ich will natürlich ein Gleiches tun hier und daheim. Danken aber auch aus innigstem Herzen will ich für die viele Liebe und das Vertrauen, das ihr alle mir gegeben. Eigens möchte ich noch danken für die* <u>*bes.*</u> *Liebe in Plon, beim Herstellen meiner Gesundheit. Schwester Gabriela hat im Namen der Geschwister mich um Verzeihung gebeten. Ich habe* <u>*nichts*</u> *zum Verzeihen. Aber ich muß ernstlich darum bitten für alles, was ich Euch antat, durch meine Hartnäckigkeit und meinen Zorn, bes. möchte ich Bruder Josef darum bitten, den ich nach seinen Militärjahren oft sehr reizte. Und nun! Meine in[n]igst geliebten Leute alle, lebt wohl! Im Himmel, in der Heimat sehen wir uns wieder. Wie bald wird es sein! Gott sei Dank! Ach, wenn wir nur recht gelebt haben, in und mit Gott sterben, alles andere geht vorüber. – Wie froh bin ich jetzt, daß mein Leben immer ein hartes war. – Weinet nicht, wenn ihr diese Zeilen leset! Freuet Euch vielmehr – mit mir! Der Tag der Hinrichtung ist für uns alle ein Festtag. Wenn ich nur kann, will ich Euch, wie es Schwester Gabriela erbittet, den Schutzengel senden, daß er Euch die Stunde melde. – Den Priestersegen gebe ich Euch oft täglich mit gefesselten Händen und ich schließe diese Zeilen mit dem Priestersegen in größter Dankbarkeit und zärtlichster Liebe. Es segne Euch der Allmächtige Gott, der Vater, der Sohn und der hl. Geist. Dieser Segen begleite Euch im Leben, er helfe Euch im Sterben. Er führe alle daheim zusammen. Amen!*

Hans, am dritten Sonntag nach Erscheinung des Herrn [= 28. Jänner] *1945.*

Ein zweiter, offizieller (?) Abschiedsbrief P. Schwingshackls hat sich bei seinen Angehörigen in Welsberg-Hinterplon erhalten. Inhaltlich ist er etwas zurückhaltender, entspricht aber im Wesentlichen dem zitierten Schreiben.

Am 14. Februar 1945 wurde P. Schwingshackl nach München-Stadelheim zur Hinrichtung gebracht. Zuerst kam er in eine Dreierzelle; selbst hier benützte er noch die Gelegenheit, um seine Mitgefangenen in der Religion zu unterweisen. Dann wurde er in eine Einzelzelle des Krankentraktes verlegt. Er hatte damals das Allerheiligste in einer Pyxis bei sich, und bis in die letzten Tage betete er auch sein Brevier. Wenn der Wärter, ein gutmütiger Mensch, zu ihm kam, so traf er ihn immer heiter und gelassen an. Nie kam eine Klage über seine Lippen. *Angst* hatte er eigentlich nur davor, dass er doch nicht für das Martyrium bestimmt sei. Darin sollte er recht behalten.

Am 25. Februar verschlimmerte sich der Zustand des an Lungentuberkulose Erkrankten, da eine Darmblutung hinzu gekommen war. Der Gefängnisseelsorger Ferdinand Brinkmann (1896-1948) erteilte ihm am 27. Februar die Sterbesakramente. Vom 27. auf den 28. Februar, gegen Mitternacht, starb P. Schwingshackl eines natürlichen Todes.

Ferdinand Brinkmann berichtet:

Am anderen Morgen war mein erster Weg zu ihm. Die Zelle war leer. Gegen Mitternacht war er gestorben, man hatte ihn tot gefunden. Ganz armselig fand ich ihn aufgebahrt, nur mit einem kurzen Hemd bekleidet. Doch dieser Friede in diesem edlen Antlitz! Aber meine Beine wollten mich an jenem Tage kaum tragen.

Brinkmann, der Schwingshackl in den letzten zwei Wochen seines Lebens gut kennengelernt hatte, bezeichnete ihn seiner Schwester gegenüber wiederholt als einen Heiligen.

Begräbnis und Erinnerung

Seine erste Ruhestätte fand der Verstorbene auf dem Münchener Stadtfriedhof am Perlacher Forst. Die Bestattungskosten übernahm zunächst das Pfarramt Schönau-Bad Schallerbach, das dann die Rechnung auf Grund *mündlicher Weisung des Bischöflichen Ordinariates hin dem Linzer Weihbischof Josef Fließer persönlich* vorlegen sollte (Ch. Häupl). Die am Grab angebrachte Tafel trug nur die Aufschrift: *Sektionsnummer 87.* Im Frühjahr 1946 wurde der Leichnam exhumiert und auf dem Klosterfriedhof des Berchmans-Kollegs in Pullach bei München bestattet. Schließlich wurden die sterblichen Überreste P. Schwingshackls in der Krypta der Innsbrucker Jesuitenkirche (Universitätskirche) am 13. Juni 1985 feierlich beigesetzt. Eine damals in der Kirche angebrachte Gedenktafel erinnert an drei im Jahre 1945 *als Zeugen Christi* umgekommene Patres. Der Schwingshackl betreffende Text lautet: *Zum Tode verurteilt in Salzburg, gestorben in München-Stadelheim am 27. 2. 1945.*

Auf dem Geburtshaus Schwingshackls in Welsberg findet sich eine Gedenktafel aus Holz und an der Kirche Unsere Liebe Frau am Rain (Welsberg) eine solche aus Stein, welche das Andenken an den großen Sohn seiner Heimat festhalten.

Quellen und Literatur

Quellen

DAL, Pers.-A/2, S/145 (Johann Schwingshackl); DAL, Past-A/2, Sch. 15, Fasz. 12/3 und CA/10, Sch. 46, Fasz. S/14; Provinzarchiv SJ Wien: Pers.-Akt P. Schwingshackl; Diözesanarchiv Innsbruck: Pers.-Akt Johann Schwingshackl (Dossier); Pfarre Bad Schallerbach, Chronik der Pfarre Schönau; Chronik des Kurheimes St. Raphael in Bad Schallerbach.

Literatur

E. Brinkmann, *Der letzte Gang. Ein Priesterleben im Dienste Todgeweihter. Erinnerungen an meinen Bruder*, 11.-12. Auflage. Münster 1950, 68f.;

Korrespondenzblatt des Priestergebetsvereines im theologischen Konvikte Canisianum zu Innsbruck, 80 (1946), 28-29; [F. Vieböck], *P. Johann Nep. Schwingshackl S.J. zum Gedenken.* In: *Linzer Kirchenblatt* 11 (1955, Folge 8 v. 20. 2. 1955), 6-7; *Abschiedsbrief des P. Johann Nep. Schwingshackl S.J.* In: *Linzer Kirchenblatt* 11 (1955, Folge 9 v. 27. 2. 1955), 4; L. Maier, *P. Johann Schwingshackl S.J., ein Soldat Christi.* In: *Theologisch-praktische Quartalschrift* 107 (1959), 9-24; o. V., *Das ist der rechte Abschluß meines Lebens.* In: *Jesuiten in Österreich. Festschrift zum 400jährigen Gründungsjubiläum der österreichischen Ordensprovinz der Gesellschaft Jesu 1563-1963; Zeugen des Widerstandes. Eine Dokumentation über die Opfer des Nationalsozialismus in Nord-, Ost- und Südtirol von 1938 bis 1945.* Hg. J. Holzner u. a. Innsbruck-Wien-München 1977, 88-91; R. Zinnhobler, *Sie starben für ihre Überzeugung. Priester aus Oberösterreich als Opfer des Nationalsozialismus.* In: *Jahrbuch der Diözese Linz 1980*, 71-79; J. Innerhofer, *Südtiroler Blutzeugen.* Bozen 1985, 9-70. A. Rockenschaub, *Ein Glaubenszeuge unserer Zeit. Vor 45 Jahren starb P. J. Schwingshackl als zum Tod Verurteilter.* In: *Bad Schallerbacher Kurzeitung* 43 (1990, Nr. 2 v. 1. 3. 1990), 4-5; A. Rockenschaub, *Pater Schwingshackl – als Glaubenszeuge zum Tode verurteilt. Ein Priesterschicksal in der NS-Zeit.* In: *Oberösterreichische Heimatblätter* 49 (1995), 95-98; Ch. Häupl, *P. Johann Schwingshackl S.J. Ein Opfer des Nationalsozialismus* (Diplomarbeit an der Geisteswissenschaftlichen Fakultät der Universität Wien). Wien 1995; L. Wallner, *P. Johann Schwingshackl SJ.* In: *Jesuiten. Mitteilungen der österreichischen Jesuiten* 68 (1995, Heft 1), 14 f.; Ph. Überbacher, *P. Johannes Nepomuk Schwingshackl SJ und sein Widerstand gegen den Nationalsozialismus.* In: *Korrespondenzblatt des Collegium Canisianum Innsbruck* 129 (1996, Heft 1), 17-23; R. Zinnhobler, *P. Johann Schwingshackl S.J. Ein Kämpfer für Christus und sein Reich.* In: J. Mikrut (Hg.), *Blutzeugen des Glaubens. Martyrologium des 20. Jahrhunderts.* Bd. 2: *Diözesen Graz-Seckau, Linz.* Wien 2000, 221-245.

Marcel Callo

(1921-1945)
Ein Lebensopfer für Christus und die Katholische Arbeiterjugend

Mit Oberösterreich verbunden ist der selig gesprochene Marcel Callo durch seinen Tod im KZ Mauthausen/Gusen II sowie durch die ihm zuteil gewordene Verehrung: Kirche und Pfarre Linz-Auwiesen sind seinem Schutz (Patrozinium) unterstellt.

Leben und Wirken in der Heimat

Schon durch seine Geburt gehörte der Bretone Marcel Callo dem Arbeitermilieu an. Sein Vater Jean-Marie Callo war ein Fabriksarbeiter. Er heiratete 1919 Félicité Marie Josephe Fanène und übersiedelte bald nach der Verehelichung nach Rennes; seine Frau übernahm den Hausbesorgerposten in der Chemiefabrik, in welcher er angestellt war. Marcel, das zweite von neun Kindern, wurde am 6. Dezember 1921 geboren. Sein älterer Bruder, Jean-Marie-Pierre (geb. 1920) wurde Priester. Der Vater war streng, aber ein vorbildlicher Christ. Die ebenso religiöse Mutter, die Marcel über alles liebte, zeichnete sich durch große Güte aus.

Auf Grund der bescheidenen Verhältnisse, in denen die Familie lebte, konnte der begabte Marcel, der allerdings nicht immer gleich eifrig lernte, an kein höheres Studium denken. Er besuchte die Volksschule und wurde mit acht Jahren Ministrant in seiner Pfarre St. Aubin. Er war ein aufgeweckter Bub, fröhlich und stets zu kleinen Streichen aufgelegt. Seine Mitschüler schätzten ihn als guten Kameraden und Spielgefährten. Unter seinen Geschwistern kam ihm, besonders nachdem sein Bruder in das Knabenseminar aufgenommen worden war, die Führerrolle zu. Dabei war er aber auch ihnen gegenüber stets hilfsbereit. Die Mutter unterstützte er bereitwillig bei den Hausarbeiten.

Schon in der Volksschule schloss sich Marcel dem *eucharistischen Kreuzzug* an, einer Bewegung, die ihn nachhaltig prägte. Die Mitglieder nannten sich *Kreuzritter*. Es wurde von ihnen erwartet, möglichst täglich die hl. Kommunion zu empfangen, ein vorbildhaftes Leben als Christen zu führen und auf diese Weise *missionarisch* tätig zu sein. Marcels Mutter förderte ihn in diesen Bestrebungen.

1933 wurde Marcel in die Pfadfinderbewegung aufgenommen. Die tägliche *gute Tat*, die von den Pfadfindern verlangt wird, wurde ihm bald zu einem inneren Bedürfnis. Er engagierte sich vorbildlich bei Aktivitäten seiner Gruppe und war z.B. an der Vorbereitung und an der Durchführung von Festen und Theateraufführungen intensiv beteiligt. Einmal übernommene Aufgaben führte er stets mit großer Gewissenhaftigkeit durch. Das Pfadfindertum trug wesentlich dazu bei, dass Marcel seinen Weg als Christ konsequent weiter ging.

Nach Absolvierung der Schulpflicht stellte sich für Marcel die Frage nach einem Beruf. Seine Freude an Büchern mag mitbestimmend gewesen sein, dass er sich entschied, das Druckerhandwerk zu erlernen. Die Arbeit gefiel ihm, doch litt er unter dem amoralischen Verhalten und den derben Späßen vieler seiner Kollegen. Er selbst ließ sich dadurch nicht von seinem Weg abbringen. Er besuchte häufig die Messfeier und legte alle vierzehn Tage die Beichte ab.

Damals schloss sich Marcel der in Rennes neu eingeführten *Christlichen Arbeiterjugend* (JOC = Jeunesse Ouvrière Chrétienne) an, ohne deswegen die Ziele der Pfadfinder aus den Augen zu verlieren.

Als Mitglied der JOC konnte Marcel sowohl seinen missionarischen Eifer als auch seine Führungsqualitäten voll entfalten. Die Bewegung griff die vom belgischen Priester Joseph Cardijn (1882-1967, ab 1965

Marcel Callo

Kardinal) in der von ihm begründeten *Christlichen Arbeiterjugend* (1925) vertretenen Grundsätze mit Begeisterung auf. U.a. verlangte Cardijn von den Mitgliedern der JOC, was heute nur mehr schwer nachvollziehbar ist, den täglichen Messbesuch mit Empfang der Kommunion, ein eifriges Gebetsleben und eine Viertelstunde Betrachtung (Meditation) pro Tag, eine Stunde geistliche Lesung pro Woche und ein missionarisches (apostolisches) Verhalten, um weitere Mitglieder für die Bewegung und für Christus zu gewinnen.

Jules Martinais, der 1935 Kaplan in St. Aubin wurde, gewann Marcel für die JOC, in der dieser bald Führungsaufgaben übernahm und sich am Aufbau einer eigenen *Sektion* beteiligte.

Das war deswegen schwierig, weil auf Grund der politischen Situation – Frankreich war seit 1940 von deutschen Truppen besetzt – die JOC-Arbeit nur im Untergrund möglich war. Ein Gesetz vom 30. Juni 1941 verbot jede Vereinstätigkeit. Marcel gelang es dennoch, die *Sektion St. Aubin* der JOC *zu einem intensiven … Zentrum …, zu einer großen Gruppe aktiver junger Leute* (Gouyon, 52) auszubauen. Zweimal im Monat tagte der Sektionsausschuss; Marcel leitete die Zusammenkünfte sehr gewissenhaft. Die Vorbereitungen nahmen ihn oft bis tief in die Nacht in Anspruch. Zur Gewinnung neuer Mitglieder war ihm die Freizeitgestaltung sehr wichtig (Sport, Wanderungen, Radausflüge). Es gelang ihm nicht nur, Jugendliche zu Christus zu führen, sondern auch, tiefe persönliche Freundschaften aufzubauen. Er verstand es auch, sein manchmal etwas aufbrausendes Temperament so weit zu zähmen, dass es kein wirkliches Hindernis für den insgesamt wohlwollenden Umgang mit den anderen Jugendlichen darstellte.

Marcel lernte damals ein ideal gesinntes Mädchen, Marguerite Derniaux, kennen, mit dem er sich im Einverständnis mit seinen Eltern verlobte. Es kam aber zu keinen *Vertraulichkeiten*, auch redeten die beiden einander, was damals allerdings nicht unüblich war, weiterhin mit *Sie* an (Gouyon, 70). Einem gemeinsamen Leben und der Gründung einer Familie sahen sie aber erwartungsvoll entgegen. Übrigens war auch Marcels Braut JOC-Mitglied.

Einen schweren Schlag bedeutete für Marcel der Bombenangriff auf Rennes am 8. März 1943. Unter den über 1000 Opfern befand sich auch seine Lieblingsschwester Madleine, die er nur mehr tot aus den Trümmern bergen konnte.

Sie wurde am 11. März beerdigt. Am Tag zuvor hatte Marcel die Einberufung zum Arbeitsdienst in Deutschland erhalten. Er teilte das zunächst nur seinem Bruder Jean mit; die schwer geprüften Eltern wollte er noch schonen.

Arbeitsdienst in Thüringen

Am 19. März 1943 musste Marcel Abschied von seiner geliebten Heimat nehmen. Das war ein schmerzlicher Tag. Seine Familie trauerte um Madleine, gleichzeitig stand die Primiz von Jean bevor, an der Marcel so gerne teilgenommen hätte. Auch musste er seine Braut und die Freunde in der JOC-Bewegung zurück lassen. Er machte noch Besuche bei seinen Arbeitskollegen in der Provinzdruckerei und bei seiner Braut, dann ging er zum Bahnhof, nur von einem Freund begleitet. Um seinen Angehörigen den Abschied nicht noch schwerer zu machen, wollte er nicht, dass jemand von der Familie mitkomme. Beim Weggehen von der elterlichen Wohnung hatte er seine Mutter noch zärtlich geküsst und zu ihr gesagt: *In einem Jahr bin ich wieder zurück*. Damit sollte er nicht Recht behalten; es wurde eine Reise ohne Wiederkehr.

Die mühsame Fahrt nach Zella-Mehlis wurde immer wieder von Bombenalarm unterbrochen und dauerte fünf Tage. Dort angekommen, wurden die Zwangsarbeiter in Wohnbaracken untergebracht; die etwa 80 jungen Bretonen blieben zusammen. Die einzelnen Räume, die für fünf bis sechs Personen bestimmt waren, wurden bald mit der dreifachen Zahl von Arbeitern belegt. Die Zimmer waren schlecht geheizt, und die Verpflegung war dürftig.

Die Franzosen arbeiteten im Waltherwerk, einem riesigen Rüstungsbetrieb, der 3000 bis 3500 Arbeiter beschäftigte (Gouyon, 79). Die tägliche Arbeitszeit betrug zehn bis elf Stunden. Marcel wurde dazu bestimmt, Leuchtpistolen zusammen zu bauen, was er zwar als geisttötend, aber als nicht besonders anstrengend empfand. Viel schwerer fiel es ihm, sich an die Lagerkost zu gewöhnen. Einmal zog er sich eine Lebensmittelvergiftung zu, auch litt er wiederholt an Migräne und Koliken. Als belastend empfand er auch die Unmoral mancher seiner Kameraden, die sich willig mit Frauen einließen. Marcel widerstand jeder Versuchung. Sein Glaube war ihm eine große Hilfe. Es gelang ihm sogar, trotz aller Schwierigkeiten, ein *Apostolat im Exil* aufzubauen. Ganz wichtig war ihm der Messbesuch. So machte er sich bald auf die Suche nach einer Kirche. Es gab in Zella-Mehlis jedoch nur ein evangelisches Gotteshaus, in dem aber jeden Sonntag ein deutscher Priester eine Messe feierte. Das war ein Ausdruck damaliger Ökumene. Schon zum ersten Gottesdienst, an dem Marcel teilnahm, brachte er drei Kameraden mit. Die Freude war groß, als sie erfuhren, dass der Zelebrant auch Französisch sprach. Damit bestand nun auch die Möglichkeit, die Beichte abzulegen.

In der Folge warb Marcel in seiner Baracke, um noch weitere Teilnehmer für den Kirchenbesuch zu gewinnen. Erfolge stellten sich ein, und die Ostermesse feierten – mit Ausnahme eines Einzigen – sämtliche Zimmergenossen mit. Viele von ihnen gingen auch zur Kommunion.

Schließlich gelang es Marcel, den deutschen Priester zu veranlassen, einmal im Monat einen eigenen Gottesdienst für die Franzosen anzubieten, bei dem die Teilnehmer französisch beten und singen konnten.

Manche der Kameraden, die Marcel zur Kirche begleiteten, waren schon Jahre hindurch in keiner Messe mehr gewesen.

Marcel baute im Lager auch eine JOC-Gruppe auf, die freilich im Geheimen arbeiten musste. Die Treffen, für die sich Marcel im Scheine einer Taschenlampe bis tief in die Nacht hinein vorbereitete, fanden an den verschiedensten Orten statt, so auch im Wald. In der näheren Umgebung, so in Schmalkalden und Suhl, leitete Marcel gelegentlich ebenfalls Aktivistengruppen. Dabei war er sich der Gefahren, denen sich die Teilnehmer aussetzten, durchaus bewusst. In einem Brief an seine Familie vom 20. Dezember 1943 findet sich der Satz: *Es ist uns [zu] heiß geworden; wir werden nämlich überwacht, man behält uns im Auge* (Gouyon, 86). Es war nur mehr eine Frage der Zeit, bis Marcel festgenommen wurde.

Gefangenschaft in Gotha

Am 19. April 1944 wurde Marcel Callo tatsächlich verhaftet. Einer seiner Kameraden fragte den Gestapo-Mann, der diese Amtshandlung vornahm, nach dem Grund. Dieser antwortete: *Der Herr ist viel zu katholisch* (Gouyon, 91). Marcel bat seinen Freund darum, den Eltern und seiner Braut brieflich mitzuteilen, dass die Verhaftung *wegen der Katholischen Aktion* erfolgt sei (ebd.).

Marcel wurde nach Gotha gebracht und zunächst im Gestapokeller eingesperrt. Einige Freunde waren in benachbarten Zellen untergebracht. Es gelang ihnen daher, Kontakt miteinander aufzunehmen und sich gegenseitig in ihrer Haltung zu bestärken.

Am Samstag, 22. April, und am Sonntag, 23. April, fand Marcels Verhör statt. Die JOC-Aktivitäten, die ihm vorgeworfen wurden, gab er unumwunden zu, ebenso sein Wissen um das Verbot dieser Tätigkeit.

Am 27. April erfolgte die Überstellung Marcels in das Stadtgefängnis von Gotha. Die ihm angewiesene Zelle war sehr dürftig eingerichtet und nur zwei mal vier Meter groß. Er wurde aber mit mehreren Kameraden im selben Stockwerk untergebracht. Sie konnten sich daher z.B. durch Pfiffe miteinander verständigen; einmal sangen sie auch gemeinsam das *Salve Regina*.

Marcel führte in der Gefangenschaft ein Tagebuch in Stichworten; er trug seine Aufzeichnungen in die unbedruckten Seiten einer deutschen Illustrierten ein, die er ergattern hatte können, beginnend mit dem Tag der Einlieferung. Das Heft kam später in den Besitz seiner Familie und stellt eine wichtige Quelle über die Zeit seiner Kerkerhaft dar (GOUYON, 95).

Der Tagesablauf war stets der gleiche. Um fünf Uhr früh wurde geweckt, eine halbe Stunde später fand der Morgenappell statt. Die Zeit dazwischen diente zum Waschen, Ankleiden und Einnehmen des kargen Frühstücks. Dann wurden die Gefangenen zu Arbeiten eingeteilt, so zum Holzhacken oder zu Feldarbeiten bei Gemüsebauern. Marcel hatte das Glück, vor allem bei diesen eingesetzt zu werden. Zur Mittagssuppe, die aus dem Gefängnis angeliefert wurde, erhielt er von den Bauern manchmal noch einige Kartoffeln vom Schweinefutter. Obwohl die Lebensbedingungen hart waren, gelang es den Gefangenen doch wiederholt, sich kleine Erleichterungen zu verschaffen. So gab es zur Erntezeit mitunter Gelegenheit, zusätzliche Lebensmittel zu bekommen, die sie stets gewissenhaft miteinander teilten. Einige Aufseher waren für Geld auch bereit, Briefe aus dem Gefängnis hinaus zu schmuggeln bzw. ihnen die eingelangte Post auch tatsächlich auszuhändigen. Die Kontakte Marcels mit seiner Heimat rissen daher zunächst nicht ab. In einem Schreiben an die Eltern vom 6. Juli 1944 beklagte er zwar seine Einsamkeit, stellte aber auch fest: *Zum Glück gibt es einen Freund, der mich nicht einen Augenblick lang verläßt, und der mir in schweren und bedrückenden Stunden beisteht* (GOUYON, 100). Damit nahm er natürlich Bezug auf Christus.

Immer wieder gelang es den im selben Stockwerk festgehaltenen Kollegen auch, miteinander zu singen und zu beten. Einmal wurde ihnen durch die Bemühungen eines Jesuiten sogar ein Kommunionempfang möglich. Eine Blechbüchse war in den Kerker geschmuggelt worden, in der sich konsekrierte Hostien befanden. Marcel und seine Kameraden empfingen diese mit großer Andacht (GOUYON, 18f.). In Marcels Tagebuch findet sich darüber zum 16. Juli 1944 die Eintragung: *Kommunion. Unendliche Freude* (GOUYON, 98).

Überraschender Weise wurde den im obersten Stockwerk des Gefängnisses untergebrachten zwölf Franzosen ab 9. August 1944 *ein gemeinsamer Platz zugewiesen*, an dem sie auch religiöse Übungen verrichten durften. Sie nannten diesen Raum, den sie mit einem aus Strohblumen gebastelten Kreuz schmückten, *die Kirche* (Gouyon, 16) oder auch *das Obergemach*, mit Bezug auf den Abendmahlsaal, in dem sich die zwölf Apostel mit der Mutter Jesu versammelt hatten (Apg 1,14). Die Freunde trafen sich dort jeden Abend, um sich gegenseitig im Glauben zu stärken. Nicht gestattet war ihnen die Feier der Eucharistie, obwohl sich unter ihnen auch ein Priester befand.

Das Gesagte darf nicht darüber hinweg täuschen, dass die Zeit in Gotha für die Gefangenen insgesamt sehr belastend war. Es sollten aber noch schwierigere Tage kommen.

Das bittere Ende im KZ Mauthausen/Gusen II

Am 6. Oktober 1944 wurden Marcel und seine Gefährten in das Büro des Gefängnisses geholt, wo man ihnen ihre Zivilkleidung und ihre wenigen Habseligkeiten zurück gab. Stand ihre Entlassung bevor? Oder sollten sie in ein Konzentrationslager eingeliefert werden? Sie waren sich völlig ungewiss.

Nach einem mageren Frühstück wurden sie am 8. Oktober zum Bahnhof gebracht, wo sie nach langer Wartezeit einen *Zellenwagen* besteigen mussten. Die Fahrt, die sie antraten, wurde oft unterbrochen. Erst am 18. Oktober erreichten sie das berüchtigte KZ Flossenbürg. Dort blieben sie einige Tage, dann wurden sie *aussortiert*. Marcel und drei seiner Freunde wurden mit 350 anderen Häftlingen nach Mauthausen überstellt (Gouyon, 117). In Güterwaggons, in die etwas Stroh gestreut war, begann am 24. Oktober der Abtransport; am 25. Oktober kamen die Gefangenen in Mauthausen an.

Schon am 26. Oktober wurden Marcel und zwei seiner Freunde in das Lager Gusen I eingewiesen. Der Seminarist Roger Vallée war damals nicht mehr bei ihnen; er war wegen Erschöpfung in das Krankenrevier von Mauthausen gebracht worden, wo er schon am 29. Oktober starb.

Marcels Beschäftigung im Lager Gusen I bestand im Sortieren von Flugzeugnieten. Bei einer äußerst kargen und unappetitlichen Verpflegung, die seinen empfindlichen Magen endgültig ruinierte, musste er zehn Stunden am Tag arbeiten. Erschwert wurde die Situation noch durch die jungen polnischen (!) KZ-Aufseher, die sich ein Vergnügen daraus machten, den Häftlingen Fußtritte zu geben; den Franzosen verweigerten sie bei der Essenausgabe jeden *Nachschlag*. Es kam sogar vor, dass sie die Bittenden statt dessen mit dem Schöpflöffel blutig schlugen.

Noch viel schlimmer war das Lager Gusen II, in das Marcel am 7. November 1944 eingewiesen wurde. Dort mussten sich bis zu fünf Häftlinge jeweils eine Pritsche teilen. Um die Zahl der Gefangenen zu reduzieren, ließ man sie im Winter wiederholt bei eisiger Kälte nackt im Freien stehen, was viele nicht überlebten. Die Schlafenszeit betrug nur vier bis fünf Stunden, *geweckt wurde mit Peitschenhieben und Flüchen*. In den Waschraum, in dem es weder Seife noch Handtücher gab, mussten sich die Gefangenen im Laufschritt begeben. Zwei Stunden später wurde der Morgenkaffee serviert, eine armselige schwärzliche Brühe. Zum Appell wurden die Häftlinge mit Knüppelschlägen getrieben. Dann wurden sie per Zug in ein 2,5 km entferntes Montagewerk gebracht. Der Zug hielt dort aber nicht an, sondern verlangsamte nur sein Tempo. Man musste dann aus dem Waggon springen oder sich herausfallen lassen.

Das in einen Felsen getriebene Montagewerk hatte mehrere Stollen; in ihnen wurden Flugzeuge des Typs Messerschmitt (Me-109) hergestellt. Der Betriebslärm war ohrenbetäubend, die Sicht war schlecht, da die Aluminiumplatten das gleißende Licht der starken Lampen reflektierten, und die Luft war wegen des verwendeten Schmieröls ekelerregend. Unter diesen Bedingungen musste Marcel im Stollen Nr. 4 *mit einer Preßluftpistole Nieten einschießen*.

Bis Mitte Jänner 1945 wurde in drei Schichten gearbeitet, dann nur mehr in zwei. Die tägliche Arbeitszeit betrug nun zwölf Stunden, wobei brutale Aufseher jede begangene Ungeschicklichkeit mit Knüppelschlägen bestraften. Als Marcel im Februar auch noch seine Brille gestohlen wurde, fand er sich kaum noch zurecht. Seine Augen waren blutunterlaufen, an den Beinen hatte er ein Ödem, auch litt er an Furunkulose. Sein Glaube blieb dennoch ungebrochen. In einem Winkel des Stollens betete er manchmal mit Kameraden heimlich ein *Gegrüßet seist du Maria* und ermunterte sie zum Durchhalten mit den Worten: *Habt Vertrauen ... Wir dürfen uns nicht gehen lassen, Gott steht uns bei* (GOUYON, 121).

Mehrmals musste Marcel in das Krankenrevier eingeliefert werden, wo die Erkrankten zu fünft in einem Bett lagen. Die Behandlung spottete jeder Kritik, außerdem wurden sie noch geschlagen. Es ist nicht verwunderlich, dass unter diesen Bedingungen bis zu 50 Kranke pro Tag starben. Marcel war am 5. Jänner wegen eines Lungenleidens todkrank in das Revier gekommen und verblieb dort bis zum 20. Jänner.

Im März wurde er abermals in das Krankenrevier überstellt. Diesen Aufenthalt sollte er nicht überleben. Er war an Tuberkulose erkrankt, wozu wegen der dauernden Unterernährung noch die Ruhr kam. Sein Zustand war erbarmenswürdig. Die Verhältnisse im Revier waren nicht dazu angetan, ihn wieder gesunden zu lassen. Blockarzt Dr. Peissel informierte den Bruder Marcels, Abbé Jean Callo, über die schwere Erkrankung.

Am 19. März 1945 um 2 Uhr früh endete das irdische Leben Marcel Callos. Als Todesursache vermerkt das *Lagerregister: Kreislaufschwäche und akute Dickdarmentzündung* (GOUYON, 123).

Über das Sterben Marcels besitzen wir den Bericht eines französischen Offiziers und Widerstandskämpfers, des Obersts Tibodo, der ebenfalls mit ihm vom KZ Flossenbürg nach Mauthausen deportiert worden war. Tibodo überlebte die Hölle von Mauthausen/Gusen II. Im Zusammenhang mit dem Seligsprechungsprozess für Marcel Callo sagte er über dessen letzte Stunden Folgendes aus:

Ich habe Marcel Callo nur ein paar Stunden lang erlebt, unmittelbar vor seinem Tod im März 1945, eineinhalb Monate vor der Befreiung. Ich lernte ihn erst in den letzten beiden Stunden seines Lebens kennen. Er ist sozusagen in meinen Armen gestorben. Das hat mir genügt, um festzustellen, daß dieser junge Mann die gewöhnliche Natur des Menschen weit überragte. Als ich ihn sah, war er dem Aussehen nach noch bei Bewußtsein. Im Block gab es Latrinen. Marcel war hineingefallen. Ich kam gerade dazu und konnte ihn, ohne daß es die anderen merkten, zu seiner Pritsche bringen … Er nannte mir seinen Namen. Leider habe ich vergessen, was er mir sonst noch gesagt hat. Doch obwohl ich verschiedene Lager erlebt und viele Gefangene gekannt habe, ist die Erinnerung an Marcel Callo wachgeblieben, weil sein Blick wahrhaftig wie aus einer anderen Welt war … Wenn ich, ein alter Ketzer, der Tausende von Gefangenen sterben sah, von diesem Blick Marcel Callos so beeindruckt war, dann deshalb, weil etwas Außergewöhnliches in ihm lag. Für mich war es eine Offenbarung: Sein Blick verriet die tiefe Überzeugung, daß er auf das Glück zuging. Es war ein Akt des Glaubens und der Hoffnung auf ein besseres Leben. Bei keinem anderen Sterbenden habe ich je einen solchen Blick gesehen … Dieser junge Mann hatte den Blick eines Heiligen.

Die Verehrung

Die Nachricht vom Tod Marcel Callos erreichte die Familie Ende Mai 1945, also erst nach dem *Zusammenbruch* Deutschlands. Am 12. Juni wurde in der Pfarrkirche von St. Aubin in Rennes ein Gedächtnisgottesdienst für ihn gehalten, den der damalige Erzbischof von Rennes Clément-Emile Roques zelebrierte. Bei seiner Ansprache in der überfüllten Kirche würdigte er Marcel als Martyrer und als Vorbild.

Marcel wurde aber nicht nur in seiner Heimat verehrt, sondern besonders auch in Deutschland. So tauchte bald der Gedanke auf, einen Seligsprechungsprozess anzustreben. Vor allem P. Bernhard Gerardi OMI, der in der deutschen Widerstandsbewegung gegen den Nationalsozialismus gekämpft hatte und nach dem Krieg in der Diözese Fulda als Seelsorger der Katholischen Männerbewegung tätig war, nahm sich der Sache an. Nach dessen Tod (gest. 1962) griff seine Sekretärin Rosemarie Scholze, vereh. Pabel, die Initiativen Gerardis auf und fand bei ihren Aktivitäten eine begeisterte Resonanz.

Üblicherweise kommt es jener Diözese, in der ein *Diener Gottes* gestorben ist, zu, für eine angestrebte Kanonisation den so genannten *Informativprozeß* über dessen Leben und Tugenden zu eröffnen. Linz trat aber dieses Recht 1968 an die Erzdiözese Rennes ab. Der dortige Erzbischof, Kardinal Paul Gouyon, griff das Anliegen sogleich auf. Offizieller Beginn des diözesanen Informativprozesses war der 24. November 1968.

Am 26. September 1974 richteten die Bischöfe Deutschlands eine Eingabe an Papst Paul VI. mit der Bitte um die Seligsprechung Marcel Callos, den sie in ihrem Schreiben mit den Worten würdigten: *Er war ein christlicher Vorkämpfer bis ans Ende, bis zu seinem Tod in und mit Christus*. Die Österreichische Bischofskonferenz wandte sich am 24. Februar 1975 in der selben Sache an den Papst.

Anlässlich der *Laiensynode* 1987 in Rom wurde das angestrebte Ziel tatsächlich erreicht; Papst Johannes Paul II. nahm am 4. Oktober die Seligsprechung vor. Unter den Feiernden befand sich auch eine Delegation der KAJ Österreichs. Auch der Bischof von Linz, Maximilian Aichern, der an der Synode teilnahm, war selbstverständlich zugegen.

Wenig später, am 22. November 1987, fand im KZ Mauthausen eine Gedenkfeier für Marcel Callo statt, die von Bischof Maximilian Aichern und dem damaligen Bischof von Gurk-Klagenfurt Egon Kapellari als Jugendbischof geleitet wurde.

1988 besuchte Papst Johannes Paul II. im Rahmen seiner Pastoralvisite in Österreich am 24. Juni auch das KZ Mauthausen. Dabei brachte er in einer bewegenden Ansprache die dort begangenen Gräueltaten in Erinnerung. Er sagte u.a.:

An diesem Ort, hier in Mauthausen, waren Menschen, die im Namen einer irrsinnigen Ideologie ein ganzes System der Verachtung und des Hasses gegen andere Menschen in Bewegung gesetzt haben. Sie unterzogen sie Folterungen, zerbrachen ihnen die Gebeine, mißhandelten grausam ihre Körper und Seelen.

Zum Schluss wendete er sich an drei Opfer des Nationalsozialismus um deren Fürbitte:

Seliger Marcel Callo, Märtyrer von Mauthausen, selige Schwester Theresia Benedikta vom Kreuz, Edith Stein, und heiliger Pater Maximilian Kolbe, ihr gepriesenen und verehrten Märtyrer von Auschwitz,

bittet für alle an diesen Orten des Todes Gequälten und Gemarterten!

Bittet für alle Opfer ungerechter Gewalt, gestern und heute, –

bittet auch für ihre Henker!

Jesus Christus, Lamm Gottes, erbarme dich ihrer aller, – erbarme dich unser aller!

In der Diözese Linz wird das Andenken an den Martyrer Marcel Callo in besonderer Weise bewahrt durch eine für ihn errichtete Gedenkstätte in der Kapellenbaracke des ehemaligen KZ Mauthausen sowie durch die Verleihung des Patroziniums an die im Stadtteil Linz-Auwiesen errichtete Kirche. Das in eine ehemalige Tuchfabrik (Himmelreich u. Zwicker) eingebaute Gotteshaus wurde am 6. Dezember 1998 von Bischof Maximilian Aichern geweiht. Inzwischen wurde, mit Wirkung vom 1. Jänner 2002, die am 1. Oktober 1995 errichtete Seelsorgestelle zur Pfarre erhoben.

Quellen und Literatur

Literatur (Auswahl)

B. GERARDI, *Marcel Callo – Ein Leben für die Brüder*. Augsburg [3]1961; P. GOUYON, *Marcel Callo. Märtyrer der Arbeiterjugend in Mauthausen*. Salzburg 1988; R. PABEL (Hg.), *Marcel Callo – Dokumentation*. Eichstätt 1991; J. EBNER, *Marcel Callo. Ein Märtyrer der Arbeiterjugend (1921-1945)*. In: J. MIKRUT (Hg.), *Blutzeugen des Glaubens. Martyrologium des 20. Jahrhunderts*. Bd. 2: *Diözesen Graz-Seckau, Linz*. Wien 2000, 85-97.

Prof. DDr. Franz Ohnmacht

(1893-1954)
Ein Kreuzweg unter dem NS-Regime

Obwohl Professor Ohnmacht erst 1954, neun Jahre nach dem Ende der Hitler-Diktatur, starb, kann er mit Recht als ein Opfer der NS-Justiz gelten. Ihm war in mehreren Konzentrationslagern so schweres Leid zugefügt worden, daß er 1946 nur mehr als psycho-physisches Wrack in seine Heimat zurückkehren konnte. Es gelang ihm nicht mehr, sich zu erholen und sich in das normale Leben einzufügen. Daß ihn schließlich der Tod schon im 61. Lebensjahr ereilte, hängt ursächlich zusammen mit den Qualen, die er in Konzentrationslagern und in der Verbannung durchgemacht hatte.

Ohnmacht steht für jene Schicht von Priestern, die büßen musste für den Episkopat. Da die NS-Behörden Angst davor hatten, beim gläubigen Volk könnten Unruhen entstehen, wenn sie die Bischöfe wegen ihrer negativen Einstellung zum Nationalsozialismus belangten, getrauten sie sich meist nicht, an diese selbst Hand anzulegen. Statt ihrer ergriffen sie dann oft jene Männer, die ihren Oberhirten als engste Mitarbeiter und Ratgeber zur Verfügung gestanden waren. Mit dieser Methode erreichten sie zudem eine Einschüchterung der Bischöfe, die nun schon deshalb vorsichtiger agierten, damit sie nicht noch weitere ihrer treuesten Gefolgsleute gefährdeten. An Dr. Ohnmacht kommt diese Vorgangsweise exemplarisch zum Ausdruck.

Die Zeit vor dem „Anschluss"

Als Sohn des Arztes Dr. Karl Ohnmacht und seiner Frau Creszentia, geb. Auzinger, erblickte Franz Ohnmacht am 5. Dezember 1893 in Raab (OÖ.) das Licht der Welt. Er hatte zwei Geschwister, einen Bruder Karl und eine Schwester Anna.

Nach dem Besuch des Gymnasiums in Kremsmünster und Ried legte Franz Ohnmacht 1911 die Reifeprüfung mit Auszeichnung ab. Da er Priester werden wollte, trat er am 1. Oktober 1911 in das Priesterseminar in Linz ein, wurde jedoch schon am 25. Oktober d. J. zum Theologiestudium nach Rom geschickt. Dort besuchte er als Zögling des Collegium Germanicum die päpstliche Universität Gregoriana, an der er auch das Doktorat der scholastischen Philosophie erwarb.

Wegen der Kriegswirren wurde das Germanikum 1915 an das Canisianum in Innsbruck verlegt. Daher kehrte Franz Ohnmacht am 21. Mai 1915 zunächst in das Priesterseminar in Linz zurück, um dann seine Studien an der Universität Innsbruck fortzusetzen. In Innsbruck wurde er am 15. Juli 1916 auch zum Priester geweiht. Die Promotion zum Dr. theol. fand am 6. Juli 1917 statt. Der Rektor des Germanikums, P. Ferdinand Ehrenborg, bestätigte Ohnmacht am 12. Juli 1917, daß er sich als Alumne stets gut aufgeführt habe und berechtigte Hoffnung gebe, ein guter Arbeiter im Weinberg des Herrn zu werden.

Nach vorübergehender Tätigkeit als Kooperator in Neufelden (1917) kam Dr. Ohnmacht in gleicher Eigenschaft an die Stadtpfarre Urfahr, wurde aber schon am 1. April 1919 *gleichzeitig zum bischöflichen Sekretär ernannt ... und beauftragt, den Dienst am 12. April anzutreten*. Die *Pfarramtlichen Nachrichten* der Stadtpfarre Urfahr vom 1. Mai 1919 melden, daß Ohnmacht am 12. April aus der Pfarre geschieden sei. Er habe dort äußerst segensreich gewirkt und *sich durch sein liebenswürdiges Entgegenkommen in allen Kreisen der Bevölkerung Liebe und Achtung* erworben. In besonderer Weise habe er sich um die Jugendbewegung und die katholische Frauenorganisation bemüht.

Ab 1. Mai 1919 übernahm Ohnmacht zusätzlich die Aufgaben eines Notars des kirchlichen Diözesangerichtes und eines Sekretärs des geistlichen Ehegerichtes. Außerdem übte er die Aufgaben eines bischöflichen Zeremoniärs aus und hatte Bischof Johannes M. Gföllner (1915-1941) auf dessen Visitationsreisen zu begleiten.

Da 1923 in Linz das Philosophiestudium im Rahmen der Theologie ausgebaut wurde, bestand Bedarf für einen zusätzlichen Professor. Der Bischof bestellte daher Ohnmacht am 5. Juli 1923 (mit Wirkung vom 1. August d. J.) zum prov. Professor der scholastischen Philosophie. Die Vorlesungen waren in lateinischer Sprache zu halten. Nominell blieb Dr. Ohnmacht auch noch bischöflicher Sekretär, wurde jedoch als solcher beurlaubt, während er die Stelle als Notar beim kirchlichen Diözesangericht weiterhin versehen sollte.

Als Professor nahm Ohnmacht Wohnung im Priesterseminar. Über Wunsch des Bischofs unterzog er sich am 17. Juni 1927 der *Fachprüfung aus Philosophie*. Er bestand diese mit sehr gutem Erfolg und wurde daher mit 1. Juli 1927 zum definitiven Professor ernannt.

Bereits im Jänner 1927 hatte Bischof Gföllner für die Diözese ein Exerzitienreferat eingerichtet, mit dessen Leitung Ohnmacht betraut wurde. 1929 wurde auch ein Katholikensekretariat gegründet, das ebenfalls Dr. Ohnmacht leiten sollte und dem mit 1. September d. J. auch das Exerzitienreferat eingegliedert wurde. Damit war die Dr. Ohnmacht übertragene Aufgabenfülle so groß geworden, daß er ihr kaum mehr genügen konnte; er wurde daher am 1. Juli 1929 als Professor entpflichtet. Auf Wunsch des Bischofs sollte Dr. Ohnmacht nun vor allem die Standesseelsorge in der Diözese aufbauen und den Priestern in allen neu auftauchenden seelsorglichen Fragen beratend zur Seite stehen.

Als 1930 das Theologiestudium in Linz auf sechs Jahre verlängert wurde, übernahm Ohnmacht mit 26. Mai nochmals einen vierstündigen Lehrauftrag für Philosophie, den er aber mit 1. Juli 1931 wieder zurücklegte.

1931 hatte Bischof Gföllner einen Hirtenbrief über die Katholische Aktion erlassen. Diese sollte in der Folge zum Hauptaufgabengebiet Dr. Ohnmachts werden, weshalb er am 2. Jänner 1934 sein Amt als Notar des kirchlichen Diözesangerichtes zurücklegte. In seinem Schreiben nennt der Bischof Ohnmacht übrigens bereits *Generaldirektor der Katholischen Aktion*, obwohl er ihn offiziell erst mit 1. August 1934 als solchen bestellte. Gföllner, der bis dahin den systematischen Ausbau der Katholischen Aktion noch nicht für opportun gehalten hatte, beauftragte nun Dr. Ohnmacht mit der näheren Organisation der KA, da sich inzwischen *die politischen Verhältnisse wesentlich geändert* hatten und *der katholische Volksverein eine Neuorientierung im Sinne der Katholischen Ak-*

Prof. DDr. Franz Ohnmacht

tion erfahren sollte. Vom Posten eines bischöflichen Sekretärs, von dem Ohnmacht ohnedies schon lange beurlaubt war, wurde er jetzt auch formell enthoben (15. September 1934).

Die Tätigkeit Ohnmachts auf dem Gebiet der KA fand in einem Nachruf folgende Beurteilung: *Seine Aufgeschlossenheit für alle Fragen, seine Initiative, sein Mut, auch Neuland zu betreten, befähigten ihn für die zentrale Organisationsarbeit, und sein gewinnendes persönliches Wesen ließ ihn nach allen Seiten hin Verbindung finden und Freunde gewinnen* (Linzer Volksblatt v. 13. April 1954, S. 3).

Obwohl mit 15. Dezember 1933 – nicht zuletzt auf Betreiben Gföllners – der gesamte österreichische Klerus aus der aktiven Politik zurückgezogen worden war, hatte der Bischof keine Bedenken, schon im Herbst 1934 außer Dr. Franz Eiblhuber, dem Regens des Knabenseminars, auch Dr. Franz Ohnmacht als *Vertreter der anerkannten Kirchen und Religionsgemeinschaften* in den neu konstituierten Landtag zu entsenden. Am 15. Juli 1936 legte Ohnmacht jedoch sein Abgeordnetenmandat zurück, gehörte aber anschließend bis 1938 dem Bundeskulturrat an.

Wie unsere Darstellung gezeigt hat, besaß Ohnmacht das Vertrauen Bischof Gföllners in einem ungewöhnlichen Ausmaß. Das sollte ihm nach dem *Anschluss* Österreichs an das Deutsche Reich zum Verhängnis werden.

Ohnmacht stimmte mit Gföllner in der Ablehnung des Nationalsozialismus, die sich im Hirtenbrief des Bischofs *Über wahren und falschen Nationalismus* vom 21. Jänner 1933 sehr deutlich manifestiert hatte, vollständig überein. Beide distanzierten sich auch ganz eindeutig von den Aktionen der sogenannten *Brückenbauer,* die an die Möglichkeit einer Aussöhnung zwischen Kirche und Nationalsozialismus glaubten; deren bedeutendster Vertreter war Bischof Alois C. Hudal (1883-1963), der Rektor des Priesterkollegs S. Maria Anima in Rom

Die Leidensjahre in der NS-Zeit

Die Einstellung Ohnmachts gegenüber dem Nationalsozialismus war dessen Anhängern natürlich nicht verborgen geblieben. Daher wurde er schon beim *Anschluss*, am 13. März 1938, er war eben von einem Spaziergang mit dem Bischof zurückgekommen, festgenommen und in das Polizeigefängnis Linz (Mozartstraße) eingeliefert. Als Grund für die Festnahme wurde u. a. angegeben, dass er in Akademikervorträgen für ein unabhängiges Österreich eingetreten sei.

Nach drei Monaten Haft wurde Ohnmacht am 16. Juni 1938, dem Fronleichnamstag, mit anderen politischen Häftlingen in das Konzentrationslager Dachau abtransportiert. Darüber berichtet sein Mithäftling, der Landespolitiker Felix Kern (1892-1955):

Am Fronleichnamstag 1938 wurde ein Teil der politischen Häftlinge der Mozartstraße in Linz aufgerufen. Es hieß, daß eine Luftveränderung eintreten werde. Es gab nicht wenige, die sich darüber freuten, weil das monotone Leben in den Zellen des Linzer Polizeigefängnisses ein Ende nehmen soll. Abends ging es im ‚Grünen Heinrich' hinaus auf den Bahnhof. Dort wurden wir in den Kleinen Wartesaal der I. Klasse zusammengepfercht, um auf den aus Wien eintreffenden Extrazug zu warten. Mit dem Besteigen des Zuges fingen die Quälereien der SS-Schergen an. Es begann mit dem berühmten ‚Fußstellen', so daß viele vor der Waggontür zusammenstürzten, hernach die üblichen

Schläge mit Gewehrkolben usw. Dicht gedrängt saßen wir in den Waggonabteilen beisammen. Bei mir waren noch Primar Dr. Hittmair (Wels), Professor Dr. Ohnmacht (Linz), Postpräsident Dr. Groß (Linz) und andere. Zunächst kam das Kommando, alle müßten die Hände auf die Füße legen und immer in das Waggonlicht schauen. Wer die Augen wegwandte, bekam Schläge. Nachdem sich der Zug in Bewegung gesetzt hatte, wurde die Ablieferung aller persönlichen Sachen befohlen. Alle Taschen mußten geleert werden. Die Sachen wurden von den SS-Leuten gesammelt. Angeblich sollten wir sie wiederum zurückbekommen, gesehen haben wir aber nie mehr etwas davon ... Als wir um unseren Beruf gefragt wurden, stellte sich heraus, daß Dr. Ohnmacht ein Priester sei. Die unflätigsten Schimpfworte eines jungen SSlers waren die Folge. Dr. Ohnmacht erhielt Befehl, eine Predigt über die Jungfräulichkeit Mariens zu halten. Alles Sträuben half nichts, mit dem Revolver wurde dem Befehl Nachdruck verliehen. Da wir aus den Nachbarabteilen öfters Schüsse hörten, wußten wir, daß alles sehr ernst gemeint war. Dr. Ohnmacht entledigte sich seiner Sache in meisterhafter Weise. Deutsch sprach er einige neutrale Sätze und dann setzte er lateinisch immer ein Lob Mariens dazu. So ging es eine Weile fort. Der dumme SS-Mann kam bei der Sache nicht auf seine Rechnung. Er ließ von Dr. Ohnmacht ab. Zwischendurch kamen Turnübungen im engen Abteil, die sehr rasch ausgeführt werden mußten.

Auf diese Weise in einem fort beschäftigt, kamen wir während der Nacht über Salzburg nach München. Dort wurden wir in Viehwaggons verladen, und zwar an die 100 Personen in einen Waggon. In Dachau wurden wir bei schärfster Bewachung ausgeladen, zu einem Zug geordnet, an dessen Spitze Bürgermeister Dr. Bock, Dr. Hittmair, Dr. Ohnmacht und ich marschierten. So zogen wir im Konzentrationslager Dachau ein.

Etwas abweichend davon berichtet der spätere Nationalratspräsident Dr. Alfred Maleta (1906-1990), dass Dr. Ohnmacht seinen *Predigtauftrag* durch das wiederholte Abbeten des Ave Maria erfüllt habe, worauf ihn der SS-Mann mit dem Pistolenknauf auf den Schädel geschlagen habe.

Nun begann für Dr. Ohnmacht ein wahrer Leidensweg. Sein KZ-Aufenthalt dauerte fast fünf Jahre. Vom 17. Juni 1938 bis 26. September 1939 war er in Dachau, dann bis 7. Dezember 1940 in Buchenwald, schließlich bis zu seiner Entlassung am 16. März 1943 wieder in Dachau. Etwa 1 ½ Jahre musste der körperlich schon geschwächte Priester bei einer Strafkompanie im Steinbruch arbeiten.

In Dachau wirkte Ohnmacht ab 20. September 1941 auch als *Kapellenverwalter* bzw. *Lagerkaplan*. Weil er öfter Beichte hörte und seelsorglich tätig war, musste er *pfahlstehen, wurde auf den bloßen Körper geschlagen und schwer verwundet, mußte noch mehr als andere hungern. Das alles konnte ihn nicht niederbrechen. Er blieb der immer freundliche, fleißige, unentwegt treue, katholische Priester* (J. Fried). Vor seiner Entlassung wurde Ohnmacht einer *medizinischen Behandlung* unterzogen, die seine geistigen Kräfte völlig zerstörte.

Bischof Joseph C. Fließer (1941/46-1955/60) hatte Ohnmacht, um dessen weitere Integration in der Diözese zum Ausdruck zu bringen, mit 1. September 1938 zum Kooperator von Dietach ernannt, was er formell während der ganzen Zeit seines KZ-Aufenthaltes blieb.

Als am 16. März 1943 endlich die Entlassung Dr. Ohnmachts erfolgte, schien es zunächst, als dürfte er in seine Heimat zurückkehren. Er teilte Bischof Fließer am 15. März 1943 telegraphisch mit: *Entlassen. Ankomme ½ 2 Uhr nachts. Gruß Ohnmacht.* Tatsächlich wurde er aber dann nach Gadebusch in Mecklenburg verbannt. Er durfte den Ort nur mit ausdrücklicher Erlaubnis der Staatspolizeistelle Schwerin verlassen. Bischof Fließer versuchte Ohnmacht dadurch freizubekommen, daß er ihn mit Schreiben vom 5. April 1943 zum Ordinariatsrat und auch wieder zum Notar des kirchlichen Diözesangerichtes ernannte; gleichzeitig beurlaubte er ihn aber und enthob ihn als Kooperator von Dietach, wodurch er der tatsächlichen Situation Rechnung trug. Am 13. April 1945 riet der Leiter des Linzer Seelsorgeamtes Franz Vieböck (1907-1984) dem Bruder des *Verbannten*, Herrn Dr. Karl Ohnmacht, Gemeindearzt in Enzenkirchen, seine alte Mutter solle mittels einer Eingabe an die Staatspolizeistelle Linz *den Antrag auf Aufhebung des Aufenthaltsgebotes in Gadebusch* stellen, mit der Begründung, dass sich ihr Sohn im Lager loyal verhalten habe und ihr die *dauernde Trennung* sehr schwer falle. Ob diesem Rat nachgekommen wurde, lässt sich nicht mehr feststellen. Jedenfalls ist damals die Heimkehr Dr. Ohnmachts nicht erfolgt.

Nach dem Zusammenbruch

Auch nach Kriegsende und dem Zusammenbruch der nationalsozialistischen Herrschaft war Ohnmacht infolge der politischen Lage die

Heimreise nicht gleich möglich, besonders nachdem die Sowjettruppen Mecklenburg, das zuvor von den Amerikanern und dann von den Engländern okkupiert worden war, besetzt hatten. Ohnmacht wohnte bei einem Schneidermeister, konnte teilweise auch seelsorglich tätig sein und wurde von der Besatzungsmacht respektvoll behandelt. Doch seine mehrmaligen Versuche, nach Oberösterreich zurückzukehren, scheiterten. Am 31. Mai 1946 konnte er dem Bischof endlich mitteilen, dass *begründete Aussicht* bestünde, dass er *mit einem Lastauto* nach Berlin gelangen könne, wo ihn eine Familie, die ihm von Gadebusch her gut bekannt sei, aufnehmen würde. Das glückte auch. Am 15. Juli d. J. benachrichtigte er den Bischof bereits aus Berlin darüber, dass er nun eine Möglichkeit zur Heimreise habe. Am 3. August 1946 kam Dr. Ohnmacht endlich in Linz an. Der Bischof beurlaubte den gesundheitlich schwer beeinträchtigten Priester noch bis 1. September. Wohnen konnte er, durch Vermittlung Fließers, im Kloster der Elisabethinen.

Offiziell wirkte Ohnmacht nun als Referent im bischöflichen Ordinariat. *Doch bald zeigte sich, daß die vergangenen Jahre schwere Schädigungen der Gesundheit zur Folge hatten, die trotz aller ärztlicher Mühe nicht aufzuhalten waren* (Linzer Volksblatt v. 13. April 1954, S. 3). Wegen des raschen Verfalls seiner geistigen Kräfte konnte er kaum mehr einer geordneten Beschäftigung nachgehen. Er litt auf Grund der ihm im KZ zugefügten medizinischen *Behandlung* an starker Gedächtnisschwäche, ja schließlich sogar unter dem Verlust des Sprachvermögens.

Zu Weihnachten 1947 ernannte Bischof Fließer Dr. Ohnmacht zum Ehrenkanonikus des Linzer Domkapitels. In dem betreffenden Dekret heißt es:

In Würdigung der Verdienste, die Sie sich seinerzeit als Generaldirektor der Katholischen Aktion um das Organisationsleben der Diözese erworben haben, und um einigermaßen gutzumachen, was Ihnen ihre politischen Gegner wegen Ihrer Stellung im öffentlichen kirchlichen Leben und zum hochseligen Bischof Johannes Maria in den langen Jahren des KZ und der Verbannung angetan haben, ernenne ich hiemit Euer Hochwürden nach Beratung mit dem Hochwürdigsten Kathedralkapitel zum Ehrenkanonikus des Linzer Domkapitels und wünsche, daß Hochwürden sich von allen Nachwirkungen der furchtbaren Gefangenschaft noch ganz erholen und Ihre Kräfte wieder vollends dem Dienste der Diözese widmen können.

Dieser Wunsch sollte sich leider nicht erfüllen. Mit 1. September 1948 musste Ohnmacht vom Amt eines Judex prosynodalis und bischöflichen Gerichtsrates enthoben werden, ab 1951 konnte er nur mehr unter Assistenz eines Priesters die hl. Messe zelebrieren, schließlich war ihm auch das nicht mehr möglich. Als Dr. Ohnmacht am 11. April 1954 um 16.30 Uhr im Krankenhaus der Barmherzigen Schwestern in Linz starb, kam der Tod als Erlöser von schwerem Siechtum. Der Leidensweg, den er aus Treue zur Kirche und zu seinem Bischof hatte gehen müssen, war damit zu Ende. Die Beisetzung erfolgte am 14. April in aller Stille auf dem St. Barbara-Friedhof in Linz, nachdem zuvor Bischofkoadjutor Franz Zauner das Requiem in der Krankenhauskapelle gehalten hatte.

Quellen und Literatur

Quellen

Archivalien: DAL, Pers.-A/2, Fasz. O/17 (Ohnmacht Franz); Catalogus Seminarii (Hs. 56/103); Fakultätsakten 1923-1931; CA/9, Sch. 128, U/6a (Stadtpfarre Urfahr); Past A/2, Sch. 15, Fasz. 12/3: Verfolgte Priester; Priesterseminar Linz: Chronik des Priesterseminars.
Gedruckte: *Linzer Diözesanschematismen* (entsprechende Jahrgänge); *Linzer Diözesanblatt* (entsprechende Jahrgänge); *Unsere Brücke*, Juni 1954, 16; *Linzer Kirchenblatt* 10 (1954, Nr. 16 v. 18. 4. 1954); *Linzer Volksblatt* Jg. 1945, Nr. 10; Jg. 1946, Nr. 139; Jg. 1954, Nr. 56; *Widerstand und Verfolgung in Oberösterreich II*, 20, 72, 234, 243f.

Literatur

L. Arthofer, *Als Priester im Konzentrationslager*. Graz - Wien [2]1947, 31, 48, 121, 139; J. Birmili, *Das Seelsorgeamt der Diözese Linz von den Anfängen bis zur Neustrukturierung nach dem Zweiten Weltkrieg. Ein Beitrag zur Geschichte der Seelsorge.* (Kirchengeschichtl. Diplomarbeit). Linz 1990; ders., *Seelsorgeamt und Seelsorge im Bistum Linz zur Zeit des Nationalsozialismus.* In: R. Zinnhobler (Red.), *Seelsorge im Wandel. Zur 50-Jahr-Feier des Pastoralamtes der Diözese Linz.* In: NAGDL 3. Beiheft. Linz 1989, 16-

53; J. FATTINGER, *Kirche in Ketten*. Innsbruck 1949, 139; J. FRIED, *Nationalsozialismus und katholische Kirche in Österreich*. Wien 1947, 106, 108; J. LENZ, *Christus in Dachau*. Wien 1956, 75, 141, 150, 206, 266, 397; J. MITTENDORFER, *Oberösterreichische Priester in Gefängnissen und Konzentrationslagern zur Zeit des Nationalsozialismus* (1938-1945). In: *Jahresbericht d. bischöfl. Gymn. Koll. Petrinum*, 73 (1976/77), 39-104, hier 75f.; H. SLAPNICKA, *Christlichsoziale in Oberösterreich. Vom Katholikenverein 1848 bis zum Ende der Christlichsozialen 1934*. Linz 1984, 231, 278, 286, 333, 402; DERS., *Oberösterreich – Die politische Führungsschicht 1918-1938*. Linz 1976, 200-202.; J. STEINBOCK, *Das Ende von Dachau*. Salzburg 1948, 31; E. WEILER, *Die Geistlichen in Dachau*. Mödling [1971], 41, 491, 867f.; R. ZINNHOBLER, *Franz Ohnmacht (1893/1947/1954)*. In: DERS. (Hg.), *Das Domkapitel in Linz*. Linz 1991, 433-438; DERS., *Die Bischöfe Gföllner und Fliesser in der Auseinandersetzung mit dem Nationalsozialismus*. In: M. LIEBMANN, H. PAARHAMMER u. A. RINNERTHALER (Hg.), *Staat und Kirche in der „Ostmark"*. Frankfurt a. M. 1998, 515-558, passim.

Franz Jägerstätter

(1907-1943)
Zeuge des Glaubens und des Gewissens

Am 9. August 1943 wurde Franz Jägerstätter in Brandenburg an der Havel enthauptet, weil er es abgelehnt hatte, einem gottlosen Regime mit der Waffe in der Hand zu dienen. 1997 wurde für ihn das Seligsprechungsverfahren eingeleitet. Wer war dieser Mann?

Sein Werdegang

Er wurde am 20. Mai 1907 als unehelicher Sohn der Dienstmagd Rosalia Huber in St.Radegund (OÖ.) geboren und am 21. Mai unter dem Namen Franz Carraciolo (Huber) getauft. Im Taufbuch finden sich noch folgende Eintragungen: ... *Der Geschlechtsname hat ... 'Jägerstätter' zu lauten* (1917), sowie: *Franz Jägerstätter starb am 9. 8. 1943 in Brandenburg den Märtyrertod.*

Franz wuchs zunächst in armen Verhältnissen bei der Großmutter auf; erst mit der Hochzeit der Mutter am 19. Februar 1917 verbesserte sich die soziale Situation entscheidend: Rosalia Huber heiratete Heinrich Jägerstätter, den angehenden Besitzer des Leherbauernhofes in St.

Radegund, Hadermarkt 7, der dem Kind auch seinen Namen gab; Franz wurde damit Hoferbe. 1918 nahm die Mutter auch eine zweijährige Nichte, Aloisia Sommerauer, als Ziehtochter auf.

Der junge Franz war vielseitig interessiert, las sehr gern, lernte u.a. Zither spielen und die Kurzschrift; auch wirkte er bei den damals viel besuchten St. Radegunder Passionsspielen mit.

Als Zwanzigjähriger fand Franz Jägerstätter vorübergehend Arbeit im bayerischen Teising; von Oktober 1927 bis Jänner 1931 arbeitete er im steirischen Eisenerz beim Erzabbau. Erstmals lebte er in einem kirchenfeindlichen Milieu, blieb aber auch in Kontakt mit seinem Pfarrer Matthias Lehner in St. Radegund. Der materialistischen Lebensauffassung konnte er auf Dauer nichts abgewinnen, wie er in einem von ihm verfassten Gedicht vom 3. Oktober 1932 deutlich machte: Liebe und Glück seien nur mit dem Gottesglauben von Dauer.

Vom Verdienst in Eisenerz kaufte sich Franz ein Motorrad; bei den Zeitgenossen machte dieses – es war das erste im Ort St. Radegund – großen Eindruck.

Am 8. Mai 1933 starb Stiefvater Heinrich Jägerstätter erst 49jährig an Tuberkulose. Nur drei Jahre darauf starb auch dessen geliebte Ziehtochter Aloisia an derselben Krankheit.

Am 1. August 1933 wurde Hildegard Auer, eine uneheliche Tochter von Franz Jägerstätter, geboren. Jägerstätter kümmerte sich um das Mädchen; das Kind erinnerte sich später vor allem an die häufigen Besuche des Vaters mit dem Motorrad.

Pfarrer Josef Karobath beschreibt Franz Jägerstätter nach dem Krieg in der Pfarrchronik St. Radegund: *In seiner Jugend war er, wie alle anderen Burschen, etwas rauflustig u. auch leichtsinnig. 1934 wurde er ernst. Damals hatte er vor, in ein Kloster als Laienbruder zu gehen. Ich habe ihm abgeraten.*

Ehe mit Franziska Schwaninger

Franziska Schwaninger, geboren am 4. März 1913 in Hochburg, stammt aus einer tiefreligiösen Familie. Sie arbeitete seit 1934 in einem Gasthof als Magd, als sie 1935 Franz kennenlernte. Die beiden hatten keine lange Verlobungszeit, denn auf dem Leherbauernhof wurde dringend eine Bäurin gebraucht. Für die Hochzeit wählte das Brautpaar eine ungewöhnliche Zeit, Gründonnerstag, 9. April 1936, 6.30 Uhr früh. Unmittelbar danach brachen Franz und Franziska mit einer Gruppe zu einer Pilgerfahrt nach Rom auf; am Begräbnis von Franz Jägerstätters Ziehschwester Aloisia am selben Tag um 7.30 Uhr konnten sie nicht mehr teilnehmen.

Nach Angaben von Franziska war sie zu Beginn des gemeinsamen Lebens die glaubensmäßig Aktivere. Sie ging häufig zur heiligen Kommunion und feierte die Herz-Jesu-Freitage. Den Mann beeindruckte ihre Haltung und er machte z. B. in Hinsicht auf den öfteren Kommunion-Empfang mit. Eine zunehmend intensive Religiosität verband Franz auch mit seinem Schwiegervater Lorenz Schwaninger.

Am 1. September 1937 kam die erste Tochter, Rosalia, zur Welt, Maria und Aloisia wurden am 4. September 1938 bzw. am 5. Mai 1940 geboren.

Umbruch 1938 und Wehrdienst

Aufgrund seiner religiösen Grundeinstellung interessierte sich Jägerstätter für die politischen Ereignisse der 1930er Jahre, besonders auch für die Entwicklung des Verhältnisses Kirche–Nationalsozialismus im benachbarten Deutschland. Die Übernahme der Macht in Deutschland durch die Nationalsozialisten 1933 wirkte sich auch unmittelbar auf den österreichischen Grenzort St. Radegund aus. *Seit diesem Tage wurde Österreich und was damit zusammenhängt, also auch unser [Passions]Spiel, von reichsdeutscher Seite boykottiert … Seit 1. Juni dieses Jahres wurde die deutsche Grenze gegen Österreich vollkommen gesperrt* (vgl. Pfarrchronik St. Radegund). St. Radegund war seit Beginn des Jahrhunderts auch Passionsspielort; die tausende Besucher pro Saison waren fast ausschließlich über die deutsche Grenze gekommen.

Der berühmte Hirtenbrief des Linzer Bischofs Johannes M. Gföllner von 1933, der die Unvereinbarkeit, zugleich guter Katholik und wirklicher Nationalsozialist zu sein, konstatierte, wurde Jägerstätter zur Richtschnur. In einem von ihm so benannten *Traum* im Jänner 1938 wurde

Franz Jägerstätter

ihm dies ebenso deutlich. An der für den 10. April festgesetzten Volksabstimmung über den *Anschluss* wollte er ursprünglich nicht teilnehmen, stimmte dann aber mit Nein (vgl. Putz I, 85).

Franz Jägerstätter wurde am 17. Juni 1940 zum ersten Mal zum aktiven Wehrdienst nach Braunau eingezogen und auch auf Hitler vereidigt, aber nach wenigen Tagen auf Initiative der Gemeinde *unabkömmlich* gestellt (Feldurteil). Seine Frau Franziska hatte kurz nach der Geburt des dritten Kindes dringend Hilfe nötig gehabt. Anfang Oktober 1940 wurde Jägerstätter nach Enns in die Alpenjägerkaserne als Kraftfahrer einberufen; auch diesmal bemühte er sich nicht selbst um Rückstellung. Franz wollte die Grundausbildung (Infanterie- und Kraftfahrerausbildung) möglichst schnell hinter sich bringen; er hoffte, diese nach zwei bis drei Monaten beenden zu können und dann wieder nach Hause zu dürfen. Aber am 9. Dezember 1940 wurde Jägerstätter mit seiner Truppe aus Enns verlegt. Noch am Tag zuvor ließen sich er und der Soldat Rudolf Mayer in feierlicher Form in den Dritten Orden des heiligen Franziskus aufnehmen. Ein Jahr später legte Jägerstätter in seiner Heimatpfarre die

Profess ab. Seine Frau Franziska wurde in der Folge ebenfalls Mitglied dieser Franziskanischen Laiengemeinschaft.

Erst Anfang April 1941 konnte Franz Jägerstätter mit Hilfe der Gemeinde abrüsten und blieb fast zwei Jahre von einer weiteren Einberufung verschont.

1941-1943: Abklärung einer Entscheidung

Franz Jägerstätter war keineswegs ein absoluter Wehrdienstverweigerer aus religiösen Gründen; er war vielmehr aufgrund der von der Kirche übernommenen Lehre, dass Katholiken unter bestimmten Voraussetzungen prinzipiell zum Wehrdienst verpflichtet seien, zunächst seinem Einberufungsbefehl gefolgt.

Nach dem Zeugnis seiner Frau kam Franz Jägerstätter im April 1941 vom Militärdienst mit dem festen Entschluss zurück, kein weiteres Mal einzurücken. Ihm war klar geworden, dass er sich durch die Teilnahme an einer ungerechten Kriegsführung des *Dritten Reiches* versündigen würde. In der Folge setzte er sich auch schriftlich mit den Gründen für diese Entscheidung auseinander.

Er stellte sich immer wieder die Frage nach den Ursachen all des Unrechts und Leidens: *Aber seit es Menschen auf dieser Welt gibt, lehrt uns die Erfahrung, dass Gott den Menschen den freien Willen lässt und nur selten in die Schicksale der Menschen und Völker auffallend eingegriffen hatte und so wird es auch für die Zukunft kaum viel anders werden, außer am Ende der Welt.* Umso deutlicher stellte sich ihm die Frage der Mitverantwortung: *Fragen wir uns einmal, sind denn Österreich und Bayern schuldlos, dass wir statt einer christlichen Regierung jetzt eine nationalsozialistische haben? Ist denn bei uns der Nationalsozialismus ganz einfach vom Himmel gefallen? …* (Putz, Gefängnisbriefe 130). *Soll es in unserem schönen Österreich noch einmal so weit kommen, dass Christus regieren wird, so muss auf den Gründonnerstag auch noch der Karfreitag kommen, denn Christus musste auch erst sterben, bis er von den Toten auferstehen konnte. … Der Gründonnerstag war halt für uns Österreicher der unglückselige 10. April 1938. Dort ließ sich die Kirche Österreichs gefangennehmen und liegt seitdem noch immer in Fesseln und bevor nicht dieses ‚Ja', das eben damals von vielen Katholiken doch sehr zaghaft und beängstigt abgegeben wurde, nicht mit einem kräftigen ‚Nein' beantwortet wird, gibt es auch für uns keinen Karfreitag; sterben müssen wir zwar deshalb schon, aber nicht für Christus, viele vielleicht zwecks Mithilfe zum nationalen Sieg* (PUTZ, Gefängnisbriefe, 133).

Die Dorfgemeinschaft in St. Radegund, die sich mit dem neuen Regime arrangierte, versuchte immer wieder, auch Franz Jägerstätter auf die angepasste Linie zu bringen. Trotzdem sprach er sich von Anfang gegen jede Zusammenarbeit mit den Nationalsozialisten aus: Er weigerte sich, für die Partei zu spenden oder Geld wie die Kinderbeihilfe vom Staat anzunehmen; persönlich aber unterstützte er notleidende Menschen in seiner nächsten Umgebung tatkräftig; ebenso stellte er sich für die Pfarre für das Kassieren des neu eingeführten Kirchenbeitrags zur Verfügung.

Nach der Rückkehr vom Militärdienst im April 1941 besuchte Franz Jägerstätter täglich die hl. Messe in seiner Pfarrkirche. Im Sommer 1941 übernahm er das Amt des Mesners, trotz der Befürchtungen seines Freundes Pfarrer Josef Karobath, das kirchliche Engagement könnte seine erneute Einberufung beschleunigen. Im Frühling 1942 fanden sich in den Briefen seines Drittordensbruders Rudolf Mayer erste deutliche Hinweise auf die sich verfestigende Haltung Jägerstätters, nicht in einen Krieg ziehen zu wollen.

Anlässlich eines Heimaturlaubes von Rudolf Mayer im September 1942 besuchten die Ehepaare Mayer und Jägerstätter einander. Nach Mitteilung von Franziska überlegten die beiden Männer, sich dem Militärdienst durch Verstecken zu entziehen. Wegen der Gefährdungen, die für die Familien daraus erwachsen wären, ließen sie diesen Plan jedoch fallen.

In mehreren Heften und auf losen Blättern schrieb Franz Jägerstätter 1941 bis 1943 seine Überlegungen hinsichtlich seiner politischen und religiösen Verantwortung nieder. Sie dürften ihm geholfen haben, die einzelnen Sachbereiche abzuklären; auch sollten sie sein Vorhaben vor der Familie begründen. Während dieser Zeit verfasste Franz auch einen Kurzkatechismus zu Glaubensfragen, da er fürchtete, seine Kinder würden keinen Religionsunterricht mehr erhalten.

Unter dem Titel *Gerechter oder ungerechter Krieg?* setzte sich Franz Jägerstätter am 24. Mai 1942 mit diesen grundlegenden Fragen auseinander: *Ist denn das heutzutage schon egal, ob man einen gerechten oder ungerechten Krieg führt? Hätte ich nie soviel an katholischen Büchern und Zeit-*

schriften gelesen, so wär ich vielleicht auch heute andrer Gesinnung. … Gibt es denn noch viel Schlechteres, als wenn ich Menschen morden und berauben muss, die ihr Vaterland verteidigen, nur um einer antireligiösen Macht zum Siege zu verhelfen, damit sie ein gottgläubiges oder besser gesagt ein gottloses Weltreich gründen können. Heute ist immer nur von den schlechten Russen die Rede, die andren Länder kommen wahrscheinlich gar nicht mehr in Frage, denen man es genauso gemacht und vielleicht noch machen wird? (PUTZ, Gefängnisbriefe, 160f.). Die Propaganda vom angeblichen Kreuzzug gegen den Bolschewismus ließ Jägerstätter nicht gelten.

Unter dem Titel *Läßt sich noch etwas machen?* zog Franz Jägerstätter die Schlussfolgerungen aus seinen Überlegungen: *Man kann heute gar häufig hören, da kann man nichts mehr machen, würde einer was sagen, es würde einem nur Kerker und Tod bringen, freilich kann an dem ganzen Weltgeschehen nicht mehr viel geändert werden. … Aber sich selbst zu retten, und vielleicht noch einige Seelen für Christus zu erobern, glaub ich, ist es für uns Menschen nie zu spät, solange wir auf dieser Welt leben …* (PUTZ, Gefängnisbriefe, 146f.).

Die Entscheidung Franz Jägerstätters, einer weiteren Einberufung nicht mehr Folge zu leisten, führte zu Auseinandersetzungen im Familienkreis, vor allem mit der Mutter. Er besprach sein Vorhaben auch mit seinen Priester-Freunden. Pfarrer Josef Karobath erinnerte sich: *Wir haben uns im bayerischen Tittmoning getroffen. Ich wollte ihm das ausreden; doch er hat mich immer wieder geschlagen mit der Schrift.* Jägerstätter suchte auch Rat bei Bischof Josephus Cal. Fließer. Doch auch dieser konnte seine Bedenken gegen eine aktive Teilnahme am Krieg als Soldat nicht ausräumen. Franz hatte den Eindruck, dass der Bischof nicht wagte, offen zu sprechen, weil er ihn nicht kannte; er hätte ja auch ein Spion sein können. *Ich habe umsonst ihm die Grundsätze der Moral über den Grad der Verantwortlichkeit des Bürgers und Privatmannes für die Taten der Obrigkeit auseinandergesetzt und ihn an seine viel höhere Verantwortung für seinen privaten Lebenskreis, besonders für seine Familie erinnert* (Bischof Fließer 1946).

Die vielen Gefallenen in der Nachbarschaft machten aber auch deutlich, dass das Leben eines Soldaten im Kriegswinter 1942/43 nicht allzu sicher war. Wenn schon der Kopf riskiert werden musste, so wenigstens für etwas, das den Einsatz wert wäre: *Ich glaube, der Herrgott macht es uns jetzt doch ohnehin nicht so schwer, das Leben für unsern Glauben einzusetzen, denn wenn man bedenkt, dass in diesen schweren Kriegszeiten schon Tausende von jungen Menschen aufgefordert wurden ihr Leben für den Nationalsozialismus einzusetzen, und wieviele mussten in diesem Kampfe schon ihr blutjunges Leben opfern, damit andre in der Heimat von den geraubten Sachen ihr Leben noch eine Zeit verlängern können* (PUTZ, Gefängnisbriefe, 134).

Pfarrer Karobath beschrieb unmittelbar nach Kriegsende die Entscheidungsphase im Leben Jägerstätters: *Die Lage fürs Hitlerreich wird kritisch und die Gefahr, dass er einrücken muss, wächst … Er übt Buße, er fastet, er verdoppelt sein Beten* (Pfarrchronik II, 48). Besonders wichtig wurde für Franz der Empfang der heiligen Kommunion.

Die beiden Jahre zwischen der Unabkömmlich-Stellung und der Einberufung lebten Franz und Franziska in der täglichen Sorge, die Briefträgerin könnte den Einberufungsbefehl bringen. Als er dann im Februar 1943 tatsächlich die entsprechende Empfangsbestätigung unterschrieb, bemerkte er: *Jetzt habe ich mein Todesurteil unterschrieben.* Die Auseinandersetzungen innerhalb der Familie spitzten sich zu. Mutter Rosalia Jägerstätter mobilisierte in ihrer Angst um den Sohn Verwandte und Nachbarn. Franziska schildert diese Zeit: *Am Anfang hab ich ihn sehr gebeten, sein Leben nicht auf's Spiel zu setzen, aber dann, wie alle mit ihm gestritten und geschimpft haben – die Verwandten sind gekommen –, hab ich es nicht mehr getan.* Mutter Rosalia besprach das Vorhaben ihres Sohnes auch mit dem damaligen Bürgermeister. Er bot daraufhin an, für Franz Jägerstätter ein Ansuchen an die Militärbehörde bezüglich eines Dienstes ohne Waffen zu richten. Franz dürfte auf das Angebot zu diesem Zeitpunkt nicht eingegangen sein.

Zwischen Einberufung und Hinrichtung

Die definitive Einberufung zur Wehrmacht erhielt Franz Jägerstätter am 23. Februar 1943; bereits am 25. Februar sollte er in der Ennser Kaserne sein. Nach Erhalt der Einberufung schrieb er dem priesterlichen Freund Josef Karobath: *Muss Ihnen mitteilen, dass Sie vielleicht bald wieder eines Ihrer Pfarrkinder verlieren werden. Habe heute den Einberufungsbefehl bekommen und sollte schon am 25. d. M. in Enns sein. Da mir eben niemand Dispens geben kann über das, was ich mir bei diesem Verein am Seelenheile*

Gefahr zuziehen würde, so kann ich halt meinen Entschluss, wie Sie ja wissen, nicht ändern ... (23. Februar 1943). In der Begründung des Urteils des Reichskriegsgerichts gegen Franz Jägerstätter vom 6. Juli 1943 heißt es: *Im Februar 1943 wurde der Angeklagte durch schriftlichen Befehl für den 25. Februar 1943 zum aktiven Wehrdienst erneut zur Kraftfahr-Ersatzabteilung 17 nach Enns einberufen. Er leistete der Einberufung zunächst keine Folge, weil er den Nationalsozialismus ablehnt und deshalb keinen Wehrdienst leisten will. Auf Drängen seiner Familienangehörigen und auf das Zureden seines Ortspfarrers meldete er sich schließlich am 1. März 1943 bei der Stammkompanie Kraftfahr-Ersatzabteilung 17 in Enns, erklärte aber sofort, dass er auf Grund seiner religiösen Einstellung den Wehrdienst mit der Waffe ablehne. Bei seiner Vernehmung durch den Gerichtsoffizier blieb er trotz eingehender Belehrung und Hinweises auf die Folgen seines Verhaltens bei seiner ablehnenden Haltung ...*

Franz Jägerstätter war am 27. Februar von zuhause abgefahren, erst am 1. März hatte er sich, wie erwähnt, in der Kaserne Enns gemeldet; am 2. März sprach er die Verweigerung, Kriegsdienst zu leisten, aus; noch am selben Tag wurde Jägerstätter von Enns nach Linz ins Wehrmachtsuntersuchungsgefängnis gebracht.

Am 14. März erhielt Franziska Jägerstätter einen Brief ihres Mannes, in welchem es u.a. heißt: *Teile Dir auch mit, dass ich mich zur Sanität bereit erkläre, denn hier kann man ja eigentlich doch Gutes tun und die christliche Nächstenliebe im praktischen Sinne ausüben, wozu sich auch mein Gewissen nicht mehr sträubt. Strafe werde ich deswegen schon erhalten.*

Für Franz Jägerstätter überraschend wurde er am 4. Mai in das Wehrmachtsuntersuchungsgefängnis Berlin-Tegel überstellt, seine Frau Franziska konnte ihn in Linz nicht mehr besuchen.

Vom Reichskriegsgericht in Berlin wurde *der Kraftfahrer Franz Jägerstätter wegen Zersetzung der Wehrkraft am 6. Juli 1943 zum Tode sowie zum Verlust der Wehrwürdigkeit und der bürgerlichen Ehrenrechte verurteilt.* Im *Feldurteil* heißt es u.a:

II. ... Er erklärte, dass er gegen sein religiöses Gewissen handeln würde, wenn er für den nationalsozialistischen Staat kämpfen würde. Diese ablehnende Haltung nahm er auch bei seiner Vernehmung durch den Untersuchungsführer des Gerichts der Division Nr. 487 in Linz und durch den Vertreter der Reichskriegsanwaltschaft ein. Er erklärte sich jedoch bereit, als Sanitätssoldat aus christlicher Nächstenliebe Dienst zu tun. In der Hauptverhandlung wiederholte er seine Erklärungen und fügte hinzu: Er sei erst im Laufe des letzten Jahres zu der Überzeugung gelangt, dass er als gläubiger Katholik keinen Wehrdienst leisten dürfe; er könne nicht gleichzeitig Nationalsozialist und Katholik sein; das sei unmöglich. Wenn er den früheren Einberufungsbefehlen Folge geleistet habe, so habe er es getan, weil er es damals für Sünde angesehen habe, den Befehlen des Staates nicht zu gehorchen; jetzt habe Gott ihm den Gedanken gegeben, dass es keine Sünde sei, den Dienst mit der Waffe zu verweigern; es gebe Dinge, wo man Gott mehr gehorchen müsse als den Menschen; … Diese Feststellungen beruhen auf den eigenen glaubhaften Angaben des Angeklagten, der im vollen Umfange geständig ist, sowie auf dem gemäss 360 KStVO.[Kriegs-Strafverfahrensordnung] *verwerteten Ergebnisse des Ermittlungsverfahrens.*

III. Als deutscher Staatsangehöriger ist der Angeklagte, der sich im wehrdienstfähigen Alter befindet, wehrpflichtig. Mit dem Tage seiner Einberufung ist er Soldat geworden. Dadurch, dass er der Einberufung nicht sofort sondern erst nach einer Woche nachkam und dass er es auch danach ablehnte, den geforderten Dienst mit der Waffe zu leisten, hat er es unternommen, sich dem Wehrdienst zu entziehen. Er hat sich dadurch der Zersetzung der Wehrkraft schuldig gemacht und ist deshalb gemäss § 5 Abs. 1 Ziffer 3 KSSVO. [Kriegs-Sonderstrafrechtsverordnung] *zu bestrafen. Die Strafbarkeit seiner Handlung wird dadurch nicht ausgeschlossen, dass er sein Verhalten nach seinem Gewissen und seiner religiösen Überzeugung für geboten erachtet (§ 48 MStGB.*[Militärstrafgesetzbuch]*). Anhaltspunkte dafür, dass er für sein Verhalten nicht verantwortlich sei sind nicht gegeben. Nach dem Gutachten des Truppenarztes Oberstabsarzt Dr. Nitze vom Wehrmachtsuntersuchungsgefängnis Berlin-Tegel ist der Angeklagte völlig normal, so dass an seiner Zurechnungsfähigkeit nicht zu zweifeln ist. Fälle von Geistes- oder Erbkrankheiten sind in seiner Familie nicht festgestellt worden. …*

Als zum Tod Verurteilter war Franz Jägerstätter ab 6. Juli 1943 Tag und Nacht mit engen Handschellen gefesselt. Jägerstätter selbst erwähnte im Brief an seine Familie vom 8. Juli 1943 weder die Hauptverhandlung noch das Urteil. Es war Pflichtanwalt Leo Feldmann, der den Kontakt zum Standortpfarrer und zuständigen Gefängnisseelsorger Heinrich Kreutzberg vermittelte und auch den Heimatpfarrer Vikar Ferdinand Fürthauer verständigte. Mit Vikar Fürthauer besuchte Franziska Jägerstätter am 12. Juli ihren Mann. Die etwa 20-minütige Begegnung war von Versuchen Fürthauers ausgefüllt, Jägerstätter zu überreden, seine Haltung zu ändern.

Am Tag vor der Hinrichtung schrieb Jägerstätter: *Ich wollte, ich könnte Euch all dieses Leid, das Ihr jetzt um meinetwillen zu ertragen habt, ersparen. Aber Ihr wisst doch, was Christus gesagt hat: ‚Wer Vater, Mutter, Gattin und Kinder mehr liebt als mich, ist meiner nicht wert.'* Im Abschiedsbrief drückte er dieselben Gedanken in für die Familie weniger schmerzlicher Weise aus: *Liebste Gattin und Mutter. Es war mir nicht möglich, Euch von diesen Schmerzen, die Ihr jetzt um meinetwillen zu leiden habt, zu befreien. Wie hart wird es für unseren lieben Heiland gewesen sein, dass er durch sein Leiden und Sterben seiner lieben Mutter so große Schmerzen bereiten musste und das haben sie alles aus Liebe für uns Sünder gelitten. Ich danke auch unsrem Heiland, dass ich für ihn leiden durfte und auch für ihn sterben darf.*

Die Aufzeichnungen Jägerstätters der letzten Zeit lassen Kraft und innere Freiheit erkennen: *Werde hier nun einige Worte niederschreiben, wie sie mir gerade aus dem Herzen kommen. Wenn ich sie auch mit gefesselten Händen schreibe, aber immer noch besser, als wenn der Wille gefesselt wäre. Offensichtlich zeigt Gott manchmal seine Kraft, die er den Menschen zu geben vermag, die ihn lieben und nicht das Irdische dem Ewigen vorziehen. … Gottes Macht ist unbesiegbar … Immer wieder möchte man einem das Gewissen erschweren betreffs Gattin und Kinder. Sollte die Tat, die man begeht dadurch vielleicht besser sein, weil man verheiratet ist und Kinder hat? Oder ist deswegen die Tat besser oder schlechter, weil es Tausende andrer Katholiken auch tun? … Zu was hat denn Gott alle Menschen mit einem Verstande und freien Willen ausgestattet, wenn es uns, wie so manche sagen, gar nicht einmal zusteht, zu entscheiden, ob dieser Krieg, den Deutschland führt, gerecht oder ungerecht ist? Zu was braucht man dann noch eine Erkenntnis zwischen dem, was Gut oder Böse ist?*

Über den letzten Tag seines Lebens berichtet er im Abschiedsbrief: *Heute früh um zirka halb 6 Uhr hieß es sofort anziehen, das Auto wartet schon, und mit mehreren Todeskandidaten ging dann die Fahrt hierher nach Brandenburg, was mit uns geschehen wird, wussten wir nicht. Erst zu Mittag teilte man mir mit, dass das Urteil am 14.(Juli) bestätigt wurde und heute um 4 Uhr nachmittags vollstreckt wird. … Will euch nun kurz einige Worte des Abschiedes schreiben. Liebste Gattin und Mutter. Bedanke mich nochmals herzlich für alles, was Ihr mir in meinem Leben alles für mich getan, für all die Liebe und Opfer, die Ihr für mich gebracht habt, und bitte Euch nochmals, verzeiht mir alles, was ich Euch beleidigt und gekränkt habe, sowie Euch auch von mir alles verziehen ist. Ich bitte auch alle anderen, die ich jemals beleidigt oder gekränkt habe, mir alles zu verzeihen, ganz besonders Hochw. Herrn Pfarrer, wenn ich ihn durch meine Worte vielleicht noch sehr gekränkt habe, als er mich mit Dir besuchte. Ich verzeihe allen von Herzen. Möge Gott mein Leben hinnehmen als Sühn-Opfer nicht bloß für meine Sünden, sondern auch für andere.*

Am 9. August 1943 um 16 Uhr wurde Franz Jagerstätter in Brandenburg an der Havel enthauptet.

Am Abend desselben Tages erzählte davon Gefängnispfarrer Albert Jochmann Vöcklabrucker Schulschwestern, die in Brandenburg in einem von der Caritas betriebenen Krankenhaus eingesetzt waren: *Ich kann Euch nur gratulieren zu diesem eurem Landsmann, der als Heiliger gelebt und als Held gestorben ist. Ich habe die Gewissheit, dass dieser einfache Mensch der einzige Heilige ist, der mir in meinem Leben begegnet ist.*

Die Leiche wurde im Krematorium der Stadt Brandenburg eingeäschert; dank der Ordensschwestern konnte die Urne Jägerstätters gesichert werden. Bei der ersten Reise der Schwestern nach Kriegsende ins Mutterhaus nach Vöcklabruck brachten Sr. Balda (gest. 2002) und ihre Mitschwester Georgia die Asche Franz Jägerstätters in die Heimat. Am 9. August 1946 wurde die Urne in einem Erdgrab an der Kirchenmauer in St. Radegund beigesetzt.

Am 7. Mai 1997 wurde vom Landgericht Berlin das Feldurteil des Reichskriegsgerichts vom 6. Juli 1943 aufgehoben. Diözesanbischof Maximilian Aichern leitete am 7. Oktober 1997 offiziell den diözesanen Informativprozess für eine Seligsprechung ein, der am 21. Juni 2001 abgeschlossen und nach Rom übergeben wurde.

MONIKA WÜRTHINGER

Quellen und Literatur

Quellen

DAL, Pers-A/A Jägerstätter Franz; Pfarrarchiv St.Radegund.

Literatur

G. ZAHN, *In Solitary Witness. The life and death of Franz Jägerstätter.* Illinois ^{1}1964, ^{3}1986; V. CONZEMIUS, *Franz Jägerstätter, der Aufstand des Gewissens.* In: R. ZINNHOBLER (Hg.), *Das Bistum Linz im Dritten Reich.* Linz 1979, 336-347; G. BERGMANN, *Franz Jägerstätter. Ein Leben vom Gewissen entschieden.* Stein am Rhein ^{1}1980, ^{2}1988; E. PUTZ, *Franz Jägerstätter ... besser die Hände als der Wille gefesselt ...* Linz ^{1}1985, Grünbach ^{3}1997; DIES., *Gefängnisbriefe und Aufzeichnungen. Franz Jägerstätter verweigert 1943 den Wehrdienst.* Linz 1987; A. RIEDL u. R. ZINNHOBLER, *Die Causa Jägerstätter.* In: Theologisch-praktische Quartalschrift 135, Linz 1987, 229-234; J. BERGER, *Franz Jägerstätter. Versuch einer Annäherung an sein theologisches und philosophisch-politisches Denken.* [= Aspekte – Beiträge – Berichte]. Institut für Militärische Sicherheitspolitik an der Landesverteidigungsakademie Wien, Wien 1989; PAX CHRISTI Österreich u. Ökumenische Landesgruppe Pax Christi OÖ (Hg.), *Dokumentation zum 50. Todestag von Franz Jägerstätter.* Linz 1993; A. RIEDL – J. SCHWABENEDER (Hg.), *Franz Jägerstätter. Christlicher Glaube und politisches Gewissen.* Thaur 1997; R. MOOS, Die Rehabilitierung Franz Jägerstätters durch das Landgericht Berlin. In: NAGDL 12 (1998/99), 26-30; M. WÜRTHINGER, *Franz Jägerstätter-Gedenkjahr 1997,* ebda 14-25. DIES., *Das Jägerstätterfenster in der Wiener Votivkirche (Propsteipfarre zum Göttlichen Heiland),* ebda 31-33; PAX CHRISTI OBERÖSTERREICH (Hg.), *Franz Jägerstätter. Zur Erinnerung seines Zeugnisses. Eine Handreichung.* Linz 2000; M. WÜRTHINGER, *Franz Jägerstätter. Bauer und Mesner.* In: J. MIKRUT (Hg.), *Blutzeugen des Glaubens. Martyrologium des 20. Jahrhunderts,* Bd. 2: Diözesen Graz-Seckau und Linz. Wien 2000, 163-180; E. PUTZ, *Franz Jägerstätter, Reibebaum einer alleingelassenen Generation.* In: M. SCHEUER (Hg.), *Ge-Denken. Mauthausen/Gusen – Hartheim – St.Radegund,* Linz 2002, 88-129; M. SCHEUER, *Gott oder Führer. Zur Inspiration und Provokation Franz Jägerstätters.* In: ebda, 184-204.

Schlussbemerkungen

Wir sind den Spuren gefolgt, die herausragende Gestalten des Glaubens im Lauf der Jahrhunderte in unserer Heimat hinterlassen haben. Dabei wurde uns bewusst, dass man sich in jedem Stand als Christ profilieren kann; man kann, um es mit einem bekannten Wort Papst Johannes XXIII. (1958-1963) auszudrücken, Gott und der Kirche nicht nur mit einem Bischofsstab, sondern genauso gut mit einem Besen in der Hand dienen. Auch sind die Formen der Frömmigkeit von der Zeit, aber auch von der jeweiligen Persönlichkeit abhängig. Ein völlig uniformes Christentum wäre keine dem Evangelium entsprechende Lebensform. Entscheidend ist die Orientierung an Christus und der Einsatz für den Mitmenschen. Wer sich ehrlich darum bemüht, kann zwar auch noch Fehler machen, insgesamt aber wird er kaum in die Irre gehen. Freilich kann, wie dieses Buch zeigt, aus der Nachfolge Jesu leicht ein Kreuzweg werden (vgl. Mk 8,34; Lk 9,23). Die Titelgestalten Florian und Jägerstätter beweisen dies ebenso wie der evangelische Martyrer Leonhard Käser.

Bewusst geworden ist uns auch, dass die Botschaft Christi eine Botschaft für alle Zeiten und für alle Länder ist. Obwohl der Schwerpunkt unserer Darstellung auf dem Land Oberösterreich liegt, rückten die bedeutenden Stätten christlichen Lebens und Handelns, aber auch der Auseinandersetzung, immer wieder ins Visier: Rom und Jerusalem, Santiago de Compostela, Paris, Prag, Mailand, Regensburg und Cluny. Christen sind eben stets eingeordnet in eine räumlich und zeitlich übergreifende Gemeinschaft, in die *Communio Sanctorum*, wie ein Schlüsselwort der Theologie sie bezeichnet.

ANHANG

Verzeichnis der Abbildungen

Bildnachweise

Die Abbildungen dieses Buches wurden, so weit nichts anderes vermerkt wird, von der *Diözesanbildstelle Linz* (Fotos: + Prof. Dr. Erich Widder bzw. Rudolf Mair) bzw. vom *Diözesanarchiv Linz* zur Verfügung gestellt. Beiden Institutionen sei hierfür aufrichtig gedankt.

Von anderen Bildautoren, denen ebenfalls bestens gedankt sei, stammen:

Hl. Severin (S. 50): Rudolf Zinnhobler

Hl. Wolfgang (S. 80): Kunstverlag Hofstetter, Ried i. I.

Konrad von Waldhausen (S. 154): Leopold Fasching

Abt Bernhard Burgstaller (S. 236): Stift Wilhering

Verzeichnis der Abkürzungen

AAS	Acta Apostolicae Sedis
BBKL	Biographisch-bibliographisches Kirchenlexikon
CMM	Congregatio Missionariorum de Mariannhill (Mariannhiller Missionare)
DAF	Deutsche Arbeitsfront
DAL	Diözesanarchiv Linz
DAW	Diözesanarchiv Wien
DÖW	Dokumentationsarchiv des österreichischen Widerstandes
FS	Festschrift
GermBen	Germania Benedictina
Gestapo	Geheime Staatspolizei
Jb.	Jahresbericht bzw. Jahrbuch
JbMVW	Jahrbuch des Musealvereines Wels
Jb. OÖ. Mus.-Ver.	Jahrbuch des Oberösterreichischen Museal-vereines
JOC	Jeunesse Ouvrière Chrétienne (Christliche Arbeiterjugend)
KAJ	Katholische Arbeiterjugend
KSSVO	Kriegs-Sonderstrafrechtsverordnung
KZ	Konzentrationslager
LDB	Linzer Diözesanblatt
LMA	Lexikon des Mittelalters
LThK	Lexikon für Theologie und Kirche
MG SS	Monumenta Germaniae Scriptores
MIÖG	Mitteilungen des Instituts für Österreichische Geschichtsforschung
MOÖLA	Mitteilungen des Oberösterreichischen Landes-archivs
NAGDL	Neues Archiv für die Geschichte der Diözese Linz
N.F.	Neue Folge

NS	Nationalsozialismus
NSDAP	Nationalsozialistische Deutsche Arbeiterpartei
OBGM	Ostbairische Grenzmarken
OCist.	Ordo Cisterciensis (Zisterzienser)
o.D.	ohne Datumsangabe
OFMCap	Ordo Fratrum Minorum Capuccinorum (Kapuziner)
ÖGL	Österreich in Geschichte und Literatur
OMI	Congregatio Missionariorum Oblatorum Beatae Mariae Virginis Immaculatae (Oblaten der Unbefleckten Jungfrau Maria)
ÖNB	Österreichische Nationalbibliothek
OÖHBl	Oberösterreichische Heimatblätter
OÖLA	Oberösterreichisches Landesarchiv
OÖUB	Oberösterreichisches Urkundenbuch (Urkundenbuch des Landes ob der Enns)
OCD	Ordo Fratrum Discalceatorum Beatae Mariae Virginis de Monte Carmelo (Unbeschuhte Karmeliten)
o.J.	ohne Jahresangabe
o.O.	ohne Ortsangabe
o.V.	ohne Verfasserangabe
SA	Sturmabteilung
S.J.	Societas Jesu (Gesellschaft Jesu)
StGB	Strafgesetzbuch
StMOSB	Studien und Mitteilungen des Benediktinerordens und seiner Zweige
SS	Schutzstaffel
SUB	Salzburger Urkundenbuch
ThPQ	Theologisch-praktische Quartalschrift
TRE	Theologische Realenzyklopädie
WuV	Widerstand und Verfolgung in Oberösterreich

Zu den Autoren

Rudolf Zinnhobler

Mag. phil., Dr. theol., em. o. Univ.-Prof., geb. 18.2.1931 in Buchkirchen b. Wels, Priesterweihe in Linz 29.6.1955, Prof. für Deutsch und Englisch am Bischöflichen Gymnasium Kollegium Petrinum 1964-1972, Habilitation für Kirchengeschichte in Graz 1968, Prof. für Kirchengeschichte in Linz 1969-1996, Direktor des Diözesanarchivs Linz 1973-1999.

Wichtige Buchveröffentlichungen:

Die Passauer Bistumsmatrikeln. 6 Bde. Passau 1972-1996; *Der heilige Wolfgang. Leben – Legende – Kult*. Linz 1975, 2. Aufl. Linz 1993; *Der heilige Severin. Sein Leben und seine Verehrung*. Linz 1982, 2. Aufl. Winzer 2002; *Kirche in Oberösterreich*. 4 Bde. Strasbourg 1992-1995.

Zahlreiche kirchengeschichtliche Beiträge in Fachzeitschriften.

Monika Würthinger

Dr.[in] phil., geb. 3.12.1955 in Ried i. I., Historikerin, Archivarin im Diözesanarchiv Linz seit 1990; Veröffentlichung diözesangeschichtlicher Beiträge, Mitherausgeberin der diözesangeschichtlichen Zeitschrift „Neues Archiv für die Geschichte der Diözese Linz".

Verlag Wagner
Edition Kirchen-Zeit-Geschichte

Dr. Helmut Wagner
Schiffbaustraße 11, 4020 Linz

Tel. / Fax: ++43 (0)732 / 796137
e-mail: wagner.lackner@liwest.at

Edition Kirchen-Zeit-Geschichte

Helmut Wagner

Der NS-Kirchenkampf in den Pfarren

Das Buch richtet den Blick auf das konkrete Leben der Pfarren sowie auf die Seelsorge während des Dritten Reiches und bietet eine neue Sicht von kirchlichem Widerstand (oder Mittäterschaft) am Beispiel des Unteren Mühlviertels. Das Buch wurde mit dem Erwin-Wenzl-Preis 1998 ausgezeichnet.

broschiert, 432 Seiten
ISBN: 3-9500891-0-1 *€ 26,89*

Johann Großruck

Das Stift Schlägl und seine Pfarren im Dritten Reich

Thema dieser Forschungsarbeit ist die Zeit des Dritten Reiches im Stift Schlägl und seinen Pfarren. Sie gibt einen Überblick über die kirchliche Situation zur Zeit des Nationalsozialismus im Oberen Mühlviertel und enthält bisher unveröffentlichte historische Aufnahmen.

broschiert, 400 Seiten
ISBN: 3-9500891-1-X *€ 25,29*

Sr. Erentrud Dirngrabner

Die Kreuzschwestern Oberösterreichs im Dritten Reich

Erstmals macht ein weiblicher Orden Archivmaterial aus der NS-Zeit der Öffentlichkeit zugänglich. Die Autorin hat das Schicksal der Schulen (Linz, Gmunden, Steyr u.a.), des Krankenhauses (Wels) sowie anderer Ordensniederlassungen in Oberösterreich erforscht. Die berührenden Berichte aus den Chroniken, ergänzt durch zahlreiche historische Fotografien, machen das Buch zu einer wichtigen Dokumentation kirchlicher Zeitgeschichte.

Broschiert, 200 Seiten, Zahlreiche Abbildungen (s/w)
ISBN: 3-902330-01-5 *€ 22,--*

Manfred Scheuer

Ge-Denken
Mauthausen/Gusen – Hartheim – St. Radegund

Oberösterreichische Theologen, historisch Forschende und Künstler nehmen Stellung zur „Bewältigung" der nationalsozialistischen Vergangenheit. Der Band beinhaltet einen geschichtlichen Überblick in der Euthanasieanstalt Hartheim, über die Ereignisse im KZ Gusen sowie zur Verehrungsgeschichte des Franz Jägerstätter. Ein wertvolles Begleitbuch zur Ausstellung „Wert des Lebens" in Schloß Hartheim.

Broschiert, 207 Seiten, zahlreiche farbige Abbildungen
ISBN 3-902330-00-7 *€ 19,60*

Pax Christi Oberösterreich (Hg.)

Franz Jägerstätter
Zur Erinnerung seines Zeugnisses

In diesem Band ist der jüngste Forschungsstand zur Biographie Jägerstätters dokumentiert. Neben Bischöfen, Theologen und Politikern äußern sich Jägerstätter-Fachleute wie Gordon C. Zahn, Erna Putz, Hildegard Goss-Mayr zu dem oberösterreichischen Märtyrerschicksal.

Broschiert, 148 Seiten, zahlreiche Abb. (s/w)
ISBN: 3-9500891-4-4 *€ 9.96*

Josef Kurz

„Aber Du warst doch Soldat!" – War ich nicht auch ein Christ?

In den Erzählungen vieler Soldaten fehlt die Frage „Wofür?". Für die Heimat? Für den Führer? Der Autor Josef Kurz, geb. 1924, selbst Kriegsteilnehmer, bietet eine grundehrliche biografische Auseinandersetzung mit dem Soldat-Sein, das man/frau jeden Alters mit großem Respekt liest.

Broschiert, 149 Seiten, Abbildungen
ISBN: 3-902330-02-3 *€ 11,90*

Theologie, Philosophie, kirchliche Themen

Ludwig Ecker

Zwischen Recht und Vergebung

Der Beitrag der Theorie René Girards zur Beschreibung christlicher Existenz

Anhand der Kulturtheorie René Girards untersucht der Autor den im öffentlichen und kirchlichen Diskurs zutage tretenden Umgang mit Schuld und Gewalt. Girards Theorie erweist sich dabei als ganz neuer Ansatz, Polarisierungen zu überwinden und Konflikte zu bewältigen.

Broschiert, 303 Seiten
ISBN: 3-9500891-1-X *€ 18,17*

Severin Renoldner

Europa – unser Staat?

Glaube, Moral und Politik der Europaidee

Wird das geeinte Europa ein Vorbild der Völkerversöhnung, ein Kartell der Reichen oder ein aggressiver Militärblock? Was sagt die christliche Ethik? Severin Renoldner hilft, Zusammenhänge zu sehen und ruft zum wachen Mitdenken, der vielleicht größten politischen Herausforderung des 21. Jahrhunderts, auf.

Broschiert, 204 Seiten
ISBN: 3-9500891-3-6 *€ 10,54*

Markus Lehner (Hg.)

Mauerblümchen Theologie

Zur Rolle der Theologie im Wissenschaftsbetrieb

In der Vergangenheit gehörte die Theologie zum Kernbestand der Universitäten. Im modernen universitären Wissenschaftsbetrieb wird aber ihre Existenzberechtigung immer wieder in Frage gestellt. Worin liegt der „Mehrwert“ der Theologie? Was kann sie als Wissenschaft heute leisten? Wie kann Sie als Wissenschaft in Zukunft bestehen?

Broschiert, 67 Seiten
ISBN: 3-9500891-6-0 *€ 9,96*

Hermann Deisenberger / Christine Drexler (Hg.)

Alltag im Gefängnis

Die von Gefängnisseelsorgern herausgegebenen Texte und Bilder, zusammen mit einer Fotoreportage aus der Justizanstalt Wels, geben ein berührendes Zeugnis von den Alltagserfahrungen, Träumen und Sehnsüchten, Ängsten und Hoffnungen von Inhaftierten.

Gebunden, 104 Seiten
ISBN: 3-9500891-7-9 *€ 16,71*

Walter Krieger / Balthasar Sieberer (Hg.)

Alle sind Berufene
Christen in Kirche und Gesellschaft

Alles und nichts kann hinter dem Wort „Berufung" stehen. Doch es geht um das Leben selbst – und darum, es aus der Perspektive Gottes zu betrachten: ich bin ein Mensch unter Menschen und Christ in Kirche und Welt, jeden Tag lebe ich das, was ich vom Evangelium verstehe.

Broschiert, 158 Seiten,
ISBN: 3-9500891-8-7 *€ 10,--*

Milan Machovec

Heimat Indoeuropa
Das Leben unserer Vorfahren aufgrund eines Vergleichs einzelner Sprachen

In dem Buch nimmt der Prager Philosoph und Mit-Initiator eines Dialogs zwischen Christentum und Marxismus den Leser auf eine Zeitreise durch die jahrtausendalte Geschichte der Indoeuropäer mit. Er versucht mit Hilfe der Etymologie in Zeiträume zurückzugreifen, für die keine historischen Dokumente zur Verfügung stehen.

Broschiert, 140 Seiten
ISBN: 3-9500891-9-5 *€ 10,39*

Interessensgemeinschaft der LaientheologInnen der Diözese Linz (Hg.)

LaientheologInnen: Unsere Stärke ist unsere Vielfalt

Theologinnen und Theologen aus Oberösterreich sprechen ganz persönlich über ihre aktuellen Berufsfelder, ihren Werdegang und ihr theologisches Selbstverständnis.

Sie bieten damit einen Einblick in die Vielfalt möglichen Engagements ausgehend von einer theologischen Grundausbildung. Die Beiträge machen deutlich, wie theologische Inhalte Fleisch und Blut gewinnen und in Beruf und Alltag wegweisende und stärkende Kraft entfalten können.

Broschiert, 65 Seiten
ISBN: 3-902330-03-1 *€ 12,00*

Slawomir Dadas

Versöhnte Verschiedenheit.
Vielfalt als pastorale Herausforderung für die Einheit der Kirche am Beispiel der Diözese Linz

In der Kirche wird zwar häufig von der Vielfalt gesprochen, in der pastoralen Praxis wird sie aber nur in geringem Ausmaß zugelassen. Das Bekenntnis zur Vielfalt wird häufig als Alibi verwendet, um eigene Monopolansprüche zu verdecken. Was wäre aber, wenn die Lokalkirchen soviel Freiheit bekommen, dass sie in wichtigen pastoralen Fragen selber entschieden könnten? Wäre das gegen die EINE katholische Kirche? Theologisch gesehen nicht. Denn sowohl in der Bibel wie auch in der kirchlichen Tradition liegt das Geheimnis der Einheit in der bunten Vielfalt.

Broschiert, 313 Seiten
ISBN: 3-902330-04-X *€ 21,80*